공존과 선교

COEXISTENCE AND
CHRISTIAN MISSION
EUNSIK CHO

조은식 지음

박영사

머리말

"좋은 소식을 전하며 평화를 공포하며
복된 좋은 소식을 가져오며 구원을 공포하며
시온을 향하여 이르기를
네 하나님이 통치하신다 하는 자의
산을 넘는 발이 어찌 그리 아름다운가"
(이사야 52:7).

코로나19 팬데믹 이후 우리 삶의 많은 부분이 바뀌었다. 사회적 거리 두기와 생활 속 거리 두기를 하다 보니 자꾸 움츠러들기도 하고, 생활반경이 축소되면서 가능하면 밖에 나가지 않고 집에서 해결하려는 습성이 생기기도 했다. 그러다 보니 아날로그적 삶보다 디지털적 삶이 지배하며 만나서 해결하기보다는 온라인을 통해 해결하려는 성향이 확대되었다. 한편으로는 사람 만나는 것이 그립기도 하지만 동시에 꺼려지기도 하는 묘한 이중성이 자리 잡기 시작했다. 이런 상황 속에서 개인주의는 심화되어 가고 있다. 실낙원 이후 스스로 소외시키고 격리시키는 아이러니한 모습이 우리 삶에 나타난 것이다.

선교사들이 잠시 한국에 귀국했다가 코로나19가 발생함으로 선교지로 가지 못하고 한국에 머물러야 하는 상황이 발생했다. 선교사들의 장기간 부재로 선교사역에 공백이 생겼다. 선교사와 동역하는 현지 지도자가 있

i
머리말

음에도 불구하고 선교지의 관리와 운영이 어려워지고 진행하던 사역이 정체되는 어려움이 돌출되었다. 이런 현상이 선교 활동의 위축을 가져오며 선교사들은 위기감을 느끼고 있다. 그럼에도 서양 선교사들의 사역은 큰 어려움 없이 진행되고 있다는 소식도 듣는다. 도대체 무엇이 문제일까? 어떤 차이가 이런 결과를 만들어냈을까? 선교사 중심의 사역 때문일까? 아니면 사역 중심의 선교 때문일까? 선교지의 지형변화가 예상되고, 선교 형태의 변화도 예측되고 있다. 관계 중심의 선교로 전환해야 한다는 논의도 있다. 이제는 현대선교의 흐름과 방향을 살펴보며 선교정책과 선교방법을 재고할 시기인 듯하다.

이 책은 현대 선교의 다양한 흐름과 이슈를 다룬 11개의 논문을 보완하여 하나로 묶었다. 제1부는 한국교회의 선교와 통일, 제2부는 체제 전환과 통일준비, 제3부는 학원선교, 사회주의권 선교 그리고 환경으로 구분하였다.

먼저 1910년 영국의 에딘버러 세계선교사대회 100주년을 맞이한 2010년의 한국교회의 모습을 살펴보았다. 두 번째로 한국교회의 감리교, 성결교, 장로교, 침례교의 선교정책을 미국장로교와 비교하며 발전 방향을 찾아보았다. 세 번째는 2017년 종교개혁 500주년을 맞이하여 이를 기념하는 한국교회는 얼마나 개혁되었는지 또 개혁의 관점에서 통일 선교를 어떻게 진행했는지를 논의하였다. 네 번째는 총체적 갈등의 시대에 평화선교와 평화목회가 무엇인지, 또 어떻게 교회가 남북평화통일에 기여할 수 있는지를 살펴보았다.

다섯 번째는 헝가리가 사회주의에서 체제 전환되는 과정을 다루며, 체제 전환 이후의 변화를 한반도 통일과 연결하여 교훈과 시사점을 찾아보았다. 여섯 번째는 헝가리가 체제 전환하면서 과거사 청산 문제를 어떻게 다루었는가를 분석하며 통일 한국의 과제인 과거사 청산 원칙을 고찰하며 성경의 교훈을 살펴보았다. 일곱 번째는 조지아의 체제 전환 과정에서 발생한 다양한 문제들을 통해 남북통일에 주는 시사점을 찾아보았다.

여덟 번째는 기독교 대학의 정체성 구현을 위한 문제를 다루었고, 아홉 번째는 개정된 사립학교법의 논쟁점과 그것이 기독교 사학에 어떤 영향을 주는지를 고찰했다. 열 번째는 사회주의권 베트남 선교에 관해 장요나 선교사의 사역을 선교학적 관점에서 조명했다. 열한 번째로 우리가 살고 있으면서도 무심한 환경문제를 고찰하며 환경 신학적 대응을 다루었다. 이런 다양한 논의들이 현재 한국교회가 서 있는 위치를 살펴보며 현대 선교의 흐름과 선교 이슈들을 이해하는 데 도움이 되기를 소망한다.

선교는 우리의 삶을 통해 이루게 된다. 그 선교적 삶은 하나님과의 관계를 회복하고, 인간과 인간 사이에 서로 화해하며, 삶의 터전인 자연의 중요성을 깨닫고 자연을 관리하고 보존하는 청지기의 사명을 감당하는 일이라 할 수 있다. 이 책에 담긴 논의들이 공존하는 길로 가는 선교의 징검다리가 되기를 기대한다.

끝으로 이 책의 기꺼이 출판을 맡아주신 박영사 대표님과 수고하신 여러분께 감사의 마음을 전한다. 아울러 하나님이 주신 선물 서하(안나)의 새로운 대학 생활을 응원하고 격려하며 이 책을 펴낸다.

2023년 4월 8일
조은식

차 례

제1부 | 한국교회의 선교와 통일

제2부 | 체제전환과 통일준비

제3부 | 학원선교, 사회주의권 선교 그리고 환경

제1부

한국교회의 선교와 통일

01

공존/과/선교

에딘버러
세계선교사대회와
한국교회

01

에딘버러 세계선교사대회와
한국교회[1]

　2010년은 1910년 영국의 에딘버러 세계선교사대회(The World Missionary Conference)가 개최된 지 100주년 기념하는 해이다. 에딘버러 세계선교사대회 100주년을 맞이하여 1910년 이후 한국교회의 모습은 어떻게 변화했는가를 살펴보는 일은 의미 있다고 본다. 이 소고에서는 먼저 한국교회에 기독교가 전파된 후 100주년을 맞이한 시점까지의 한국교회의 모습을 간략하게 살펴보고, 그 후 100년을 준비하는 한국교회에 대하여 고찰하겠다.

1. 에딘버러 세계선교사대회[2]

　에딘버러 세계선교사대회가 개최될 당시 세계선교사대회의 의장은 존 모트(John Raleigh Mott)였고, 총무는 올담(J. H. Oldam)이었다. 에딘버러 세계선교사대회는 1901년 6월 14일부터 23일까지 영국 에딘버러대

---

1) 이 논문은 "에딘버러대회와 한국교회," 『선교신학』. 제24집 하권(2010): 255－287의 내용을 수정한 것이다.
2) 이 부분은 내용 전개상 필요한 부분만 간략하게 서술한다. 내용 요약은 박용민, 『차트 선교학』, (서울: 기독교문서선교회, 2001), 51을 참조.

학교 뉴칼리지 건물에서 개최되었는데, 159개 선교단체의 선교 관련자 1,200명이 참석하였다. 에딘버러 세계선교사대회는 19세기 선교와 연합운동을 총결산하는 대회라는 점과 20세기 선교와 연합운동의 출발점이 되었다는 점에 의미가 있다. 한마디로 19세기를 마감하고 20세기를 계획하는 모임이었다.

이 대회의 특징은 첫째로 선교단체의 공식대표들만 회원으로 참석한 권위 있는 모임이었다는 점이다. 둘째로 이전 모임들보다 연구와 협의에 중점을 둔 모임이라는 점이다. 이미 1908년 국제 분과위원회가 조직되어 8개 분과로 나누어 연구한 것을 보고하였다. 8개 분과는 '모든 비기독교 세계에 복음 전달,' '선교지의 현지교회,' '기독교회와 교육과의 관계,' '타종교와 선교,' '선교사의 준비,' '자국 내 선교,' '선교지 정부와의 관계,' '연합과 일치의 증진' 등이다. 셋째로 8개 분과위원회에서 강조하고 토의된 점은 선교와 연합의 필요성이다. 따라서 국제선교사협의회의 창설이 필요하다고 여기게 되었다. 넷째로 이전 대회들보다 신생교회 지도자들의 참여가 현저하였다. 다섯째로 이전 대회들보다 더 많은 교파를 포괄하게 되었다. 여섯째로 에큐메니칼 운동의 지도자들을 훈련하는 역할을 하였다. 일곱째로 신앙과 직제(Faith and Order) 창설을 태동케 한 모임이었다. 여덟째로 기독교인들 사이의 교제와 연합의식을 새롭게 체험하는 계기가 되었다. 아홉째로 교회연합을 향한 새로운 운동의 시작을 알리는 모임이 되었다. 열째로 계속위원회(Continuation Committee)와 선교 협의 긴급위원회(Emergency Committee of Cooperation)를 조직하여 대회에서 논의된 과업들을 계속해서 수행할 수 있게 되었다. 이후 세계선교사대회는 1921년 창설된 국제선교사협의회(International Missionary Council, IMC)의 기초가 되었다.

2. 한국 기독교 선교 100년의 과정

한국 기독교가 시작된 시점을 언제로 보느냐에 대해서는 아직도 논란이 있다. 1876년 백홍준 등 4명이 만주에서 영국인 매킨타이어 목사에게 세례를 받았고, 서상륜이 1879년 만주에서 세례를 받고 영국인 로스 목사와 함께 우리말 성경을 번역하여 국내에 밀반입하였다. 1884년 5월 16일에는 서상륜에 의해 황해도에 소래교회가 시작되었고, 동년 9월 20일 미국 북 장로교 의료 선교사 호레스 알렌(Horace Allen) 부부가 입국하였다. 일반적으로 1884년 미국 북 장로회 선교사 호레스 알렌의 입국을 한국 기독교 선교의 시점으로 본다. 그럴 경우 1984년이 개신교 선교 100주년이 되는 해이다. 대체로 한국교회 여러 교파가 1984년을 선교 100주년으로 합의하고 한국의 모든 개신교회가 연합으로 한국 기독교 100주년 기념 선교대회를 치렀다.

1884년부터 1994년까지의 한국교회의 흐름을 전부 기술하기에는 지면상 어려워 1910년 에딘버러 세계선교사대회 이후 한국 개신교 선교 100주년이 되는 1984년까지의 내용을 대표적인 3가지 종류의 한국교회사 책을 비교하며 간략하게 살펴보겠다. 한국 기독교 역사의 서술방식이나 관점을 비교한다면, 먼저 이영헌의 『한국기독교사』는 복음적 입장에서 평신도를 위한 한국 교회사로 볼 수 있다.[3] 한국기독교사연구회가 펴낸 『한국기독교의 역사 I』과 『한국기독교의 역사 II』는 13명의 집필위원들이 교단, 교파, 종파의 분위기를 쇄신하고, 한국기독교사를 민족의 큰 틀에서 조명하며, 객관적 자료 분석을 통해 실증적이고 과학적으로 연구하고, 민족의 현실 문제나 미래에 책임성 있는 연구가 되게 한다는 명제 아래 쓰인 책이다.[4] 그리고 민경배의 『한국기독교회사』는 한국

---

3) 이영헌, 『한국기독교사』(서울: 컨콜디아사, 1982), 2.

을 주체로 선교사적(宣敎史的)인 역사방법론은 가능한 피하고 민족교회사의 관점에서 서술한 책이다.[5] 민경배의 책은 이 둘의 중간적 위치에 있는 것으로 보인다. 이런 점이 에딘버러 대회와 구별되는 점이다.

에딘버러 대회에 참석한 1,355명의 대표 가운데 단지 17명만이 비서구의 신생교회 출신이었는데 그들도 서구 선교단체의 대표로 참석을 했다. 참석자 가운데 영국 대표 560명, 미국 대표 594명, 유럽대륙 대표 175명, 호주 대표 26명 등이 말해주듯 에딘버러 대회는 서구 중심이었다. 그 당시 선교의 방향은 서구 기독교 세계가 비기독교 세계에 복음을 전파하는 서구로부터 비서구로 향한 일방통행식 선교로 볼 수 있다.[6] 대체로 식민지 시대의 흔적이 묻어있다고 보면 될 것이다.[7] 그러나 세 책은 서구 중심의 사관에서 벗어나 현지 중심의 사관으로 역사의 흐름을 바라보고 있다는 데 의의가 있다. 그 가운데 이영헌의 『한국기독교사』가 한국교회의 발자취를 포괄적으로 기술한 책이라고 한다면, 민경배의 『한국기독교회사』는 한국을 주체로 하는 민족교회사의 입장을 취하고 있다. 한국기독교역사연구소가 펴낸 『한국기독교의 역사 I』과 『한국기독교의 역사 II』는 총체적 역사이해를 위해 쓰였다. 바로 이런 점에서 이 셋을 에딘버러 대회와 관련시켜 비교하는 것이다.

1910년 8월 22일, 한일합방이 된 경술국치의 해를 기점으로 한 한국교회의 위기를 이영헌은 『한국기독교사』에서 "일제치하의 교회"라는 큰 타이틀 아래 "겨레와 함께 멍에를 매는 교회"로, 민경배는 『한국기독교회사』에서 "십자가를 걸머지는 한국교회"로 보고 있다. 고전적인 이 두

---

4) 한국기독교사연구회, 『한국기독교의 역사 I』(서울: 기독교문사, 1989), 9-10.

5) 민경배, 『한국기독교회사』(서울: 대한기독교서회, 1980), 5.

6) 조은식, "선교신학 연구의 쟁점과 전망," 『기독교학의 과제와 전망』(서울: 숭실대학교 출판부, 2004), 261-263.

7) 스티븐 니일, 『기독교 선교사』, 홍치모, 오만규 공역(서울: 성광문화사, 1979), 492-496.

권과는 달리 한국기독교사연구회가 펴낸 『한국기독교의 역사 I』에는 일제 강점기에 대한 구분보다는 1907년 대부흥 운동을 기점으로 3·1운동 전까지를 하나로 묶어 "교세확장과 기독교 민족운동(1907~1918년)"이란 제목으로 다루고 있고, 『한국기독교의 역사 II』 전체에서 일제 강점기의 한국교회를 "3·1운동과 기독교," "전환기 교회의 자기 모색," "일제의 박해와 기독교의 투쟁"이란 제목으로 설명하고 있다.[8]

이영헌은 1910년 이후 한국교회의 주요 사건으로 '105인 사건,' '3·1 운동' 그리고 '교육의 위기'를 말하고 있다. 민경배는 '105인 사건,' '한국 장로교 총회의 조직과 한국 여러 교회의 해외선교,' '감리교의 신앙과 교회의 구형,' '개정 사립학교 규칙과 기독교교육의 위기'를 하나로 묶었고, "한국교회와 3·1운동"은 다음 장으로 구분하여 별개로 다루고 있다. 『한국기독교의 역사 I』은 '105인 사건의 발단과 조작 경위'에 대한 서술과 '일제의 주권침탈과 종교정책'을 기록하고 있다. 세 가지 종류의 책 모두 공통으로 105인 사건과 3·1운동 그리고 기독교교육의 위기를 말하고 있다. 일제 치하에서 종교교육이 박해를 받아 기독교교육이 위기에 처하게 된 사건은 에딘버러 세계선교사대회 국제분과위원회에서 토의된 기독교회와 교육과의 관계와 연계하여 살펴볼 수 있겠다.

다음으로 이영헌은 "변천하는 사회와 교회"라는 장에서 '일제의 기독교 정책,' '반기독교적 사상,' '농촌문제와 교회,' 그리고 '이용도 목사의 부흥운동'을 다루고 있다. 민경배는 비슷한 제목인 "사회 변화에 직면한 교회와 그 반응"이라는 장에서 '이광수의 교회 비판,' '선교사에 대한 한국교회의 반발,' '경제적 시련 속의 교회,' '한국교회 종파 운동의 시작,' '연합운동의 정신과 그 발전'을 서술하고 있고, "이용도와 신비주의"라는

---

8) 한국기독교사연구회, 『한국기독교의 역사 I』(서울: 기독교문사, 1989), 『한국기독교의 역사 II』(서울: 기독교문사, 1990). 이만열 교수가 이 책의 대표 집필자이다.

별개의 장을 구성하여 설명하고 있다. 『한국기독교의 역사 II』는 "3 · 1 운동과 기독교"라는 장의 '사회변화와 기독교 민족운동'이라는 부분에서 일본 총독부의 정책변화와 국내외 독립운동에 대하여 기술하고 있다. 일제의 기독교 정책변화에서는 이영헌의 책과 비슷하게 다루고 있으나 국내외 독립운동에 대해서는 이 책만이 서술하고 있는 점이 독특하다. 아울러 이용도 목사에 대해서는 별도의 장에서는 다루지 않고 내용 가운데 이름이 언급되는 정도로만 나와 있다.9)

이영헌이 다루고 있지 않은 '장로교 분열의 징조들'과 '한국 감리교회의 형성'에 대하여 민경배는 "위기 속에 설 땅을 찾는 교회의 모습"이라는 장에서 기술하고 있다. 『한국기독교의 역사 II』는 "전환기 교회의 자기 모색"이라는 장에서 '교회의 내적 갈등과 분규현상,' '교회의 자치 자립 및 부흥운동,' '기독교 민족운동과 사회운동,' '희년잔치와 기독교계'를 설명하고 있다. 눈에 띄는 것은 다른 책들이 다루지 않은 '기독교 민족운동과 사회운동'을 다루고 있다는 점이다. 그 다음에 세 책은 모두 공통으로 신사참배 문제를 기록하고 있다.

이제 시기가 해방 이후로 옮겨간다. 이영헌은 해방과 38선 설정에 대한 설명을 한 후, 천주교의 재건에 이어 신교의 재건에 대하여 서술한다. 민경배는 해방 과정에 대한 설명 없이 곧바로 교회의 재건과 6.25 전쟁 그리고 교회 분열을 다루고 있다. 『한국기독교의 역사 II』는 '해방과 교회수축,' '교회의 신앙회복운동,' '기독교 교육문화운동의 새로운 전개'를 기술하고 있다. 이영헌은 감리교회와 장로교회의 분열을 별도의 장에서 다루고 있고, 6.25 전쟁과 교회의 수난에 대해서도 별도의 장에서 다루고 있는데, 특히 6.25 전쟁에 대해서는 다른 두 책과는 달리 구체적으로 '북괴의 남침,' '중공군의 개입,' '휴전 협정,' '교회의 수난'을 구

---

9) 『한국기독교의 역사 II』, 41, 187, 189, 197, 271에 다섯 번 이름이 나올 뿐이다.

분하여 설명하고 있다. 『한국기독교의 역사 II』는 "민족의 시련과 기독교"라는 장에서 6.25 전쟁과 교회의 갈등과 분열을 다루고 있다.

이어 이영헌은 종파 운동에 대해 기술하고 있다. 이 부분에 대해 민경배나 『한국기독교의 역사 II』 모두 거의 다루지를 않는다. 세 책 모두가 다루고 있는 교회의 분열은 에딘버러 세계선교사대회 국제분과위원회에 보고된 '협동과 연합의 증진'과 연결하여 살펴보는 일도 필요하다. 끝부분은 이영헌과 민경배, 『한국기독교의 역사 II』 모두 비슷한 주제를 다루며 마무리하고 있다. 특히 『한국기독교의 역사 II』는 민족주의 문제를 다루고 있는 점이 특이하다. 이들이 다룬 부분을 도표로 만들면 다음과 같다.

이영헌 『한국기독교사』	민경배 『한국기독교회사』	『한국기독교의 역사 I, II, III』
제4편 일제치하의 교회 **제11장 겨레와 함께 멍에를 메는 교회** I. 105인 사건	**제6장 십자가를 걸머지는 한국교회** 1. 십자가가 메워지던 날 　1) 105인 사건과 한국 교회 　2) 105인 사건과 선교사들 2. 한국 장로교 총회의 조직과 한국 여러 교회의 해외선교 3. 감리교의 신앙과 교회의 구형 4. 개정 사립학교 규칙과 기독교교육의 위기	**제6장 교세확장과 기독교 민족운동 (1907~1918년)** 1. 교회의 부흥운동과 교회조직 　1) 1907년 대부흥의 전개 과정 　2) 부흥운동의 성격과 의미 　3) 백만 명 구령 운동 　4) 교회의 조직과 정비 2. 기독교 민족운동의 전개 3. 국권 상실과 기독교의 수난
II. 3·1운동 III. 교육의 위기	**제7장 한국교회와 3·1 운동**	1) 105인 사건의 발단과 조작 경위 　2) 기독교인의 수난과

이영헌 『한국기독교사』	민경배 『한국기독교회사』	『한국기독교의 역사 I, II, III』

제12장 변천하는 사회와 교회
I. 모습을 바꾼 일제의 기독교 정책과 교회
II. 반기독교적 사상과 교회
III. 농촌문제와 교회
		대응
		  3) 일제의 주권침탈과 종교정책
		  4) 일제의 종교교육 박해
		4. 기독교의 항일운동

	제8장 사회 변화에 직면한 교회와 그 반응
	1. 이광수의 교회 비판
	2. 선교사에 대한 한국교회의 반발
	3. 경제적 시련 속의 교회
	4. 한국교회 종파 운동의 시작
	5. 연합운동의 정신과 그 발전
		제7장 3·1운동과 기독교
		1. 3·1운동과 기독교
		2. 사회 변화와 기독교 민족운동
		  1) 총독부의 정책변화
		  2) 사회주의 운동과 기독교
		  3) 국내에서의 독립운동
		  4) 국외에서의 독립운동
		3. 교회의 문화운동
		4. 해외선교와 해외 한인교회의 발전

IV. 이용도 목사의 부흥운동과 그 뒤	제9장 이영도의 신비주의 제10장 위기 속에서 설 땅을 찾는 교회의 모습 1. 사회적 위기의 현상 2. 장로교 분열의 징조들 3. '하나님의 교회'의 문제 4. '한국 감리교회의 형성 --남북 감리교의 합동	제8장 전환기 교회의 자기 모색 1. 교회의 내적 갈등과 분규 현상 2. 교회의 자치 자립 및 부흥운동 3. 기독교 민족운동과 사회운동 4. 희년 잔치와 기독교계
제13장 신사참배 문제와 한국교회의 수난 I. 신도는 종교인가? II. 신사참배 강요	제11장 타도 타 버리지 않는 숲 1. 신사참배--형극의 길 2. 무너진 일각에 선 교회의	제9장 일제의 박해와 기독교의 투쟁 1. 민족말살정책과 기독교 2. 신사참배 문제

공존과 선교

이영헌 『한국기독교사』	민경배 『한국기독교회사』	『한국기독교의 역사 I, II, III』
제5편 해방 후의 교회	모습	3. 기독교의 훼절 4. 기독교인의 투쟁
제14장 해방 그리고 그 후에 온 것 I. 일본의 항복 II. 38선 설정의 비극 III. 모스크바 삼상회의와 탁치문제	제12장 저녁이 되며 아침이 되니(해방된 교회)	제10장 8 · 15해방과 기독교 (1945~1949년) 1. 해방과 교회수축 2. 교회의 신앙회복 운동 3. 기독교 교육문화 운동의 새로운 전개 4. 분단과 기독교
제15장 재건하는 교회 I. 천주교회의 재건 II. 신교 각파 교회의 재건	1. 해방된 교회의 재건	
제16장 시련을 겪는 북한 교회		
제17장 분열하는 교회들 I. 감리교회의 분열 II. 장로교회의 분열		
제18장 6.25동란과 한국교회의 수난 I. 북괴의 남침 II. 중공군의 개입 III. 휴전 협정 IV. 교회의 수난	2. 6.25: 민족의 분열, 교회의 분열	제11장 민족의 시련과 기독교 (1950~1959년) 1. 6.25와 교회의 수난 2. 전후 복구와 사회선교 3. 교회갈등과 분열 4. 자유당 정권하의 기독교
제19장 활개 치는 종파 운동 I. 서론 II. 용문산 기도원		

이영헌 『한국기독교사』	민경배 『한국기독교회사』	『한국기독교의 역사 I, II, III』
III. 통일교 IV. 박태선 전도관 **제20장 다시 분열하는 　　　 장로교회** I. 신학교 기지 매입을 　　둘러싼 3천만 환 사건 II. W.C.C. 탈퇴문제 III. 경기노회 총대 선정 　　문제 IV. 분열하는 총회 V. 무위로 끝난 화해의 　　모색 VI. 67년도 신앙고백 시비와 　　68년도 또 한 번의 　　화해의 시도 **제21장 평신도 신학운동, 　　　 토착화 논쟁, 　　　 복음화 운동**	**제13장 한국교회의 　　　 새 기상도** 1. 그리스도의 몸인 교회의 　　형체화 2. 한국적 신학 형성의 　　모색	**제12장 한국교회의 　　　 자아확립(1960~)** 1. 사회변혁과 기독교 2. 교회성장과 기독교 3. 사회참여와 민주화 투쟁 4. 한국교회의 신학 형성

1910년은 일본이 대한제국을 병합한 해이다. 이때부터 35년 동안 일제의 식민지 기간 한국교회는 일제의 박해 아래 오히려 민족적 응집력을 바탕으로 외적으로는 국가와 민족의 독립을 위해 항일운동을 전개하였고, 내적으로는 교회의 부흥을 위해 기도와 전도에 힘쓰기도 하였다. 그러나 장로교회가 분열되고 1937년 신사참배에 동참함으로 한국 기독교 역사에 지울 수 없는 오점을 남기게 되었다.

1945년 일제로부터 해방이 되었으나 진정한 해방이 아니었고, 오히려 이데올로기로 인해 남과 북이 분단되는 수모를 겪으며 급기야 동족상쟁의 전쟁을 하게 되었다. 기독교인뿐만 아니라 한국인들은 과연 '한국 전쟁은 하나님의 심판인가, 아니면 시련인가?' 하는 질문을 하기에 이르렀다.[10) 해방 후의 혼란과 전쟁 후의 잿더미에서 한국교회 그리고 한국은 역사를 다시 시작하였다. 1950년대는 가난 속에서 고전분투한 시기였다. 민주주의의 정착은 쉽지 않았고, 1960년대 들어 자립경제의 목표 아래 추진된 경제발전계획은 산업화와 도시화를 가져왔다. 1970년대에 들어와 경제성장과 더불어 민주화에 대한 강한 욕구가 표출되기도 하였다. 아울러 교회에서는 1973년의 빌리 그레헴 전도대회, 1974년의 엑스플로 '74, 1977년의 '77 민족복음화 대성회, 그리고 1980년의 '80 세계복음화 대회 등 대형 전도집회를 통해 영적 욕구를 채우며 교회가 성장하였다.[11) 1980년대에 들어 군부독재에 대한 항거와 민주화에 대한 강한 열망이 실현되기 시작하였다.

---

10) 한정국, "선교적 관점에서 본 한국 기독교 부흥 100주년 회고와 한국교회 미래 예측,"『2007 한국교회 대부흥 100주년 기념 선교전략포럼 논총』, 2007 한국교회 대부흥 100주년 기념사업위원회 선교분과위원회 엮음(2007), 247.

11) 1970년대의 한국교회 성장에는 종교적 요인, 정치적 요인, 경제적 요인, 사회적 요인 등 다양한 요인들이 복합적으로 작용하였다. Byung-suh Kim, "The Explosive Growth of the Korean Church Today: A Sociological Analysis" in *International Review of Mission*. January 1985, 74:59-72; Chul-Ha Han, "Involvement of the Korean Church in the Evangelization of Asia" in *Korean Church Growth Explosion*. Seoul, Korea, Taiwan, R.O.C.: Word of Life Press & Asia Theological Association, 1983, pp. 51-68; David Kwang-Sun Suh, "American Missionaries and a Hundred Years of Korean Protestantism" in *International Review of Mission*. January 1985, 74:6-18; Keun-Won Park, "Evangelism and Mission in Korea: A Reflection from an Ecumenical Perspective" in *International Review of Mission*. January 1985, 74:49-58; 이원규. "한국교회 성장운동의 재평가,"『목회와 신학』, (1990년 2월), 67-75; Eun Sik Cho, "Korean Church Growth in 1970s: Its Factors and Problems" in *Asia Journal of Theology*, vol. 10, no. 2(1996): 348-362.

3. 한국 기독교 선교 100년의 평가

한국교회는 한국기독교협의회 주선으로 1980년 12월에 한국 기독교 100주년 기념사업협의회 발기위원회가 조직되었다. 이듬해인 1981년 9월 동 협의회가 창립되어 국내 20개 개신교 교단과 25개 기독교 기관이 공식적으로 참여하였다. 그 주요 사업으로, (1) 한국 기독교 100주년 기념 선교대회를 1984년 8월 15일부터 19일까지 서울 여의도 광장에서 거행; (2) 기념센터 설립; (3) 기념대회, 순교자 추모예배, 종합예술축전, 연구 및 강연회, 교육대회; (4) 사랑의 실천모임; (5) 기념 교회당 건립 등을 결정하였다.[12]

한국 기독교 100주년 기념 선교대회는 1984년 8월 15일부터 19일까지 3일 동안 개최되었다. 첫째 날은 '화해와 일치의 밤', 둘째 날은 '교회성장과 갱신의 밤' 셋째 날은 '민족통일과 평화의 밤', 넷째 날인 마지막 날은 연합예배로 빌리 그레험 목사가 특별설교를 하였다. 연인원 350만 명이 동원된 대형집회였다. 이 행사에 부정적 평가도 있었으나, 처음으로 한국의 전 개신교단이 합심하여 이 행사를 치른 것만으로도 긍정적 평가를 받을만 했다.[13] 아쉬운 것은 한국교회 100주년의 공과에 대한 객관적이며 심도 있는 평가가 부족했고, 100주년 행사에만 치중한 듯한 점이다.

한국 기독교 선교 100주년이 지난 지금까지 한국교회에 대한 다양한 관점에서의 평가가 이루어지지 않고 있음은 무척 아쉬운 일이다. 이 짧은 연구에서 선교 100주년이 대한 신학적 평가를 하기에는 지면이 허락하지 않아 선교 100주년 전후로 나타난 부분적 평가를 간략하게 소개하

---

12) 김인수, 『간추린 한국교회의 역사』(서울: 한국장로교출판사, 1998), 257.
13) 위의 책, 258.

겠다.

한국 기독교 선교 100주년을 준비하며 연세대학교 연합신학대학원·신과대학에서는 1981년 7월 13~24일까지 "한국교회 100주년과 교회발전"이라는 주제로 제1회 연신원 목회자 신학 세미나를 개최하였다. 이 세미나에서는 4개의 교회갱신의 시도와 과정에 대한 현장 리포트와 36개의 논문 등이 수록되었다.[14]

이 강의록에 있는 문상희의 "한국교회 100주년과 교회갱신의 과제"는 한국교회 100주년에 대한 객관적인 평가서로 보인다. 문상희는 그의 글에서 한국교회 100년을 교회사적 측면, 민족사적 측면, 근대화의 측면, 선교사적 측면에서 고찰할 필요에 대해 설명한다. 그는 한국교회의 특성으로 첫째, 한국교회는 한국인이 세웠다. 둘째, 전도하는 교회이다. 셋째, 성서 위에 세워진 교회이다. 넷째, 교파교회로 출발했다는 점을 지적하고 있다. 한국교회의 공헌으로는 첫째, 성서를 하나님의 말씀으로, 신앙과 행위의 절대 기준으로 삼았다. 둘째, 신앙의 자유가 있다. 셋째, 성직자를 신뢰한다. 넷째, 초기에 신학적으로 미숙했으나 행동에 있어서는 적극적이었다. 다섯째, 개인적인 윤리규범, 정의감을 강조했다는 점을 들고 있다. 한국교회의 전통으로는 자립하는 교회, 애국주의, 복음주의를 꼽고 있다.[15]

계속해서 그는 김정준의 글을 인용하며 한국교회의 문제점에 대해 첫째는 타계주의, 둘째는 열광주의, 신비주의, 입신, 접신을 강요하는 경향들, 셋째는 율법주의(독선주의, 교파주의, 형식주의, 배타주의), 넷째는 기복사상, 샤머니즘적 신앙, 소원 성취적 물질주의, 다섯째는 반지성주의, 여

---

14) 연세대학교 연합신학대학원·신과대학, <제1회 연신원 목회자 신학세미나 강의집> (1981).
15) 문상희, "한국교회 100주년과 교회갱신의 과제," <제1회 연신원 목회자 신학세미나 강의집> (1981), 16 – 29.

섯째는 사회적 책임에 대한 의식 결여를 지적하고 있다. 그는 한국교세의 증가라는 긍정적 현황이 있지만, 목회자의 자질, 신학교의 난립, 교파주의, 지방색과 파벌주의, 사이비 종교문제, 도시교회와 농촌교회 사이의 양극화 현상에 대한 비판도 하고 있다. 한국교회의 과제에 대하여 그는 바람직한 목회자상의 정립, 다원화 목회, 평신도를 위한 신학훈련, 목회구조의 개선, 평신도의 윤리관 정립, 공산권 선교 등을 말하고 있다.16)

대한예수교장로회 통합 측에서는 한국교회 100주년 준비위원회를 조직하여 1983년 5월 9~11일까지 한국교회 100주년 선교대회를 개최하였다. 이 대회에서는 강연, 설교, 간증, 성경연구, 분과발제 등을 하였다. 특히 분과발제에 있어서 신앙고백, 산업선교, 교회교육, 청년문화, 언론과 선전, 평신도 운동, 여성 연합운동, 사회정의, 교회연합, 여성안수, 가정문제, 농촌선교, 교회성장, 교회행정, 민족통일, 실업인 전도, 부흥운동, 개척전도, 특수전도, 선교동역, 해외선교, 세계평화, 세계교회, 생명과 환경, 종교간 대화, 교회와 국가, 학원선교, 인권회복, 기구개혁, 교회재정등 30개 분과에 대한 발표와 토의가 있었다.17)

예장 통합 측은 1984년 8월에 개최된 범교단적 차원의 한국 기독교 100주년 기념 선교대회 이후 9월 20일 교단차원에서 2만여 명이 모인 가운데 한국교회 100주년 기념대회를 서울 잠실체육관에서 개최하였다. 『한국교회 100주년 기념사업 종합보고서』에는 17개의 조찬 기도회 강연이 실려 있다.18)

---

16) 위의 글, 29 – 41.
17) 대한예수교장로회 한국교회 100주년 준비위원회, 『한국교회 100주년 선교대회 보고서』(서울: 양서각, 1983).
18) 대한예수교장로회 총회, 『한국교회 100주년 기념사업 종합보고서』(서울: 보이스사, 1985). 이 책을 보면 예장 통합 측의 한국교회 100주년 기념사업 평가 좌담회가 1985년 8월 30일에 있었음을 알 수 있다. 위의 책, 495 – 506.

그 가운데 김인수의 "한국 개신교 100년의 회고와 과제"를 보면, 한국교회의 과제에 대하여 크게 세 가지를 지적하고 있다. 첫째는 민족복음화의 허실이다. 이에 대하여 그는 "1백만인 구령사업에서 비롯된 민족복음화 운동은 '3천만을 그리스도에게' 등의 구호를 외치면서 오늘까지 매진하여 전체 인구의 25%라는 놀라운 결과를 가져온 게 사실이다. 그러나 그 많은 기독교인이 지금 이 민족의 앞날에 비전을 가져다주고 있는가? 책임 있는 기독교인의 삶을 살고 있는가? 기독교인의 숫자가 곧 민족의 구원에 공헌하는가 하는 냉정한 반성이 있어야 하겠다."라고 과감하게 말하고 있다. 둘째는 지양해야 할 문제점으로 교회의 물량주의, 치부의 문제, 기복주의 신앙형태를 지적하고 있다. 셋째는 일치를 향한 발돋움으로 부끄러운 분열의 역사에서 벗어나 화해와 일치의 길로 과감히 나갈 것을 제안하고 있다.19)

문상희의 글과 김인수의 글에서 지적한 한국교회의 문제점은 거의 동일한 것을 발견할 수 있다. 그러면 이후 한국교회는 지적받은 문제점을 해결하였는가? 이에 대한 신학적 고찰이 필요하다.

4. 1984년 이후의 한국교회

한국기독교선교 100주년이 되던 1984년 이후, 그 당시 제기되었던 문제점들이 어느 정도 해결되었을까? 문제가 해결되었다기보다 새롭게 야기된 문제가 있다면 그것은 무엇인가? 앞으로 한국기독교선교 200주년을 맞이할 때는 어떤 모습의 한국교회가 될까? 신학적 성찰이 요청되는 질문이다. 사실 선교 100주년 당시 지적되었던 문제들 가운데 목회자의

---

19) 김인수, "한국 개신교 100년의 회고와 과제," 『한국교회 100주년 기념사업 종합보고서』(서울: 보이스사, 1985), 430 – 431.

자질, 신학교의 난립, 교파주의, 지방색과 파벌주의, 사이비 종교문제, 도시교회와 농촌교회 사이의 양극화 현상 등은 아직도 해결되지 못하고 고질적인 병폐로 남아 있다. 여기에서는 지면상 새롭게 등장한 문제 네 가지만을 요약해서 다루도록 하겠다.

4.1 경배와 찬양의 문제

1980년 중반 이후 한국교회 성장이 감소되었다. 성장하던 한국교회가 성장이 둔화되고 심지어 침체되기 시작하여 급기야는 마이너스 성장이라는 말이 나오게 되었다. 1980년대 중반부터 교회성장이 둔화되며 이것을 극복하려는 노력으로 경배와 찬양이 붐을 일으켰다고 볼 수 있을 것이다. 경배와 찬양은 1990년대 들어와 절정에 이르렀다. 거의 모든 교회가 예배 분위기를 경배와 찬양이라는 틀 속에서 진행하려고 하였다. 단지 청소년이나 대학 청년부뿐만이 아니라 심지어 저녁예배나 수요예배의 형태를 경배와 찬양의 형태로 바꾸기도 하였다. 예배 찬양시 기타나 드럼의 사용이 금기시 되었던 보수적 분위기의 교회에서마저 기타와 드럼이 찬양을 위한 주요 악기가 되었다. 이것이 젊은층에게는 큰 호응이 있었지만, 장년층에게는 다소 거리감이 있었다. 아무리 찬양이라 하더라도 곡조가 경건하기보다 대중적이고 활발하고 감성적인 것이 젊은층에게는 다가갔으나 기성세대에게는 크게 어필하지는 못했다는 측면이 있다. 또 기타와 드럼 등 현대 악기의 사용과 일어서서 찬양하는 것이 장년층에게 조금은 불편하였으리라는 점이다. 뿐만 아니라 경배와 찬양이 경배보다는 찬양에 치중했다는 지적과 더불어 경배와 찬양에 참여하는 젊은이들을 위한 후속조치가 미비했다는 지적도 있었다. 경배와 찬양을 하고 젊은이들의 신앙이 좋아지고 그들의 생활에 변화가 왔다기보다, 감정 표출이나 카타르시스적인 면이 많은 일종의 발산문화의 형태로 되

어버린 것이 아니었나 하는 비판이 생겼던 것이다.[20]

그럼에도 경배와 찬양이 한국교회에 전반적으로 유행처럼 퍼졌고 교회 문화로 정착되기도 하였다. 그러나 그 이후 상황은 다르게 나타나고 있다. 경배와 찬양에 매력을 느끼지 못한다는 청년들이 늘어나고, 찬양 중심의 예배가 마음에 와닿지 않고 오히려 반감을 일으킨다는 부정적인 반응이 나오며 오히려 전통방식의 예배로 방향을 바꾸기도 하였다.[21] 하나님을 예배한다고 하지만 참여자가 즐기는 예배(entertainment evangelism)의 느낌을 강하게 주었던 경배와 찬양은, 이것이 과연 예배인가 아니면 전도집회나 행사인가 하는 논란이 있었다.[22] 결국 사람에게 감동을 주려는 일종의 인본주의적 형태의 예배가 한계에 부딪혀 하나님 중심의 예배로 자리를 찾아간 것이 아닌가 싶다.

4.2 대형교회의 등장과 세습 문제

1980년대의 생활수준 향상은 교회의 대형화, 물량화를 가져오게 되었다. 교회확장은 교회 건물의 대형화를 추구하게 되었고, 주일예배가 몇 부까지 있는가, 교회 출석 인원은 몇 명인가, 교회에 버스는 있는가, 기도원이나 수양관이 있는가 하는 것이 하나의 척도처럼 보이기도 했다. 대형교회가 생김에 따라 '대형화 증후군'이나 숫자 우상화라는 비판이 나오게 되었고, 대형교회 그 자체에 반감을 가진 세력들이 나타나기 시작했다. 안타까운 점은 대형교회의 사회 기여나 은밀한 구제 등 "오른손이 하는 것을 왼손이 모르게 하는" 일들에 대해서는 잘 알려지지 않아 불필요한 오해를 받는 일마저 생기게 되었다는 것이다.[23]

---

20) 조은식, "한국교회 정체성을 극복하자," 『월간목회』, (2003년 10월): 40−41.

21) <한국기독공보>. 2010년 5월 4일, http://www.pckworld.com/news/articleView. html?idxno=46814.

22) 에이든 토저, 『예배인가 쇼인가』, 이용복 옮김(서울: 규장, 2004) 참조하라.

1990년대 들어와 대형교회에서 담임목사의 은퇴 이후 아들이 후임 목사가 되는 경우 이것을 소위 세습이라고 부르며 사회 이슈화되었다. 정당하고 적법하게 교인들에 의해 담임목사의 아들이 후임으로 청빙되는 경우도 있었지만 그런 경우는 거의 드러나지 않았고, 담임목사의 아들이 후임목사가 되었을 경우 대체로 세습이라는 용어로 비난을 하였다. 이것을 일방적으로 세습이라는 단어로 폄하하는 것은 적절하지 않으나 일반화되는 경향이 있었다. 목회자 세습 논쟁은 마치 세습은 악이고, 그렇지 않은 것은 선이라는 흑백논리의 양상을 보여주기도 하였고, 세습은 독재이고 세습을 안 하는 것이 민주적인 것처럼 느껴지게 만들기도 했다.

처음에는 이런 문제가 교회 내부에서 교인들에 의해 반대하는 움직임으로 나타났으나, 점점 시민단체와 같은 외부 단체에 의해 개교회의 문제가 공론화되기도 하였다.[24] 물론 기독교인들끼리의 문제라고 하지만 공론화된 이상 이미 사회문제가 되어 비기독교인들이 교회를 부정적으로 보게 만드는 단초를 제공한 것도 사실이다. 이런 문제들이 사회에 노출되고 비난을 받으며 교회에 대한 반감이 일반인들의 잠재의식 속에 남아 있게 된 것으로 보인다.[25] 이때부터 교회에 대한 사회의 부정적 인식이 시작된 것으로 여겨진다.

---

23) 한국교회의 대사회 홍보가 절실하게 필요하다고 본다.
24) 한국기독교목회자 협의회(당시 대표회장 옥한흠)에서 2000년 9월 18일 <소위 말하는 "담임목사 세습"에 대한 우리의 입장>이라는 성명서를 발표했다. 한국기독언론협회 주최로 열린 기독언론포럼에서 한국교회 세습에 관한 문제가 제기되기도 했다. 모 교회에서 2001년 아들이 담임목사가 되자 시민단체 등에서 주일 예배시간에 교회 앞에서 반대시위를 하여 사회 언론에 공개가 되기도 하였다.
25) 지금도 인터넷에서 검색어 "세습"을 치면 목회자 세습에 대한 질문과 답변뿐만 아니라 이와 관련된 기사 모음이 나온다.

4.3. 반기독교인들의 증가

2005년 한국교회 미래를 준비하는 모임·한국갤럽 리서치에 의하면, 비종교인을 대상으로 한 종교별 이미지 평가에 있어 '종교 지도자의 자질이 우수하다'는 항목에 천주교 31.8%, 불교 21.2%, 한국교회 16.5% 의 응답이 나왔다. '참 진리를 추구하기보다는 교세의 확장에 더 관심이 있다'는 항목에 한국교회 64.6%, 불교 34.8%, 천주교 25.7%의 평가가 나왔다. 또 '지나치게 헌금/시주를 강요하는 경향이 있다'는 항목에 한국교회 63.4%, 불교 34.8%, 천주교 24.5%의 결과가 나왔다. 이처럼 종교 지도자의 자질, 교세확장, 헌금 강요 등의 측면에서 천주교나 불교에 비해 한국교회에 부정적인 이미지가 많이 형성되어 있음을 볼 수 있다.[26] 뿐만 아니라 '한국교회의 가장 큰 과제 또는 문제점'에 대해서는 '양적 팽창, 외형에 너무 치우친다'는 대답이 25.5%, '교파가 너무 많다/단합이 안 된다'가 24.9%, '지나치게 자기 교회 중심적이다'가 15.5%, '세속화/세상 사람들과 다른 것이 없다'가 10.6%, '목회자의 사리사욕/이기심'이 7.5% 등의 응답이 도출되었다.[27]

2005년도에 한국교회 전반에 대해 이런 부정적인 평가가 나왔다는 것은 심각한 일이 아닐 수 없다. 종교 지도자의 모습이 미래보다는 현실에, 영적인 것보다는 물질적인 것에, 나눔보다는 소유에 치중하는 부정적인 모습으로 비쳐지고 있다는 것은 부끄러운 일이다. 연합보다는 개교회주의, 구제보다는 교회 확장, 그리고 교회의 분쟁과 헌금 강요 등은 일반인들의 상식으로도 이해되지 않는 이상한 교회의 모습인 것이다. 거기에 종교 지도자의 비윤리적인 모습은 종교 지도자 개인이라는 한 사

---

26) 한미준·한국갤럽, 『한국교회 미래 리포트』(서울: 두란노, 2005), 232-234.
27) 위의 책, 262-263.

람의 자질문제로 그치는 것이 아니라 해당 종교 전체로 확산되어 총체적 부조리로 비쳐지고 있다는 사실이다. 오죽하면 한국교회가 세속화되었고, 한국 기독교인들이 세상 사람들과 다를 바가 없다는 지적까지 나왔겠는가. 사실 위에서 지적된 문제점들은 비기독교인들뿐만 아니라 기성 기독교인들도 인식하고 있었던 것이다. 그렇다면 이런 결과에 대해 한국교회는 어떻게 자성의 노력을 하였는가? 중요한 문제가 아닐 수 없다.

한국교회에 대한 부정적 이미지가 이미 사회에 퍼져있는 상황에서 2007년 6월 아프가니스탄에 갔던 분당 샘물교회 교인들로 구성된 의료 및 구호 봉사단 23명이 탈레반 무장세력에 의해 피랍, 피살 사건은 그동안 비기독교인의 잠재의식 속에 감추어져 있던 기독교에 대한 반감을 노골적으로 표현하게 만들었다.[28] 이 사건은 교회 내적으로는 한동안

---

28) 선교단체 인터콥이 2006년 여름 아프가니스탄에서 진행하려고 했던 평화축제에 대한 논란이 해외선교에 대한 부정적 인식이 심화된 상태에서 2007년 아프가니스탄에서 해외 선교봉사단이 피랍되고 살해되는 사건이 발생하자 피해자에 대한 동정이나 동족의식보다는 기독교에 대한 반감만이 주로 표출되었다고 보인다. 2007년 7월 29일자 국민일보 사설에 의하면, 21일 뉴욕 타임스는 "작년 8월, 1,000명이 넘는 한국인이 아프간 수도 카불에서 평화행진을 벌인 것이 한국인 피랍의 한 원인이 되었을 것"이라는 분석 기사를 게재했다고 말하고 있다. 2006년 인터콥의 평화축제에 대한 논란에 대해서는, "아프간 집회 현지 선교사들도 반대…. '위험 크고 선교에 지장'," <국민일보>, 2006년 3월 17일, "한기총도 아프간 집회 우려…. 주최측 인터콥에 안전문제 대책 마련 권고," <국민일보>, 2006년 3월 21일, "아프가니스탄서 한국인 대상 테러계획 확인 정부, 기독평화축제 취소 요청," <국민일보>, 2006년 3월 27일, "아프간 평화축제 준비 중인 인터콥 최바울 본부장 '우리 내부 반대가 문제'," <국민일보>, 2006년 3월 31일, "아프간 선교대회 개최 기독 네티즌 찬·반 논란…. 위험 경고," <국민일보>, 2006년 4월 3일, "인터콥 평화축제 사실상 무산," <한국기독공보>, 2006년 4월 15일, "CCC, 아프간 사역자 일시 철수," <국민일보>, 2006년 4월 24일, "정부, 아프간 평화행사 연기 공식요청," <국민일보>, 2006년 6월 16일, "'평화축제' 결국 무산," <한국기독공보>, 2006년 8월 12일, "공격적 선교방식 버리고 참된 이웃사랑 나서야," <크리스찬신문>, 2006년 8월 21일을 참조하라. 2006년 3월 당시 아프가니스탄 사역자 연합회 평화행진 비상대책 임원들은 "아프가니스탄 평화축제 반대" 성명을 내기도 했다.

붐을 일으켰던 해외단기선교에 대해 다양한 반성을 하게 한 계기가 되었다.[29] '해외봉사 안전 불감증,' '선교지에서 대규모 인원 동원 집회나 이벤트식 행사,' '선교지 문화와 전통과 정서를 무시하는 태도,' '종교를 강요하는 행위,' '위험지역 선교,' '정복주의 선교,' '잘못된 선교 내용과 방향,' '자기중심적이고 독선적인 선교봉사활동' 등의 부정적 요인들이 각종 언론의 기사와 사설에서 지적되었다.[30] 교회 외적으로는 기독교 또는 교회에 대한 총체적 불만과 반감이 다양하게 표출되면서 공론화되기 시작했다. 한 가지 특별한 예로 이 사건에 대해 단순히 반기독교적 표현을 하는 것에서 그치는 것이 아니라 탈레반 무장세력 홈페이지 관리자에게 이메일을 보내 한국인 인질들을 살해할 것을 종용하는 이성적으로 이해하기 어려운 일까지 발생했다.[31] 이에 편승하여 기독교와 이슬람에 대한 왜곡된 사실을 공공연하게 발표하는 사례까지 생겼다.[32]

이때부터 기독교에 대한 반감이 노골화되었고 빈번해지기 시작하며 기독교인에 관한 부정적인 기사만 발견되어도 인터넷에는 극단적인 댓글과 자극적인 댓글이 주류를 이루게 되었다. 반기독교 세력의 확장으로 온라인을 통한 공격이 계속되고 있다. 인터넷 홈페이지, 카페나 블로그

---

29) 이후 예장 통합 측에서는 해외단기선교라는 용어 대신 비전 트립이라는 용어를 사용하고 있다.

30) <사설> <국민일보>, 2007년 7월 22일, <연합뉴스>, 2007년 7월 22일, <사설> <한겨레 신문>, 2007년 7월 23일, <사설> <조선일보>, 2007년 7월 23일, <중앙일보>, 2007년 7월 23일, <연합뉴스>, 2007년 7월 28일, <사설> <국민일보>, 2007년 7월 29일, <동아일보>, 2007년 8월 14일.

31) "막나간 네티즌…. '피랍자 죽여라' 탈레반에 메일까지," <조선일보>, 2007년 8월 11일, http://news.chosun.com/site/data/html_dir/2007/08/11/2007081100062.html, <동아일보>, 2007년 8월 11일, http://www.donga.com/fbin/output?f=c_s&n=200708110078&main=1.

32) 이슬람 전문가라 하는 이희수와의 인터뷰 기사가 대표적인 경우이다. <경향신문>, 2007년 7월 30일.

등을 통해 반기독교적인 자료를 모아 공개 확산하고 반기독교 정서를 퍼뜨리고 있다. 대표적인 경우가 반기독교 단체의 결성이다. 대표적인 반기독교 단체인 반기독교 시민운동연합은 2010년 2월 5일부터 서울의 일반 공영버스 4개 노선 8대의 버스 외부에 반기독교적 광고를 내기 시작했다.33) 이 같은 행위는 "특정 종교에 대한 단순한 반대 표명이 아니라 증오와 경멸을 담고 있다는 데 그 심각성이 있다"는 지적이다.34) 뿐만 아니라 특정 종교를 공공연하게 비방 조롱하는 것은 표현의 자유의 도를 넘은 지나친 행위임이 자명하다. 이렇듯 지금 한국 사회에는 반기독교 정서가 확산되고 있고, 기독교에 대한 무조건적 거부감마저 증가하고 있는 것이 현실이다. 한국교회가 심각하게 고려해야 할 사안이다.

또 최근 들어 나타나는 현상 가운데 하나는 과거 한국 사회에서 선지자 역할을 감당했던 한국교회 지도자들이 선지자적 선포보다는 예민한 정치문제에 개입하여 입장 표명을 하는 것은 한국교회의 미래를 위해 바람직하지 않다는 점이다.35) 물론 한국 기독교가 예민한 정치 사안에 대해 입장을 밝힐 수도 있고, 분열된 국민에게 바른 방향을 제시할 수도 있다. 그러나 한국 기독교 내부에서도 의견 통일이 이루어지지 않고 이념적 갈등이 있는 상황에서, 이런 입장 표명은 득보다 실이 많다는 지적이다. 더구나 특정 집단을 지지하는 행위는 오히려 국론분열을 조장하는 행위로까지 오해될 소지가 있고, 심지어 권력을 좇는 해바라기성 정치행

---

33) 반기독교 시민운동연합은 2003년 "기독교를 이 땅에서 박멸하겠다"는 선언과 함께 출범한 뒤 노골적이고 집요하게 기독교를 공격하고 있다.

34) "서울 거리 누비는 '反기독교 광고' 교계 '도 넘은 비판…. 강력 대응'," <국민일보>, 2010년 2월 8일.

35) 예를 들어, 대통령 선거에 있어 장로 후보 지지 천명이라든가, 보수 교단의 세종시 논란에 대한 입장 발표, 진보적 목사가 정부승인 없이 방북하여 남한 정부의 대북정책을 비판하는 행위 등은 교계 내에서도 논란이 있지만 일반인들이 볼 때도 부적절하게 본다는 점에 주목해야 한다. 천주교 정의구현전국사제단도 과거와는 달리 정치적 편향성을 갖고 있다는 비판을 받고 있다.

태로 볼 수도 있다는 점에 유념할 필요가 있다.36) 세상 사람들은 이런 면을 기독교의 세속화라고 보고 있다. 이런 일은 교회의 공신력을 떨어뜨리는 일이 된다. 적어도 기독교는 기도하는 모습을 보이고 꼭 필요한 말과 적절한 말을 통해 신중하게 방향을 제시하는 역할을 해야 한다. 그런 면이 현재 한국 기독교의 취약점으로 드러나고 있다. 잃어버린 선지자 역할의 회복이 절실하다.

4.4 선교사의 증가

지금까지 부정적 측면의 문제들을 지적했다면 선교사의 증가는 긍정적인 영역에 속한다고 볼 수 있다. 한국에 파송된 선교사에 의해 성장하게 된 한국교회가 2000년도에 들어와 세계선교 대국으로 성장하게 되었다. 받는 선교에서 이제는 주는 선교로 선교의 방향이 바뀌었고, 받은바 은혜를 갚는 선교로 한국선교의 폭이 넓어졌다. 선교사를 단독으로 파송하거나 협력으로 파송하는 등 선교사와 관련이 없는 교회가 없을 정도가 되었고 선교지 방문 등의 계획도 교회의 활동 영역에서 중요한 역할을 하게 되었다.

2003년 3월 한국세계선교협의회가 발표한 한국선교 현황에 관한 보고서에 따르면 한국교회가 전 세계에 파송하고 있는 선교사의 수는 총 6,578가정에 11,614명이며 이 가운데 남자는 5,259명(47%)이고 여자는 5,928명(53%)인 것으로 나타났다. 가장 많은 선교사가 파송된 지역은 동아시아로 2,430명(22%)이 사역하고 있고, 다음으로 동남아시아에 1,733명(15%), 그다음은 유럽으로 1,451명(13%), 그리고 중앙아시아 800명(7%), 중남미 734명(6.3%), 아프리카 728명(6.2%)으로 밝혀졌다.

---

36) "예민한 정치문제에 대한 교회개입 '부적절'," "권력과 거리두며 예언자 역할 감당 절실," <기독교신문>, 2010년 2월 28일.

이 외에 중동(648명), 서아시아(576명), 태평양·오세아니아(553명), 북아프리카(201명)에도 선교사들이 활동하고 있는 것으로 알려졌다. 선교사 가운데 목사 선교사는 7,279명(65%)이고 평신도 선교사는 3,906명(35%)으로 여전히 목사 선교사가 높은 비율을 차지하고 있는 것으로 나타났다. 또 선교사 가운데 2년 이상 된 장기선교사가 5,808가정에 10,473명(94%)으로 나타났다. 교단별로는 대한예수교장로회 합동이 1,124명의 선교사를 파송하였고, 다음으로 기독교대한감리회가 813명의 선교사를 파송했으며, 대한예수교장로회 통합이 760명의 선교사를 파송한 것으로 드러났다. 그 외 예장 개혁과 기침, 기성, 예장 대신, 기하성, 예장 합신, 예장 합동 정통, 기장 등의 순서로 선교사를 파송한 것으로 나타났다.[37]

한국기독교총연합회와 한국세계선교협의회에서 2006년 9월부터 12월 중순까지 전국 66개 교단 선교부와 290여 개의 선교단체를 대상으로 파송 선교사들을 조사한 자료에 따르면, 한인선교사들이 전 세계 173개국에서 16,616명이 사역하고 있는 것으로 발표되었다. 이 자료에 의하면, 한인선교사가 가장 많이 사역하는 나라는 중국(2,640명)이고, 다음은 미국(1,855명), 일본(1,099명), 필리핀(825명), 러시아(470명), 인도(452명), 인도네시아(433명) 순으로 나타났다. 선교사를 가장 많이 파송한 교단은 95개국에 1,700여 명의 선교사를 파송한 대한예수교장로회(합동)의 총회세계선교회(GMS)이고, 선교단체로는 86개국에 1,347명의 선교사를 파송한 대학생성경읽기선교회(UBF)이다.

한국세계선교협의회가 2009년 9월부터 12월까지 한국기독교총연합회(CCK) 및 한국세계선교협의회 회원 교단 선교부와 선교단체, 그리고 비회원 국내외교단과 선교단체를 대상으로 조사한 자료에 따르면 해외에 파송된 선교사의 수가 20,535명으로 나타났다.[38] 복음주의자 비율이

---

37) "1만1천여 한인 선교사 '맹활약'," <한국기독공보>, 2003년 5월 3일.

5% 이하이고 박해지역인 F3권이 39개국에 4,189명(18.9%), 5% 이하지만 박해지역이 아닌 F2권은 43개국에 5,075명(22.9%), 복음주의자 비율이 5% 이상 10% 이하인 F1권은 12개국에 4,062명(18.4%)이 파송되었고, 복음화율이 10~15%인 G1권은 2,878명, 복음화율 15.5% 이상인 G2권은 4,331명이 파송되었다고 밝혔다. 10대 파송 교단은 예장합동(99개국, 2,040명), 예장통합(84개국, 1,068명), 기감(67개국, 852명), 기하성(71개국, 834명), 기침(53개국, 635명), 예장대신(54개국, 436명), 예장백석(43개국, 418명), 예장합신(42개국, 335명), 기성(50개국, 318명), 예장고신(46개국, 302명) 등의 순으로 나타났다. 권역별 선교사 파송 현황에서는 아시아(12,485명), 아메리카(3,167명), 유럽(2,068명), 아프리카/중동(2,055명), 기타(본부, 수습, 안식, 순회선교사 등 1,595명), 오세아니아(760명) 순이었다. 10대 파송국가는 동북아시아(163개의 사역 단체 3,688명), 북미(1,718명), 일본(1,378명), 필리핀(1,285명), 인도(728명), 태국(622명), 러시아(612명), 인도네시아(597명), 독일(526명), 터키(482명) 등의 순으로 나타났다.[39]

위의 자료들을 비교해 보면 3년마다 약 5천 명가량의 선교사가 증가한 것으로 볼 수 있다. 한인 선교사 2만 명이라는 것은 미국 다음으로 선교사 파송 대국이 되었다는 것을 의미한다. 한국교회는 2020년까지 1백만 자비량 선교사역자를 세우고, 2030년까지 전 세계 10만 선교사를 파송할 계획을 세우고 있다.[40]

---

38) 추가로 2010년 1월 30일까지 20,840명의 선교사가 파송된 것으로 집계되었다.

39) http://www.missionews.kr/article.htm?_method=view&module_srl=54&no=20685.
   http://www.missionews.kr/article.htm?_method=view&module_srl=54&no=21622&PHPSESSID=efaf85fef0d6e056393ecb27d584c910.

40) 한국세계선교협의회(KWMA) 선교 통계정보에 따르면, 2020년 한국 선교사는 168개국에서 22,259명의 한국 국적의 장기 선교사가 활동하고 있는 것으로 집계되었

01 에딘버러 세계선교사대회와 한국교회

이런 선교 대국인 한국교회에 대해 한정국은 긍정적인 면과 보완할 점을 지적하고 있다. 먼저 긍정적인 면으로는 첫째, 선교대상 국가의 확대와 선교사 파송 규모의 세계적 수준으로의 증가이다. 둘째, 대규모 복음화 운동과 선교운동을 통한 동원과 그 영향이다. 셋째, 한국인의 기질적 특성인 모험, 개척, 불굴의 투지 등이 선교지의 장애와 서구 선교사의 상황적 제한성을 돌파하고 있다. 넷째, 해외 한인 디아스포라 교회들의 선교적 역할이 크다. 다섯째, 선교대상국의 전체 복음화를 고려한 선교가 전개되고 있다. 보완할 면으로는 첫째, 선교목표와 전략이 구체적으로 개발되어야 한다. 둘째, 한국교회의 선교 활성화가 필요하다. 셋째, 영적 성장과 질적 성장의 균형이 필요하다. 넷째, 선교시스템의 구축이 필요하다. 다섯째, 효율적인 선교협력과 네트워크 개발이 필요하다.[41]

에딘버러 세계선교사대회 국제분과위원회에 보고된 '모든 비기독교 세계에 복음 전달,' '선교지의 현지교회,' '타종교와 선교,' '선교사의 준비,' '자국내 선교,' '선교지 정부와의 관계,' '연합과 일치의 증진' 등의 과제를 우리의 선교 현실과 비교해 볼 때 '비기독교 국가에 복음을 전달'하는 문제는 한국 선교사 파송 자료에서 나타나듯, 한국은 이제 한인 선교사들이 아시아, 아프리카, 중동, 오세아니아 심지어 유럽과 아메리카까지 전 세계에 파송되어 있는 선교대국이 되었다.

'선교사의 준비'에 있어 한인 선교사들이 선교학을 충분히 공부하지 못하고 선교지로 떠난 경우가 많다. 준비 부족 결과 현지 문화와 부딪히기도 하고 적절한 선교방법을 잘 활용하지 못하기도 한다. 그러다 보니 과거 서양 선교사들의 실수를 반복하기도 하고 문화 충돌로 인한 문제가 발생하기도 한다. 선교사로서 철저한 준비가 필요하다. 아울러 현지

다. https://kwma.org/cm_stats/47233.

41) 한정국. "선교적 관점에서 본 한국 기독교 부흥 100주년 회고와 한국교회 미래 예측," 248.

문화를 비롯한 선교지에 대한 전반적인 선이해가 요청된다.

'선교지 현지교회'와의 관계는 지역에 따라 차이는 있겠지만 대체로 그리 밀접하지 않다. 본국 선교부 또는 교단이나 교회와 갖는 관계에 비해 현지교회와의 관계는 그리 깊지 않은 것이 현실이다. 언어문제도 있겠으나 현지교회와 보다 긴밀한 협조가 요청된다. '타종교와 선교' 문제에 있어 한국교회는 타종교 지역에 가서 선교하면서 타종교에 대한 이해나 타종교와 대화는 거의 없는 편이다. 이런 부분은 개선과 보완이 필요하다.

마찬가지로 '선교지 정부와의 관계'도 거의 없는 편이다. 특히 이슬람권이나 사회주의권에서는 정부와 관계를 갖는 것이 거의 불가능하다. 타종교 국가에서도 정부와 관계를 갖는 것이 그리 쉬운 일이 아니고 현지정부로부터 우호적인 대접을 받지 못하는 경우도 많다. 따라서 이 부분은 필요는 하지만 선교지 정부와 좋은 관계를 갖기 위해 좀 더 다각도로 연구할 필요가 있다.

'연합과 일치' 부분에 있어 선교지 분할정책과 연합대학의 설립이 그 내용이라 할 수 있다. 100여 년 전 한국에 들어온 선교사들도 선교지 분할 정책에 의해 서로 지역을 나누고 해당 지역에서의 선교에 매진하였다.[42] 아울러 서로 힘을 합치고 도움을 받으며 연합대학을 시도하기도 하였다. 현재 그리고 앞으로도 한국교회가 교단을 초월하여 서로 연합하여 협력하고 일치된 모습을 보이는 것이 필요하다.

---

42) 남장로회, 북장로회, 호주장로회, 캐나다선교부, 남감리회, 북감리회가 선교지역을 분할하여 선교하였다. 이영헌, 『한국기독교사』, 91-93, 민경배, 『한국기독교회사』, 156-161.

5. 한국 기독교 선교 200주년을 향한 과제

한국 기독교 선교 100주년을 맞이하며 제기된 문제점과 100주년 이후 현재까지 나타난 문제점들 가운데 몇 가지의 과제를 다루면 다음과 같다.

먼저 한국교회의 성장 정체와 반기독교 세력의 증가라는 두 가지 문제의 상관성을 고찰해 보면 목회자의 역할이 중요하다는 결론에 이르게 된다. 목회자의 역할이라는 것은 자질문제와 연결되는 사안이다. 위에서 지적한 대로 1984년 한국 기독교 선교 100주년에 즈음한 평가에서 한국교회의 과제로 목회자의 자질문제가 대두되었고, 바람직한 목회자상의 정립, 목회구조의 개선, 다원화 목회 등의 문제가 제기되었다. 목회자의 모습이, 비록 그것이 겉으로 드러나는 일부에 불과할지라도, 사람들에게 어떻게 비쳐지는가 하는 것이 교회 이미지와도 직결되어 일반인들이 기독교를 평가하는 잣대가 되기도 한다. 그러므로 한국교회가 바로 서기 위해서 목회자들이 먼저 인격적으로 성숙해야 할 필요가 있다. 목회자의 인격이 바르게 되어 있지 않으면 말씀에 권위가 없고, 또 지도력도 흔들리게 된다. 목회자들의 창조적 목회를 위한 폭넓은 인식전환과 인격 변화가 시급하다고 본다. 이것을 위해 목회자들의 윤리의식 회복이 중요하다. 인격적인 목회자의 모습을 통해 추락된 목회자의 존경심과 신뢰도가 회복되어야, 목회자들이 사회 선도에 주된 역할을 할 수 있으리라 본다.[43] 이렇게 하여 그동안 소홀했던 예언자직을 회복해야 할 것이다.[44]

---

43) 조은식, "한국교회 정체성을 극복하자," 42.

44) 교회 지도자들이 개인의 정치적 성향이나 이해관계, 교단의 관계성 등에 연관되어 정치문제에 너무 좌충우돌식 모습을 보이는 것은 결코 바람직하지 않아 보인다. 정치 이데올로기를 초월하여 미래지향적 관점에서 문제를 정확히 바라보고 하나님 나라의 관점에서 필요한 조언을 하고 기도하는 모습을 보이는 것이 절실하다.

다음으로, 우리는 교회가 이 세상에 왜 존재하는가 하는 질문을 하게 된다. 에밀 부르너의 말처럼 교회는 선교하기에 존재한다. 교회는 세상 속에 존재하고 그 세상에서 빛과 소금의 역할을 한다. 그런데 교회와 세상을 이분적으로 구분하여 교회를 세상과 다른 곳에 존재하는 것으로 여겨왔던 것이 사실이다. 그래서 교회의 지역사회와의 관계에 소홀했고, 교회의 사회적 역할에 대해서도 무관심했던 것이 사실이다.

한국교회가 그랬다. 내 교회만 성장하면 된다는 개교회주의가 팽배했고, 교단분열로 인한 신학교 난립이 교회의 모습을 추하게 만들었다. 사회에서의 지방색과 파벌주의가 교회 안에서도 그대로 존재했다. 교회의 세속화는 기독교인과 비기독교인을 구별하기 어렵게 만들었다. 세상에서는 도시와 농촌의 양극화 현상이 과제로 남아 있는데, 교회에서도 도시교회와 농촌교회 사이의 양극화 현상이 미완의 숙제로 남아 있다. 거기에 줄어들지 않고 증가하는 사이비 종교의 활동은 교회 이미지를 더 부정적으로 만들고 있다.

이런 교회와 관련된 문제들의 해결을 위해 먼저 한국교회는 교회의 정체성을 회복해야만 한다. 교회가 물량주의의 본산으로 비쳐지고 치부의 문제가 있는 곳으로 보인다는 것은 심각한 문제가 아닐 수 없다. 대형교회 그 자체가 잘못된 것은 아니다. 문제는 청지기직이다. 즉 어떻게 선교를 위해 교회의 자원을 사용하느냐 하는 것이다. 가난한 자를 위한 손길, 병든 자를 위한 기도 등 교회의 이웃을 위한 구제 사역을 좀 더 본격화하고 활성화할 필요가 있다. 또 교회는 교인들이 부유하건 가난하건 간에 그리스도 안에서 평등과 일치를 보여주어야 한다. 왜냐하면, 교회는 신자들의 공동체이기 때문이다. 그러므로 교회는 가난한 자와 소외된 자 모두와 함께 하는 교회가 되어야 한다. 그리스도가 모든 사람을 위하여 존재하듯 교회도 그러해야 하는 것이다.

또한, 교회의 아름다운 전통과 미덕을 교회 안에 싸매어 둘 것이 아니라 지역사회와 공유할 수 있어야 한다. 교회성장의 대책에 대한 기준의 하나는 그 교회가 사회에서 하나님의 선교에 관계하고 있는지의 여부이다. 교회는 사회봉사를 위해 지도력을 발휘해야 한다. 왜냐하면 지역사회 참여와 사회봉사는 교회의 중요한 역할이기 때문이다. 여기에 복음화는 가장 효과적인 사회개혁 수단이다. 사회활동의 참여는 교회의 추락한 위상을 회복시켜줄 것이다. 그러므로 한국교회는 사회적 책임을 무시하지 말고 오히려 적극 참여하는 모습을 보여야 한다.

도시교회와 농촌교회 사이의 양극화 현상을 줄이는 길 가운데 하나는 도시교회와 농촌교회 간의 자매결연을 갖는 것이다. 넉넉한 교회는 그들의 자원을 농촌에 있는 재정적으로 약한 교회에게 나누어주어야 한다. 남에게 보이기 위한 사업보다 재정이 약한 교회를 돕는 것은 나눔이라는 구제 차원에서 또 교회 간의 협력 차원에서 귀한 일이라고 본다. 농촌교회 목회자 자녀들이나 교인 자녀들에게 장학금을 지급하는 일도 미래를 위한 좋은 투자라고 생각된다. 중고등부나 대학 청년부의 수련회를 농촌교회에서 하며 농촌교회를 돕는 것도 하나의 방법이다. 또 농촌교회에서 여름성경학교를 돕는 일도 농촌교회의 존재감을 심화시키는 바람직한 협력이다. 뿐만 아니라 농촌교회 지도자들을 초청하여 목회 세미나에 참석하게 하고 필요한 도서를 제공해 주는 일도 농촌 목회의 질적 향상을 위해 필요한 일이다. 이것이 하나님의 나라를 위한 가치 있는 목회라고 생각한다.

끝으로, 한국교회가 선교대국이 되었다고 하지만 선교적 발전이 더욱 내실을 기하기 위해서는 선교사 선발, 교육, 파송, 관리, 후원, 선교지 교단과의 협력 등 제도적인 면의 보완이 요청된다. 그것은 아직도 한인 선교사들의 사역이 과거 서구 선교사들의 과오를 반복하는 경우가 많고,

선교지의 문화에 대한 이해 부족, 선교사들의 윤리문제 등이 계속 제기되고 있기 때문이다.[45]

결론적으로 한국 기독교 선교 200주년을 향해 적어도 우리의 역사관, 교회관, 선교관을 바르게 정립하고 교회의 정체성을 세워 나가며, 주어진 소명을 바로 깨달아 건전하고 미래지향적 목회철학을 마련하는 일이 시급하다. 그럴 때 교회의 과제를 감당할 기본적 토양이 마련될 것이다.

---

45) 2010년 5월 31일 개최된 한국세계선교협의회 대표자 회의에서 선교윤리위원회는 경과보고를 통해 선교사들의 윤리 사건으로 한국선교 이미지가 실추하고 있는 점을 감안해 적절한 대응과 처리가 시급하다는 데 의견을 모았다.
<국민일보>, 2010년 6월 1일, http://news.kukinews.com/article/view.asp?page = 1&gCode = kmi&arcid = 0003768051&cp = du.

참고문헌

김인수.『간추린 한국교회의 역사』. 서울: 한국장로교출판사, 1998.

스티븐 니일.『기독교 선교사』. 홍치모, 오만규 공역. 서울: 성광문화사, 1979.

대한예수교장로회 한국교회 100주년 준비위원회.『한국교회 100주년 선교대회 보고서』. 서울: 양서각, 1983.

대한예수교장로회 총회.『한국교회 100주년 기념사업 종합보고서』. 서울: 보이스사, 1985.

민경배.『한국기독교회사』. 서울: 대한기독교서회, 1980.

박용민.『차트 선교학』. 서울: 기독교문서선교회, 2001.

연세대학교 연합신학대학원·신과대학. <제1회 연신원 목회자 신학세미나 강의집> 1981.

이영헌.『한국기독교사』. 서울: 컨콜디아사, 1982.

한국기독교사연구회.『한국기독교의 역사 I』. 서울: 기독교문사, 1989.

한국기독교사연구회.『한국기독교의 역사 II』. 서울: 기독교문사, 1990.

한미준·한국갤럽.『한국교회 미래 리포트』. 서울: 두란노, 2005.

에이든 토저.『예배인가 쇼인가』. 이용복 옮김. 서울: 규장, 2004.

김인수. "한국 개신교 100년의 회고와 과제,"『한국교회 100주년 기념사업 종합보고서』. 서울: 보이스사, 1985, 430 - 431.

문상희. "한국교회 100주년과 교회갱신의 과제," <제1회 연신원 목회자 신학세미나 강의집> 1981, 16 - 29.

이원규. "한국교회 성장운동의 재평가,"『목회와 신학』. (1990년 2월): 67 - 75.

조은식. "한국교회 정체성을 극복하자,"『월간목회』. (2003년 10월): 38 - 43.

_____. "선교신학 연구의 쟁점과 전망,"『기독교학의 과제와 전망』. 서울: 숭실대학교 출판부, 2004, 251 - 274.

한정국. "선교적 관점에서 본 한국 기독교 부흥 100주년 회고와 한국교회 미래 예측," 『2007 한국교회 대부흥 100주년 기념 선교전략포럼 논총』. 2007. 한국교회대부흥 100주년기념사업위원회 선교분과위원회 엮음, 2007, 246 −262.

Cho, Eun Sik. "Korean Church Growth in 1970s: Its Factors and Proble ms" in *Asia Journal of Theology*. Vol. 10, No. 2. 1996: 348−362.

Han, Chul−Ha. "Involvement of the Korean Church in the Evangelization of Asia" in *Korean Church Growth Explosion*. Seoul, Korea, Taiwan, R.O.C.: Word of Life Press & Asia Theological Association, 1983, 51 −68.

Kim, Byung−suh. "The Explosive Growth of the Korean Church Today: A Sociological Analysis" in *International Review of Mission*. January 1985, 74:59−72.

Park, Keun−Won. "Evangelism and Mission in Korea: A Reflection from an Ecumenical Perspective" in *International Review of Mission*. January 1985, 74:49−58.

Suh, David Kwang−Sun. "American Missionaries and a Hundred Years of Korean Protestantism" in *International Review of Mission*. January 1985, 74:6−18.

"1만1천여 한인 선교사 '맹활약'," <한국기독공보>. 2003년 5월 3일.

<한국기독공보>. 2010년 5월 4일, http://www.pckworld.com/news/artic leView.html?idxno=46814

"아프간 집회 현지 선교사들도 반대…'위험 크고 선교에 지장'," <국민일 보>. 2006년 3월 17일.

"한기총도 아프간 집회 우려…주최측 인터콥에 안전문제 대책 마련 권고," <국민일보>. 2006년 3월 21일.

"아프가니스탄서 한국인 대상 테러계획 확인 정부, 기독평화축제 취소 요청," <국민일보>. 2006년 3월 27일.

"아프간 평화축제 준비 중인 인터콥 최바울 본부장 '우리 내부 반대가 문제'," <국민일보>. 2006년 3월 31일.

"아프간 선교대회 개최 기독 네티즌 찬·반 논란…위험 경고," <국민일보>.

2006년 4월 3일.

"인터콥 평화축제 사실상 무산," <한국기독공보>. 2006년 4월 15일.

"CCC, 아프간 사역자 일시 철수," <국민일보>. 2006년 4월 24일.

"정부, 아프간 평화행사 연기 공식요청," <국민일보>. 2006년 6월 16일.

"'평화축제' 결국 무산," <한국기독공보>. 2006년 8월 12일.

"공격적 선교방식 버리고 참된 이웃사랑 나서야," <크리스찬신문>. 2006년 8월 21일.

<사설> <국민일보>. 2007년 7월 22일.

<연합뉴스> 2007년 7월 22일.

<사설> <한겨레 신문>. 2007년 7월 23일.

<사설> <조선일보>. 2007년 7월 23일.

<중앙일보>. 2007년 7월 23일.

<연합뉴스> 2007년 7월 28일.

<사설> <국민일보>. 2007년 7월 29일.

<동아일보>. 2007년 8월 14일.

"막나간 네티즌...'피랍자 죽여라' 탈레반에 메일까지," <조선일보>. 2007년 8월 11일, http://news.chosun.com/site/data/html_dir/2007/08/11/2007081100062.html.

<동아일보>. 2007년 8월 11일, http://www.donga.com/fbin/output?f=c_s&n=200708110078&main=1.

<경향신문>. 2007년 7월 30일.

"서울 거리 누비는 '反국기독 광고' 교계 '도 넘은 비판... 강력 대응'," <국민일보>. 2010년 2월 8일.

<국민일보>. 2010년 6월 1일. http://news.kukinews.com/article/view.asp?page=1&gCode=kmi&arcid=0003768051&cp=du.

http://www.missionews.kr/article.htm?_method=view&module_srl=54&no=20685.

http://www.missionews.kr/article.htm?_method=view&module_srl=54&no=21622&PHPSESSID=efaf85fef0d6e056393ecb27d584c910.

"예민한 정치문제에 대한 교회개입 '부적절'," "권력과 거리두며 예언자 역할 감당 절실," <기독교신문>. 2010년 2월 28일.

한국세계선교협의회. 통계자료: 2020년도 선교사 파송 집계. 2021년 2월 26일.
　　https://kwma.org/cm_stats/47233.

02

한국교회의
선교정책 비교

02

한국교회의 선교정책 비교[1]

1. 들어가는 말

한국에 처음 들어온 선교사는 독일인 귀츨라프(Karl Friedrich August Gützlaff)로 그는 1832년 7월 한국에 들어왔다. 그 후 영국인 토마스 (Robert J. Thomas) 선교사가 한국에 들어오려다 1866년 9월 2일 평양 대동강변에서 순교하였다. 스코틀랜드 연합장로교회에서 중국으로 파송된 로스(John Ross) 선교사가 1874년 10월과 1876년 4월 말 고려문을 방문하였다.[2] 맥클레이(Robert S. Mcclay) 선교사가 1884년 6월 한국을

---

1) 이 글은 2014년 4월 19일 개최된 <제10회 개혁주의생명신학회 정기학술대회>에서 발표한 논문을 보완하여 게재한 "한국교회의 선교정책 비교: 파송 및 선교행정을 중심으로," 『한국기독교신학논총』, 제94집(2014): 301-329의 내용을 수정한 것이다.

2) 귀츨라프 선교사는 1832년 7월 17일 황해도 백령도 부근에 상륙하였고, 25(23)일 충청도 홍주만 고대도 안항에 도착하여 전도 문서와 성서를 나누어주었다. 그 후 토마스 선교사는 1865년 9월 13일 황해도 창린도 자라리 근포에 도착하여 복음서 16권과 역서 1권을 도민에게 전해주었고, 1866년 9월 2일 평양 양각도 옆 쑥섬에서 순교하였다. 로스 선교사는 1874년 10월 9일 고려문 여행을 하며 백홍준의 부친을 만나게 되었고, 1876년 4월 말 다시 고려문 여행을 하며 이응찬을 만나게 되었다. 백락준, 『한국개신교사 1832-1910』(서울: 연세대학교출판부, 1979), 40-48, 49-53; 김양선, 『한국기독교사연구』(서울: 기독교문사, 1971), 41-46; 한국기독교사연구회, 『한국 기독교의 역사 I』(서울: 기독교문사, 1989), 129-156.

방문하여 교육과 의료를 통한 선교사역을 할 수 있도록 허가를 받은 이후 한국에 상주한 첫 선교사는 미국 북장로교회의 알렌(H. N. Allen)으로, 그는 1884년 9월 20일 제물포에 도착하여 미국공사관 소속의 공의로 활동을 시작했다. 1885년 4월 5일 미감리회의 아펜젤러(H. G. Appenzeller)와 북장로회의 언더우드(H. G. Underwood)가 제물포항에 도착함으로 한국선교가 본격적으로 시작되었다.[3]

이제 공식적으로 한국에 선교사가 들어온 지 140년이 되어간다. 그동안 한국교회는 세계에서 그 유례를 찾아볼 수 없을 정도의 큰 성장을 하였다. 특히 한국 역사에 있어 암울하던 20세기 초 한국인들은 1907년 한국교회 대부흥 운동을 통해 소망을 갖기도 했다. 한국교회는 1907년 대부흥 운동을 경험하며 한국토양에 뿌리를 내리기 시작했다.[4] 그 당시 1907년 한국교회 대부흥은 세계교회의 이목을 집중시키는 사건이었다.

1910년 이후 1945년까지 일본 제국주의의 압제와 탄압 아래에서도

---

3) 맥클레이 선교사는 1884년 6월 24일부터 7월 8일까지 2주일 동안 한국을 방문하여 김옥균을 만나 한국에서 선교사역을 할 수 있도록 국왕에게 탄원서를 제출하였다. 미국 공사 푸트(Foote)는 의료선교사 알렌이 선교사의 신분에 제약이 있다고 여겨 공사관 공의로 임명하였다. 언더우드와 아펜젤러, 그리고 스크랜튼 부인(Mary F. Scranton)은 교육선교사로, 스크랜튼(W. B. Scranton)은 의료선교사로 선발되었다. 1885년 5월 1일 스크랜튼이 입국하였고, 6월 21일 북장로회의 의료선교사 헤론(J. W. Heron)이 도착하였다. 1885년 말 중국에서 활동하던 영국성공회 선교회에서 중국인 두 명을 부산에 파송하였고, 울프(J. H. Woolfe) 주교가 1887년 한국을 방문하였다. 그 영향으로 오스트레일리아 장로교회에서 한국선교에 관심을 두고 1891년 10월 선교사를 파송하였고, 미국 남장로교는 1892년 한국선교를 시작하였다. 미국 남감리회의 한국선교가 1896년 5월 시작되었고, 캐나다장로회는 1898년 한국선교를 시작하였다. 동양선교회의 한국선교가 1907년 시작되었고, 구세군은 1908년부터 한국선교를 시작하였다. 러시아정교회는 1898년 한국에 진출하였고, 안식교회가 1904년 한국인들에 의해 유입되었다. 김양선, 『한국기독교사연구』, 63-70; 한국기독교사연구회, 『한국 기독교의 역사 I』, 174-191.
4) Eunsik Cho, "The Great Revival of 1907 in Korea: Its Cause and Effect," in *Missiology*, vol. XXVI, no. 3(July 1998): 289-300 참조.

한국교회는 생존했으나 신사참배 문제로 분열되었다. 해방 이후 한국 기독교는 1950년 6.25 전쟁을 통해 이념갈등 가운데 있었고, 1970년대 경제성장과 더불어 한국교회는 괄목할만한 성장을 이루어냈다. 이 시기 대형집회를 통해 한국교회는 그 위상을 드러냈고 안정적 성장궤도에 진입하게 되었다.[5] 1970년대 한국교회에는 성장과 더불어 대형화, 개교회화, 현세 축복 강조 등의 현상이 나타났다.[6] 그러나 한국교회는 1980년대 중반부터 성장둔화를 경험하기 시작했고, 1990년대에 들어서며 한국교회는 침체하게 되었다. 현재 한국교회는 성장이 멈추어 버렸고, 성장하는 교회는 대체로 수평 이동에 대한 반대급부이지 초신자 등록으로 인한 성장과는 거리가 멀어 보인다.

한국교회는 초기부터 선교사를 파송하는 귀한 사역에 참여해왔다. 한국장로교의 경우 노회가 조직되면서 전도국을 설치하여 이기풍 목사를 제주도에 파송하였다. 대한노회가 1907년 창립되면서 1909년 한석진 목사가 일본 유학생들을 위한 선교사로 동경에 파송되었다. 대한노회는 1909년 최관흘을, 대한감리교연회는 1912년 손정도를 해삼위에 파송함으로 시베리아 선교를 시작하였다. 감리교는 1908년 이화춘 전도사를 북간도에 파송함으로 만주 선교를 시작하였고, 장로교 대한노회 평북대리회는 1910년 김진근 목사를 서간도 지역으로 파송하였다. 1912년 장로교 총회가 조직되면서 첫 사업으로 중국 산동에 선교사역을 시작하여, 1913년 총회는 김영훈, 사병순, 박태로 목사를 산동 선교사로 임명하였다. 장로교 총회는 1921년 송병조 목사를 상해에 파송하여 선교사역을

---

5) 1945년부터 1980년까지의 기간에 여섯 번의 대형 복음화 집회가 있었다. 1945년의 3백만 구령 운동, 1965년의 3천만을 그리스도에게로, 1973년의 빌리 그레헴 전도대회, 1974년의 엑스플로 '74, 1977년의 '77 민족 복음화 대성회, 그리고 1980년의 '80 세계 복음화 대회 등이 그것이다.

6) Eun Sik Cho, "Korean Church Growth in 1970s: Its Factors and Problems," in *Asia Journal of Theology*, vol. 10, no. 2(October 1996): 348 – 362 참조.

진행하였다. 남경 선교사역이 1922년부터 시작되었고, 북경 선교사역은 1923년 김광현 목사에 의해 시작되었다. 몽골선교는 1925년 감리교 최성모 목사에 의해 시작되었다.[7] 이런 과정과 더불어 한국교회는 선교하는 교회로 성장하였다.

한국교회의 선교 역사는 짧지만, 선교의 열정과 선교사의 수는 세계 상위를 차지하고 있다. 한국세계선교협의회(KWMA)와 한국선교연구원(kriM)의 발표에 의하면 2020년 12월을 기준으로 168개국에 2만2,259명의 선교사를 파송한 것으로 조사되었다.[8] 한국은 선교사를 받는 나라에서 선교사를 보내는 나라로 전환되고 있다. 그러나 선교정책은 아직도 체계가 덜 잡혀있고, 선교정책이 세워져 있어도 아직은 규정대로 실행되고 있지 않은 경우가 많다. 심지어 이미 서구 선교사들이 잘못된 선교정책이라고 자인하고 개선하려는 것들을 우리는 아직도 반복하고 있는 것이 현실이다. 선교정책은 구체적이어야 하고 현장의 상황을 잘 반영해야 하며 미래지향적이어야 한다. 선교강국으로 세계교회를 이끌려면 각 교단 선교부는 선교정책을 보완하여 실행 가능한 합리적인 정책으로 발전시킬 필요가 있고, 선교사들은 그 정책을 실천하려는 의지가 있어야 한다.

따라서 이 논고에서는 한국교회의 여러 교단 교회 가운데 지면의 제한으로 네 개 교단 감리교(기감), 성결교(기성), 장로교(통합), 침례교(기침)를 임의로 선정했다. 그리고 각 교단의 선교학자 또는 선교담당자에게 선교정책에 대한 질문지를 보내 답안을 작성하게 하였다.[9] 질문지는

---

7) 김양선, 『한국기독교사연구』, 102, 108 – 109, 139, 140 – 144.

8) "한국교회 168개국에 2만2,259명 선교사 파송," <국민일보>, 2021년 3월 1일. http://news.kmib.co.kr/article/view.asp?arcid=0924180537&code=23111117 &cp=nv. 각국 파송 선교사의 수를 그 나라 GNP와 연관을 지어 말하기도 한다. 우리나라의 경우 GNP가 2만 달러를 넘어서며 파송 선교사의 수도 2만 명이 넘어섰다고 본다.

필자의 선교사 경험과 평소 선교사들과의 교제를 통해 중요하다고 생각되었던 문제들을 중심으로 구성하였다. 회수된 답안지를 기초로 필자가 경험한 미국장로교(Presbyterian Church(U.S.A.)) 선교정책과 더불어 비교하며 발전방향을 찾아보겠다.

2. 선교사 선정 방법

선교사 선정 방법에 있어서 "각 교단에서 선교사 선정을 어떻게 할까? 선교를 나가고 싶은 개인의 자원으로 선정하는가? 선교지 현지교회나 교단의 요청으로 그 자리에 적합한 인물을 선정하는가? 또 선교사 선정 시 공개적으로 하는가, 아니면 소개나 추천, 학연이나 지연 등에 따라 하는가?" 하는 질문에 대한 답을 중심으로 정리하면 다음과 같다.

감리교의 경우, 개인의 자원으로 선교사가 되는 경우가 대부분이며, 필요에 따라 후원교회나 파송교회가 결정된다. 선교국을 통해 선교지 현지의 선교사 필요에 대한 요청이 들어오기도 한다. 간혹 교회가 파송할 선교사를 찾지만, 이런 경우는 극히 드물다. "선교사는 해당 교회나 기관에서 추천하여 선교국 선교사선발위원회의 인준을 받아 선발한다"(국외선교사 관리 규정 제3장 선교사의 선발과 파송 제5조 선교사의 선발 1항).[10] 선발 과정을 보면, 선교사 훈련을 먼저 받고 선교사로서의 허입을 심사받게 되어 있다.[11] 교단에서 선교사를 파송하지 않으면, 다시 말해 교단

---

9) 감리교는 감리교신학대학교 선교학과 교수인 박창현 박사, 성결교는 서울신학대학교 선교학과 교수인 박영환 박사, 장로교는 주안대학원대학교 선교학과 교수인 김종성 박사(PCK 총회세계선교부 선교교육원장 역임, 도미니카공화국 복음교단 선교 동역자), 침례교는 기독교한국침례회 해외선교회(FMB) 박경우 선교사를 통해 이재경 회장이 설문지에 응답해 주었다.

10) 박영환, 『한국교회 교단별 선교정책과 전략』(인천: 바울, 2006), 172.

11) 신방현, "선교사 인선," 『선교와 신학』, 28집(2011 가을): 19.

의 허가를 받지 못하면 선교사 인준을 받지 못한다. 그러나 교단 선교사가 아니라 개교회 목사를 교단 인준과 무관하게 파송하는 경우도 있다.

성결교의 경우, 시험을 통해 공개적으로 선교사를 선정한다. 선교지 요청에 따라 선교사를 선정하기도 한다. 동시에 소개를 받되 면접과 평가를 통해 선교사를 선정하기도 한다.

장로교의 경우, 개인의 자원으로 선교사가 되는 경우가 대부분이다. 개인적으로 소개 또는 추천을 받아 선교사를 선정하기도 하는데, 여기에 학연이나 지연이 연관된 상태에서 추천하기도 한다. 선교지에 있는 현지 교회나 교단의 요청으로 선교사가 선정되는 경우는 10% 미만이다. 선교사 복무규정에 따르면, 선교사 선발은 선교사분과위원회에서 선교지에 적합한 자를 선발하게 되어 있다(선교사 복무규정 제2장 선교사 선발).[12] 그러나 어느 정도 실천이 되고 있는지는 알 수 없다. 선교사 후보의 일반적 자격요건으로 "소명이 분명한 자로서 훌륭한 사역자로 검증을 받은 자, 대인관계가 원만하여 협력하여 일할 수 있는 성품을 가진 자, 스트레스를 잘 극복할 수 있는 자, 지도력이 있는 자, 언어 소통(영어)에 능한 자(토플 500 이상, 영어 회화 중급 이상) 등"으로 하고 있다(선교사 파송규정 시행세칙 제2장 선교사 선발). 그러나 이 시행세칙이 제대로 지켜지지 않고 있는 것이 사실이다. 선교사 선발은 1차 서류 심사와 2차 면접을 거쳐 후보자로 결정한다. 서류 심사를 통과한 후보자는 추천인 4명의 명단을 제출해야 한다. "최종 선발은 선교사 훈련 과정을 이수한 후 평가하여 합격된 자로 한다"(선교사 파송규정 시행세칙 제2장 선교사 선발 2-2-2항, 2-2-3항, 2-2-5항).[13]

침례교의 경우, 선교사를 공개적으로 모집하는데 여기에는 개인의 헌

---

12) 박영환, 『한국교회 교단별 선교정책과 전략』, 270.
13) 위의 책, 275.

신과 교회공동체의 요청이 모두 필요하다. 선교사 인선 과정으로 1차 면담 후 서류를 제출하여야 한다. 그리고 선교훈련을 마친 다음 인선위원회에서 선교사로 인준한다. 끝으로 이사회의 재가 후 행정절차에 따라 파송한다.[14]

미국장로교의 경우, 해외선교부(Worldwide Ministries Division)에서 선교지 현지 교단의 요청에 따라 선교사를 공개 모집한다. 모집할 때 직위(position), 사역 내용, 사역지를 공개하고 자격요건을 알린다.[15] 이렇게 하여 서류전형[16]과 심리검사, 그리고 면접을 통해 일차 후보자를 결정한다. 그리고 후보자를 선교지 현지 교단에 보내 현지 교단에서 선택하도록 한다. 그리하여 선택된 후보에게 통보함으로 최종 결정된다. 따라서 개인이 자원하거나 개교회가 파송하는 경우는 없다. 예외적으로 개교회가 파송할 경우 해외선교부가 인정할만한 사유가 있거나 선교사 후원 보장이 납득되어야만 가능하다. 그러나 일반적으로 선교사 선정과 관리 등의 모든 업무는 해외선교부에서 맡아서 한다.

한국교회의 경우 개인이 자원하여 선교사가 되는 경우가 많다. 공개적으로 선교사 모집을 하여 선정하는 교파도 있으나 투명성 여부는 알 수

---

14) "선교정책, 2. 인선과정," http://www.fmb.or.kr/new/fmb/f−mj.php.

15) 자격요건으로는 단순한 생활방식으로 살 수 있는 사람, 타문화 경험이 있는 사람, 언어습득 능력을 갖춘 사람, 전문적 경험이나 직위에 맞는 자격을 갖춘 사람, 기꺼이 헌신할 사람 등이다. "Mission Service Opportunities," WMD PCUSA.

16) 지원서와 추천서 2통을 모집부서에 제출한다. 모집부서는 지원자가 모집하는 선교사 직위에 적합한지 먼저 검토한다. 그런 다음 선교사를 요청한 기관에 맞는 재능이나 기술이 있는지를 살펴본다. 적합하다고 판단되면 일차 전화 인터뷰를 한다. 모든 서류가 구비된 후 여러 부서와 파트너 기관이나 교회가 함께 서류를 검토하여 적합하다고 판단되면 총회 선교부에 와서 면접을 보게 한다. 면접 후 모든 것이 적합하다고 판단되면 파트너 기관이나 교회에 추천한다. 파트너 기관이나 교회가 최종 결정을 하게 된다. 이 과정이 수개월 소요되므로 지원자는 사역하기 적어도 6개월 전에 신청하여야 한다. "Frequently Asked Questions by Applicants for Mission Service," WMD PCUSA.

없다. 대부분 자기 선교사를 선호하여 개교회 중심의 선교사를 원하는 경우가 많다. 따라서 선교사 선정은 인맥이나 지연 등과 관련되어 있기도 하다. 이럴 경우 선교사의 자질 검증이 어렵고, 선교지에 적합한 인물인지에 대한 평가도 어렵고, 현지사역을 감당할 수 있는지에 대한 판단도 어렵다. 선교사 선정을 신중하게 하지 않으면 선교사역이 부정적인 방향으로 갈 수도 있다는 점을 자각하여야 할 것이다.

3. 선교지 선정 방법

선교지 선정 방법에 있어서 "선교지 선정은 선교지 현지교회나 현지교단의 요청으로 이루어지는가? 아니면 파송교회나 교단의 일방적 선택으로 이루어지는가? 그것도 아니면 선교사 개인의 요청으로 선정되는가?" 하는 질문에 대한 답을 중심으로 정리하면 다음과 같다.

감리교의 경우, 선교사 파송에 대한 시행세칙을 보면 선교사 파송 우선 지역으로 "1) 현지교회와의 선교협약에 따라 선교사 파송 요청이 있는 지역, 2) 현지 선교사회의 선교사 파송이 있는 지역, 3) 미전도 지역, 선교사 미 파송 지역, 4) 선교사 단독사역 지역, 5) 기타 선교국에서 정책적으로 추천하는 파송 지역"으로 정하고 있다.[17] 선교지 선정은 현지 선교사회와 협의하도록 한다.[18] 그러나 대체로 선교 지원자의 결정이 중요하게 작용하는데, 대부분 교회와 선교 지원자 사이의 관계를 통해 선교지가 정해진다. 때로는 파송교회에서 선교지를 선정하여 파송하는 경우도 있다.

성결교의 경우, 현지교회나 교단의 요청, 파송교회나 교단의 선택, 그

---

17) 박영환, 『한국교회 교단별 선교정책과 전략』, 177.
18) 위의 책, 178.

리고 선교사 개인의 요청 모두가 받아들여지고 있다.

장로교의 선교사 복무규정에 따르면, "선교사는 어느 곳이나 파송할 수 있으되 총회와 선교 협약을 맺은 교단 또는 총회가 인정하는 동역 교단 지역을 우선으로 한다"고 되어 있다(선교사 복무규정 제4장 선교사 파송 제12조).[19] 현지교회나 교단의 요청으로 선교지가 결정되는 경우는 극히 드물다. 가끔 파송교회가 선정하기는 하지만, 대부분 선교사 개인의 요청으로 선교지가 정해진다.

침례교는 교단의 파송정책과 부합하는 경우, 개인과 교회의 의사를 존중하여 결정한다. 그러나 본부의 정책에 반하는 경우, 미전도 종족과 필요한 지역으로 파송하게 된다. 선교사역지의 최종 결정권은 본부에 있다.

미국장로교의 경우, 현지 교단과의 관계(partnership)를 중시하여 현지 교단이나 기관의 요청에 따라 선교지가 결정된다. 미국장로교는 선교지를 절대로 일방적으로 선정하지 않는다.

한국교회의 선교지 선정은 감리교의 경우 선교지 선정을 현지 선교사회와 협의하도록 하고, 선교사 우선 파송지역을 "현지교회와의 선교협약에 따라 선교사 파송 요청이 있는 지역"으로 규정하고 있다. 장로교는 선교지를 "총회와 선교 협약을 맺은 교단 또는 총회가 인정하는 동역 교단 지역을 우선으로 한다"고 규정하고 있다. 규정에는 이렇게 되어 있지만 대체로 선교사가 결정하거나 파송교회가 지정하는 경우가 많다. 선교지는 선교지 현지교회나 교단의 필요를 고려하여 협의하여 결정하는 것이 바람직하다.

---

19) 위의 책, 270. 선교사 파송규정 시행세칙 제2장 선교사 선발 2-2-1-4항에 의하면, 선교지역을 현지교회(동역교회)와 협의하여 정한다고 되어 있다. 위의 책, 275.

4. 선교사역 결정

선교사역 결정의 주체가 누구인지 묻는 "선교지에서의 사역은 어떻게 결정하는가? 선교지 현지교회나 현지 교단의 요청으로 결정되는가? 아니면 파송교회나 교단이 결정하는가? 그것도 아니면 선교사 개인이 결정하는가?" 하는 질문에 대한 답을 중심으로 정리하면 다음과 같다.

감리교의 경우, 목회자 선교사로 파송 받을 경우 교회개척을 시작으로 선교를 하는 것이 일반적인 유형이다. 선교사역은 선교지에서 사역하면서 그 방향이 대부분 정해진다. 가끔 우물파기, 묘목심기 등과 같이 현지에서 특별히 요구하는 사항들은 예외적으로 선교사가 주도권을 갖고 사역을 하게 된다. 일반적으로 선교사가 선교사역을 제안하여도 파송교회가 우선권을 많이 갖는 편이다. 아울러 파송교회나 후원교회의 선교 후원 능력에 따라 그 사역의 범위가 결정되기도 한다.

성결교의 경우, 선교사의 개인사역 경험과 요청을 중심으로 교단이 절충안을 제시하기도 한다. 물론 현지교회와 교단의 요청도 있다.

장로교는 신학교 사역의 경우, 현지교회나 교단의 요청으로 사역 내용이 이루어지기도 하지만,[20] 대체로 파송교회가 사역 내용을 결정하거나 선교사 개인의 요청으로 사역 내용이 정해지기도 한다. 비율은 대략 반반 정도로 볼 수 있다.

침례교의 경우, 현지에서의 사역전략은 현지 교단의 요청과 선교사 개인의 은사를 존중하여 결정한다. 본부는 정책을, 전략은 현지에서 하도록 하고 있다.

미국장로교의 경우, 사역 내용은 현지 교단이나 기관이 요청하는 내용

---

20) 선교사 파송규정 시행세칙 제2장 선교사 선발 2-2-1-4항에 의하면, 사역의 내용을 현지교회(동역교회)와 협의하여 정한다고 되어 있다. 제5장 선교사의 복무 5-11 사역을 참조하라. 위의 책, 275, 277.

으로 정하여 그 사역에 적합한 선교사를 뽑게 된다. 따라서 선교지역, 선교사역, 선교사 이 세 요소는 하나로 엮여 있다고 볼 수 있다.

한국교회는 선교사역 선정을 파송교회가 정하여 선교사에게 그 사역을 맡기거나 선교사가 정하여 실행하는 경우가 대부분이다. 일부는 현지교단의 요청을 받아들여 결정하기도 한다. 선교사역은 일차적으로 현지에서 필요로 하는 것으로 정하는 것이 바람직하고, 선교사의 은사를 활용할 수 있는 것으로 정하는 것도 고려해 보아야 한다. 현지의 요구나 선교사의 은사를 배제한 채 파송교회가 일방적으로 사역의 내용을 정하는 일은 지양되어야 한다. 파송교회가 사역을 정할 경우 선교비 후원과 관련되어 실제적 선교보다 가시적 선교로 변질될 우려가 있다.

5. 선교사 훈련

선교사를 선정하여 선교지로 파송하는 일도 중요하지만 선교훈련 또한 선교사역을 위해 중요한 과정이다. 선교사 훈련에 대하여 "선교사 훈련의 내용은 무엇이고 그 기간은 얼마나 되는가? 선교훈련은 누가, 어디에서 실시하는가? 파송교회나 교단 또는 교단신학대학원에서 실시하는가? 아니면 현지교회나 교단에서 실시하는가?" 하는 질문에 대한 답을 중심으로 정리하면 다음과 같다.

감리교의 경우, 7개 위탁 선교훈련원(감신대 선교훈련원, 협성대 선교훈련원, 목원대 선교훈련원, 감리교 선교사훈련원(MMTC), 인천세계선교훈련원, 웨슬리선교훈련원, 국제선교훈련원)이 선교사 지원자들에 대한 교육을 담당하고 있다. 선교훈련원에서 1년 과정의 수업(2학기로 학기당 14주의 기본교과 과정으로 주당 5시간의 수업, 특강, 외국어 등)을 이수해야 한다. 현지적응 훈련프로그램(10일)도 이수해야 하는데, 현지 집중 합숙훈련(3주간)

으로 대체되기도 한다. 매년 6월과 7월 중에 선교사 지원자 집중훈련(1주일)을 이수해야 선교사로 파송받을 수 있다.

성결교의 경우, 교단 선교사훈련원에서 일괄 훈련을 시키고 있다.

장로교의 경우, 선교사 훈련은 총회에서 실시한다. 총회 세계선교대학 과정(12주)을 거쳐야만 선교사 지원서류를 제출할 수 있다.[21] 일반적으로 선교사 훈련은 매년 봄과 가을에 1개월 합숙을 하는데, 총회 세계선교대학(기본교육과정)을 이수하고 인선된 자를 대상으로 한다.

침례교의 경우, FMB는 12주(3개월)간의 선교사 공동체 훈련을 가진 후 평가하여 파송 여부를 최종결정한다.

미국장로교의 경우, 일차로 두 주일 동안 오리엔테이션을 받는다. 이 기간에 선교학 강의를 듣는 것과 그룹 성경 공부 이외에 다종교 상황을 대비한 타종교 단체 방문, 폭력과 정신적 외상에 대한 강의, 위급상황을 대비한 교육, 선교 파트너십에 대한 강의 등을 받고 총회에서 파송 예배를 드린다. 그리고 선교지에서 현지 교단이 운영하는 현지적응 훈련을 한 달 정도 받는다. 이 기간에 현지인 교회를 방문하고 현지인 가정에 머무르며 생활하면서 현지 생활을 익히게 된다. 이 기간이 끝나면 현지 교단에서 파송 예배를 드린다.

한국교회는 대체로 선교사 훈련을 교단 주관으로 실시한다. 선교사 훈련은 선교사가 기혼일 경우 온 가족이 같이 참여하는 것을 원칙으로 한다. 그래야 선교에 대해 이해하며 선교지에서 힘든 일을 겪어도 협력하고 격려할 수 있기 때문이다. 선교사 훈련이 통과의례가 되지 않도록 체계적이고 실제적인 커리큘럼을 구성하도록 하는 것이 좋다. 그러기 위해 선교지의 역사, 종교, 문화, 정치, 경제에 대한 이해를 높이도록 하여 현지 적응에 도움이 되도록 한다. 아울러 선교사 훈련을 통해 사명감을 고

---

21) 신방현, "선교사 인선," 20.

취하고 잠재된 은사를 발견하는 기회가 되도록 하는 것이 필요하다.

6. 선교비

선교사역을 위해 중요하면서도 예민한 부분이 선교비 문제이다. 선교비가 선교 사역비인지 아니면 선교를 위한 생활비인지에 대한 구분도 필요하다. 또 선교사가 선교비 모금을 해야 하는지 또는 해도 되는지, 아니면 파송교회나 교단 선교부가 선교비를 지급하는지에 대한 지침이 필요하다. 따라서 선교비와 관련하여 "선교비에 있어서 선교 사역비와 선교사 생활비에 대한 구분이 있는가? 선교비 모금에 대해 파송교회나 교단이 관리하는가, 아니면 선교사 개인의 알아서 하는가? 선교비(생활비)는 지역적 물가를 고려한 차등이 있나? 아니면 모든 지역이 동일한가? 선교비에 자녀교육비, 보험, 연금 등이 포함되는가? 선교비는 평균 얼마로 책정되어 있나?" 하는 질문에 대한 답을 중심으로 정리하면 다음과 같다.

감리교의 선교 후원 및 재정에 대한 시행세칙에 의하면, "선교비 모금은 믿음 선교(faith mission)의 정신에 따라 선교사 지원자 또는 후원교회에서 모금하며 선교국은 선교후원자 연결을 지원한다"라고 되어 있다.[22] 파송 받을 선교사와 파송교회 또는 선교회 사이에 체결되는 선교사 계약서의 선교사를 위한 재정지원 항목에 의하면, 선교사 후원 예산은 교회에서 조성하는 것을 원칙으로 하고, 선교 후원비나 지정 헌금은 교회에 보고하게 되어 있다. 선교비에는 생활비, 선교활동비, 자녀교육비, 퇴직적립금 등이 포함되어 있고, 보험 가입도 해 주는 것으로 되어 있다.[23] 그러나 계약서와 실제로 지급되는 재정지원은 파송교회와 선교

---

22) 위의 책, 180.

회의 재정 상태와 의지에 따라 상이하다. 선교비 모금의 투명성과 선교 후원 송금 창구를 선교국으로 단일화하는 것을 기본 원칙으로 하고 있으나 실행 여부는 불확실하다.[24] 사실 선교비 모금은 파송교회나 교단보다는 선교사 개인이 알아서 하게 되는데 선교사 개인의 능력에 따라 다르게 나타난다. 선교비는 월평균 2천 달러이고 지역에 따라 선교사 생활비는 다르다.

성결교의 경우, 선교사의 사역비와 생활비가 구분되어 있다. 선교비 모금은 교단이 관리한다. 선교비는 차등이 있으나 지역에 따라 거의 동일하다. 선교비에는 자녀교육비와 보험 및 연금이 포함되나 일부는 실비 처리하기도 한다. 특히 자녀교육비는 실비로 지급된다. 선교비는 평균 250만 원에서 300만 원으로 되어 있다. 선교비에 편차가 있는 것은 사실이다.

장로교의 재정정책에 의하면,[25] 후원교회가 선교비를 지원하되 총회 세계선교부로 송금하여 후원 창구를 일원화하는 것을 원칙으로 하고 있다(선교사 파송규정 시행세칙 제8장 선교사 후원).[26] 따라서 선교사가 선교 후원비를 직접 모금하여 수령할 수 없고 총회를 거쳐 후원회가 선교사에게 송금하게 되어 있다. 개인적으로 받은 선교비는 총회세계선교부에 보고하고 송금하도록 한다(선교사 파송규정 시행세칙 제5장 선교사의 복무 5-8-1항).[27] 그러나 현실적으로는 개인이 알아서 선교비 모금을 하기도 하고, 선교 후원비가 선교사 개인 계좌로 직접 송금되기도 한다. 이런 일로 인해 총회가 선교비 투명성과 적절성을 위해 관리 감독을 하려

---

23) "국외선교사 관리 규정 제4장 재정 후원과 복지"를 참조하라. 위의 책, 172.
24) 박영환, 『한국교회 교단별 선교정책과 전략』, 180.
25) http://www.pckwm.org/
26) 박영환, 『한국교회 교단별 선교정책과 전략』, 279.
27) 위의 책, 277.

고 함으로 선교사와의 갈등이 존재한다. 선교사 복무규정에 따르면 선교비는 생활비와 사업비로 구분되는데 생활비에는 숙식, 주택, 자녀교육, 차량 운영비, 후생비가 포함되고 1,800달러를 기준으로 하지만 지역과 형편에 따라 가감 조절을 한다. "선교지의 경제 상황에 따라서 생활비는 선교부의 지도에 따라 매년 조정할 수 있다."(선교사 복무규정 제8장 선교사 후원 제37조 3항) 사업비는 선교사업을 위해 별도 모금한 금액으로 사업계획서를 선교부에 제출하여 승인을 받아야 하고 사업 결과를 필히 보고하여야 한다(선교사 복무규정 제7장 재산과 선교비 제32조).[28]

침례교의 경우, FMB는 모금의 일차적 책임은 본인이 담당하며 모금된 금액도 경비 제외 후 해당 개인에게 다 지급한다. 기본적인 생활비의 2/3가 모금되어야 출국할 수 있고 선교비에 자녀교육비, 보험, 연금이 다 포함되어 있다. 선교비는 싱글 월 50만 원 이상, 부부 100만 원 이상, 자녀가 있는 경우 150만 원 이상을 최저 모금액으로 하고 있다. 목적헌금은 별도로 관리하고 행정비 공제 없이 전액 해당 목적에 사용하도록 한다.

미국장로교의 경우, 선교부에서 선교비를 지원한다. 선교비에 생활비와 보험과 연금이 포함된다. 개인 모금은 허용되지 않는다. 선교 활동을 위해서는 선교 계획서와 예산서를 선교부에 제출하여 허락되면, 모금하되 모금액은 선교사 개인에게 하는 것이 아니라 선교부로 입금이 된다. 선교부에서 입금된 선교비를 선교사에게 지출하고 결산보고를 받는다. 선교사가 설교해도 선교사 윤리규정(Ethical Code)에 따라 사례비를 $100 이상 받지 않는 것을 원칙으로 한다.

선교에 있어 항상 문제가 되는 부분은 선교비이다. 이것은 해결되기 어려운 문제로 지속적인 과제로 남아 있다. 선교사 후원에 있어서 생각

---

28) 위의 책, 272–273.

해 볼 것은 기본적으로 '누가 후원하는가,' '어떻게 후원하는가,' '얼마나 후원하는가,' '무엇을 후원하는가' 등이다.[29] 실제로 선교비라는 것이 생활비인지 사역비인지 그 구분이 모호할 때가 많다. 이것에 대한 구분을 명확히 해 주는 일이 필요하다. 선교비 문제에서는 분명한 원칙과 그것을 지키려는 의지, 투명한 관리가 우선되어야 한다. 선교사 개인 모금을 허용하는 경우, 선교부가 이것을 관리 통제할 수 없다. 그러나 선교부나 후원교회에서 선교비 일체를 책임질 경우, 선교사의 개인 모금은 자제되어야 한다. 무엇보다 선교비 모금으로 인한 문제가 발생하지 않도록 해야 한다.

7. 선교사 관리

선교사를 파송하는 일도 중요하지만 더 관심을 갖고 다루어야 할 부분은 선교사가 선교지에서 주어진 사역을 잘 감당하고 있는지, 어려움은 없는지, 어려움이 있다면 어떤 것인지 등을 파악하는 일이다. 종합적인 선교사 관리에 대하여 "선교사역에 대한 종합적 관리평가는 어떻게 하는가? 선교사의 영성에 대한 관리는 어떻게 하는가? 현지교회 대표나 현지 교단장의 평가를 고려하는가?" 하는 질문에 대한 답을 중심으로 정리하면 다음과 같다.

감리교의 경우, 기독교대한감리회 본부 선교국 내에 선교사 관리부가 있으며 부장 1명과 과장 1명이 파송 선교사들에 대한 행정 관리를 하고 있다. 선교사 계약서에 의하면 선교사들이 최소 1년에 3회 이상 선교사 보고서를 선교국과 연회 그리고 파송교회에 하게 되어 있으나, 보통 1년에 최소 1회는 보고해야 한다. 늦어도 연말 또는 다음 해 1월 말까지는

---

29) 이희수, "효율적인 선교사 후원," 『선교와 신학』, 28집(2011 가을): 120.

보고하게 되어 있다.

선교사역에 대한 종합적 관리평가는 교단 선교국 관할 해외 선교부장이 담당한다. 기독교대한감리교회의 파송 선교사는 기독교대한감리회의 이름으로 파송을 받지만, 선교사 생활 및 사역에 대한 대부분의 후원이 소속된 교회와 선교회의 영향 아래에 있기 때문에, 선교사역에 대한 종합적 관리평가는 실제로 선교국이 아닌 파송교회나 선교회가 담당한다. 선교사나 사역과 관련되어 문제가 발생하지 않는 한 선교국에서 직접 개입하지 않는다. 현지교회 대표나 현지 교단장의 평가는 거의 고려하지 않는 편이다.

선교사의 영성에 대한 관리는 일반적으로 선교국 주관으로 이루어지지만, 개인의 영성에 대한 관리는 철저하게 선교사 개인이 해결해야 한다. 다만 심리적 상담이 필요할 경우, 선교국을 통해 상담 기관을 소개받을 수는 있다.

성결교의 경우, 교단에서 관리하며 평가자가 순회하며 종합적으로 처리하고 있다. 영성에 관해 고민하고 있으나 아직까지 특별한 대책은 없다. 단지 은퇴한 목회자가 순회 선교를 통해 영성을 지도하며 상담을 받고 있으나 결과는 미비하다. 물론 현지교회 대표나 교단장의 평가는 받고 있다.

장로교의 경우, 선교사는 부여된 임무에 따라 활동한 결과를 3개월마다 파송 후원자와 선교부에 서면으로 보고하게 되어 있다. 아울러 선교사의 약정된 임기가 끝났을 때 선교사역에 대한 평가서를 선교부가 총회에 제출하여야 한다(선교사 복무규정 제5장 선교사의 복무 제16조, 제25조).[30]

침례교의 경우, 선교사역에 대한 종합적 관리평가는 매년 12월~1월

---

30) 박영환, 『한국교회 교단별 선교정책과 전략』. 271. 선교사 파송규정 시행세칙 제5장 선교사의 복무 5−1항 선교 보고를 참조하라. 위의 책 276.

에 개선교사로부터 받는 연 사역 보고 및 새해 사역 계획서를 통해 평가한다. 선교 관리는 7가지로 나누어져 있는데 사역 관리, 재정관리, 성장과 교육, 건강관리와 의료혜택, 자녀교육, 안식년, 노후 보장 등이다. 사역 관리는 서면보고와 상담 등으로 이루어져 있다.[31] 사역 관리로 기도 제목은 월 1회, 사역 소식은 연 4회 보고하게 되어 있다. 재정은 매월 재정보고서를 작성하여 본부에 제출하도록 한다. 종합적인 사역 평가와 관리를 위해 매년 초에 전년도 사역 평가서와 새해 사역 계획서를 본부에 제출하도록 한다. 매년 지역별로 팀장 전략회의를 가지고 격년으로 권역별 전체 선교사 세미나를 개최한다.[32]

영성에 대한 관리는 소속 선교사 702명이 해외 17개 지부에 소속이 되어 있어 지부 총회와 사역별 모임들을 통해서 지부별, 지역별, 팀별로 관리하고 있다. 현지교회 대표나 현지 교단장의 평가는 시스템적으로는 되어 있지만 특별한 경우를 제외하고서는 실제 평가 시 물어보거나 평가서를 요청하지는 않고 있다.

미국장로교의 경우, 파송된 지역에 코디네이터가 상주하여 그 지역 선교사들을 관리하고 비자 문제를 해결해주며 수시로 애로사항을 접수한다. 아울러 총회 선교부와 선교사 사이에서 중간 역할을 한다. 일 년에 평균 두 번 정도 총회 해외선교부 지역책임자(regional coordinator)가 선교지를 방문하여 선교사들을 만나고 선교사가 사역하는 기관이나 교단의 책임자를 만나 의견교환을 한다. 선교사는 수시로 선교부 지역책임자들과 이메일로 상의한다. 선교사는 일 년에 평균 두 번 정도 선교사역에 대한 편지를 써서 선교부로 보내면 선교부에서 그 편지를 기본적으로 선교사가 원하는 사람들과 교회에 보내고, 그 외 필요한 교회에 보낸다.

---

31) 위의 책, 425.
32) "선교정책, 5. 선교사 관리," http://www.fmb.or.kr/new/fmb/f-mj.php.

이 편지는 일종의 사역 보고에 해당된다. 아울러 선교사는 일 년에 한 번 자기 평가서를 작성하여 선교부에 보낸다.[33) 선교부는 매년 현지 교단이나 기관의 책임자에게 평가서를 보내 그들이 선교사를 평가하도록 한다. 이 모든 것이 종합적으로 고려되어 선교사가 선교 기간이 만료된 후 계속해서 그 지역에 더 있게 될지, 아니면 다른 곳으로 옮겨야 할지 결정하게 된다. 선교사는 일차 기간(term)이 끝나면 본국으로 돌아와 후원교회들을 찾아다니며 선교 보고(mission interpretation)를 하게 되어 있다. 방문할 교회의 명단을 비롯한 선교 보고 일정은 사전에 작성되어 선교부에 보고하여야 한다. 아울러 이 기간에 선교부도 방문하여 담당자들을 만나야 한다.[34)

선교사 관리는 선교사 보호 및 격려, 사역의 지속성, 선교지 교회나 교단과의 유대관계 등 여러 방면에서 실행되어야 한다. 선교사의 보고는 형식적이거나 과시적으로 되지 않도록 하고 선교사에 대한 평가도 주관

---

33) 자기 평가서에는 (1) 현재 하는 사역과 책임에 대해 서술, (2) 선교부의 선교진술서(Mission Statement)에 의거하여 5가지 중대한 도전(가난한 사람들에게 복음을 전하는 일, 사회주의 국가나 전에 사회주의 국가였던 곳에 있는 교회를 어떻게 지원할 것인가, 교회 밖에 있는 사람들에게 복음을 나누는 일, 다른 신앙을 가진 사람들에게 증인이 되는 일, 미국을 선교지로 보는 일)에 어떻게 참여하는지를 기술, (3) 주어진 사역에 가장 만족하는 것과 그렇지 않은 것은 무엇인가? (4) 개인적인 것, 전문적인 문제, 언어 등 더 개발해야 할 일은 무엇인지 언급, (5) 사역에 대한 경험을 서술, (6) 이번 기간(term) 동안 현지 삶과 사역에 어떻게 자신을 맞추고 있는지 서술, (7) 이번 기간 동안 신앙 또는 영적 생활을 어떻게 유지하고 있는가? 특별한 훈련이나 다른 사람에게 추천할 만한 것이 있는가? (8) 외국에 나가 사역하는 선교사로 본국에 있는 교인들에게 사역을 어떻게 설명할 것인가? (9) 선교부에서 알아야 할 특별한 필요가 무엇인지 설명, (10) 이번 기간과 앞으로를 위해 특정 목적이 있는지 설명, (11) 그 외 제기할 문제나 할 말을 기술하시오.
"Self-Evaluation Form," WMD PCUSA.
34) Global Mission Ministry Unit People in Mission Office. "The Manual for Overseas Mission Personnel of the Presbyterian Church(USA)," (1993), 278-280.

적이지 않고 객관성을 유지하도록 한다. 선교사가 현지 생활에 적응하는
데 따른 부담과 어려움, 또 선교사역으로 인한 피로 누적, 동료 선교사
나 현지인들과 관계에서 파생되는 인간관계의 불협화음 등으로 인해 사
명감과 영성이 약화되지 않도록 관리하는 일도 필요하다. 허버트 케인은
영적 관리를 위해 조용한 시간의 유지, 경건의 목적을 위한 성경의 사
용, 기도의 습관, 경건서적 읽기, 좋은 종교음악, 가족경건회, 변화를 위
한 벗어남, 연례 임지수련회의 유익을 취하라고 제언한다.[35]

8. 자체 평가

각 교단마다 선교정책이 있다. "선교사 정책의 장단점은?"이라는 질문
에 대한 답을 중심으로 정리하면 다음과 같다.

감리교의 경우, 교단이 모든 것을 관리 관할함으로 인준 과정에 있어
서 통일성은 있지만, 각 훈련 단체들의 교육 내용이 통일적으로 관리되
지 않고 있다. 이것은 훈련원 관계자의 능력과 관심에 따라 문제가 될
수 있다. 선교 훈련 단체들의 유기적 관계가 필요한 부분이다.

때로는 교단에서 목사 안수를 받기 위한 대안으로 선교사가 되기도 한
다.[36] 이들 가운데 일부는 파송기간 4년 후에 선교지를 "버리고" 개교회
부목사로 복귀하는 현상이 심화되고 있다. 부정적인 측면이다. 한편, 선
교 현지의 사정을 고려하지 않은 선교정책으로 진급과정에 있는 선교사
는 매년 연회를 위하여 귀국하여야 하기 때문에, 언어를 배우고 현지 적

---

35) 허버트 케인, 『선교사의 생활과 사역』, 백인숙 옮김(서울: 두란노서원, 1992),
174-179.
36) 수련목 과정은 3년 후에 개척교회 목회를 일 년 이상해야 하고, 개척할 경우는 단
독으로 3년을 목회해야 목사 안수를 받을 수 있다. 그러나 선교사는 인준을 받고
일 년 동안 파송교회에서 사역한 후에 곧바로 안수를 받을 수 있다.

응을 하는 일에 막대한 피해를 보고 있다. 개선되어야 할 부분이다.

선교사 파송을 개교회가 하고 개교회의 선교 지원금을 서약서 형식으로만 받기 때문에 추후 관리가 미흡하여 실제로 선교비 지불을 이행하지 않는 경우가 많다. 후원교회가 선교사를 책임지는 자세가 요청된다. 뿐만 아니라, 선교사를 파송한 개교회가 선교의 결정권을 가지고 있으나 이를 중재할 수 있는 제도가 마련되지 않아 현지 선교에 도움보다는 파송교회의 도움용으로 선교가 진행되기 쉽다. 개교회 파송의 단점이다.

선교지에서 지역의 연대와 통합체 운영이 되지 않아 선교사역이 연계적이고 체계적으로 이뤄지지 않고 중복투자와 같은 현상이 발생하고 교단 선교사끼리도 협력선교가 이루어지지 못하고 있다. 서로 이해관계가 다르고 의견충돌 등으로 인해 이런 일이 발생하게 된다. 해결의 실마리를 찾기가 쉽지 않은 영역이다.

선교국이 분리되지 않아 3명의 인원으로 1,000여명의 감리교 선교사를 관리하는 체제여서 전문화되고 체계적인 선교정책을 펴는데 한계가 있다. 이런 상태에서 선교국이 현지 선교사들이 어려운 문제에 부딪힌 경우 거의 도움을 줄 수 있는 체제가 갖추어지지 않아 선교사 개인이 모든 문제를 해결해야 하는 어려움이 있다. 또 선교사를 보내기는 하지만 그들의 노후에 대한 대책이나 안식년 등이 전혀 체계적으로 이루어지지 않아 큰 문제로 부각되고 있다. 보완되어야 할 부분이다.

성결교의 기본적인 선교정책은 (1) 개인전도 (2) 토착교회 개척 (3) 현지 지도자 양성 (4) 사회복지와 개혁 (5) 동반자적 협력사역 (6) 선교지 총회와 세계성결연맹 조직 등이다.[37] 선교정책은 중앙집권적 구조로 잘 정리돼 있다. 우수한 선교사와 제도적 보완 정책으로 지속적 선교사역이 이루어지고 있다. 각 나라마다 신학교를 세우고 이사회를 구성하여

---

37) http://kehcomc.org/

자체 운영하려는 경향이 강하다. 최근 은퇴 목회자들이 실버 선교사로 현지에 가는 일이 증가하고 있다. 이것은 재정적으로 풍부해지는 장점이 있지만, 실버 선교사와 젊은 선교사 간 갈등이 유발될 수 있는 단점이 있다.

장로교의 경우, 선교정책을 통해 자체평가와 선교의 방향을 엿볼 수 있다. 장로교는 첫째, '선교 창구의 일원화'로 '현지선교회'를 통한 '사역 창구의 일원화'와 후원교회들의 '재정 창구의 일원화'를 제시한다. 이것은 이 두 가지의 일원화가 가장 시급하고 중요하기 때문일 것이다. 사역 창구의 일원화는 '선교 프로젝트의 현장검증 제도'를 통하여 현지선교회의 동의를 거쳐 중복투자로 인한 재정 지출과 무분별한 프로젝트를 조정하여 현지인을 위한 사역을 활성화하기 위한 것이다. 또 교단 교회가 2004년에 사용한 선교비 가운데 15.5%만이 총회를 통하여 선교지에 전달되었고, 나머지는 총회 파송 선교사에게 직접 송금했거나 개교회 혹은 단체로부터 파송 받은 선교사에게 또는 다른 교단 선교사들에게 지원된 선교비로 판단됨으로 선교재정의 불투명성, 선교비의 빈익빈, 부익부 현상을 방지하기 위해 사역의 창구 단일화를 통해 검증하고 총회 세계 선교부의 정책에 따라 재정 창구를 일원화하여 후원금이 전달되면 더 큰 효과를 기대할 수 있으리라 본다. 둘째, 협력하는 선교로 선교사들은 현지선교회를 중심으로 협력하고, 후원교회들은 나라별 후원교회 연합회를 통하여 정보를 공유하고 협력하는 체계를 가져야 올바른 선교체계를 갖게 된다고 본다. 셋째, 선교사의 전략적 재배치 실시이다. 선교사들이 일부 국가나 특정 지역에 편중되었고 자원의 중복투자 및 선교 효율성의 저하가 우려된다는 문제점이 제기되어 왔음을 밝히고, 선교사가 우선 필요한 곳에 전진 배치되어야 함을 강조한다. 넷째, 평신도와 전문인 선교사 파송의 확장이다.[38]

---

38) http://www.pckwm.org/Intro/MissionPolicyList.asp.

선교사 정책은 있으나 실무자들이 현장 경험이 없음으로 인한 이해 부족이 있다. 또 현장 경험이 있어도 정책을 모르고 사역하다 들어와서 정책이 무엇인지를 묻는 해프닝도 많이 있다.

침례교의 경우, 선교사 정책의 장단점을 세 가지로 본다. 첫째는 안정적인 리더십이다. 리더십(회장)의 임기가 5년이지만 제1대 회장도 18년을 근무했고, 제2대 회장도 9년째 사역하고 있어 안정적으로 장기비전을 꾸준하게 실천해나갈 수 있다는 점이 장점으로 작용하고 있다. 둘째는 정치 바람을 타지 않는다는 점이다. 침례교의 특성상 교단 정치에 영향을 받지 않으며 동원이 가능한 교단 선교부의 장점을 가지면서 초교파 선교단체처럼 소신껏 일할 수 있다는 것이 FMB(침례교 해외선교회)의 가장 큰 장점이다. 셋째는 미남침례회 국제선교부와 협력이다. 세계에서 가장 많은 선교사를 보낸 미남침례회 국제선교부(IMB)와 전략적 제휴를 맺어 정보와 전략과 훈련을 공유하고 협력하고 있다.

한국교회가 외견상 비약적인 발전이라는 긍정적인 평가 이외에 비판을 받는 것들은 첫째는 선교시스템이 제대로 구축되지 못했다는 점이고, 둘째는 선교사 자신들이 현지의 문화와 언어 그리고 상황화에 대한 준비가 부족했다는 점이며, 세 번째는 가시적인 선교 결과물에 대한 집착으로 인한 선교의 부실 등이다.39)

한국교회는 선교에 대한 지나친 열정과 이로 인한 경쟁이 장점이라기보다 단점으로 작용하게 되고, 검증 없는 사역과 중복투자로 선교의 효율성보다 오히려 손해를 가져오기도 한다. 전문적인 분석과 체계적인 전략 없는 사역은 많은 부작용을 야기하게 된다. 결국 선교시스템이 제대로 구축되지 못해 이런 일이 반복되는 것이다. 따라서 이 부분에 대해 신중한 분석과 보완이 뒤따라야 할 것이다.

---

39) http://www.pckwm.org/Intro/MissionPolicyList.asp.

무엇보다 선교사들은 파송을 준비하는 동안 자신이 파송될 지역에 대한 종합적인 연구를 해야 한다. 이것은 필수이다. 선교지의 역사, 문화, 정치, 종교, 경제, 사회풍습 등을 알아야 현지 적응도 빠르고 사역의 효율성을 가져올 수 있다.[40] 현지에 대한 이해 부족, 특히 문화에 대한 이해 부족은 선교사역에 있어서 자신의 경험을 고수하며 자신의 방식대로 선교를 하게 만들기도 한다. 현지인에 대한 이해 부족은 그들의 필요에 무관심해질 수 있고, 현지 문화에 대한 이해 부족은 선교사의 문화를 이식하려는 것으로 보이게 할 위험이 있다. 이런 사안들이 현지인들의 눈에는 그들을 무시하는 것으로 보일 수도 있고 선교환경을 더 어렵게 만드는 결과를 초래하기도 한다.

선교사들 가운데 현지 문화의 적응보다 선교사들끼리 모여 살거나 한국식 생활방식을 유지하며 사는 경우가 많다. 이것은 현지 적응을 어렵게 한다.[41] 또 선교사들은 선교지에서 현지 생활 수준과 지나치게 차이나는 모습을 통해 이질감을 초래하지 않도록 유의해야 한다. 가능하면 현지인들의 생활방식에서 크게 벗어나지 않게 사는 것이 좋다.[42]

선교사들은 사역하는 일에 우선순위를 두어 언어습득을 차일피일 미루기도 한다. 그러다 시간이 가도 현지어로 소통하기 어려워 통역에 의존하게 된다. 그럴 경우 진실된 소통이 이루어지지 않아 아무리 선교지에 오래 있어도 외국인으로 비쳐질 뿐 현지인들 속으로 들어가기가 어렵다. 따라서 언어습득은 선교지에 가자마자 시작해야 한다. 어렵더라도 현지어를 습득하는 데 많은 노력을 기울여야 한다.[43] 어느 교단은 언어

---

40) 폴 히버트는 새로운 문화에 적응하는 방법으로 새로운 문화를 배우라고 말한다. 폴 히버트, 『선교와 문화인류학』, 김동화, 이종도, 이현모, 정흥호 옮김(서울: 죠이선 교회출판부, 1996), 113-115.
41) 폴 히버트는 자문화중심주의에서 벗어나야 한다고 지적한다. 그러면서 선교사는 이중문화의 가교가 되어야 한다고 말한다. 위의 책, 136-155, 329-369.
42) 닐 피롤로, 『보내는 선교사』, 예수전도단 옮김(서울: 예수전도단, 2008), 92.

습득에 소요되는 기간도 사역하는 것으로 배려하기도 한다. 바람직한 일이다.

선교사들에게는 후원교회와의 관계에 있어 사역을 다양하게 그리고 많이 하고 있음을 보여야 한다는 강박관념이 있다. 그러다 보니 사역 자체에 집중하기보다 보여주기 위한 사역에 치중하기도 한다. 그런 사역은 형식적인 사역으로 전락하고 부실한 사역으로 남게 된다. 후원교회는 선교사들이 내실이 있는 사역을 하도록 후원하고 기도하며 선교사들을 배려하고 격려하도록 해야 할 것이다. 선교사들 또한 가시적 결과물보다 신실함으로 주어진 사역에 최선을 다해야 할 것이다.

9. 발전 방향

위에서 선교사 및 선교지 선정방법, 선교사역 내용 결정, 선교사 훈련, 선교비, 선교사 관리 그리고 선교정책 등 한국교회의 선교 상황에 대하여 간략하게 설명했다. 그것을 종합하여 정리하여 보면 선교지, 선교사역, 선교사 선정, 선교비 등의 전반적인 과정을 교단 선교부가 책임지고 수행하지 못하는 데서 오는 문제점이 가장 크다고 본다.

선교사 선정에 있어, 선교사를 공개적으로 그리고 객관적으로 선정하기보다 소개, 추천, 학연이나 지연 등과 연결되어 선정하게 되면 적합한 선교사를 파송하기보다 지인을 파송하게 될 가능성이 많다. 그럴 경우 선교지에 필요한 인물을 찾기 힘들고 선교의 효율성을 기대하기 어려우며 나중에 선교사 자질의 문제가 발생할 수도 있다. 심지어 도피성 선교를 방관할 가능성도 있다. 사실 형식적인 서류 심사와 지인의 추천서로는 선교사의 자질을 파악하기 어렵다. 따라서 선교사 선정 과정이 자질

---

43) 허버트 케인, 『선교사의 생활과 사역』, 128, 181 – 197.

있는 선교사의 검증과정이 되어야지 통과의례처럼 진행되지 않도록 해야 한다. 신방현은 "선교현장의 필요를 먼저 파악하고 선교사 후보자를 물색함과 선교자 후보자의 달란트와 상황에 따라 맞춤형 배치가 이루어져야 한다"고 제안한다.[44] 대한예수교장로회(통합) 세계 선교부는 2002년 2월 9일 '세계선교정책'을 발표했다. 그 가운데 하나가 선교사 지원자들의 '선 훈련, 후 인선' 정책이다. 이것은 선교 지원자들에게 필요한 훈련을 받게 한 다음 훈련 결과에 따라 인선하는 것이다.[45] 이것은 선교사 선정의 주도권이 선교부에 있을 때 가능한 일이다.

선교사 보호 차원에서 그리고 사역의 지속성을 염두에 두었을 때, 선교사 선정과 파송을 개교회가 맡아서 하게 되면 담임목사 변경 시 선교사 후원에 어려움이 올 수 있다. 그럴 경우 선교사 보호도 안 되고 사역의 지속성에도 문제가 생길 수 있다. 따라서 선교사 선정과 파송 그리고 선교비 후원을 선교부가 맡아서 하는 창구의 일원화가 필요하다.

또 하나, 선교사 선정과 파송에 있어 한국교회의 공통점은 현지교회나 교단과의 관계가 긴밀하지 않다는 데 있다. 그러다 보니 현지교회나 교단이 원하지 않는데 선교사가 활동하는 양상이 만들어지기도 하고, 선교사가 현지에 존재하는 교회와 교단들과 협력하기보다 마찰을 빚기도 한다. 일방적 선교가 아니라 현지교회나 교단과의 협력관계도 고려한 동반자 선교를 지향해야 할 것이다.

한국교회는 선교지 선정을 대체로 선교사의 요청이나 후원교회의 필요에 따라 선정하는 경향이 있다. 그러다 보니 선교사가 특정한 지역에 밀집되는, 특히 도시에 집중되는 경향이 있다. 또 정작 선교사가 필요한 지역에는 선교사가 없는 현상이 발생하기도 한다. 선교사의 전략적 배치

---

44) 신방현, "선교사 인선," 15.
45) 『기독공보』. 2002년 2월 9일, 김은수, 『해외선교정책과 현황』(서울: 생명나무, 2011), 133에서 재인용.

를 고려해 볼 필요가 있다.

한국교회는 선교사역의 내용을 대체로 선교사의 요청에 따라 선정하는 경우가 많다. 이럴 경우 현지교회나 교단의 필요와 다른 사역이 진행되거나 현지의 현실과 동떨어진 사역이 진행되기도 한다. 한인 선교사들은 대체로 교회개척에 치중하는데, 현지인의 교회에 대한 인식 없이 교회부터 건축한다든지, 현지교회 옆에 교회를 세운다든지, 현지 목회자를 선교사가 세운 교회로 데리고 온다든지, 현지 교단의 신학교 옆에 선교사가 신학교를 세워 운영한다든지 하는 문제가 지속해서 발생하고 있다.[46] 여기에는 많은 문제점이 내포되어 있다. 이것은 일차적으로 성장 위주의 교회관을 반영하는 것으로 보인다. 아울러 교파주의, 지역 확장을 위한 경쟁적 선교, 금권선교, 물량주의 등이 내재하여 있기도 하다. 이 부분은 한국교회가 신중하게 생각해서 개선해야 할 부분이다. 가시적이며 실적 위주의 사역보다 미래지향적인 사역을 하도록 관리 감독할 필요가 있다.

한국교회 선교사들은 외형적으로는 교단 파송이지만 실제적으로는 개교회 파송이나 다름없다. 그러다 보니 파송교회 또는 후원교회에서 원하는 사역을 해야 하는 경우도 있다. 파송교회나 후원교회에서 선교사역을 정하는 경우 그것이 선교지 현지에 필요한 사역이라면 문제가 없지만, 그것이 파송교회나 후원교회의 가시적 효과를 위해 요청된 사역이라면 효율성 등의 문제가 발생하게 된다. 이런 일로 인해 선교사와 후원교회 사이에 소모적인 갈등이 야기되기도 한다. 선교는 개교회를 위한 사역이 아님을 자각하고 효율성과 적용성을 고려한 사역을 하도록 해야 한다.

---

46) 교회개척이 한계에 도달할 때 대체 사역으로 등장하는 것이 신학교 설립이라는 지적도 있다. 신학교 설립의 경우, 허가 문제, 현지 교단신학교와의 관계, 자격을 갖춘 교수진 구성의 문제, 경쟁적 양육, 현지 지도자를 속성으로 양육, 학위 남발, 무작위 목사안수 등의 문제점이 지속해서 제기되고 있다.

또 선교사가 현지에 맞게 선교하려고 해도 후원교회가 원하는 사역을 무시할 수 없어 실제적인 선교보다 보여주기식 선교가 이루어질 위험도 있다. 선교사의 의사나 현지교회나 교단의 필요를 고려하지 않고 후원교회가 사역의 내용을 일방적으로 정하여 통보하는 식의 방식은 가능하면 자제하는 것이 좋다. 선교사역은 선교사와 후원교회와 현지교회나 교단이 협력하여 정하는 것이 바람직하다. 아울러 중복사역으로 인한 인적 낭비와 물적 낭비가 없도록 해야 한다.

적절한 선교훈련을 받지 못한 선교사들은 선교지에서 다양한 어려움과 시행착오를 경험하게 된다. 이런 일은 선교사 개인에게 실망과 스트레스를 줄 뿐만 아니라 사역에도 부정적인 영향을 미칠 수 있다. 따라서 이런 부정적인 요소를 사전에 줄이기 위해 체계적인 선교 훈련이 필요하다. 선교 훈련기간은 교단마다 특성이 있으므로 어느 정도가 적합하다고 말하기는 어렵다. 단지 훈련기간을 너무 짧지 않게 설정하는 것이 좋겠고, 기간보다 무엇을 교육할 것인가에 초점을 맞추어야 할 것이다. 이론에 치우친 강의보다 현실에 적용할 수 있는 교육이 이루어지는 것이 바람직하다. 그러기 위해 기본적으로 훈련기간에 파송되는 선교지에 대해 연구를 할 필요가 있다. 가능하면 현지 선교사들의 경험담을 통해 현지에서 사역하며 겪게 될 시행착오를 줄일 수 있도록 하면 더 좋을 것이다. 공동체 훈련을 하며 협력선교에 대해 간접경험을 하도록 하고, 타문화권에 대한 이해를 높이는 과정도 필요하다.

선교 훈련은 선교사에게 자신의 소명을 재확인하고 은사를 깨닫는 기회가 되어야 한다.[47] 그러기 위해 선교사 훈련은 총체적이고 전인적인

---

47) 변진석은 선교사 훈련이 첫째, 자기의 은사를 인식할 수 있는 기초를 마련해 주는 것이 필요하고, 둘째, 은사 개발에 대한 동기를 촉진시켜 주어야 하며, 셋째, 은사 개발의 모델을 보여주는 것이 중요하다고 지적한다. 변진석, "선교사 훈련: 타문화 사역을 위한 변화와 성장의 기초,"『선교와 신학』, 28집(2011, 가을): 48-51.

것이 되도록 해야 할 것이다. 변진석은 선교사 훈련의 두 가지 중요한 요소로 "전인적 훈련을 실현하고자 하는 철학을 담은 커리큘럼을 형성하는 것과 그것을 실행에 옮길 수 있는 적합하고도 헌신된 훈련자를 확보하는 일"이라고 지적한다.[48] 전인적 훈련은 교실을 중심으로 한 강의와 지식을 쌓는 선교 훈련과는 구별되는 개념이다. 이것은 지적인 분야에 치우친 교육을 넘어 좀 더 깊은 차원의 전인적인 변화를 유도하는 이론과 실제의 통합적인 것으로 인격과 영성 훈련, 자신에 대한 이해 등이 포함된다.[49] 이것을 효과적으로 하기 위해 적어도 3개월 정도의 훈련기간이 필요하다.[50]

선교의 형태는 교단 파송 선교(mainline mission), 믿음 선교(또는 모금 선교 faith mission), 자립 선교(tent-making mission) 등으로 나눈다. 위에 언급된 교파들의 선교는 외형적으로는 교단 파송 선교이지만, 내면적으로는 교단 파송 선교와 모금선교가 병행된 형태로 나타난다. 또 선교부에서 지정된 선교비를 보내는 방식이 아니라, 후원교회에서 보내는 방식과 선교사가 개인적으로 모금하는 것이 병행되다 보니 교단 선교부에서 재정적인 면에서의 조정과 통제를 실질적으로 할 수 없는 부분들이 발생한다. 선교사의 개인적인 친분관계나 인맥 등을 통한 기금모금 능력에 따라 부익부 빈익빈 현상이 나타나기도 한다. 이것이 선교사 사이의 갈등으로 확산되어 선교지 안에서 문제가 되기도 한다.

효과적인 선교 후원을 위해 이희수의 제안을 중심으로 몇 가지 생각해 볼 사안이 있다. 첫째, 선교사들은 대체로 선교비가 부족하다고 생각한다. 그래서 그들은 개인 모금에 치중한다. 이런 일이 본연의 선교사역에 충실하지 못하게 되는 결과를 가져오기도 한다. 선교비는 선교사가

---

48) 위의 글, 36.
49) 위의 글, 39-40.
50) 위의 글, 52.

개인적으로 모금하기보다 선교부가 해결해주는 것이 바람직하다. 그래야 선교사는 선교사역에 집중할 수 있기 때문이다.

둘째, 선교사역과 선교 프로젝트는 전략적인 계획에 의해서 신중하게 검토되고 협의하고 결정해서 책임 있게 진행되어야 한다.[51] 선교정책이 부재된 프로젝트 중심의 선교는 바람직하지 않다.[52] 이런 경우 보여주기식의 형식적인 선교에 그칠 위험이 있고 재정의 효율성을 기대하기도 어렵다.

셋째, 단독사역 위주의 선교 형태보다 여러 교회나 선교단체가 협력하는 것이 바람직하다.[53] 이것은 선교사들의 실적 지향적 태도나 후원교회와의 관계 또는 교파간의 협력관계의 한계로 인해 선교 현장에서 실행되기에는 현실적으로 어려운 면이 있다. 그러나 그럼에도 불구하고 이것은 같은 사역에 대한 중복투자를 사전에 예방할 수 있고 선교사들의 협력을 통해 시너지 효과를 기대할 수 있다.

넷째, 후원 창구를 단일화해야 한다.[54] 선교사들의 개인 모금보다 선교부가 일괄적으로 모금하거나 선교 후원비가 선교부의 선교사 계좌로 입금되도록 하여 선교부가 지정된 선교비를 보내는 방식이 바람직하다. 미국의 레벤젤 선교단체는 선교비가 입금되었을 때 정해진 선교비보다 많더라도 지정된 선교비를 보내고 남은 선교비는 나중에 선교비가 부족하게 입금되었을 때 보충하는 데 사용한다고 한다. 그리하여 매달 균등한 선교비를 차질없이 보낸다고 한다. 이런 제도적 장치가 필요하다. 후원교회나 개인 후원자들의 경우 후원에 대해 분명한 기준이 없는 경우

---

51) 이희수, "효율적인 선교사 후원," 137.
52) 위의 글, 129.
53) 위의 글, 139.
54) 위의 글, 140. 이희수는 "선교본부 계좌로 들어온 선교비가 선교사들에게 송금되고 나머지는 선교 현지와 선교사들을 위한 기금으로 적립될 수 있도록 재정 시스템을 정비해야 한다"고 말한다. 위의 글, 118, 142.

가 대부분이다. 무엇을 어떻게 후원해야 할지 그 기준을 정해놓는 일이 필요하다. 아울러 무분별한 후원보다 계획적인 후원을 하도록 해야 한다.[55] 조동진은 "한국도 선교단체마다 선교비 모금의 윤리강령을 만들어서 선교헌금이 교회 재정관리의 경우처럼 선교의 회계책임자에 의해서 관리되는 적법한 절차를 만들어야 한다"고 제안한다.[56]

이처럼 선교사역에 있어 가장 문제가 많이 야기되는 것은 돈 문제이다.[57] 따라서 대한예수교장로회 통합, 합동, 고신, 기독교대한성결교회 등 5개 교단은 2005년 선교비 통일 기준안을 합의하여 만들어 시행하고 있다. 세계를 GNP에 따라 5개 지역으로 나누어 1 지역은 50~1,099달러로 가나, 감비아, 과테말라, 볼리비아, 중국, 파키스탄 등 76개국, 2 지역은 1,100~3,099달러로 그루지야, 러시아, 멕시코, 알바니아, 칠레, 필리핀 등 53개국, 4 지역은 5,000~10,999달러로 그리스, 리비아, 바레인, 아르헨티나 등 13개국, 5 지역은 11,000달러 이상으로 네덜란드, 노르웨이, 미국, 스위스, 영국, 일본 등 28개국이다.[58]

선교사에게 필요한 것은 지속적인 관리이다. 파송해놓고 선교사의 사역 보고에만 의존하는 것은 옳지 않다. 후원교회보다 선교부가 선교사 관리에 관심을 두고 적극적으로 돌보아야 한다. 선교지에는 상상할 수 없는 다양한 문제들을 야기할 잠재요소들이 많이 존재한다.[59] 선교비 문제, 후원교회와의 의견충돌, 타문화 사역에서 오는 스트레스, 동료 선

---

55) 위의 글, 117, 121, 142.
56) 조동진, "선교비 모금과 선교재정의 효과적인 관리,"『월간목회』(2004년 9월호): 162.
57) 선교사와 돈 문제는 조나단 봉크,『선교와 돈』, 이후천 옮김(서울: 대한기독교서회, 2010)을 참조하라.
58) 이희수, "효율적인 선교사 후원," 125 – 126.
59) 선교사가 겪는 문화차이에 대해서는, 폴 히버트,『선교와 문화인류학』, 85 – 126을 참조하라.

교사들과의 갈등 관계, 현지인들과의 긴장 관계, 자녀교육 문제 등은 사명을 망각하게 하고 가정에 어려움을 가져오기도 하고 윤리적인 문제를 야기하기도 하며, 때로는 사역 자체를 중단하게 할 만큼 심각한 부작용을 초래하기도 한다. 특히 요즘 선교사들의 윤리 문제가 선교지의 사회 문제로 대두되기도 한다. 그러면서 선교사의 자질 문제가 거론된다. 선교사의 자질 문제는 선교사의 인격의 문제이며 영성의 문제이다.[60) 선교사의 "영적자질은 단지 선교훈련을 받는 것으로만 형성되는 것이 아니다. 더구나 선교지에 들어가서 사역 중에 형성될 수는 없는 것이다."[61) 따라서 선교사들은 선교사로서의 소명을 기억하고 스스로 영성을 내면화하기 위해 말씀 묵상과 성경 연구, 예배와 기도와 찬양이 매일 매일의 생활 속에서 이루어져야 한다. 그리하여 하나님과의 바른 관계를 통해 이웃과도 바른 관계를 형성하고 영적인 삶을 현실에 구현하도록 해야 한다. 또 영성 훈련을 통해 도덕성을 회복하고 섬기는 삶을 통해 봉사하고 책임 있는 기독교인으로 거듭나야 한다.[62)

10. 나가는 말

이 연구는 한국교회의 네 개의 교단을 임의로 선정하여 미국장로교회의 선교정책과 비교하였다. 아쉬운 것은 지면의 제한으로 많은 선교사를 파송하는 한국교회의 다른 교단들이나 선교단체, 그리고 미국교회의 다른 교단들과 종합하여 비교하지 못한 한계가 있다. 아울러 선교정책을

---

60) 조은식, "선교신학의 흐름과 영성문제," 『선교타임즈』(2013년 5월): 69.
61) 안승오, "선교 지향적인 예배를 위한 소고," 『선교와 신학』. 5집(2000): 152. 허버트 케인은 영적인 자질로 진정한 회심의 경험, 성경의 지식, 하나님의 인도에 대한 확인, 강한 영적 생활, 자기 훈련, 사랑의 마음, 기독교 봉사를 통한 결실 등을 제시한다. 허버트 케인, 『선교사의 생활과 사역』. 52−57.
62) 조은식, "선교신학의 흐름과 영성문제," 70.

비교하다 보니 연구범위가 넓어져 좀 더 깊이 있는 연구가 이루어지지 못했다. 이것은 차후 연구로 보완해야 할 부분이다.

한국교회가 선교 130주년을 맞이하며 큰 성장을 이루었다. 특히 받는 교회에서 주는 교회로, 선교사가 오는 나라에서 선교사를 보내는 나라로 성장하였다. 또 한국은 선교사를 많이 파송하는 나라로 발전하였다. 그러나 아직 선교정책에 있어서는 부족한 부분들이 산재해 있다. 한국교회가 세계선교를 선도하려면 먼저 교단 선교부 중심의 전문화되고 체계화된 선교정책이 수립되어야 한다. 그러기 위해 통합적 연구를 통해 바른 선교신학이 정립되어야 한다. 아울러 지속해서 선교지에 대한 연구가 이루어져야 한다. 끝으로 그 선교정책을 지키려는 의지가 수반되어야 한다. 아무리 좋은 정책을 만들어도 그것을 실천하지 않으면 의미가 없기 때문이다.

참고문헌

고원용.『세계선교, 정책과 그 전략』. 서울: 한국장로교출판사, 2009.

김양선.『한국기독교사연구』. 서울: 기독교문사, 1971.

김은수.『해외선교정책과 현황』. 서울: 생명나무, 2011.

박영환.『한국교회 교단별 선교정책과 전략』. 인천: 바울, 2006.

백락준.『한국개신교사 1832－1910』. 서울: 연세대학교출판부, 1979.

한국기독교사연구회.『한국 기독교의 역사 I』. 서울: 기독교문사, 1989.

봉크, 조나단.『선교와 돈』. 이후천 옮김. 서울: 대한기독교서회, 2010.

피롤로, 닐.『보내는 선교사』. 예수전도단 옮김. 서울: 예수전도단, 2008.

케인, 허버트.『선교사의 생활과 사역』. 백인숙 옮김. 서울: 두란노서원, 1992.

히버트, 폴.『선교와 문화인류학』. 김동화, 이종도, 이현모, 정흥호 옮김. 서울: 죠이선교회출판부, 1996.

변진석. "선교사 훈련: 타문화 사역을 위한 변화와 성장의 기초,"『선교와 신학』. 제28집(2011, 가을): 35－57.

신방현. "선교사 인선,"『선교와 신학』. 제28집(2011): 13－34.

안승오. "선교 지향적인 예배를 위한 소고,"『선교와 신학』. 제5집(2000): 145－171.

이희수. "효율적인 선교사 후원,"『선교와 신학』. 제28집(2011): 115－149.

조은식. "선교신학의 흐름과 영성문제,"『선교타임즈』. (2013년 5월): 67－70.

Cho, Eunsik. "The Great Revival of 1907 in Korea: Its Cause and Effect," in _Missiology_. Vol. XXVI, No. 3(July 1998): 289－300.

Cho, Eun Sik. "Korean Church Growth in 1970s: Its Factors and Problems," in Asia Journal of Theology. Vol. 10, No. 2(October 1996): 348－362.

"한국교회 168개국에 2만2259명 선교사 파송," ＜국민일보＞. 2021년 3월 1일. http://news.kmib.co.kr/article/view.asp?arcid=0924180537&code=23111117&cp=nv.

Global Mission Ministry Unit People in Mission Office. "The Manual for Overseas Mission Personnel of the Presbyterian Church(USA)," 1993, 237 – 292.

The Office of General Assembly. *Standards of Ethical Conduct.* Approved by the 210th General Assembly(1998) Presbyterian Church(U.S.A.). Louisville, KY: The Office of General Assembly Presbyterian Church (U.S.A.), 1998.

"Mission Service Opportunities," WMD PCUSA.

"Frequently Asked Questions by Applicants for Mission Service," WMD PCUSA.

"Self – Evaluation Form," WMD PCUSA.

http://www.kmcmission.or.kr/ 기독교대한감리회 본부선교국
http://kehcomc.org/ 기독교대한성결교회 해외 선교위원회 홈페이지
http://www.pckwm.org/ 대한예수교장로회(통합) 총회세계선교부 홈페이지
http://www.fmb.or.kr/new/ 기독교한국침례회 해외선교회 홈페이지

03

종교개혁과
한국교회의 통일 준비

03

종교개혁과
한국교회의 통일 준비[1]

1. 들어가는 말

2017년은 종교개혁 500주년이 되는 해이다. 종교개혁 500주년이라는 커다란 행사를 치르기 위해 다양한 종교개혁 세미나와 학술대회, 도서전시회, 미술전시회와 음악회 등이 진행되었다. 종교개혁 500주년이라는 이름 아래 진행되는 다양한 행사를 바라보며, 이런 행사를 하면 한국교회도 개혁이 되는지 자문하게 되었다. 물론 500년 전의 종교개혁을 되돌아보며 다양한 행사를 통해 종교개혁의 배경과 정신을 되짚어보며 기념한다는 것은 의미가 있는 일이다. 그런데 거기서 그치게 되면 마치 박물관에 가서 지난 역사를 보고 나오는 것과 별반 다를 것이 없게 될 수도 있다. 중요한 것은 종교개혁의 정신을 오늘 한국교회에 적용하여 500년 전에 발생한 종교개혁의 정신을 되새기고 깨닫고 뭔가 좀 개혁적으로 방향을 잡아가는 일일 것이다. 그런데 종교개혁 500주년 기념행사들

---

1) 이 글은 2017년 10월 26일 장로회신학대학교에서 개최된 <종교개혁 500주년 기념 학술 세미나>에서 "통일을 대비한 한국교회의 사명"이라는 제목으로 주제 발표한 원고를 보완하여 게재한 "종교개혁과 한국교회의 통일 준비," 『선교와 신학』, 제45집(2018): 441-470의 내용을 수정한 것이다.

을 보면 행사를 주도하는 사람들 대부분이 교단장들과 유명인사들이다. 더러는 종교개혁과는 거리가 있어 보이는 사람도 있는 것 같아 마음이 불편하다. 중요한 것은 이런 행사를 주도하며 개혁하자는 사람들 마음에 진정성이 있는가 하는 점이다.

종교개혁 500주년 기념행사의 하나로 광범위한 주제이기는 하지만 개혁의 관점에서 남북통일을 바라보자고 한다. 종교개혁 500주년과 남북통일이 어떤 상관성이 있는 것일까? 또 종교개혁 500주년과 통일선교가 어떤 연관성을 갖고 있는 것일까? 박종화는 이 질문에 이렇게 답한다. 종교개혁과 남북통일은 역사적인 맥락에서 보면 별 연관성이 없어 보인다. 그러나 종교개혁이 '교회를 개혁한다' 또는 '교회를 새롭게 한다'는 의미에서 본다면 통일은 '한국을 개혁'하고 '한국을 새롭게' 하려는 하나님의 구원계획을 내포하고 있다고 볼 수 있다.[2]

이런 상관성에도 불구하고 '종교개혁과 통일선교' 또는 '종교개혁과 북한선교'라는 제목의 연구가 거의 없는 것이 현실이다. 이것은 그만큼 종교개혁과 통일문제를 연계해서 논의한 적이 없다는 것이다. 단지 2017년 6월 3일 기독교 통일학회에서 <종교개혁 500주년과 통일>이라는 주제로 정기학술심포지엄이 있었을 뿐이다. 이런 상황에서 종교개혁 500주년 기념, 개혁의 관점에서 통일을 대비한 한국교회의 사명을 논하는 것이 그리 수월한 일은 아니라는 점을 염두에 둘 필요가 있다.

이 글에서는 종교개혁에 관한 간략한 설명과 한국 프로테스탄트의 시작에 대한 이야기를 간략하게 언급하고 종교개혁과 한국교회의 모습을 살펴본 후 개혁이라는 관점에서 한국교회가 통일선교를 어떻게 진행해 왔는지, 또 어떻게 진행해야 하는지를 논의하겠다.

---

2) 박종화, "종교개혁 500주년과 통일," <기독교 통일학회 제21차 정기학술심포지엄> (2017년 6월 3일): 7.

2. 종교개혁 500년 전 소고

먼저 종교개혁 500주년을 맞이하며 종교개혁 당시의 상황을 되돌아보는 일은 의미 있는 작업일 것이다. 500년 전으로 거슬러 올라가 보면 16세기 유럽은 종교개혁이라는 중대한 역사적 체험을 하게 된다. 내적으로 중세 봉건주의 사회체제가 붕괴하고 근대 시민사회가 수립되는 경제적, 사회적 전환기였다. 외적으로 스페인과 포르투갈 등 해상국가들에 의한 신대륙 탐험은 서양 중심 또는 유럽 중심의 세계관에 균열을 가져왔다. 여기에 르네상스로 표현되는 인문주의 운동이 확산되며 정신과 신앙의 근간을 이루었던 로마 가톨릭교회 중심의 세계관이 흔들리기 시작했다. 이와 더불어 로마 가톨릭교회의 부패와 로마 교황청의 권위 추락 등이 종교개혁의 복합적 요인으로 작용했다고 볼 수 있다.[3]

교황 레오 10세(Leo X)는 1515년 독일에서 면죄부 판매를 허락했다. 면죄부를 사야, 말 그대로 죄를 면해준다는 것이었다. 면죄부는 돈을 낸 만큼 연옥에 머무는 시간을 줄여준다는 것을 약속하는 문서였다. 그런데 가난한 사람은 면죄부를 살 수 없었기 때문에 속죄를 받을 수 없다는 문제점이 있었다. 사실 면죄부 판매는 로마의 성 베드로 성당 건축을 위한 자금 마련의 방편이었다. 이런 상황을 배경으로 하여 마틴 루터(Martin Luther)는 로마 가톨릭교회의 면죄부 판매에 대해 비판하게 되었다. 마침내 마틴 루터는 1517년 10월 31일 비텐베르크(Wittenberg) 성당 문 앞에 95개 조의 반박문을 써 붙였다. 여기에서부터 종교개혁이 시작되었다고 본다. 물론 마틴 루터가 종교개혁을 처음 주장한 것은 아니었다. 이미 1380년 영국의 존 위클리프(John Wycliffe)가 교회의 타락을 지적했고, 1412년 보헤미아의 신학자 얀 후스(Jan Hus)는 교황의 면죄부

---

3) 한국기독교사연구회, 『한국기독교의 역사 1』(서울: 기독교문사, 1989), 43.

판매를 죄악이라고 비판했었다. 후스는 종교회의에서 이단으로 정죄 받고 화형에 처해졌다.

그러면 왜 마틴 루터는 95개 조의 반박문을 써서 비텐베르크 성당 문에 붙여야 했을까? 면죄부를 사야 구원을 얻는 것이 아니라, 마틴 루터는 기독교인은 용서받은 죄인으로 하나님과의 올바른 인격 관계를 통해 구원을 얻게 된다고 보았기 때문이다. 그런 루터에게 면죄부를 통한 구원이란 용납할 수 없는 것이었다.

또한 루터는 교회의 최종 수위권을 거부했고, 오직 성경만이 최종 수위권이라 선언하였다. 그것이 '오직 성경만으로'(sola Scriptura)라는 종교개혁의 원칙을 확립시켰다. 루터는 "모든 선행 가운데 가장 고상한 것은 그리스도를 믿는 믿음"이라고 『선행들에 관하여』(1520년 5월) 라는 소책자에서 정의한 후, "선행을 교회에서의 기도나 금식이나 구제에 국한 시키지 않고" 직업의 현장과 삶의 모든 영역에서의 그리스도교적 삶을 선행으로 보았다.[4]

루터의 영향으로 많은 종교개혁자가 등장하고 다양한 영역에서의 개혁이 일어나게 되었다. 부패하고 타락한 교회를 비판하며 비본질적인 것에서 벗어나 성경중심으로 되돌아 가기 위해 갱신하자는 것이 개혁운동이었고, 그것이 바로 종교개혁이었다. 이 종교개혁의 5가지 모토는 '오직 성경,' '오직 믿음,' '오직 은혜,' '오직 그리스도,' '오직 하나님께 영광'이다.

그 후 루터의 견해를 지지하며 교회개혁을 원하는 사람들이 프로테스탄트라는 이름으로 모여 신교를 시작했을 때 개혁의 의지를 갖고 시작했다. 개혁교회는 항상 개혁되어야 한다(Ecclesia reformata semper est reformanda!)는 것이다. 즉 개혁교회는 개혁되었고 개혁되고 있고 개혁

---

4) 이형기, 『세계교회사 (II)』(서울: 한국장로교출판사, 1996), 72, 73.

해 나가는 교회를 말한다. 이 개혁교회의 모토는 오늘도 유효하다.

3. 한국 프로테스탄트의 시작

한국의 프로테스탄트가 시작된 지 얼마나 되었나? 첫 공식 선교사인 미국 북장로교회의 언더우드(Horace Grant Underwood)와 미감리교회의 아펜젤러(Henry Gerhart Appenzeller)가 제물포항에 들어온 1885년 4월 5일을 한국선교의 본격적인 시작으로 본다. 그렇다면 (2017년 기준으로) 132년이 되었다. 만일 선교사로는 최초로 한국에 온 의료선교사인 알렌 (Horace Newton Allen)이 한국에 입국한 1884년 9월을 선교의 시작으로 본다면 2017년은 선교 133년이 되는 해이다.

스코틀랜드 연합장로교회에서 중국에 파송한 로스(John Ross) 선교사는 1874년 당시 청국과 조선의 국경이며 교역이 이루어지던 고려문에서 50대 남자 상인 한 명을 만나 한문 신약성경과 『훈ᄋ진언』(訓兒眞言)을 건네주었다. 그 상인은 백홍준의 부친이었다. 그 후 1876년 4월 말 로스는 고려문을 재방문하여 의주 상인 이응찬을 만나게 되었다. 로스는 봉천으로 돌아와 한국어 공부를 시작했고, 이응찬의 도움으로 1877년 한국 선교사를 위한 한국어 교재 『Corean Primer』를 상해에서 발간했다. 그 후 서상륜을 만나게 되었다. 1879년 백홍준, 이응찬을 비롯한 4명의 한국인이 매킨타이어(John McIntyre) 선교사로부터 세례를 받았다. 이때 한국 프로테스탄트 최초의 신앙공동체가 형성된 것으로 본다.[5] 그렇다면 굳이 선교사가 한국 땅에 들어오지 않았더라도 중국에서 선교사를 만나 세례를 받고 돌아와 신앙공동체를 형성한 한국 사람이 있었다는 사실만을 놓고, 이때부터 한국 프로테스탄트의 시작이라고 본다면 138

---

5) 한국기독교사연구회, 『한국기독교의 역사 1』, 144.

년이 되었다고 할 수 있다.

로스 선교사는 <예수성교본>이 간행된 1882년 3월 김청송을 '최초로 완성된 복음서를 가진 전도자' 겸 권서로 한인촌에 파송하였다. 이 영향으로 로스 선교사는 1884년 11월 묘이산에서 시작되는 한인촌을 방문하여 4개 마을 75명에게 세례를 주었다.[6] 한편, 로스 선교사를 만났던 서상륜은 1882년 10월 대영성서공회 최초의 한국 권서로 파송되었다. 서상륜의 동생 서경조는 신약성경을 몇 번 읽고 예수 믿기로 결심하고 전도에 힘썼다. 서상륜은 20여 명의 구도자를 지도하며 성경과 교리를 가르쳤고, 1886년 예배 처소를 마련하여 매 주일 정기예배를 드린 것으로 보인다. 이것이 주체적이고 자립적인 한국교회의 출발인 소래 신앙공동체의 시작이었다.[7]

영국의 토마스(Robert Jemain Thomas) 선교사가 제너럴 셔어먼 호를 타고 대동강으로 들어왔으나 물이 줄어들며 배가 양각도 모래톱에 좌초되었고, 1866년 9월 2일 토마스 선교사는 대동강 가에서 순교하였다. 이때 토마스 선교사를 통해 한문 성경을 받았던 사람이 있었다는 사실은[8] 그의 죽음에 열매가 있었음을 나타낸다고 하겠다. 만일 토마스 선교사가 한국에 왔던 1866년을 선교의 시작이라고 본다면 한국선교 역사는 151년이 된 셈이다.

이렇게 장황하게 한국선교 역사를 언급하는 것은 종교개혁 500주년을 맞이하고 한국선교 133~151년이 된 현시점, 한국 신교는 개혁교회라고 할 수 있는지 묻고 싶어서이다. 종교개혁 500주년을 맞이하여 지금 한국교회는 개혁된 교회인가? 개혁하는 교회인가? 아니면 개혁해야 할 교회인가? 자문해보게 된다.

---

6) 위의 책, 153.
7) 위의 책, 156.
8) 위의 책, 140－141.

4. 종교개혁과 한국교회

16세기 유럽의 종교개혁과 오늘날의 한국교회를 어떻게 연결해서 생각할 수 있을까? 500년 전의 종교개혁 정신을 기조로 현대 한국교회를 진단하는 일은 개혁교회로 나아가는 데 중요한 역할을 하리라 본다. 루터의 종교개혁은 3가지로 요약될 수 있다. 바로 "오직 성경(Sola Scriptura), 오직 은혜(Sola Gratia), 오직 믿음(Sola Fide)"이라는 것이다. 교회 안에서 하나님의 말씀인 성경이, 하나님의 은혜가, 그리고 예수 그리스도를 통한 구원의 믿음이 변질되었던 것을 발견하고 그 본질을 회복하기 위해 종교개혁이 시작된 것이다. 변하지 않으면 변질될 수밖에 없는 것이 인간의 죄성이다.

'오직 성경'이라고 주장하는 것은 그 당시 성경이 교회의 최고의 권위가 아니었기 때문이었다. 기독교인의 신앙의 기준은 하나님의 말씀이다. 하나님의 말씀이 개인 신앙의 영역에서 삶 전체를 지도하는 원리가 된다. 그 하나님의 말씀이 바로 성경이다. 그런데 중세에는 교황의 교시를 성경보다 우선시하는 풍조가 있었다. 베드로를 잇는 영적 후계자로 교황을 교회 최고의 권위자로 여겼다. 여기에서 교황무오설이 생기게 되었다.

루터의 종교개혁은 기존 교회의 잘못된 모습을 바라보면서 교회의 본질로 돌아가자고 주장하는 것이다. 그러면 오늘의 한국 프로테스탄트는 교회의 본질로 돌아가 있는가? 루터의 종교개혁이 500년 지난 오늘 한국교회는 성경을 교회의 유일한 권위로 인정하고 있는가? 아니면 목회자의 말을 그 위의 권위로 보고 있는가? 어디에 권위가 있는지 명확하지 않으면 잘못된 권위는 권력으로 변질될 수 있음을 깨달아야 한다. 모든 것이 하나님으로부터 왔음을(골 1:16) 기억해야 한다. 종교개혁자들이 주창한 '오직 성경'이 오늘날 한국교회에 주는 의미와 교훈은 무엇인지 생각해보자.

한국교회의 경우, '오직 성경'만을 강조하다 보니 실천을 소홀히 했다는 지적이 많다. 여러 종류의 성경공부 교재도 개발되어 공급되었고 다양한 성경공부 프로그램을 통해 교인들의 지적 성장이 이루어졌지만, 반면 성경 말씀을 적용하여 실천한다는 측면에서는 답보상태를 보이고 있는 것이 현실이다. 말씀을 아는 데서 그치면 소용이 없다. 먼저 성경을 하나님 말씀으로 믿는 믿음이 필요하다. 왜냐하면 성경을 하나님 말씀으로 믿을 때 능력이 있기 때문이다. 따라서 신자들은 지식의 축적이나 아는 것에서 만족할 것이 아니라 말씀을 믿고 묵상하고 말씀 앞에 바로 서야 한다. 그리고 말씀을 실생활에 적용하여 말씀대로 살려는 노력이 필요하다.9) 그것이 진정한 기독교인의 모습이다. 아울러 교회도 성경공부 교재 개발이나 프로그램 실시에 만족할 것이 아니라 신자들이 성경대로 살도록 독려하는 일뿐만이 아니라 성경에 충실하여 교회의 본질을 회복하려는 모습을 보여야 한다.

다음으로 '오직 은혜'를 말하는 것은 구원이 사람의 힘이나 능력이나 지식으로 얻는 것이 아니기 때문이다. 루터는 친구의 죽음을 목격한 충격과 두려움을 통해 수도회에 입회하여 수사가 되고 사제로 서품을 받게 되었다. 고해성사를 통해 죄를 고백하는 일이 잦았다. 그러다 구원은 사람의 공로를 통해 얻어지는 것이 아니라 전적인 하나님의 은혜에 의해 주어진다는 사실을 깨달았다. 그것은 에베소서 2:8~9에 나오는 말씀이다. "너희가 그 은혜를 인하여 믿음으로 말미암아 구원을 얻었나니 이것이 너희에게서 난 것이 아니요 하나님의 선물이라. 행위에서 난 것이 아니니 이는 누구든지 자랑치 못하게 함이니라." 그래서 '오직 은혜'가

---

9) 조은식, "한국교회 정체성을 극복하자," 『월간목회』, 통권 326호(2003년 10월): 40, 42, 43.

강조되는 것이다.

한국교회는 은혜를 강조하다 보니 논리가 사라지고 윤리가 사라진 듯하다. 어떤 일의 시시비비를 가릴 때 은혜로 덮자고 한다. 그러다 보니 잘못에 대한 철저한 반성과 분석이 없게 된다. 자성이 없다 보니 감각이 무디어져 그냥 덮는 게 은혜인 줄 알게 되는 착각에 빠진다. 여기에 더하여 그리스도교는 윤리를 초월한 종교라고 가르친다. 그리스도교가 윤리를 초월한 것은 맞는데, 그것은 윤리를 무시해도 된다는 의미가 아니다. 윤리를 초월했다는 것은 철저하게 윤리적이지만 그 윤리를 뛰어넘는 하나님의 섭리가 있다는 것을 의미한다. 잘못된 해석과 가르침으로 인해 교회 안에 윤리의식이 소홀해졌다. 윤리 문제를 제기하면 하나님의 뜻인데 왜 그러느냐며 에둘러 말한다. 죄를 지적하고 회개를 촉구해야 할 교회가 은혜롭게 해야 한다며 침묵한다. 그러다 보니 교회와 목회자가 사회보다도 비윤리적이라는 지탄을 받게 되면서 교회와 목회자의 공신력이 추락하게 된 것으로 진단된다. 로마 가톨릭의 부패에 항거하여 일어난 종교개혁이 500년 지난 지금, 한국 프로테스탄트는 로마 가톨릭보다, 아니 좁게는 한국에 있는 천주교회보다 더 개혁적이라고 말할 수 있는지 심각하게 생각해보아야 한다. 여기에 무릎을 꿇고 가슴을 치며 철저히 회개하는 일이 요청된다.

세 번째로 "오직 믿음"은 구원과 관련되어 있다. 다시 말해 구원은 믿음으로 얻는 것이다. 이것은 루터의 가르침이 아니라 성경의 가르침이다(엡 2:8). "의인은 믿음으로 말미암아 산다"(합 2:4)고 했다. 루터는 면죄부 판매를 통한 속죄에 반발하여 성경의 가르침으로 돌아가 구원은 믿음으로 얻는 것이지 면죄부 구입을 통해 얻는 것이 아니라는 것을 천명하였다. 믿음은 삶에 관계된 것이다. 믿음으로 기독교인이 된 것이고 기독교인의 삶은 믿음의 삶이다. 이 믿음은 자기 고집이나 경험이나 지식을 통한 자기 신념이 아니다. 믿음은 진리에 대한 확신이다.

믿음은 머리로 아는 믿음이 있고, 마음으로 믿는 믿음이 있고, 믿는 것을 실천하는 믿음이 있다. 믿음은 확신의 차원을 넘어 성장하면서 내면에서부터 실생활로 드러나야 한다. 믿음이 성숙해지면 삶 또한 변하게 된다. 그것을 구별된 삶이라고 말한다. 구별된 삶은 우리를 거룩하게 만든다(고전 6:11). 그것을 성화라고 한다. 그래서 기독교인을 성도라고 부르는 것이다(고전 1:2). 하나님을 안다고 말하면서 하나님의 계명을 지키지 않으면 아무 의미가 없는 것이다(요일 2:4). 야고보서는 정체된 믿음보다 실행하는 믿음을 강조한다. 그래서 믿음이 있다고 말하면서 행함이 없는 것은 죽은 믿음이라고 지적한다(2:14~17). 예수님도 마태복음 7장 21절에서 말로만 주님을 부르거나 찾는다고 하늘나라에 들어가는 것이 아니라 삶 가운데서 하나님의 뜻을 행하는 사람이어야 들어간다고 말씀하셨다.

중세 로마 가톨릭의 부패에 대한 반발로 종교개혁이 시작되었는데 500년이 지난 지금, 선교 한국 133~151년이 지난 현재 한국교회는 가톨릭교회보다 투명한가? 사회 공신력은 어떤가? 현재 한국교회의 부패가 500년 전 중세 로마 가톨릭교회보다 깨끗한가? 개혁교회에 교황제도는 없지만, 목회자의 위상이 교황에 버금가지는 않는가? 중세 면죄부 판매를 통해 구원을 받는다고 한 일을 생각해볼 때 오늘날 한국교회가 보여주는 교회를 사고파는 일, 임직자의 헌금과 직분, 총회장 금권선거 등은 현대판 면죄부 판매가 아닐까 하는 생각이 든다.

종교개혁 500주년이 되었지만, 한국교회는 교파형 교회로 같은 교파 안에서도 수많은 분열을 체험하였다. 갈등과 분열로 인해 교회의 공교회성이 상실된 면이 없지 않다. 이 부분은 철저한 회개를 통해 개혁성을 회복하고 종교개혁의 공교회성을 회복해야 한다. 공교회성 회복 없이 개혁교회가 통일을 준비한다는 것은 공허한 외침이 될 수 있기 때문이다. 따라서 한국교회는 철저한 회개를 통해 신앙의 본질을 되찾아 갱신해야 한다. 또한 아직도 교회 안에는 중세 때의 잘못된 신앙의 모습이 다른 형태로 잔존하고 있는 것을 보게 된다. 그러므로 개혁을 말하는 이때 모든 기독교인은 하나님 앞에서 얼마나 정직한지 자성해야 한다. 그리고 개인적 차원의 통회자복을 통해 '하나님 앞에 선 단독자'로서 부끄럼이 없는 모습을 갖추어야 한다. 그리하여 기독교인의 회개와 교회의 갱신이 사회에 선한 영향력을 끼칠 수 있어야 한다. 그럴 때 한국교회의 개혁적 모습이 남북통일에도 기여할 수 있을 것이다.

5. 북한선교의 흐름[10]

종교개혁이 하나님의 구원의 뜻에서 일탈한 교회의 회복이었다면, 통일은 불의한 분단의 담을 허물고 원수 관계를 소멸하여 남과 북이 화평하게 회복되는 것이다(엡 2:14~17).[11] 선교적 과제로서의 통일은 예수 그리스도의 복음을 북녘 동포들에게도 전하겠다는 신앙의 차원에서 시작된다. 특히 통일선교의 기본적 바탕은 순교 정신과 섬김의 자세이다.[12]

통일을 대비한다고 할 때 흔히 통일까지만을 생각하는 경향이 있다. 그럴 경우 통일을 이루면 임무가 완수된다고 생각하게 된다. 그러나 통

---

10) 필자는 개인적으로 북한선교라는 단어보다 통일선교라는 용어를 더 선호한다. 그것은 북한선교라는 단어에는 선교지나 선교대상에 대한 객관적인 이해나 고려가 부족한 선교자의 일방성이 들어있어 보여 자칫 잘못하다가는 종속관계로 변질될 우려가 있는 반면 통일선교라는 용어는 더 포용적이고 상호협력적이며 통전적이라 여겨지기 때문이다. 그러나 이 글에서는 통념상 북한선교와 통일선교라는 용어를 혼용해서 사용한다.
11) 박종화, "종교개혁 500주년과 통일," 7.
12) 박영환, 『북한선교의 이해와 사역』(고양: 올리브나무, 2011), 7.

일을 대비한다는 것은 통일과 통일 이후까지도 포함된다고 본다. 통일도 중요하지만, 통일 이후 발생할 일들을 어떻게 다룰 것인가 하는 문제도 신중하게 준비해야 할 일이기 때문이다.

통일을 대비한 선교는 언제부터 시작되었는가? 개별적으로 시작된 것은 확인할 방법이 없으므로 공식적으로 북한선교를 표방한 경우에 한정 지어 살펴보자. 기독교북한선교회는 북한선교를 목적으로 설립된 선교단체 중 가장 오랜 역사를 가진 초교파적 선교단체이다. 1971년 김창인 목사를 중심으로 활동하면서 1974년 충현교회에서 "씨앗선교회"로 발족되었다. 1977년 북한선교창립기념대회를 개최하고 북한선교에 앞장서게 되었다. 그 후 1985년 "기독교북한선교회"로 개명하였다. 기독교북한선교회는 북한선교가 교회에서조차 큰 관심의 대상이 아니었을 때부터 북한선교에 대한 사명감을 갖고 방송선교와 문서선교 그리고 기도회를 통해 활동한 단체이다.

기독교북한선교회는 전문성을 가진 선교단체로 성장하기 위해 '내지선교'를 통해 북한 동포들에게 식량, 의약품, 옷, 생필품 등을 복음과 함께 보내고 있고, '선교현장훈련'을 통해 북한선교에 비전을 가진 일군을 양성하고 있다. '학술진흥기금'을 받아 북한선교환경과 정책에 대한 연구를 위해 전문가를 후원하고 북한선교에 전략적으로 기여하고 있고, '학술세미나'를 통해 학술기금을 받은 연구자들의 논문발표와 토론을 하며, 연구논문과 교재를 출간하기도 한다. 기독교북한선교회는 다른 북한 관련 선교단체와는 달리 시작부터 지금까지 과감하고 공개적인 사역을 하고 있다. 이런 면이 기독교북한선교회가 갖는 특성이 아닐까 싶다.

1970년대는 보수적인 교회가 북한복음화를 기치로 북한선교에 관심을 가졌던 시기였다. 그러나 그 당시 상황으로는 북한복음화에 직접 참여할 방안이 없었으므로 기도회가 중심이었다. 한편 진보적인 교회는 민주화운동을 통해 통일에 접근하던 시기였다. 진보적인 교회 지도자들은 사회운동에 참여하며 자유와 사회정의를 주장하였다.13) 보수적인 교회가 교회 안에 머물렀다면, 진보적인 교회는 교회 밖에서 활동하던 시기였다. 보수적인 교회가 통일문제에 수동적이었다면, 진보적인 교회는 통일문제에 능동적으로 참여하려고 활발하게 시도하던 시기였다. 지내고 보니 이것은 보수적인 교회와 진보적인 교회의 한계라기보다 역할 분담으로 보인다. 결국 "모든 일이 서로 협력하여 선을 이루게 되는 것"이므로(롬 8:28).

1980년대에 들어와 한국교회는 통일과 더불어 북한선교에 관심을 갖기 시작했다. 한국기독교장로회는 1980년 3월 "통일은 교회의 선교적 과제"라고 선언했다.14) 그 후 각 교단에서 북한선교에 관심을 갖고 선교위원회를 조직하기 시작했다.15) 아울러 다양한 선교단체들도 조직되기 시작했다. 그러나 그 당시 선교단체들은 명목상의 단체가 많았다. 그것은 북한선교를 하기는 해야겠는데, 어떻게 해야 할지 방향성과 콘텐츠가 절대 부족이었기 때문이었다. 오히려 통일을 대비한 한국교회의 활동은 국내보다는 외국에서 진행되었다. 그것은 남한의 군사정권이 통일운동을 다양한 방법으로 제한했기 때문이었다. 이와 연계하여 한국기독교교회협의회는 주도적으로 조선그리스도교연맹과 교류하면서 통일운동을 전개하였다.16) 그러나 한국기독교교회협의회의 활동은 민족과 민중 그리고

---

13) 조은식, "남한교회의 통일운동 연구: 해방이후부터 문민정부까지,"『선교와 신학』, 제15집(2005): 20 – 22.

14) 김흥수, "한국교회의 통일운동 역사에 대한 재검토,"『희년신학과 통일 희년운동』, 채수일 편(서울: 한국신학연구소, 1995), 447.

15) 대한예수교장로회(통합)는 북한선교 대책위원회를 이미 1971년에 조직했고, 1980년대에 들어와 1984년에 한국기독교장로회는 북한선교위원회를 구성했으며, 기독교대한감리회는 북한선교회를 1987에 조직했다.

16) 그 당시 해외에서의 통일운동은 해외에 있는 한국인들이 주도한 회의, 세계교회협의회나 외국교회와 남한교회 지도자와의 공동회의, 그리고 남북한 교회 지도자들의

화해 차원의 통일운동이라는 지점에 머물러 있을 뿐 복음화와의 연결점을 찾기가 어려운 한계를 갖고 있었다.[17] 그럼에도 1980년대는 진보 진영이 주도권을 잡고 민주화를 기치로 한 통일운동을 전개하는 시기였다. 이 시기에 북한은 기독교의 존재를 세계에 알리며 선전의 기회로 삼기 시작했다. 1983년 조선기독교도연맹에 의해 구약성경이 출판되었고 1988년에는 봉수교회가, 1989년에는 칠골교회가 건립되었다.[18]

1990년 들어 비로소 보수진영이 북한선교에 적극적으로 참여하기 시작했다. 1993년 보수진영과 한국기독교교회협의회는 평화와 통일을 위한 남북나눔운동을 발족시켰다.[19] 이듬해인 1994년에 개최된 제4차 도쿄 회의에 합동측, 대신측 그리고 고려파까지 참여함으로 범교단적 통일운동이 본격화되었다.[20]

남북관계에도 변화가 왔다. 북한이 중국의 경제특구를 모방하여 외국의 자본과 기술을 유치하기 위해 1991년 나진, 선봉 지역을 경제특구로 지정하여 자유경제 무역지대로 선정하였다. 그러면서 1992년 8월 남한 정부는 중국정부와 수교하면서 중국방문이 수월해졌고 연변지역의 조선족 동포들과 접촉할 기회가 늘어나며, 백두산 관광을 통해 조중접경지역을 갈 수 있다는 사실이 북한선교에 대한 관심을 증폭시키며 북한선교

회의로 구분할 수 있다. 조은식, "남한교회의 통일운동 연구: 해방이후부터 문민정부까지," 27−28, "통일을 향한 남북한 기독교인 교류,"『대학과 선교』, 제14집 (2008): 34−45.

17) 박영환,『북한선교의 이해와 사역』, 47−50.

18) 조선기독교도 연맹은 1946년 김일성의 외삼촌인 강량욱을 중심으로 북조선기독교 연맹으로 창립하였다가, 후에 북조선기독교도연맹으로 이름을 바꾸었다. 1974년 조선기독교도연맹 중앙위원회라는 이름으로 다시 등장하였고, 1999년 2월 조선그리스도교연맹으로 이름을 변경하였다. 조은식, "조선그리스도교연맹과 지하교인에 대한 고찰,"『신학과 선교』, 제45집(2014): 243−276.

19) 이만열, "한국기독교 통일운동의 전개과정,"『민족통일을 준비하는 그리스도인』 (서울: 두란노서원, 1994), 67.

20) 한국기독교역사연구소 편,『북한교회사』(서울: 한국기독교역사연구소, 1996), 512.

가 활발해졌다고 본다.[21]

그동안 남한 기독교는 네 가지 유형의 북한선교 구조를 갖고 있었다고 볼 수 있다.[22] 첫째는 한국기독교교회협의회를 중심으로 조선그리스도교연맹과 동역하는 구조이다. 이 유형은 통일을 논하기보다 통일운동 확대에 주력하면서 남북한 기존체제 인정, 상호신뢰와 화해, 남북교회 교류, 북한동포돕기, 군축, 평화협정 등의 실천방안을 제시하고 있다.[23]

두 번째는 한국기독교총연합회를 중심으로 중국거주 조선족 동포와 탈북민 사역을 하며 북한교회 재건정책을 가진 형태이다. 보수적 성향을 띤 교회 중심으로 조선그리스도교연맹을 정치적 기관으로 보고 있고, 북한 지하교회 육성에 관심을 두고 있다. 북한교회 재건에 주도적 역할을 하려고 하고 탈북민을 사역자로 양성하려는 정책을 갖고 있다.[24]

세 번째는 한국기독교교회협의회와 한국기독교총연합회가 관계를 맺으면서 정책을 만들어가는 구조이다. 북한의 공식적인 창구인 조선그리스도교연맹을 인정하고 북한 현지교회와도 관계를 맺으며 식량지원 등 북한주민 돕기 운동에도 참여하는 동시에 탈북민을 지원하는 사역도 하는 구조이다. 에큐메니칼적 협력을 하는 형태이다.[25]

네 번째는 북한 선교단체나 개교회를 중심으로 독자적인 활동을 하는 형태이다. 초교파적 선교단체들이 다양한 북한 지원활동을 하고 있다. 또 개교회 파송 선교사들이 중국과 조중 접경지역에서 사역하고 있다.

이런 네 가지 유형의 북한선교가 존재했으나, 지속적인 북핵 위기론과 맞물려 남한 정부의 대북정책에 대응하는 북한선교의 새로운 대안을 내

---

21) 임창호, "통일을 준비하는 교회의 역할,"『그래도 우리는 계속 선교해야 한다』(서울: 굿타이딩스, 2013), 190.
22) 박영환,『북한선교의 이해와 사역』, 235.
23) 위의 책, 239.
24) 위의 책, 240-241.
25) 위의 책, 242.

놓지 못하고 답보상태에 머물러 있었다. 이런 정치적 긴장국면에서 교회가 민간차원에서 할 수 있는 일은 제한적일 수밖에 없었다. 남한교회는 1990년 사랑의 쌀 나누기와 1991년 사랑의 의료품 나누기를 시작한 이후, 북한이 1994년의 우박, 1995년과 1996년의 홍수 등 자연재해를 겪으며 식량난에 처하게 되자 구호성 지원을 늘리게 되었다.26) 그러면서 사회활동 중심의 통일운동이 인도주의적 차원의 구제 사업, 대북지원사업 또는 북한동포돕기사역으로 방향전환을 하게 되었다.27) 대북지원 사역은 북한에 홍수가 나거나 기근이 발생하거나 또는 북한의 요청으로 지원하는 일이 대부분이었고 인도주의적 차원에 치중할 수밖에 없었다.

한국교회는 전면에 나서기보다 기독교 NGO를 활용하여 정부의 승인 아래 인도적 지원과 지역개발 사업에 제한적으로 참여하였다.28) 그러나 기독교 NGO를 통한 대북지원 사업이 지속되고 있음에도 정책부재로 인한 중복투자와 단발성 지원, 네트워크의 부족으로 인한 갈등, 정보공개의 제한에 따른 사역내용 공개의 한계 등이 있어왔다.29) 심지어 한국교회가 북한선교라는 명목으로 지원한 돈이 북한 정권연장에 기여하고 오히려 통일의 길을 더 멀게 하는 데 일조한 면이 있는 것 아닌가 하는 부정적인 시각이 있었던 것도 사실이다.

이제부터는 대북지원을 좀 더 짜임새 있게 진행하는 것이 바람직하다. 공급자의 입장보다는 수요자의 필요를 고려하여 지원하는 것도 필요하다.30) 무엇보다 장기적 계획을 수립하여 그 계획대로 지원하며 인도적

---

26) 김형석, 『한국교회여, 다시 일어나라』(서울: 새물결플러스, 2015), 232-233.
27) 조은식, "남한교회의 통일운동 연구," 34.
28) 이만식, "교회를 통한 북한의 사회봉사 사역의 활성화 방안,"『그래도 우리는 계속 선교해야 한다』(서울: 굿타이딩스, 2013), 76, 김형석, 『한국교회여, 다시 일어나라』, 233, 243.
29) 박영환, 『북한선교의 이해와 사역』, 96-99.
30) 이만식, "교회를 통한 북한의 사회봉사 사역의 활성화 방안," 75.

지원에서 개발지원으로 전환하는 것이 미래지향적이라 생각된다.[31] 그러기 위해 북한선교를 담당하는 선교단체와 교단 선교부의 협력과 정보교환이 일차적으로 요청된다. 남한교회의 북한지원사역이 기독교의 이웃사랑과 민족적 동포애를 바탕으로 하고 있지만 그 사역의 목표가 선교인 것도 잊지 말아야 한다.[32]

6. 통일 준비

김형석은 그의 책 『한국교회여, 다시 일어나라』의 맺음말에서 "한반도에는 긴장감이 감돌고 남북 간 대화와 교류는 단절되었다. 이때 교회는 어떤 역할을 감당해야 할까? … 한국교회는 어떻게 통일을 준비할 수 있을까?"라는 질문을 던진다.[33] 이 물음을 염두에 두고 그래도 한국교회가 통일을 준비하며 해야 할 일들을 몇 가지만 생각해보자.

우선 현실적 실천방안으로 이웃사랑의 확산이다. 국내 거주 탈북민이 3만 명이 넘었다. 그러나 아직도 남한사회에 적응하지 못하는 사람이 다수이다. 그뿐만 아니라 북한 동포였던 탈북민을 이웃으로 형제자매로 받아들이려는 마음의 자세가 부족한 것도 사실이다. 남한사람들은 탈북민에 대해 복합적인 감정을 가진 것으로 보인다. 예를 들어 상대적 우월감, 막연한 거부감, 이유 없는 반감, 호기심, 무관심 등이다. 이런 부정적 감정과 생각이 표출되고 탈북민을 그리스도의 사랑으로 껴안지 못한다면 통일은 요원한 일이 되고, 통일이 되어도 남북주민들 사이의 사회통합을 기대하기 어렵다. 따라서 교회가 나서서 교육과 계몽을 통해 이런 부정적 및 배타적 인식을 바꿀 필요가 있다. 그러기 위해 관용과 포

---

31) 박영환, 『북한선교의 이해와 사역』, 112.
32) 위의 책, 344.
33) 김형석, 『한국교회여, 다시 일어나라』, 259.

용 그리고 이웃사랑의 자세로 탈북민을 품어야 한다.[34]

남한사회에 거주하는 탈북민 가운데 적응이 안 되어 영국, 벨기에, 호주, 캐나다 등 제3국으로 탈남하는 현상도 발생하고 있다.[35] 그뿐만 아니라 북한에서 남한으로 넘어온 북한주민들 가운데 북한으로 재입국하는 일도 발생하고 있다. 북한당국은 그들을 텔레비전 프로그램에 출연시켜 남한사회의 부정적인 측면을 부각하며 북한당국은 탈북민을 처벌하지 않고 포용한다는 선전을 통해 탈남을 유도하고 있다. 이런 상황을 보며 탈북민을 탓하기 전에 이웃사랑을 강조하는 한국교회가 탈북민에 대하여 얼마나 큰 관심을 두고 사역을 하였는지 자성하게 된다. 해외선교나 북한에 물자를 지원하는 일에는 큰 관심이 있는 한국교회가 곁에 있는 탈북민을 껴안지 못하면서 어떻게 북한에 있는 동포들을 사랑할 수 있을 것인지 생각해보아야 한다. 이웃을 사랑하라고 말만 하지 실천하지 않는 가르침은 '울리는 꽹과리'에 불과하다는 사실을 우리는 알고 있지 않은가. 주변에 있는 탈북민에 대한 무관심은 마치 제사장이나 레위인이 강도 만난 사람을 못본척 외면하는 것과 비슷하다. 하나님의 사랑과 은혜를 입은 기독교인들이 탈북민 사랑을 실천하지 않으면 누가 할 것인가. 한국교회는 선한 사마리아 사람이 되어야 한다.[36] 즉흥적이고 일시적인 도움보다는 지속적인 관심과 배려로 탈북민과 만나고 이야기하며 친구가 되어주는 일은 이웃사랑을 실천하는 차원에서도 매우 중요하고 탈북민의 사회 정착에도 도움이 되는 일이다.

---

34) 이 부분에 관하여는 조은식, "탈북자들의 남한 사회통합을 통한 평화 만들기," <한국기독교학회 제43차 정기학술대회 자료집>(2014년 10월), 272-277 참조.
35) 탈북민의 남한사회 적응과정에 대하여는 조은식, "북한이탈주민들의 적응과정 연구,"『선교신학』, 제14집(2007): 95-123 참조. 아울러 탈북민의 탈남에 대해서는 "샬롬의 관점에서의 통일선교,"『선교신학』, 제34집(2013): 302-303 참조.
36) 조은식, "한국교회의 북한이탈주민 선교의 현황과 참여 방안,"『둘, 다르지 않은 하나』, 한민족평화선교연구소(서울: 한들출판사, 2007), 210-211.

탈북민은 일차적으로 북한지역에서 남한으로 이주해온 우리의 동포이지 "알지 못하는 곳에서 온 사람들"이 아니다.[37] 탈북민은 우리의 이웃이고 그리스도 안에서 형제자매이다. 탈북민은 통일을 위한 '교두보'이다. 탈북민은 남한과 북한을 이어주는 '징검다리'의 역할을 할 수 있다. 또 탈북민은 북한선교의 '마중물'이기도 하다.[38] 탈북민의 남한사회 적응도는 통일 이후 남북주민들이 얼마나 조화롭게 살 수 있을지를 예측하게 하는 '리트머스 시험지'가 될 것이고, 남북한 사회통합의 효과를 미리 경험할 수 있게 해 주는 '소규모 예비실험'이 될 것이다.[39] 또한 탈북민은 "향후 통일시대에 사회통합에 기여할 계층"이고 "통일 대비 전문인력으로 육성하여 향후 남북 사회통합과정에서 남북주민들의 융합 및 가교역할을 수행"할 사람들이다.[40] 따라서 탈남자를 줄이고 남한 내 탈북민의 적응을 돕는 일은 중요한 일이다. 탈남하는 북한주민이 많으면 아무리 북한에 지원하고 교류를 해도 북한 가족들과 북한주민들에게 전해지는 소식은 부정적일 수밖에 없다. 따라서 탈북민이 남한사회에 잘 적응한다는 소식을 북한에 전해주어야 통일에도 긍정적인 영향을 줄 수 있는 것이다. 그러므로 탈북민의 남한사회 적응을 돕고 공존을 넘은 공생이 이루어지도록 해야 한다. 이 일을 위해 한국교회는 폐쇄적이고 배타적인 태도에서 이타적인 교회로 변모하여야 한다.[41] 타자와 함께하는 교회로 바뀌어야 한다. 그리고 탈북민을 포용하고 이해하며 소속감과 연

---

37) 이금순, 최의철, 임순희, 김수암, 이석, 안혜영, 윤여상, 『북한이탈주민 분야별 지원체계 개선방안』(서울: 통일연구원, 2004), 10.
38) 조요셉, 『북한선교의 마중물 탈북자』(고양: 두날개, 2014).
39) 조정아, 정진경, "새터민의 직장생활 갈등에 관한 연구," 『통일정책연구』, 제15권 2호(2006): 30.
40) 김화순, 최대석, "탈북이주민 정착정책의 인식과 과제: '정착지원을 넘어 사회통합으로'," 『통일정책연구』, 제20권 2호(2011): 55에서 재인용.
41) 김형석, 『한국교회여, 다시 일어나라』, 263.

대감 그리고 공동체 의식을 갖도록 하는 일이 필요하다.[42] 아울러 탈북민이 하나님의 은혜를 체험할 수 있는 계기를 만들어 주어야 한다.

이와 연계하여 생각해 볼 것은 통일교육이다. 학교에서나 교회에서나 통일교육이 거의 진행되고 있지 못하고 있는 것은 안타까운 일이다. 과거에 학교에서는 <반공 도덕>이라는 교과목을 통한 반공교육이 있었고, 1980년대 중반부터 통일 안보 교육으로 개편되었고, 1980년대 후반부터 통일에 주안점을 두었다.[43] 그러나 여전히 학교에서의 통일교육은 제대로 시행되지 않고 있다.

교회에서도 통일교육을 실시하는 곳을 찾기가 어렵다. 대한예수교장로회(통합) 총회교육부는 1988년 『성숙한 교회와 평화교육』이라는 교육자료와, 1989년 『성숙한 교회와 통일교육』이라는 교육자료를 발간하였으며, 1989년 여름성경학교 교재로 『하나님 손에서 하나가 되리라: 민족통일을 준비하는 한국교회』라는 통일 관련 중고등부 교재를 발간하였다. 그 후 1996년 『생명과 평화』라는 주제로 교육자료가 발간되었다. 기독교대한감리회 서부연회는 1997년 가을 소식지를 창간하면서 통일문제를 주 내용으로 다루어왔다. 또 통일학교를 시작하여 『평화통일과 북한선교』라는 이름으로 자료집을 발행하였다.[44] 그러나 한국교회 내에서 아직 체계적이고 지속적인 통일교육이 이루어지지 못하고 있는 것이 현실이다. 단지 기독교통일학회에서 2014년 『기독청소년과 통일』[45]이라는 청소년 통일공과를 소그룹 교재로 펴냈으나 얼마나 보급되어 사용되고 있는지는 알 수 없다.

---

42) 조은식, "샬롬의 관점에서의 통일선교," 『선교신학』, 제34집(2013): 303.
43) 조은식, "기독교 평화교육으로의 통일교육," 『한국개혁신학』, 제15권(2004): 161–163.
44) 위의 글, 165.
45) 김한옥, 오일환, 조은식, 정지웅, 김윤태, 연규홍, 권성아, 주도홍, 『기독청소년과 통일』(부천: 실천신학연구소, 2014).

통일하자고 설교하고 통일을 위해 기도하면서 통일의 당위성을 잘 모르거나 통일교육을 실시하지 않는 것은 모순이라 여겨진다. 이런 현실에 대해 임창호는 담임 목회자들에게 통일의 필요성, 당위성, 시급성을 알리고 계몽하는 운동, 주일학교 공과교재에 수준별로 통일 준비와 북한선교 단원 삽입, 수련회 기간에 집중적으로 교육, 신학대학에 '북한선교와 통일'이라는 필수과목 편성, 교회와 노회 또는 총회에서 북한선교부를 독립부서로 재편성, 중형교회에서 탈북민 전도사 채용, 일 년에 두 번 이상 북한선교를 주제로 복음통일 준비를 위한 주일을 지킬 것, 탈북민 교회를 방문하거나 탈북민 초청 연합예배를 통해 교제할 것 등을 제안한다.46) 귀담아들어야 할 내용이다. 교회가 앞장서 통일교육을 실시할 필요가 있다.

이어 통일을 준비하는 교회의 역할은 갈등과 대립에 대한 중재자 또는 화해자 역할이다. 남한사회에는 북한문제나 통일문제와 관련된 이념 갈등, 이와 연관된 세대갈등, 정치인들에 의해 악용된 지역 편향성에 의한 지역갈등, 소유구조와 정치적 역학관계에 의한 계층 갈등 등이 심각한 사회문제와 정치문제로 등장하였다. 남북분단 이후 60여 년 동안 상이한 사회구조와 이념 속에 교류 없이 지내다 보니 민족적 동질성은 약화되어 있고 사회·문화적 이질감은 심화되고 있는 것 또한 사실이다.47)

---

46) 임창호, "통일을 준비하는 교회의 역할," 211 – 216. 이 제안의 일부는 필자가 이미 "기독교 평화교육으로의 통일교육"에서 주장했던 내용을 포함하고 있다. 그것은 이 글이 게재된 2004년에 주장했던 것이 임창호의 글이 게재된 2013년에도 실현되지 못하고 있음을 드러내는 것에 주목하여 자성할 필요가 있다. 통일의 당위성은 첫째로 역사적, 민족적으로 한민족이었음을 회복하는 일이다. 둘째로 인도주의적 차원에서 이산가족들의 이별과 고통과 그리움을 해결해 주는 일이다. 셋째로 정치적 안정을 위해서이다. 넷째는 안보이고, 다섯째는 경제적 발전과 번영을 위해서이다. 여섯째는 사회문화적인 것으로 민족동질성을 회복하는 일이다.

47) 조은식, "남북화해를 위한 한국교회의 역할."『선교신학』, 제31집(2012): 331, 339 – 340 각주 24; "샬롬의 관점에서의 통일선교," 300.

이런 상황에서 한국교회가 갈등 해소를 위해 또 남북한 민족동질성 회복을 위해 어떤 노력을 기울였는지 반성하게 된다.

남북한이 통일되어도 이러한 갈등 문제와 대립구조가 해소되지 않는다면, 통일이 무슨 의미가 있을까? 땅의 통일이나 제도의 통일은 이룰 수 있을지 몰라도 사람의 통일은 이루지 못한 것이 될 것이다. 정치권에서는 통일 이후 발생할 다양한 갈등양상을 예견하며 정치, 행정, 경제, 사회 분야의 갈등 해소 방안을 논의하고 국민통합을 추진하려고 준비하고 있다.[48] 통일을 대비하여 한국교회도 남과 북 주민들이 화해하여 화목하게 살 수 있도록 교회교육을 통해 계몽하고 사회봉사를 통해 이웃 사랑을 실천하도록 해야 한다.

화해는 어긋난 관계 또는 깨어진 관계를 회복하는 것이다. 이 사명이 기독교인들에게 주어졌다(고후 5:18; 롬 12:18). 그러므로 한국교회는 갈등의 중심에서 벗어나 오히려 갈등을 중재하고 용서와 화해를 기반으로 한 통일이 이루어지도록 마음을 모아야 한다.[49] 또한 한국교회는 사회의 화해운동을 선도하며 화해자로서 해야 할 역할을 감당해야 한다.[50] 사람과 사람 사이의 수평적 관계가 회복되고 서로 신뢰할 때 화해가 가능해진다. 이 일을 위해 인간의 공로를 드러내려 할 것이 아니라 하나님의 은혜에 빚진 자의 심정으로 북한을 바라보아야 한다.[51] 그리고 진정

---

48) 통일연구원은 이런 연구를 지속해서 하고 있다. 대표적으로 이우영, 『통일문제에 대한 세대 간 갈등 해소방안』(서울: 민족통일연구원, 1995), 박종철, 김인영, 김인춘, 김학성, 양현모, 오승렬, 허문영, 『통일 이후 갈등 해소를 위한 국민통합 방안』(서울: 통일연구원, 2004), 조한범, 『남남갈등 해소방안 연구』(서울: 통일연구원, 2006), 김수암, 김선화, 박주화, 송정호, 이상근, 전연숙, 허문영, 현인애, 홍석훈, 『남북한 통합과 북한의 수용력: 제도 및 인식 측면』(서울: 통일연구원, 2015), 박주화, 이우태, 조원빈, 박준호, 송영훈, 강병철, 『남북통합에 대한 국민의식조사』(서울: 통일연구원, 2016) 등이 있다.
49) 조은식, "샬롬의 관점에서의 통일선교," 300.
50) 조은식, "남북화해를 위한 한국교회의 역할," 352.

성과 희생정신을 갖고 섬김과 봉사로 하나님의 사랑을 전하는 노력을
할 때(요일 3:18) 화해자로서 해야 할 역할을 감당할 수 있을 것이다.[52]
아울러 영적 회복을 통해 영성을 갖춘 화해자가 되도록 기도하며 준비
해야 한다.

　이와 더불어 한국교회가 회복해야 할 것은 예언자적 사명이다.[53] 한
국교회가 예언자적 사명을 감당하기 위해서는 이념문제에 매몰되어 허
덕이면 안 된다. 작금의 모습을 보면 한국교회는 예언자적 위치에서 사
회를 선도하기보다 이념에 편승해 좌로 또는 우로 치우친 모습을 보여
왔다. 대북문제에 있어서도 이념 편향적인 모습을 보여 온 것이 사실이
다. 그러다 보니 이런 모습이 교회 안의 분열로 비춰졌고 사회에서의 공
신력과 리더십의 상실로 이어졌다. 이것은 성경이 중심이 아니라 인간이
만들어놓은 이데올로기가 중심이었다는 것을 나타내는 결과다. 한국교회
가 이데올로기에 따라 사회문제나 통일문제에 대한 진단과 판단을 다르
게 한다면, 공정성과 객관성을 상실한 상태에서 어떤 비전을 제시할 수
있을지 자성해야만 한다. 만일 예수님이라면 어떻게 하실지를 심각하게
생각해보아야 한다. 김영한은 "남한교회는 예수 그리스도의 교회가 되어
야 한다. 그것은 남한교회가 어떤 이념이나 체제의 종이 아니라 예수 그
리스도의 종이라는 사실을 자각하고 행동하는 것을 말한다."고 지적한
것을 되새겨 보아야 한다.[54] 이데올로기나 진영논리는 또 다른 형태의

---

51) 안인섭, "종교개혁 500주년과 통일," <기독교통일학회 제21차 정기학술심포지
　　엄> (2017년 6월 3일): 6.
52) 김형석은 한국교회가 북한을 진심으로 감동하도록 섬김과 봉사로 사랑을 전하는
　　노력을 할 때 화해자로서 해야 할 역할을 감당할 수 있을 것으로 보았다. 『한국교
　　회여, 다시 일어나라』, 245, 246.
53) 김영한은 한국기독교가 샬롬공동체로서 민족의 화해와 구원과 통일을 위해 대제사
　　장의 직분, 예언자의 직분, 왕의 직분을 수행해야 한다고 주장한다. 『평화통일과
　　한국기독교』(서울: 풍만, 1990), 17, 71.
54) 김영한, 『개혁주의 평화통일신학』(서울: 숭실대학교출판국, 2012), 347.

우상이 되기도 한다. 그러므로 한국교회는 이념의 노예가 되어서는 안된다. 이데올로기에 경직된 한국교회는 진영논리에서 벗어나야 한다. 오히려 이념을 초월하여 거국적 안목으로 무엇이 진정 나라와 민족을 위한 것인지를 생각하고 통일을 위한 비전을 제시할 수 있어야 한다.[55] 무엇보다 한국교회는 계층과 체제와 이념을 초월하여 하나님 중심, 성경중심의 방향을 제시하는 리더십을 보여야 한다. 그것이 한국교회가 회복해야 할 사명이다. 그러기 위해 한국교회는 자정하는 모습과 스스로 개혁하는 모습을 보여주어야 한다.[56]

끝으로 이 논고에서 지면의 제한으로 다루지 못한 문제들이 있다. 통일을 대비한 방송선교가 그것이다. 방송선교는 겉으로 드러나는 효과는 적어 보이지만 보이지 않게 영향력을 발휘할 수 있는 선교방법이다. 방송선교는 단계별 프로그램을 계획·구성하여 송출하는 것과 다양한 프로그램을 개발하는 일이 필요하다. 남북분단 이후 단어 사용과 억양의 차이가 있음을 감안하여 무엇보다 북한 동포들이 이해할 수 있는 언어와 억양으로, 감동을 주고 소망을 주는 내용으로 편성하는 일이 중요하다.

이산가족문제도 심도 있게 다루어야 할 부분이다. 전쟁으로 인한 일천만 명의 이산가족의 대부분은 아직도 가족의 생사를 모르고 있다. 많은 이산가족이 세월이 감에 따라 고령화로 사망하고 있지만, 그들의 한을 풀어주고 생존한 이들이 상봉하도록 남북정부에 촉구해야 한다. 이산가족문제는 정치적 사안이 아니라 인도주의적 사안이라는 인식으로 접근해야 한다. 한국교회는 이산가족들을 위로하고 소망을 줄 수 있어야 한다.[57]

또한 북한 주민들의 인권문제도 빼놓을 수 없는 중요한 사안이다. 북

---

55) 조은식, "샬롬의 관점에서의 통일선교," 314.
56) 위의 글, 308-309.
57) 위의 글, 311.

한 주민들의 인권문제에 있어 한국교회는 정치권처럼 진보와 보수로 나누어져 있다. 정치적 성향에 따라 북한 인권문제를 두둔하기도 하고 비판하기도 했다. 또 중간지대에서 외면하거나 침묵하기도 했다. 인권문제는 이념의 문제가 아니라 사랑의 문제임을 인식하고 신앙의 눈으로 인권을 바라보고 인권문제에 접근해야 한다.58) 이런 부분의 구체적 논의는 추후 연구로 남겨둘 수밖에 없음을 양해 바란다.

7. 나가는 말

종교개혁은 교회만의 개혁을 의미하지는 않는다. 교회의 개혁을 통해 사회도 새롭게 변혁되기 때문이다. 그렇다면 오늘 한국교회의 모습은 어떤가? 또 한국 사회는 어떤가? 분명한 것은 한국교회는 재개혁되어야 한다는 것이고, 그로 인해 사회가 새롭게 변혁되어야 한다는 것이다. 아울러 종교개혁에 근거한 믿음이 우리의 삶을 주도해야 한다. 그리고 사랑과 섬김, 헌신의 자세로 통일을 준비할 때 분단극복과 화해와 통일이 한반도 구원의 한 과정으로 우리에게 주어지지 않을까?

"사람이 마음으로 자기의 길을 계획할지라도 그의 걸음을 인도하시는 이는 여호와시니라"(잠언 16:9)는 말씀이 떠오른다. 오늘과 같은 위기의 때엔 무엇을 계획하기보다 성경으로 돌아가 하나님의 지혜와 은혜를 구하는 것이 답일 것이다. 그러면서 그동안의 북한선교를 되돌아보고 점검하면서 믿음 안에서 다음 단계를 준비하는 것이 '일보후퇴 이보전진'의 기회가 되지 않을까 생각된다.

이 과정에서 강동완의 한국교회의 북한선교에 대한 평가에 귀기울일 필요가 있다. "지금까지 한국교회는 북한선교라는 옷을 입고 자기 과시

---

58) 조은식, "남북화해를 위한 한국교회의 역할," 350.

와 과신으로 선교의 장을 왜곡시키는 일그러진 모습이 나타나기도 했다. 북한선교를 '사랑의 실현'으로 보지 않고 '사업의 실현'으로 바라보며, 개인과 집단의 영역을 확장시키고자 했던 문제점도 있다."59) 이 지적은 되새겨보아야 할 말이다. 다시 말해 그동안의 북한선교는 개혁교회의 정신과는 거리가 멀었다. '오직 그리스도,' '오직 하나님께 영광'이라는 개혁교회 정신과는 달리 하나님의 선교를 자기 과시의 장으로 왜곡하여 개인의 선교로, 개교회의 선교로, 개교단의 선교로 변질시킨 면이 있다. 그러다 보니 사랑과 헌신으로 감당해야 하는 북한선교를 업적위주로 변질시킨 것도 사실이다. 이런 왜곡과 변질의 근저에는 물질주의와 세속적 성공주의가 있다. 이것은 성경이 중심이 아닌 개인이 선교의 중심에 서 있기 때문이고, 이것은 믿음이 아닌 물질을 의존했기 때문이며, 이것은 은혜보다 성과에 치중했기 때문이다. 이것이야말로 우리가 회개하고 개혁해야 할 부분이다.

안인섭은 종교개혁 정신에 근거하여 세 가지 통일정신을 제시한다. 이 것이 강동완의 비판에 대한 해명이 되지 않을까 생각된다. 첫째는 인간이 만든 이데올로기가 아니라 성경이 통일의 교과서가 되어야 한다. 둘째는 인간의 공로를 가지고 계산적으로 북한에 접근할 것이 아니라 하나님의 은총에 빚진 자의 심정으로 북한을 바라보아야 한다. 셋째로 물질 중심으로 통일을 모색하는 것이 아니라 하나님의 심정으로 영적 간절함으로 통일을 도모해야 한다.60)

개혁교회가 여전히 개혁되어야 하는 것처럼 한국교회도 개혁되어야 한다. 한국교회가 개혁되고 거듭나야 한반도의 역사를 바꿀 수 있다. 이와 더불어 통일 준비도 개혁교회 정신에 맞추어 하자. '오직 성경,' '오직

---

59) 강동완, "'통일을 준비하는 교회의 역할'에 대한 논찬,"『그래도 우리는 계속 선교해야 한다』(서울: 굿타이딩스, 2013), 226.
60) 안인섭, "종교개혁 500주년과 통일," 6.

믿음,' '오직 은혜' 그리고 '오직 그리스도,' '오직 하나님께 영광'을 기억하며 통일을 대비하자. 마치 소금의 역할처럼 말이다(마 5:13). 통일 준비는 요란하게 진행되는 것이 아니라 십자가 정신으로 묵묵히 감당해야 하는 것이기 때문이다.

참고문헌

김영한.『평화통일과 한국기독교』. 서울: 풍만, 1990.

_____.『개혁주의 평화통일신학』. 서울: 숭실대학교출판국, 2012.

김한옥, 오일환, 조은식, 정지웅, 김윤태, 연규홍, 권성아, 주도홍.『기독청소년 과 통일』. 부천: 실천신학연구소, 2014.

김형석.『한국교회여, 다시 일어나라』. 서울: 새물결플러스, 2015.

이금순, 최의철, 임순희, 김수암, 이석, 안혜영, 윤여상.『북한이탈주민 분야별 지원체계 개선방안』. 서울: 통일연구원, 2004.

이형기.『세계교회사 (II)』. 서울: 한국장로교출판사, 1996.

박영환.『북한선교의 이해와 사역』. 고양: 올리브나무, 2011.

조요셉.『북한선교의 마중물 탈북자』. 고양: 두날개, 2014.

조은식.『통일선교: 화해와 평화의 길』. 서울: 미션아카데미, 2007.

한국기독교사연구회.『한국 기독교의 역사 1』. 서울: 기독교문사, 1989.

한국기독교역사연구소 편.『북한교회사』. 서울: 한국기독교역사연구소, 1996.

김흥수. "한국교회의 통일운동 역사에 대한 재검토,"『희년신학과 통일 희년운 동』. 채수일 편. 서울: 한국신학연구소, 1995, 420 - 450.

이만열. "한국기독교 통일운동의 전개과정,"『민족통일을 준비하는 그리스도 인』. 서울: 두란노서원, 1994, 13 - 71.

이만식. "교회를 통한 북한의 사회봉사 사역의 활성화 방안,"『그래도 우리는 계속 선교해야 한다』. 서울: 굿타이딩스, 2013, 59 - 80.

임창호. "통일을 준비하는 교회의 역할,"『그래도 우리는 계속 선교해야 한다』. 서울: 굿타이딩스, 2013, 177 - 218.

강동완. "'통일을 준비하는 교회의 역할'에 대한 논찬,"『그래도 우리는 계속 선교해야 한다』. 서울: 굿타이딩스, 2013, 219 - 228.

조은식. "한국교회의 북한이탈주민 선교의 현황과 참여 방안,"『둘, 다르지 않 은 하나』. 한민족평화선교연구소. 서울: 한들출판사, 2007, 193 - 219.

김화순, 최대석. "탈북이주민 정착정책의 인식과 과제: '정착지원을 넘어 사회
통합으로'," 『통일정책연구』. 제20권 2호(2011): 37－73.

안인섭. "종교개혁 500주년과 통일," <기독교통일학회 제21차 정기학술심포
지엄> 2017년 6월 3일: 4－6.

조정아, 정진경. "새터민의 직장생활 갈등에 관한 연구," 『통일정책연구』. 제15
권 2호(2006): 29－52.

조은식. "한국교회 정체성을 극복하자," 『월간목회』. 통권 326호(2003년 10월):
38－43.

_____. "남북교회 교류를 통한 통일선교 과제," 『장신논단』. 제21권(2004):
331－54.

_____. "기독교 평화교육으로의 통일교육," 『한국개혁신학』. 제15권(2004):
143－182.

_____. "남한교회의 통일운동 연구: 해방이후부터 문민정부까지," 『선교와 신
학』. 제15집(2005): 13－40.

_____. "북한이탈주민들의 적응과정 연구." 『선교신학』. 제14집(2007): 95－
123.

_____. "조선그리스도교연맹과 지하교인에 대한 고찰." 『신학과 선교』. 제45
집(2014): 243－276.

_____. "통일을 향한 남북한 기독교인 교류," 『대학과 선교』. 제14집(2008):
27－52.

_____. "남북화해를 위한 한국교회의 역할." 『선교신학』. 제31집(2012): 329
－360.

_____. "샬롬의 관점에서의 통일선교," 『선교신학』. 제34집(2013): 295－322.

_____. "탈북자들의 남한 사회통합을 통한 평화 만들기," <한국기독교학회
제43차 정기학술대회 자료집>(2014년 10월), 263－280.

04

평화통일을 향한
평화선교와 목회

04

평화통일을 향한
평화선교와 목회[1]

1. 들어가는 말

오늘날 우리가 살고 있는 시대를 총체적 갈등의 시대라고 말한다. 개인과 개인, 가족들 사이, 개인과 집단, 집단과 집단, 계층과 계층, 세대와 세대 사이에 갈등이 끊임없이 양산되고 있다. 우리가 살면서 서로의 다양한 차이로 인해 갈등과 마음의 상처가 생겼을지라도 화해하고 여전히 사랑의 관계를 맺고 살기를 원하는 것이 하나님의 뜻이다. 많은 부분에서 성경은 우리가 일상생활에서 다른 사람들과 화목하게 살 것을 가르친다. 성경의 가르침은 만일 우리가 하나님의 자녀라면 그리고 그리스도를 따르는 사람들이라면 서로 화목해야 한다는 것을 말한다. 그런데 안타깝게도 그렇지 않은 것이 부인할 수 없는 우리의 현실이다. 그래서 우리는 지속적으로 화목하게 살 것을 요구한다.

우리에게 있어 평화선교는 무엇인가? 평화로운 선교를 하자는 것인가?

---

1) 이 글은 2019년 11월 1일에 개최된 <한국기독교학회 제48차 정기학술대회>에서 "통일시대를 여는 평화선교와 목회"라는 제목으로 발표한 논문을 보완하여 게재한 "평화통일을 향한 평화선교와 목회," 『선교신학』, 제62집(2021): 249－277의 내용을 수정한 것이다.

평화를 주제로 한 선교를 의미하는가? 평화를 지향하는 선교를 말하는가? 이런 질문을 하게 된다. 평화선교는 결국 평화를 지향하기 위해 평화를 주제로 평화로운 선교를 하며 평화를 이루어 가자는 것으로 종합해 볼 수 있다. 생각을 모아야 할 중요한 현실 문제이다. 이 소고에서는 이런 질문을 염두에 두고 통일을 준비하며 평화통일을 향해 가는 기독교인들의 평화선교와 평화목회를 위한 실천방안을 현재 우리가 처한 분단 상황을 자성하며 평화와 통일에 대한 우리의 자세를 검토하는 데 초점을 맞추어 논의하겠다.

2. 분단과 평화통일

2.1 분단과 통일시대

우리가 통일을 논하는 것은 분단이라는 현실이 있기 때문이다. 남과 북의 분단이 현재 우리의 상황이다. 분단은 불협화음이다. 불협화음은 충돌이다. 그래서 조화가 없고 불편하다. 남과 북의 분단 상황이 그렇다. 분단된 남과 북 사이에는 적개심이 근저에 있다. 1950년 6.25 전쟁의 산물이다. 전쟁의 참혹함과 전쟁으로 인한 희생 등이 적개심을 야기했다. 물론 휴전 이후 남북 정부의 체제 유지를 위한 정치적 프로파간다도 적개심을 증폭시키는 데 한몫했다. 이런 남과 북 사이의 대립은 단순히 적개심에만 머무르는 것이 아니다. 상대를 타도해야 할 대상으로 삼고, 상대를 무찔러야 내가 살 수 있다는 생존의 문제와 직결된 교육을 받았고, 그런 이념 아래에서 살아왔다. 그런데 전쟁을 경험하지 않은 남한의 소위 전후세대에게는 이런 부정적 감정이 상대적으로 옅다. 젊은 세대는 북한을 그리 우호적으로 여기지 않고 북한 주민에 대해서도 대체로 관심이 없어 보인다. 그런데 남한에 와있는 탈북민에 대해서는 무관심을 넘어 부정적인 태도를 보이고 있음은 어떻게 이해해야 할지 모호하기도 하다. 과도기적 현상이라고 해야 할지, 개인감정과 개인 취향을 중시하는 세대에게 나타나는 현상이라 치부해야 할지, 단순히 시대가 다름에서 오는 세대 차이로 봐야 할지 난해하다.

남과 북의 분단 기간은 일본 제국주의로부터 해방된 1945년을 기준으로 할 때 2023년은 78년이 되어가고, 휴전된 1953년을 기준으로 해도 70년이 되어간다. 긴 시간이다. 남과 북은 같은 민족임에도 이 분단의 기간 동안 서로 다른 체제로 지내오면서 민족동질성을 유지하기보다는 차이점만이 늘어갔다. 정치, 경제, 사회체제는 물론이지만, 실생활에서 언어의 차이가 왔고 생활방식의 차이가 왔다. 그러다 보니 차이점을 줄이고 동질성을 회복하여 남북한 사이의 사회통합을 준비하는 것 자체가 큰일이 되어버렸다.[2]

우리는 남한과 북한이 하나가 되는 통일이 언제 될 것인지 예측하기 어렵다. 또 통일이 어떤 방식으로 이루어질지도 알기 어렵다. 마치 예수 그리스도의 재림의 때를 우리가 모르는 것과 유사하다. 그러면 재림의 시기를 모른다고 가만히 있어야 할까? 그것은 아니다. 재림의 시기를 몰라도 재림을 믿고 기다리며 준비하는 일이 필요하다. 마찬가지다. 우리는 통일이 언제 이루어질지 그 시기를 모르지만, 손 놓고 가만히 있으면 안 된다는 말이다. 통일을 기대하며 통일을 준비해야 한다. 독일통일의 경우를 우리는 안다. 독일통일을 위해 서독 정부는 다양한 방법으로 준비했지만 언제 어떤 방식으로 통일이 이루어질지는 아무도 예측하지 못했다. '역사상 가장 아름다운 실수'라고 부르는 동독 사회주의 통일당 대변인이자 정치국원인 샤보브스키의 "즉각"이라는 말 한마디에 독일장벽

---

2) 남북의 차이와 갈등에 대하여는 다음을 참고하라. 조은식, "남북화해를 위한 한국 교회의 역할,"『선교신학』, 제31집(2012): 335–340.

이 무너지고 서독과 동독의 통일이 이루어졌다.3) 영화의 한 장면 같은 일이 현실에서 발생했다. 1989년 11월 9일에 일어난 일이다.

남과 북의 통일방식에 대하여 남과 북은 서로 다른 생각을 하고 있다. 북한 정부는 끊임없이 연방제를 주장하고 있고, 남한 정부는 점진적 통일 방안을 제시하고 있다.4) 전문가들 사이에서는 다양한 통일유형이 논의되었고 실현 가능성의 유무가 타진되고 있다. 실현 가능성이 있다고 금방 실현되는 것도 아니고 실현 가능성이 없다고 실현이 안 되는 것도 아니다. 통일을 가능하게 하는 요인이 다양하기 때문이다. 통일에 우호적인 국제적 환경도 중요하지만, 통일 당사자인 남과 북의 내부적 상황이 더욱 중요하게 작용하기 때문이다. 따라서 어떤 유형의 통일이 언제 우리에게 닥칠지 아무도 모르지만, 우리가 해야 할 일은 어떤 유형의 통일이든 준비하고 있어야 한다는 점이다.5) 가장 중요한 것은 남북통일이

---

3) 동독의 크렌츠 당 서기장은 1989년 11월 9일 각료회의가 마련한 임시여행 규정을 만들었다고 통보했다. 이 임시여행 규정은 국경 개방이 아니라 여행 규제를 완화하려는 것인데, 사전 설명 없이 이 규정만을 통보받은 공보비서인 샤보브스키가 기자회견 도중 동독 지도부가 국경을 개방한다고 발표하였다. 이 '실수'가 생방송 되므로 즉각 수천 명의 동독 주민들이 국경으로 몰려들어, 국경이 개방되게 되었고 이 것이 동·서독의 통일을 가져오게 되었다. 독일 ZDF 방송은 샤보브스키의 발언을 '역사상 가장 아름다운 실수'라고 표현하였다. 양창석, 『브란덴부르크 비망록: 독일 통일 주역들의 증언』(서울: 늘품플러스, 2011), 40-44.

4) 북한은 1960년 처음으로 연방제를 제시했다. 그 후 1973년에는 '고려연방공화국'안을, 1980년에는 '고려민주연방공화국'안을, 1991년에는 '고려민주연방제'안을, 2000년 6.15선언을 통해 '낮은 단계 연방제'를 제기하였다. 남한은 전두환 정부 시절(1982년) '민족화합 민주통일 방안'을, 노태우 정부 시절(1989년) '한민족공동체통일방안'을, 김영삼 정부 시절(1994년) '민족공동체통일방안'을, 김대중 정부 시절 '대북포용정책'을, 노무현 정부 시절 '평화번영정책'을, 이명박 정부 시절 '상생·공영 정책'을 제시하였다. 조은식, "남북한 통일정책 비교 연구"『생명봉사적 통전선교 이해와 전망』(서울: 케노시스, 2015), 205-236. 조한범·김병로·박형중·최의철·최진욱,『통일시나리오와 통일과정상의 정책추진 방안: 점진적 시나리오』(서울: 통일연구원, 2002), 7-23.

5) '한반도식 통일은 현재 진행형'이라는 말도 되새겨볼 필요가 있다. 백낙청, 『한반도

힘과 무기로 상대방을 굴복시키는 무력 통일이 아닌 공존과 공생의 평화통일이어야 한다는 점이다.

2.2 평화

우리는 평화로운 통일, 평화를 가져올 통일을 원한다. 그러면 "평화란 무엇인가?" 평화(平和)의 평은 평평할 평, 다스릴 평, 바로잡을 평, 화는 화할 화, 합칠 화이다. 그렇다면 평화는 모든 것이 평평하고 화합하는 것이라 할 수 있을 것이다. 이런 의미의 평화가 우리의 역사에 있었는가? 있었다면 얼마나 있었는가? 보통 사람들은 평화를 다툼이 없는 상태 또는 전쟁이 없는 상태라고 생각한다. 그것은 평화와 분쟁을 정반대의 개념으로 생각하기 때문이다. 과연 평화가 전쟁이 없는 상태를 의미할까? 그것뿐일까? 우리가 알고 있는 인류 역사를 살펴보면 평화로운 기간이 길었을까, 아니면 전쟁의 기간이 길었을까? 전쟁이 없는 상태 또는 폭력이 없는 상태는 평화의 최소한의 조건일 뿐이다. 평화는 포괄적인 개념이다.

일반적으로 평화를 논한다면 플라톤의 <평화론>부터 시작할 수 있을 것이다. 그다음으로 칸트의 <영구 평화론>을 논하기도 한다. 그러고 나서 요한 갈퉁의 평화론을 논한다.[6] 요한 갈퉁의 평화론에서 말하는 직접적, 구조적, 문화적 폭력이 한국 분단 상황에서 어떻게 구분되는지를 논하며 갈퉁의 소극적 평화와 적극적 평화가 남북통일에 어떻게 적용될 수 있는지를 논하기도 한다.[7]

식 통일, 현재진행형』(서울: 창비, 2006).

6) 요한 갈퉁/강종일·정대화·임성호·김승채·이재봉 옮김, 『평화적 수단에 의한 평화』(서울: 들녘, 2000).

7) 이병수, "한반도 평화실현으로서 '적극적 평화'," 『시대와 철학』, 제28권 1호(2017): 115-138.

평화는 이 세상에서 가장 중요한 것 가운데 하나이다. 인간 삶에 있어 여러 가지 평화를 말할 수 있겠으나 참 평화는 세상에서 얻어지지 않는다. 그런데 사람들은 모두 외부에서 오는 평화를 찾으려고 동분서주하고 있다. 혹시 평화를 세상에서 얻는다고 해도 그것은 일시적일 뿐이다. 우리는 그것을 역사에서 보았다. 대표적인 예가 팍스 로마나(Pax Romana)였다. 세상이 주는 평화는 한시적이고 상대적이다.

진정한 평화는 예수 그리스도가 우리에게 주시는 평화이다. 예수 그리스도만이 우리에게 평화를 주신다. 사람들이 갈라져 있는 것을 화해시켜 하나로 만드는 것이 평화다(엡 2:14, 16). 그것이 그리스도의 역할이었다. 그리스도는 하나 됨을 위해 기도했다(요 17:11). 그리고 분단의 불협화음을 화음과 조화로 만들고 갈등과 충돌을 용납과 화목으로 바꾸었다. 이 일은 그리스도의 십자가에서의 희생을 통한 용서와 사랑이 있었기 때문에 가능했다. 시편 기자는 형제자매가 어울려서 함께 사는 모습이 선하고 아름답다고 했다(시 133:1). 이것이 통일이 되어 하나가 된 사람들이 평화롭게 사는 모습이다. 그리스도가 행한 평화의 영역은 우주적이다. 다시 말해 하늘에 있는 것과 땅에 있는 모든 것을 통일시키는 것이다. 그것이 하나님의 계획이다(엡 1:10).

사람과 사람 사이를 가로막고 있는 오해의 벽, 불신의 벽, 미움의 벽을 허물기 위해서는 용서와 화해가 선행되어야 한다. 십자가의 희생으로 용서하고 화해해야 한다. 그것이 평화를 만들어 가는 시발점이다.

2.3 평화와 통일

우리는 통일을 논할 때 단순히 통일이라고 말하지 않고 평화통일이라고 말한다. 이것은 통일의 과정이 평화스러워야 한다는 평화적 통일을 의미하는 동시에 통일이 좁게는 남북한에, 넓게는 동북아시아에 평화를 가져와야 한다는 결과론적 의미를 담고 있다고 볼 수 있다.8) 평화와 통일을 따로 떼어 놓고 볼 때 평화가 보편적 가치라면, 통일은 특수한 가치라고 할 수 있다.9) 또 평화가 가치지향적 개념이라면, 통일은 현실적, 사실적 개념이다.10) 보편적 가치인 평화와 사실적 개념인 통일을 하나로 묶어서 사용할 수 있을까? 평화를 이루면 통일이 되는가? 아니면 통일이 이루어지면 평화가 오는 것인가? 그것도 아니면 평화에 통일이 내포된 것인가? 아니면 통일에 평화가 내포되어 있는가? 가치지향적 개념인 평화의 정착은 우리에게 중요한 사회 이슈이고, 현실적 개념인 통일 또한 부인할 수 없는 우리의 문제이다. 그렇다면 평화와 통일의 상관성을 어떻게 이해해야 할까?11)

평화통일이 언제부터인가 평화와 통일이라는 분리된 개념으로 인식되며 사용되기 시작했다.12) 작금의 상황은 사람들이 평화는 선호하지만, 통일에 대한 피로도가 높아져 있는 것이 사실이다. 남북 분단 이후 통일을 논한 지 70년이 지났고 그동안 남북 사이의 이질감은 증대되었으며 통일이 단시일 안에 이루어지기 어려울 것이라는 부정적 전망이 지배적인 상황이 주요 원인일 것이다. 더구나 북한의 핵실험은 전쟁 불안감을

---

8) 조은식, "샬롬의 관점에서의 통일선교," 『선교신학』, 제34집, vol. III(2013): 295 − 296.

9) 정영철, "한반도의 '평화'와 '통일': 이론의 긴장과 현실의 통합," 『북한연구학회보』, 제14권 제2호(2010): 201.

10) 정대진, "평화와 평화문화에 대한 통일학의 고찰," <2019 기독교통일학회 제26차 정기학술 심포지엄> 23.

11) 민족주의적 담론에서는 통일이 목적이다. 보편가치 담론에서는 통일이 보편가치를 실현하는 수단이다.

12) 1990년대 이후 시민사회가 성장하며 평화에 대한 시민적 역량이 확대되고, 2000년 남북정상회담 이후 국민의 냉전적 안보 의식 해체와 평화적 공존에 대한 암묵적 합의가 증대되면서 나타난 현상으로 본다. 정영철, "한반도의 '평화'와 '통일': 이론의 긴장과 현실의 통합," 194 − 197. 이병수, "통일과 평화의 길항관계: 통일이념, 통일국가형태, 민족성과 국가성," 『시대와 철학』, 제26권 1호(2015): 326.

가중시키고 있고, 통일을 하겠다는 목표를 이루기 위해 남북이 충돌하는 불안과 이것을 정권 유지에 악용하는 상황 속에서 그저 평화롭게 두 체제가 공존하면 안 되겠는가 하는 생각을 하는 사람들이 증가하고 있다. 통일의 중요성이나 필요성을 알고 있지만 왜 이런 현상이 발생할까?[13]

통일은 남과 북이 하나가 되는 일이다. 그런데 그것이 언제 어떻게 이루어질지 막연하다. 평화가 정착되면 될수록 남과 북 두 체제가 안정적으로 유지되게 된다. 그러면 주민들에게는 평화 체제 속에 안주하고 싶어 하는 마음이 증가하게 된다. 동시에 역설적이게도 통일을 갈망하는 마음은 줄어들게 된다.[14] 이런 상황 속에서 통일담론은 약화되고 있고 평화공존론이 부상하고 있다.[15]

그럼에도 평화 없는 통일은 불완전한 통일이고, 통일 없는 평화 또한 온전한 평화가 아님을 인식해야 한다.[16] 통일이 분단을 극복하는 일이기 때문이다. 통일은 소극적 평화 상태를 적극적 평화 상태로 구현해 가는 과정이며 결과라고 할 수 있다. 그렇다면 평화와 통일은 선후관계나 우위를 따질 수 있는 문제는 아니다. 어찌 보면 평화와 통일은 같이 가야 하는 공동운명체라 할 수 있다.[17] 따라서 통일은 평화를 위한 통일이고, 평화는 통일을 위한 평화임을 인식해야 한다.[18] 끝으로 통일은 나의

---

13) 평화통일은 평화를 수단으로 보고, 통일을 궁극적인 목표로 간주한다. 반면, 통일평화는 평화를 궁극적인 목표로 간주하고, 통일을 평화로 가는 중간 목표로 본다. 따라서 서보혁은 통일보다 평화에 더 관심이 있는 통일평화론을 선호한다. 서보혁, "통일문제의 평화학적 재구성,"『한국민족문화』, 63(2017): 63.

14) 이병성, "남북분단 극복을 위한 기독교의 두 시각: 민족주의적 담론과 탈민족주의적 담론,"『통일시대를 여는 평화선교와 목회』, 제1권 <2019년 한국기독교학회 제48차 정기학술대회>, 79-80.

15) 위의 글, 86. 평화공존론을 주장하는 경우 통일을 원치 않고 평화 체제를 유지하려는 것처럼 보인다.

16) 정대진, "평화와 평화문화에 대한 통일학의 고찰," 33.

17) 위의 글, 33. 이병수, "통일과 평화의 길항관계," 347.

18) 정영철, "한반도의 '평화'와 '통일': 이론의 긴장과 현실의 통합," 209.

소원이라는 고백이 우리 가운데 지속되어야 한다.

2.4 평화와 통일의 걸림돌

남북 분단으로 인해 우리는 통일을 말하면서 평화를 지속적으로 또 여러 방면에서 논의하고 있다. 그것은 그만큼 우리에게 평화가 없다는 것을 전제하고 있기 때문이다. 사실 남과 북 사이에 분단 이후 평화로운 적이 없었다. 크고 작은 사건이 발생했어도 공개되지 않았을 뿐 반목과 갈등을 통해 적대시하는 분위기는 지속되었다. 남과 북 사이에 평화회담을 하고 평화협정을 맺는다고 평화가 주어지는 것은 아니다. 남북정상회담을 하고 나서도 미사일이 발사되면 평화회담의 의미가 무색해진다.[19] 더구나 평화를 정착시키기 위해서는 상호신뢰를 구축하는 과정에서 서로 불편해하는 문제들을 노출하여 이해하고 양보하면서 해소하는 게 우선이라 여겨진다. 그냥 묵인하면 숨어있는 문제들이 언젠가는 더 큰 문제로 대두될 수 있기 때문이다. 우리에게 중요한 것은 통일 그 자체가 아니라 평화통일이 중요함을 기억해야 한다.

그런데 남북관계에 있어 북한은 남한에 대한 불편한 점, 예를 들어 국가보안법 폐지,[20] 한미 군사훈련 중단[21] 등을 노골적으로 요구한다.[22]

---

19) "북, 한미정상회담후 미사일 발사," <헤럴드 경제>, 2017년 7월 4일. WP "트럼프 인내심 시험? 판문점 회동 한 달만 북한 미사일 발사," <서울경제> 2019년 7월 25일. "문, '평화경제' 강조한지 만 하루도 되기 전에 발사체 쏜 북한," <국민일보> 2019년 8월 6일. "문 대통령 새벽잠 다시 깨우는 김정은 '모닝 미사일... 왜?" <노컷뉴스> 2019년 8월 8일.

20) 북한 대남선전매체인 '우리민족끼리'는 남한의 국가보안법 폐지를 요구했다. "북 선전매체 '국보법은 오래전 폐기됐어야 할 역사의 오물' 국가보안법 폐지 요구," <국민일보> 2018년 12월 15일. 남한에는 <국가보안법폐지국민연대>가 있다. 홈페이지 http://freedom.jinbo.net/ 민주노총의 국가보안법 폐지 요청. "민주노총 ILO 전부 선비준... 걸림돌 국가보안법 폐지," <서울경제> 2019년 5월 23일. https://www.sedaily.com/NewsView/1VJ96DEV3U. 해직언론인의 국가보안법 폐지 헌

그러나 남한 정부는 북한의 인권 문제 등에 대해 문제 제기를 하지 않고, 북한이 미사일 발사를 해도 사실관계를 확인하여 공개하기보다는 축소 은폐하려는 경향이 있다. 때로는 미사일의 종류조차 명확하게 파악하여 발표하지 못하는 경우도 있다.[23] 정보 부족이나 장비 부족으로 그러는 것인지 아니면 북한과의 관계 때문에 의도적으로 그러는지는 알 수 없다. 북한의 미사일 발사에 불편함을 표시하기보다 때로는 북한 대변인이나 변호인처럼 해석해 주고 이해시키려고 할 때도 있다.[24] 대승적 차

법소원. "해직언론인 '남북평화 방해 국가보안법 폐지' 헌법소원," <연합뉴스> 2019년 4월 24일. https://www.yna.co.kr/view/AKR20190424150400004?input =1179m.

21) "북, 일주일 사이 3차례 미사일 발사... 한미군사훈련 중단 압박," <news 1> 2019년 8월 2일. http://news1.kr/articles/?3686040. "조선신보 '한미군사훈련은 북미 정상 합의 위반'," <노컷뉴스> 2019년 7월 23일. https://www.nocutnews.co.kr/news/5187322.

22) 주한미군 철수는 1992년 북한 헌법에서 주한미군 철수 조항이 빠진 이후 공개적으로 또는 노골적으로 주한미군 철수를 주장하지는 않고 있다. 단 핵 통제권을 가진 주한미군 철수를 요청할 뿐이다. 이것은 1992년 한반도비핵화공동선언 가운데 핵무기 운반체를 한반도에 들여오면 안 된다는 조항에 의거한 것이다. 핵무기 운반체는 트럭, 군함, 비행기 등 핵무기를 실어 나를 수 있는 운송 수단으로 활용되는 모든 것을 지칭한다. 반면, 남한에는 '주한미군철수운동본부'가 있다. 홈페이지 http://www.onecorea.org/main/main.php. 2019년 7월 13일 민주노총 부산지역본부는 "주한미군 철수! 세균부대철수!"를 주장하는 결의대회를 개최했다. http://cafe.daum.net/unfica./eVT2/2748?q=%EC%A3%BC%ED%95%9C%EB%AF%B8%EA%B5%B0%EC%B2%A0%EC%88%98.

23) "북한 '6일 발사한 건 신형 전술유도탄'... 한미 연합연습에 경고," <한국일보> 2019년 8월 7일. "한국당 '북 무기파악도 못한 문정부... 북한의 본모습 봐야'," <이데일리> 2019년 8월 4일. https://www.edaily.co.kr/news/read?newsId=01423526622584040&mediaCodeNo=257&OutLnkChk=Y. "북한 또 단거리 발사체 2발 동해로 발사," <한겨레> 2019년 8월 2일. "'핵실험 몇 번 했지?'... 북한 발사체, 한국판 '덤 앤 더머' 코미디물로," <시사코리아> 2019년 8월 7일. http://www.sisakorea.kr/sub_read.html?uid=54446.

24) "'사사건건 북변호' vs '변호한 적 없다'... 국방위, 북대변인 공방," <news 1> 2019년 8월 5일. http://news1.kr/articles/?3688099.

원에서 또는 북한과의 대화를 지속하기 위한 정치적 제스처일 수도 있지만, 국민적 공감대가 없어 보인다. 북한 인권 문제는 북한이라는 특수한 상황을 고려해야 한다며 보편적 인권보다는 상대적 인권해석을 한다.[25] 반면, 국내 인권 문제는 모든 것을 인권의 잣대로 해석하고 심지어 피해자보다 가해자를 보호하려는 듯한 정책으로 국민의 지탄을 받기도 한다.[26] 탈북민 단체가 김정은 체제를 비판하는 대북 전단 살포를 법으로 막으라고 압박하는 북한 김여정의 불만에 청와대, 국방부, 통일부가 동조하는 듯한 브리핑을 하며 '대북 전단 금지법' 추진을 공식화했다.[27] 김여정의 불만이 남북공동연락사무소 폭파로 나타났는데도 남한

25) "국가인권위원회의 북한인권에 대한 목소리, '잘 내고 있지 않다' 53.1%," <시사우리신문> 2019년 8월 7일. http://www.urinews.co.kr/sub_read.html?uid=47208. "한국당 '북인권문제는 철저히 외면하면서 인도적 지원은 아끼지 않는 문재인 정권'," 2019년 6월 12일. http://www.kukinews.com/news/article.html?no=671324. "북한인권 문제 침묵하는 정부... 대북정책 전환하라," <데일리굿뉴스> 2019년 5월 29일. http://www.goodnews1.com/news/news_view.asp?seq=88118. "북한인권 문제 외면하면서 '인권정부' 자처할 수 있나," <세계일보> 2019년 5월 2일 사설. "북 비위 맞추기? ... 통일부 '북한 포털'서 인권침해 사례 삭제," <뉴데일리> 2019년 6월 20일. http://www.newdaily.co.kr/site/data/html/2019/06/19/2019061900233.html.

26) "인권위 '가림막 없는 화장실은 인권침해' 군 영창 개선 권고," <조선일보> 2019년 8월 7일. "아동학대 피해부모에 CCTV 보려면 '가해자 동의' 받아오라는 경찰," <조선일보> 2019년 8월 8일. "가해자에게 면죄부 주는 '이상한 판결문'," <오마이뉴스> 2019년 7월 19일. http://www.ohmynews.com/NWS_Web/View/at_pg.aspx?CNTN_CD=A0002554983&CMPT_CD=P0001&utm_campaign=daum_news&utm_source=daum&utm_medium=daumnews. "범죄자 포승줄 묶인 모습 가려주는 조끼 보급... '수용자 인권 보호'," <서울신문> 2019년 7월 24일.

27) "김여정 '대북전단 조치 안 하면 남북 군사합의 파기 각오해야," <연합뉴스> 2020년 6월 4일. https://www.yna.co.kr/view/AKR20200604011553504?section=search. "'법으로 막으라' 北 압박에… '대북전단 금지법' 추진 공식화," <동아일보> 2020년 6월 5일. "문 대통령, 대북전단 못 막은 것 많이 아쉬워해" <오마이뉴스> 2020년 6월 18일. http://www.ohmynews.com/NWS_Web/View/at_pg.aspx?CNTN_CD=A0002651271&PAGE_CD=N0006&utm_source=naver&utm

정부는 이에 대해 아무런 반응을 보이지 않았다.[28] 이처럼 남한 정부는
북한의 부당한 요구나 부적절한 발언에 대해 항의하거나 해명을 요청하
기보다 침묵해 버리는 경우가 많다.[29] 마치 북한의 심기를 거스르는 문
제를 피해가거나 덮어버리려는 듯한 느낌을 받는다.[30] 이런 상황에서
평화 논의는 형식적 논의로 그칠 수밖에 없는 한계가 있다. 너무도 복잡
한 정치적 복선과 정치적 이해관계가 얽혀있는 상황에서는 신뢰 구축도
안 될 뿐더러 진정한 평화를 기대하기도 어렵다.

  평화통일을 논함에 있어 군사적, 정치적, 외교적 통일이 아닌 교회에
서 기독교인들이 생각하고 기대하는 평화통일은 무엇인가? 평화통일을
위한 평화는 군비축소를 하고 군사전략을 수정함으로 얻어지는 것이 아
니다. 무장해제를 하고 무기를 제거한다고 평화가 저절로 오는 것도 아
니다.[31] 평화는 단순히 칼을 쳐서 보습을 만들고 창을 쳐서 낫을 만들며
다시는 서로를 치려는 군사훈련을 하지 않을 것이라고 공언하는 데서

_medium=newsstand&utm_campaign=top2&CMPT_CD=E0027. "이재명 '대북
풍선 상습범 외국인 선교사, 강제 추방해야'," <프레시안> 2020년 7월 4일. http
s://www.pressian.com/pages/articles/2020070412240520004. "'北인권단체 취
소 등 모든 조치 중단하라' 유엔 북한인권보고관, 통일부 작심 비판," <동아일
보> 2020년 8월 1일. "北에 전단 보내거나 확성기 틀면 징역 3년," <조선일보>
2020년 8월 6일.

28) "'北 연락사무소 폭파' 사흘 전 알고도 못 막았다," <한국일보> 2020년 6월 18일.
29) "北, 文대통령 경축사 맹비난… '南과 다시 마주앉지 않아'," <문화일보> 2019년
8월 16일. http://www.munhwa.com/news/view.html?no=20190816MW06485
2890231&w=ns.
30) "북 '겁먹은 개'에도 관대한 청, 우리 국민에겐 왜 가혹한가," <조선일보 사설>
2019년 8월 15일.
31) 이호는 평화라는 목적은 때로는 전쟁이라는 수단을 각오할 때 지킬 수 있다고 말한
다. 다시 말해, 전쟁 준비를 완벽하게 하였을 때 오히려 전쟁을 피할 수 있다고 역
설적으로 말한다. 평화를 외치기만 하고 아무런 전쟁 준비가 되어 있지 않다면, 다
른 말로 방어력이 충분하지 않을 때 오히려 전쟁이 야기된다는 지적이다. 이호,
『북한을 자유케 하라』(성남: 거대넷, 2015), 257-258.

그치는 것이 아니다(사 2:4).32) 삶의 실질적 변화가 와야 한다. 칼을 쳐서 보습을 만들고 창을 쳐서 낫을 만든다는 말은 무력에 사용되는 도구 또는 살상에 사용되는 무기들을 생산용품으로 바꾼다는 말이다. 전적인 용도변경이다. 그리하여 전쟁에서 사용되는 군사 물자들이 공존과 공생을 위한 도구로 탈바꿈해야 한다는 말이다. 그리고 다시는 전쟁하지 말라는 것이다. 그래야만 진정한 평화가 올 수 있기 때문이다. 다시 말해 평화적인 방법으로 평화롭게 통일을 이루겠다는 의지가 일차적으로 있어야 하고, 거기에 상응하는 삶의 변화가 있어야 한다는 말이다. 이런 실천적 의지를 갖고 평화를 논하는 것이 순서일 듯하다.

3. 평화선교와 목회

평화를 만들어 가고 평화선교를 위해 먼저 해야 할 일이 용서와 화해이다. 특히 사도 바울은 그리스도를 통해 우리에게 주신 사명이 '화해'라고 주장한다(고후 5:18~19).33) 그리스도와의 화해를 통해 하나님과도 화해해야 한다는 말이다. 이것은 에덴동산에서의 불순종에 대한 죄를(창 3장) 그리스도의 희생을 통해 용서받고 하나님과의 깨어진 관계를 회복시킨다는 것을 암시한다. 이 화해의 사명은 십자가를 통해 우리에게 주어졌다. 따라서 그리스도를 중심으로 횡적으로 이웃들과 화해해야 한다. 이웃은 사람뿐만 아니라 모든 피조물을 포함한다. 아울러 종적으로 하나님과도 화해해야 한다.34) 그래야 진정한 화해가 이루어진다. 다시 말해

---

32) 한스 발터 볼프/신상길, 소기천 옮김, "칼을 보습으로,"『평화의 의미』(서울: 한국 장로교출판사, 2003), 147－168.

33) 화해에 대한 논의는 다음을 참고하라. 조은식, "남북화해를 위한 한국교회의 역할," 344－348.

34) 호세 콤블린(José Comblin)은 화해의 신학을 세 영역에서 구분한다. 하나님이 세상을 그리스도를 중보자로 하여 하나님 자신과 화해하는 것을 그리스도론적인 화

평화를 이루고 평화 상태를 유지하기 위한 필수적인 조건은 서로 화해하는 것이라는 말이다.

그렇다면 '화해'라는 조건을 앞에 놓고 평화통일을 염원하는 우리의 현실은 어떤가를 살펴보자. 남과 북의 평화통일을 논하기 이전에 우리 사회에는 남남갈등이 극단적으로 치닫고 있다. 정치 성향과 이념의 차이에 따라 상대를 타도해야 할 대상이나 없어져야 할 대상으로 여기는 적대적 모습이 표출되고 있다. 민주주의란 찬성과 반대의 의견이 팽팽히 맞서면서 그 긴장 관계를 통해 서로 견제하며 그 가운데서 공동선을 창출해 사회발전으로 연결하는 제도이다. 그런데 우리 사회에서는 이런 건강한 긴장 관계나 건실한 토론문화보다는 내 의견에 동조하지 않으면 무조건 적으로 간주하는 극한대립이 심화되고 있다. 정치권에서 이런 갈등을 조장하고 정치적으로 이용하여 국민의 지지율을 끌어올리거나 득표와 연결하려는 일이 빈번하게 발생하고 있다. 학자들마저 이런 시류에 동조하거나 아니면 정치적으로 엮이는 것이 두려워 의견제시를 꺼리는 듯 침묵하고 있기도 하다. 사회가 이처럼 분열되어 있고 극단적으로 대립된 상태에서 화평이나 화목을 논한다는 일 자체가 어울리지 않는듯하기도 하고, 그런 반면 더욱 필요하기도 하다.

교회도 기독교인들도 분열되어 있고 갈등하는 것은 마찬가지이다. 의롭지 않은 것을 비판하고 대안을 제시하며 사회를 이끌어 갈 책임이 있는 교회는 개교회주의에 매몰되어 사회문제에 무관심하거나 방관할 때가 많아 보인다. 그저 교회의 현상 유지나 교회 성장에만 관심을 기울이는듯하여 안타깝기도 하다. 기독교 기관이나 기독교인들도 개인의 성향

해라 하고, 그리스도 안에서 유대인과 이방인의 화해를 교회론적인 화해, 하늘에 있는 것이나 땅에 있는 모든 권세있는 것들과 화해하는 것을 우주론적인 화해라고 한다. Robert J. Schreiter, *Reconciliation: Mission & Ministry in a Changing Social Order*(Maryknoll, New York: Orbis Books, 1992), 42-62.

에 따라 정치적 의견을 표시할 뿐 신앙에 입각한 객관적, 화합적, 미래지향적 입장 표명은 드물어 보인다. 때로는 자신들의 의견을 성경적이라고 표현하기도 하고 하나님의 뜻이라고도 하지만 개인의 편향성을 스스로 정당화, 합리화할 뿐 보편적 동의를 얻지 못하고 있다.[35] 이렇듯 교회 안에서도 의견 차이와 입장 차이로 통합된 견해를 표명하지 못하고 있는 상황이다.

화해와 용서와 사랑을 가르치는 교회에서 기독교인들의 모습은 어떤가? 화해와 용서와 사랑을 실천하고 있는가, 아니면 말뿐인가? 오래전 탈북민의 신앙생활에 대해 연구를 하던 가운데 탈북민이 제3국에서 신앙생활에 열심이었다가 남한에 들어와서는 신앙생활을 중단하는 경우를 보았다. 탈북민은 제3국에서 선교사나 기독교인의 도움으로 은신처를 얻어 그곳에서 성경을 접하고 기독교에 대한 이야기를 들으며 처음으로 신앙의 길에 들어서게 되는 경우가 많았다. 일부는 은신처 제공자에 대한 고마움에 매일 성경을 읽고 심지어 암송도 하면서 지내기도 하고, 일부는 진실로 은혜 체험을 하기도 했다. 공안의 눈을 피해 숨어있으면서도 숙식 문제가 해결되고 남한행의 소망을 가질 수 있는 것 자체가 그들에게는 고마운 일이었다. 그러다 소망하던 남한행이 해결되어 입국 후 고마움에 대한 의리와 신의로 교회에 출석하며 자유로운 신앙생활을 시작하였다. 그러나 교회 안에서 발생하는 목회자와 교인들, 또 교인들과 교인들 사이의 분란과 분쟁을 목격하고는 사랑과 용서를 가르치는 교회에서 이렇게 편이 갈려 싸움을 한다는 것에 충격을 받고 시험에 들어 교회 출석을 중단하다가 결국 교회와 멀어지는 그래서 신앙생활을 중단하는 경우도 있었다.[36] 이것은 비단 탈북민뿐만이 아니다.

---

35) 조은식, "사회변혁과 기독공동체의 통일 준비," 『선교신학』, 제52집(2018): 307-308.
36) 조은식, "한국교회의 북한이탈주민 선교현황과 참여방안," <북한이탈주민에 대한

우리 사회에는 교회의 내적인 다툼과 분열로 교회의 위상이 추락해 있고, 각종 비윤리적 사건에 연루된 목회자들의 부정적 행태가 목회자 전반에 대한 불신으로 증폭되고 있다. 뿐만 아니라 기독교인들의 다양한 사회적 물의가 기독교인 전반에 대한 부정적 이미지를 형성하는 데 한 몫했다. 개인의 문제를 기독교 전체의 문제로 확대해석하며 교회 전체를 비난하기도 한다. 교회의 대사회 공신력은 이제 바닥을 치고 있다. '예수 는 좋아도 교회는 싫다'라는 부정적 정서가 확대되고 있다. 아울러 교회 에 가지 않는 '가나안' 성도가 늘어나고 있다.[37] 현재 한국교회의 성장 이 둔화되어 마이너스로 가고 있다. 어떻게 보면 평화목회가 이루어지지 않는 상황에서 교회가 대사회적 또는 대국가적 평화통일을 논한다는 것 이 얼마나 긍정적인 영향을 미칠지 모르겠다. 이런 상황에서 교회가 화 해와 용서와 사랑을 말하는 일이 당연한 것이 아니라 어색하게 느껴지 고 있는 것이 현실이다.

물론 사람과 사람 사이에 갈등이 없을 수는 없다. 사람들은 서로 성격 이 다르고 삶의 방식이 다르다. 표현하는 방법도 다르고, 생각하는 방법 도 다르다. 갈등이 있을 수밖에 없다. 다툼이 있을 수밖에 없다. 아무리 노력해도 해결하기 어려운 시각의 차이나 생각의 차이가 있는 것도 사 실이다. 그러나 서로의 차이점이 반목과 갈등으로 확산되지 않고 차이점 이 있음에도 불구하고 서로를 인정하며 평화롭게 공존하도록 노력해야 한다. 물론 쉽지는 않지만 적어도 화평케 하는 자(peace-maker)가 해 야 할 일인 것이다. 서로서로가 양보하고 이해하고 나누고 협력하며 화 평케 하는 자가 되어야 한다. 이것은 그저 결심한다고 되는 일은 아니

이해와 한국교회의 선교 참여방안> 대한예수교장로회총회 국내선교부, (2005년 5 월 3일), 84-85.
37) "교회 나가지 않는 '가나안 성도', 최근 5년 사이 증가," <미션투데이> 2018년 12월 11일. http://www.missiontoday.co.kr/news/7882.

다. 자기희생 없이는 불가능하다. 의지를 갖고 해야 하는 일이다. 왜냐하면 화평케 하는 일은 우리 삶에 있어 굉장히 중요한 일이기 때문이다. 이것이 기독교인이 해야 할 일이다.

교회가 평화통일을 논하고 평화선교를 하기 위해서는 먼저 교회의 통일된 모습을 보여야 한다. 분열된 교회가 일치를 말한다는 것이 얼마나 자기모순인가? 반목과 싸움이 있는 교회가 화평을 말한다면 얼마나 자가당착인가? 적어도 대의에 있어서만큼은 화합하여 단결된 모습을 보이는 것이 순서일 것이다. 그러기 위해 평화목회가 먼저 교회 안에서 시작되어야 한다. 담임목사와 부목사의 갈등, 목사와 장로의 갈등이 줄어들어야 한다. 집안싸움이 있고 가정이 불화한데 밖에서 중재자 역할을 한다고 하면 사람들이 얼마나 신뢰할까? 그 중재가 얼마나 효과가 있을까? 가화만사성(家和萬事成)이란 말을 교회에도 적용해 볼 수 있을 것이다. 교회의 내적 분열을 줄이기 위해서는 목회자들의 철저한 회개와 자기성찰이 선행되어야 한다. 우리 교회에 발람(민 22~24장), 하나냐(렘 27~28장), 아합과 시드기야(렘 29:20-23), 스마야(렘 29:24-32)나 바알 선지자(왕상 18장)같은 목회자가 없다고 말할 수 있을까? 기독교인이라 말하는 자들 가운데 게하시(왕상 5:20-27)같은 자가 없다고 말할 수 있을까? 오죽하면 예수 그리스도도 "거짓 선지자들을 삼가라"(마 7:15)고 했을까? 자아 성찰이 필요하다.

교회 역사에서 교회가 분열되고 사이비 이단들이 많아지는 모습을 신중하게 살펴보아야 한다. 과거도 그렇고 현재도 그 원인이 외부에 있는 것이 아니라 항상 내부에 있었다는 점을 볼 수 있어야 한다. 다시 말해 문제는 외부에 있는 것이 아니라 우리 속에 있다는 점이다. 교회 내의 거짓 선지자들의 미혹으로 거짓 신들을 섬기는 세상이 되어버렸다.[38]

---

38) 티머시 캐러/이미정 옮김, 『거짓 신들의 세상』(서울: 베가북스, 2014).

이런 무질서한 상황에서 벗어나 "하나님의 선하시고 기뻐하시고 온전하신 뜻이 무엇인지 분별하여"(롬 12:2) 세상에 존재하되 세상과 구별된 교회의 위상을 찾아야 한다. 적어도 통회자복하는 마음이 없다면 교회의 공신력은 회복되기 어려울 것이다.

두 번째로 교회 안에서 '우리가 남이가' 하는 수구적, 배타적 태도에서 교회 밖 이웃을 향해 시야를 넓히고 마음을 열어야 한다. 2019년에 발생한 탈북모자 기아 사망 사건은 우리의 마음을 아프게 한다.[39] 요즘 우리 사회에서 기아로 사망하는 사람이 얼마나 될까? 더구나 배고픔을 피해 북에서 온 동포가 남에서 기아로 죽었다는 것은 말도 안 되는 일이고 부끄러운 일이 아닐 수 없다. 북에는 먹을 것이 없어 굶고 남에는 먹을 것이 많아도 다이어트를 위해 굶는 사회인데, 남한에서 먹을 것이 없어 굶주려 죽었다는 것은 설명이 안 되는 일이다. 주변에 동료도 없었고 보살펴 줄 교회나 사회복지사도 없었다는 것은 이 사회의 냉정한 현실의 단면을 반영하는 것이다. 우리에게는 말로만 이웃사랑이 아니라 실천하는 이웃사랑이 필요하다(요일 3:18). "내가 사람의 방언과 천사의 말을 할지라도 사랑이 없으면 소리 나는 구리와 울리는 꽹과리가"(고전 13:1) 될 뿐이다. 많은 경우 '착한 사마리아 사람' 이야기(눅 10:25~37)를 하면서 자신이 제사장이고 레위인이라는 사실은 깨닫지 못하고 있다. "눈이 있어도 보지 못하고 귀가 있어도 듣지 못하는"(렘 5:21) 것과 무엇이 다를까. 말씀을 읽고 듣고 많이 아는 것이 중요한 것이 아니다. 하나라도 실천하는 것이 중요한 것이다.

세 번째로 평화선교와 평화목회를 위해 한국교회는 윤리의식을 회복해야 하고 끊임없이 개혁하는 자성의 노력을 해야 한다.[40] 교회가 사회

---

39) "'아사 추정' 탈북 모자 사망 사건, 국과수 '사인불명' 결론," <한국일보> 2019년 8월 23일. https://www.hankookilbo.com/News/Read/201908231609387025?did=DA&dtype=&dtypecode=&prnewsid=.

적으로 윤리적이지 않으면 무슨 공신력이 생길 수 있겠는가? 사회에서 볼 때 일반인들은 윤리적으로 철저하지 못하더라도 기독교인들은 윤리적으로 철저하기를 기대한다. 자잘하다고 생각할지는 몰라도 적어도 주차 문제부터 지역사회에 민폐를 끼치지 말아야 한다. 교회 이름을 붙여서 운행하는 차들은 교통질서를 잘 지켜야 한다. 별거 아니라고 생각할지 몰라도 사람들의 시선은 그렇지 않음을 명심해야 한다. 거리에서 그리고 전철 안에서 교인들의 언행은 신중해야 한다. '장로님,' '권사님,' '집사님' 하면서 눈살을 찌푸리게 만드는 언행들이 결국은 기독교에 대한 반감과 기독교인에 대한 평가절하로 이어진다는 것을 기억해야 한다. 비기독교인 가운데 기독교인으로부터 사기를 당하고 억울한 일을 경험하고, 피해를 보고 상처를 입었다는 이야기에 귀기울여야 한다. 기독교인은 적어도 일상에서 그리스도의 향기가 나와야 한다. 그리고 교회의 재정 투명성이 사회적으로 인정받을 정도가 되어야 한다.

사람들은 긍정적이고 좋은 일보다 부정적이고 나쁜 일들을 더 오래 기억하는 경향이 있다. 아무리 좋은 일 열 가지를 한다고 해도 부정적인 일을 하나라도 하면 신뢰도가 0으로 내려가는 것이 아니라 마이너스가 된다는 사실을 기억해야 한다. 일반적으로 사람들은 신문에 어떤 사람이나 사건에 대해 안 좋은 기사가 나오면 그것을 기억한다. 그러나 그 기사가 잘못되었다고 정정 기사가 나오더라도 그것을 기억하는 사람은 적다. 우리가 어떤 모습으로 비쳐지는가 하는 것이 사람들에게 또 사회에 큰 영향을 미치게 됨을 깨달아야 한다. 그러므로 기독교인들은 착한 행실을 통해 좋은 영향력을 끼칠 수 있어야 한다. 화평케 하는 자가 되기 위해서는 윤리적인 착한 행실로 본이 되어야 한다. 예수 그리스도는 우

---

40) 조은식, "종교개혁과 한국교회의 통일 준비,"『선교와 신학』, 제45집(2018): 450.
조은식, "남북화해를 위한 한국교회의 역할," 351.

리에게 "너희 빛을 사람 앞에 비춰게 하여 저희로 너희 착한 행실을 보고 하늘에 계신 너희 아버지께 영광을 돌리게 하라"(마 5:16)고 했다. 우리가 빛을 비출 때 사람들이 우리의 착한 행실이 드러나 사람들이 그 착한 행실을 보게 된다는 말이다. 그때 비로소 사람들은 우리가 누구인지 알게 되고 우리가 하나님에게 속한 하나님의 자녀임을 알게 된다는 말이다. 아울러 교회의 대사회 봉사는 소금이 되는 일이고 빛이 되는 일이다. 이런 봉사를 함에 "오른손이 하는 일을 왼손이 모르게 하라"(마 6:3)는 말씀에 너무 율법적으로 매이지 말고 융통성 있게 적용하면 좋겠다.

네 번째로 한국 기독교인들은 용서하는 사람들이 되어야 한다. 6.25 전쟁의 여파로 '용서'보다는 '타도'가 남과 북 모든 주민 마음속에 새겨지게 되었다. 상대를 용서의 대상이 아닌 타도의 대상으로 인식했었다.[41] 그러나 기독교인들은 하나님의 사랑으로 용서받은 죄인임을 기억해야 한다. 하나님이 먼저 용서하셨으니 우리가 서로 용서하는 것이 마땅함을 인식해야 한다. 일방적 용서가 아닌 그리스도의 사랑으로의 용서가 필요하다.[42] 성경의 가르침은 "악을 선으로 갚으라"는 것이다.[43] 용서할 때 비로소 평화가 올 수 있다. 그리고 그 평화는 정의와 함께 존재해야 빛을 발할 수 있다.

다섯 번째로 기독교인들이 또 교회가 평화통일을 논하고 평화선교를 하기 위해서는 화평케 하는 자가 되어야 한다.[44] 그렇지 않으면 평화를 주장함에 근거가 흔들리고 자가당착에 빠지게 된다. 무엇보다 하나님의 자녀로서 우리가 해야 할 중요한 것은 화평케 하는 일임을 기억해야 한

---

41) 조은식, "남북화해를 위한 한국교회의 역할," 336-337.
42) 위의 글, 346-347.
43) 한완상, 『한반도는 아프다』(파주: 한울, 2013), 352. 조은식, "사회변혁과 기독공동체의 통일 준비," 310-315.
44) 화해에 대한 부분은 다음을 참고하라. 조은식, "남북화해를 위한 한국교회의 역할," 344-348.

다. 평화는 예수 그리스도가 가르쳐준 가장 중요한 윤리적 명령 가운데 하나이다. 예수 그리스도는 산상수훈에서 "화평케 하는 자는 복이 있나니 저희가 하나님의 아들이라 일컬음을 받을 것임이요"(마 5:9)라고 말씀하셨다. 예수 그리스도는 평화를 사랑하는 사람은 복이 있다고 말씀하지 않으셨다. 평화를 사랑하지 않는 사람이 어디 있겠는가? 예수 그리스도는 또한 평화로운 사람이 복이 있다고 말씀하시지도 않으셨다. 예수 그리스도는 화평케 하는 자가 복이 있다고 하셨다. 즉 서로의 갈등을 해소하기 위해 적극적으로 일하는 사람이 복이 있다는 말씀이다. 우리는 이런 사람을 피스 메이커(peace-maker)라고 말한다.

화평케 하는 자라는 말에 나오는 평화의 개념 속에는 평등과 조화 가운데 조화와 화해를 더 강조하고 있는 것으로 보인다. 우리에게는 평화는 인간이 어떻게 할 수 있는 것이 아니라 하나님이 주셔야 하며 인간은 단지 평화를 위해 기도할 뿐이라는 소극적 자세가 있다. 예수 그리스도의 말씀 가운데 나오는 평화는 적극적이고 능동적인 개념이다. 이것은 사회구조적인 변화를 수반하는 동적인 과정이다. 평화를 만드는 자가 되라는 말은 평화란 가만히 앉아서 되는 것이 아니라 평화 부재의 상태에서 평화가 있도록 능동적으로 만들어야 한다는 의미이다. 평화를 만드는 일은 정치적, 군사적 사회적 활동만을 의미하는 것이 아니다. 평화를 만드는 일은 기독교인들이 일상생활에서도 해야 할 사명이고 역할이다. 평화를 만드는 일은 갈등과 분쟁, 폭력과 전쟁의 위협이라는 시대적 도전에 응답하는 '신앙고백적 실천'이다. 평화선교는 갈등과 분쟁을 극복하고 폭력과 전쟁에 대항하는 '총체적 헌신'이다.[45] 우리는 받은 평화를 나누어주며 화평케 하는 자가 되어야 한다. 평화를 나누어 주는 일을 통해 진정 피스-메이커가 되어야 한다.

---

45) 송강호, "평화선교에 대한 소견,"『선교와 신학』, 제26집(2010): 221.

4. 나가는 말

우리는 통일시대가 오기를 기대하고 기도하고 있다. 그 통일시대를 열기 위해서는 평화선교와 목회가 이루어지고 있어야 할 것이다. 평화선교와 목회를 위해 먼저 현재 한국교회의 모습을 냉철하게 분석하며 자성하는 노력이 있어야 한다. 철저한 회개와 새로워지는 역사가 없다면 교회는 개혁되기 어렵고, 교인들은 여전히 세상과 타협하게 될 것이며 교회의 대사회 공신력은 회복되기 어려울 것이다.

또한 평화선교와 목회를 위해 우리에게 주어진 평화의 사명을 자각하는 일이 필요하다. 송강호의 "우리 교회가 평화선교에 무력한 이유는 한국교회가 평화롭지 못하고 기독교인 자신이 평화를 만드는 사람들이라는 정체성에 대한 자각이 없기 때문이다."라는 지적을 되새겨 보아야 한다.46) 기독교인들은 '평화를 만드는 사람들'이라는 정체성을 자각하고 교회를 포함한 삶의 현장에서 진정 화목의 사명을 감당하기 위해 실천할 수 있어야 한다. 평화는 선언으로 이루어지거나 쟁취되는 것이 아니다.47) 기독교인들은 자성과 용서 그리고 화해를 통해 가는 곳마다 평안을 빌며(마 10:12) 평화를 만들어 가야 한다.

무엇보다 작금의 추락된 교회의 공신력 회복을 위해 공의로운 윤리관을 정립하여 사회윤리의 잣대로 비추어 보아도 어긋남 없는 투명한 모습을 보여주어야 할 것이다. 또 교회에서는 평화교육을 실시해야 한다. 아울러 교회 안에 머물러 있던 정적인 모습에서 벗어나 대사회봉사와 이웃사랑의 실천을 통한 평화선교와 목회가 이루어져야 한다. 그렇게 할 때 한국교회가 부끄럽지 않게 통일시대를 열어갈 수 있을 것이다.

---

46) 위의 글, 232.
47) 남과 북 사이에 평화 선언이 여러 차례 있었으나 선언적 차원에 머물러 있을 뿐 실질적 평화는 오지 않고 있다. 조은식, "샬롬의 관점에서의 통일선교," 312-314.

참고문헌

Schreiter, Robert J. *Reconciliation: Mission & Ministry in a Changing Social Order.* Maryknoll, New York: Orbis Books, 1992.

갈퉁, 요한./강종일 · 정대화 · 임성호 · 김승채 · 이재봉 옮김. 『평화적 수단에 의한 평화』. 서울: 들녘, 2000.

요더, 페리 B. 윌리아드 M. 스와틀리./신상길 · 소기천 옮김. 『평화의 의미』. 서울: 한국장로교출판사, 2003.

켈러, 티머시./이미정 옮김. 『거짓 신들의 세상』. 서울: 베가북스, 2014.

백낙청. 『한반도식 통일, 현재진행형』. 서울: 창비, 2006.

양창석. 『브란덴부르크 비망록: 독일통일 주역들의 증언』. 서울: 늘품플러스, 2011.

이호. 『북한을 자유케 하라』. 성남: 거대넷, 2015.

조한범 · 김병로 · 박형중 · 최의철 · 최진욱. 『통일시나리오와 통일과정상의 정책 추진 방안: 점진적 시나리오』. 서울: 통일연구원, 2002.

한완상. 『한반도는 아프다』. 파주: 한울, 2013.

볼프, 한스 발터./신상길 · 소기천 옮김. "칼을 보습으로." 『평화의 의미』. 서울: 한국장로교출판사(2003): 147 – 168.

서보혁. "통일문제의 평화학적 재구성." 『한국민족문화』. 63(2017): 33 – 64.

송강호. "평화선교에 대한 소견." 『선교와 신학』. 제26집(2010): 215 – 246.

이병성. "남북분단 극복을 위한 기독교의 두 시각: 민족주의적 담론과 탈민족주의적 담론." 『통일시대를 여는 평화선교와 목회』. 제1권 <2019년 한국기독교학회 제48차 정기학술대회>. 79 – 101.

이병수. "통일과 평화의 길항관계: 통일이념, 통일국가형태, 민족성과 국가성." 『시대와 철학』. 제26권 1호(2015): 323 – 352.

_____. "한반도 평화실현으로서 '적극적 평화'." 『시대와 철학』. 제28권 1호(2017): 113 – 142.

정대진. "평화와 평화문화에 대한 통일학의 고찰." <2019 기독교통일학회 제
　　26차 정기학술 심포지엄>. 22-33.

정영철. "한반도의 '평화'와 '통일': 이론의 긴장과 현실의 통합."『북한연구학
　　회보』. 제14권 제2호(2010): 189-214.

조은식. "남북한 통일정책 비교 연구."『생명봉사적 통전선교 이해와 전망』.
　　서울: 케노시스, 2015, 205-236.

_____. "남북화해를 위한 한국교회의 역할."『선교신학』. 제31집(2012): 329
　　-360.

_____. "사회변혁과 기독공동체의 통일 준비."『선교신학』. 제52집(2018):
　　293-321.

_____. "샬롬의 관점에서의 통일선교."『선교신학』. 제34집(2013): 295-322.

_____. "종교개혁과 한국교회의 통일 준비."『선교와 신학』. 제45집(2018):
　　441-470.

_____. "한국교회의 북한이탈주민 선교현황과 참여방안." <북한이탈주민에
　　대한 이해와 한국교회의 선교 참여방안> 대한예수교장로회총회 국내선교
　　부(2005년 5월 3일): 80-98.

"WP 트럼프 인내심 시험? 판문점 회동 한 달만 북한 미사일 발사." <서울경
　　제> 2019년 7월 25일.

"가해자에게 면죄부 주는 '이상한 판결문'." <오마이뉴스> 2019년 7월 19
　　일. http://www.ohmynews.com/NWS_Web/View/at_pg.aspx?CNTN_
　　CD=A0002554983&CMPT_CD=P0001&utm_campaign=daum_news&
　　utm_source=daum&utm_medium=daumnews.

"국가인권위원회의 북한인권에 대한 목소리, '잘 내고 있지 않다' 53.1%."
　　<시사우리신문> 2019년 8월 7일. http://www.urinews.co.kr/sub_read.
　　html?uid=47208.

"교회 나가지 않는 '가나안 성도', 최근 5년 사이 증가." <미션투데이> 2018
　　년 12월 11일. http://www.missiontoday.co.kr/news/7882.

"김여정 '대북전단 조치 안 하면 남북 군사합의 파기 각오해야'." <연합뉴
　　스> 2020년 6월 4일. https://www.yna.co.kr/view/AKR2020060401155
　　3504?section=search.

"문 대통령, 대북전단 못 막은 것 많이 아쉬워해." <오마이뉴스> 2020년 6월 18일. http://www.ohmynews.com/NWS_Web/View/at_pg.aspx?CNTN_CD＝A0002651271&PAGE_CD＝N0006&utm_source＝naver&utm_medium＝newsstand&utm_campaign＝top2&CMPT_CD＝E0027.

"문 대통령 새벽잠 다시 깨우는 김정은 '모닝 미사일'… 왜?" <노컷뉴스> 2019년 8월 8일.

"문, '평화경제' 강조한지 만 하루도 되기 전에 발사체 쏜 북한." <국민일보> 2019년 8월 6일.

"민주노총 ILO 전부 선비준…걸림돌 국가보안법 폐지." <서울경제> 2019년 5월 23일. https://www.sedaily.com/NewsView/1VJ96DEV3U.

"범죄자 포승줄 묶인 모습 가려주는 조끼 보급… '수용자 인권 보호'." <서울신문> 2019년 7월 24일.

"'법으로 막으라' 北 압박에… '대북전단 금지법' 추진 공식화." <동아일보> 2020년 6월 5일.

"북 '겁먹은 개'에도 관대한 청, 우리 국민에겐 왜 가혹한가." <조선일보 사설> 2019년 8월 15일.

"北, 文대통령 경축사 맹비난… '南과 다시 마주앉지 않아'." <문화일보> 2019년 8월 16일. http://www.munhwa.com/news/view.html?no＝20190816MW064852890231&w＝ns.

"북 비위 맞추기?… 통일부 '북한 포털'서 인권침해 사례 삭제." <뉴데일리> 2019년 6월 20일. http://www.newdaily.co.kr/site/data/html/2019/06/19/2019061900233.html.

"북 선전매체 '국보법은 오래전 폐기됐어야 할 역사의 오물' 국가보안법 폐지 요구." <국민일보> 2018년 12월 15일.

"北 연락사무소 폭파' 사흘 전 알고도 못 막았다." <한국일보> 2020년 6월 18일.

"北에 전단 보내거나 확성기 틀면 징역 3년." <조선일보> 2020년 8월 6일.

"'北인권단체 취소 등 모든 조치 중단하라' 유엔 북한인권보고관, 통일부 작심 비판." <동아일보> 2020년 8월 1일.

"북, 일주일 사이 3차례 미사일 발사… 한미군사훈련 중단 압박." <news

1＞ 2019년 8월 2일. http://news1.kr/articles/?3686040.

"북, 한미정상회담 후 미사일 발사." ＜헤럴드 경제＞, 2017년 7월 4일.

"북한 '6일 발사한 건 신형 전술유도탄'... 한미 연합연습에 경고." ＜한국일
보＞ 2019년 8월 7일.

"북한 또 단거리 발사체 2발 동해로 발사." ＜한겨레＞ 2019년 8월 2일.

"북한인권 문제 외면하면서 '인권정부' 자처할 수 있나." ＜세계일보＞ 2019
년 5월 2일 사설.

"북한인권 문제 침묵하는 정부... 대북정책 전환하라." ＜데일리굿뉴스＞ 2019
년 5월 29일. http://www.goodnews1.com/news/news_view.asp?seq＝
88118.

"'사사건건 북변호' vs '변호한 적 없다'... 국방위, 북대변인 공방." ＜news
1＞ 2019년 8월 5일. http://news1.kr/articles/?3688099.

"아동학대 피해부모에 CCTV 보려면 '가해자 동의' 받아오라는 경찰." ＜조선
일보＞ 2019년 8월 8일.

"'아사 추정' 탈북 모자 사망 사건, 국과수 '사인불명' 결론." ＜한국일보＞
2019년 8월 23일. https://www.hankookilbo.com/News/Read/2019082
31609387025?did＝DA&dtype＝&dtypecode＝&prnewsid＝.

"이재명 '대북풍선 상습범 외국인 선교사, 강제 추방해야." ＜프레시안＞ 2020
년 7월 4일. https://www.pressian.com/pages/articles/20200704122405
20004.

"인권위 '가림막 없는 화장실은 인권침해' 군 영창 개선 권고." ＜조선일보＞
2019년 8월 7일.

"조선신보 '한미군사훈련은 북미정상 합의 위반'." ＜노컷뉴스＞ 2019년 7월
23일. https://www.nocutnews.co.kr/news/5187322.

"주한미군 철수! 세균부대철수!" http://cafe.daum.net/unfica./eVT2/2748?q
＝%EC%A3%BC%ED%95%9C%EB%AF%B8%EA%B5%B0%EC%B2%A0%
EC%88%98.

"한국당 '북 무기파악도 못한 문정부... 북한의 본모습 봐야'." ＜이데일리＞
2019년 8월 4일. https://www.edaily.co.kr/news/read?newsId＝014235
26622584040&mediaCodeNo＝257&OutLnkChk＝Y.

"한국당 '북인권문제는 철저히 외면하면서 인도적 지원은 아끼지 않는 문재인 정권'." 2019년 6월 12일. http://www.kukinews.com/news/article.html?no=671324.

해직언론인의 국가보안법 폐지 헌법소원. "해직언론인 '남북평화 방해 국가보안법 폐지' 헌번소원." <연합뉴스> 2019년 4월 24일. https://www.yna.co.kr/view/AKR20190424150400004?input=1179m.

"'핵실험 몇 번 했지?'… 북한 발사체, 한국판 '덤 앤 더머' 코미디물로." <시사코리아> 2019년 8월 7일. http://www.sisakorea.kr/sub_read.html?uid=54446.

제2부

체제전환과 통일준비

05

헝가리 체제전환이
남북통일에 주는 시사점

05

헝가리 체제전환이
남북통일에 주는 시사점[1]

1. 들어가는 말

과거 유럽은 동유럽, 서유럽, 남유럽, 북유럽으로 구분되었다. 이것은 지리적 구분이지만 실제로는 자본주의 진영의 서유럽과 사회주의 국가들로 구성된 동유럽을 구분하기 위한 정치적 관점에서 사용되었다고 보는 것이 일반적이다. 사회주의권의 몰락으로 냉전이 종식된 1989년 이후 정치적 의미의 동유럽은 사라지고 지리적 의미로만이 남아 있다고 본다.

우리에게 있어 과거 동유럽은 사회주의 국가들이었기 때문에 동유럽에 속한 국가들을 연구하는 일이 드물었다. 사회주의 국가에 대한 자료도 부족했지만, 우리나라와 특별한 관계가 없었기 때문에 연구에 흥미를 끌만한 요인도 부족했다. 그러다가 동유럽의 사회주의 체제가 무너지고 동유럽이 개편되면서 동유럽의 변화에 관심을 갖기 시작했다. 동유럽과

---

1) 이 글은 동유럽과 독일통일 & 종교개혁 500주년 기념행사로 2017년 6월 24일 헝가리 부다페스트에서 개최된 <동유럽 국제 학술대회>에서 "헝가리 체제변화와 평화"라는 제목으로 발표한 논문을 보완하여 게재한 "헝가리 체제전환이 남북통일에 주는 시사점," 『선교신학』, 제50집(2018): 275-309의 내용을 수정한 것이다.

외교 관계가 수립되고 다양한 분야의 교류가 이루어지고 있지만, 아직은 학술적인 연구와 상식적인 내용에 대한 소개조차 정확하고 체계적으로 이루어지지 않고 있는 것이 현실이다.[2]

이 연구는 자료의 제한으로 인해 어떤 사건이나 특정인에 대한 구체적 서술이 충분하지 못한 한계점이 있다. 이 부분은 더 많은 자료의 발굴로 보완되리라 생각한다. 이 글에서는 헝가리 체제전환 과정과 그 이후에 대한 분석과 헝가리 기독교 상황에 대한 소개, 그리고 헝가리의 체제전환이 통일을 준비하는 한국에 주는 시사점과 교훈이 무엇인지 찾아보도록 하겠다.

2. 체제전환 이전의 헝가리

2.1 헝가리의 특징

동유럽에 속한 국가들 가운데 헝가리는 아주 특이한 국가이다. 그 이유를 세 가지만 간추려 보면 다음과 같다. 첫째, 헝가리는 유럽에 존재하는 국가이지만 헝가리 민족은 원래부터 유럽에 거주하던 민족이 아니었다. 헝가리 민족은 우랄산맥 근처의 시베리아 북부지역에서 유럽대륙으로 이주한 아시아계 기마유목민족으로 언어적으로는 핀-우랄어파에 속한다.[3]

---

2) 2014년에 발간된 한국외국어대학교의 『동유럽 체제전환 과정과 통일한국에 주는 의미』 머리말에서, "체제전환 이후, 경제 및 학술 교류 등 다양한 분야에서 동유럽과 한국과의 관계가 급속도로 증진되는 데 반해, 우리나라의 경우 일반인들은 물론 학술 연구자들에게 있어서도 동유럽에 대한 상식적이고도 보편적 내용조차 잘 알려지지 않은 게 현실이다."라고 기록하고 있다. 김철민 외, 『동유럽 체제전환 과정과 통일한국에 주는 의미』(서울: 한국외국어대학교 지식출판원, 2014), 5.
3) 황병덕, 김지영 외, 『사회주의 체제전환 이후 발전상과 한반도통일』(서울: 늘품플러스, 2011), 241 – 243.

둘째, 헝가리는 2차 세계대전 이후 공산주의를 받아들여 세계에서 두 번째로 공산혁명을 성공시킨 국가였고, 공산주의 국가 중 가장 평화롭고 물질적으로 풍요로운 공산주의를 지향한 특이한 국가였다. 이런 점 때문에 '발전사회주의 국가'라는 칭호를 얻기도 했다.4)

셋째, 헝가리는 공산주의 국가이면서 공산주의의 문제점을 스스로 개혁한 나라이다.5) 그것도 유혈충돌이나 물리적 방법 없이 협상과 대화로 말이다. 우리의 상상을 초월하는 엄청난 변화를 만들어 낸 나라가 바로 헝가리이다.

여기서 이 세 가지 특이한 점 가운데 헝가리가 공산주의 국가에서 어떤 과정을 거쳐 자유민주주의로 체제전환이 이루어졌는지를 헝가리의 개혁에 초점을 맞추어 살펴볼 것이다. 먼저 헝가리에서 기독교가 어떻게 존재해 왔는지를 간략하게 알아보겠다.

2.2 헝가리의 기독교

9세기 말 당시 헝가리인들이 현 지역으로 이주하던 때에 그들은 기독교를 알지 못했다. 10세기경 서쪽의 카파르타(Karparta) 지방에서 선교사들이 많이 들어왔고, 10세기 말 게자(Géza) 통치 시절 가톨릭으로 개종하였다. 그때 게자는 프라하의 추기경인 아달베르트(Adalbert)에게 세례를 받게 되는데, 헝가리 지도자들도 함께 세례를 받았다.6) 게자의 아들 이슈트반 1세는 헝가리 내부 이교도 부족장과 싸워 이긴 후 가톨릭을 국교로 받아들였다.

1526년 러요시(루이스) 2세가 터키와의 전쟁 중 사망하고 나서 150년

---

4) 위의 책, 242.
5) 위의 책.
6) 고재성, "헝가리에서의 교회와 국가와의 관계," 『사회주의 체제전환과 기독교』(파주: 한울, 2014), 220.

동안 터키의 지배가 시작되었다. 터키 지배 시기에 많은 교회 지도자가 죽임을 당했다. 그리고 헝가리는 세 지역으로 분할되었다.[7] 터키 지배가 끝난 후 헝가리는 오스트리아의 지배를 받게 되었다. 이 시기에 반종교 개혁으로 인해 헝가리 신교는 정치적 압력을 받게 되었다. 신교 신자들은 성모 마리아 숭배와 성인들에게 맹세한 후에야 종교 활동을 할 수 있도록 제한되었다. 그러다 보니 마리아 테레사 여왕 시절에는 신교 신자들 가운데 성모 마리아 숭배가 교리에는 어긋나지만 당연하다고 여기는 풍조가 만연하게 되었다.[8] 일종의 혼합종교 형태가 나타난 것이다.

요셉 2세 시절 1781년 종교인내법이 통과되었다. 헝가리 의회는 1791년 26번 법을 통과시켰는데, 이 법은 1848년까지 종교정책의 기본 지침 역할을 했다. 이 법은 신교 내에서 개혁 교단과 루터교를 인정하면서 내부 자율권을 허용했다. 그럼에도 국가종교는 가톨릭이었고 가톨릭이 신교보다 더 위에 있음을 나타내는 것이었다. 1848년 혁명으로 입헌제에 기초한 인권평등선언의 영향으로 20번 법은 가톨릭이나 신교의 권리가 동일하다고 규정했다. 아울러 교회의 십일조법을 폐지했다.[9] 1895년에 제정된 법은 종교 활동의 자유를 보장함으로 각 종교는 자율성을 갖게 되었다.[10]

헝가리는 영토회복을 위해 독일 편에서 제2차 세계대전에 참전했으나 패배하며 부다페스트의 70% 이상이 파괴될 정도의 피해를 보았다. 1945년 소련에 의해 파시스트 정권에서 해방된 후 모스크바파 공산주의자가 중심이 되어 권력을 장악했다.[11] 이 시기에는 일당독재체제가 확

---

7) 서쪽은 합스부르크 왕가, 중앙은 터키, 동쪽 트란실비아 지방은 귀족들이 지배했다. 위의 글 220-221.
8) 위의 글, 221.
9) 위의 글, 222.
10) 위의 글, 223.
11) 황병덕, 김지영 외, 『사회주의 체제전환 이후 발전상과 한반도통일』, 244.

립되면서 공산당과 좌파들에 의해 반기독교적이고 반종교적인 정서가 지배적이었다. 그러면서 교회에 대한 제한과 핍박이 시작되었다. 이때 토지개혁을 통해 교회 소유를 박탈했기 때문에 교회의 경제기반이 무너지게 되었다. 경제기반의 붕괴로 교회는 국가와 신자들의 재정지원에 의지할 수밖에 없는 상황이 되었다.[12] 교회 재정 악화는 교회의 대사회 활동은 물론이거니와 교회 내 활동조차 위축시켰다. 이런 상황에서 교회가 정부에 대해 저항할 수 있는 부분이 없었다. 이것은 1948년에 북한 지역을 점령한 공산주의 정권이 종교인들과 종교기관의 모든 재산을 몰수한 것과 맥을 같이 한다.[13]

1946년 민주질서 유지와 국가방어를 위한 법이 제정되었는데, 이 법으로 인해 교회의 특권은 제거되었고 교회는 위축되기 시작했다. 1946년 헝가리 신문들은 가톨릭교회에서 총포류나 파시스트적인 전단을 발견했다고 보도하면서 가톨릭교회가 음모를 꾸미고 있다고 주장했다. 연합국인 소련의 총대표는 가톨릭교회의 해체를 주장했고 내무부 장관은 조직의 해체를 요구했으며 결과적으로 1,500개의 조직이 해체되었다. 1948년에는 국가가 모든 교육을 독점하면서 4,597개의 학교가 해체되었는데 그 가운데 3,094개의 학교가 가톨릭 소유였다.[14] 1948년 가을 신교 지도자와 유대교 지도자들도 국가와의 계약에 강제로 조인해야 했고 국가는 가톨릭교회를 정치적인 강제력으로 굴복시켰다.[15] 헝가리식 공산주의 체제 아래에서 헝가리 정부는 동독처럼 형식적으로는 종교의 법적 자유를 인정했다. 중유럽에서 유일하게 부다페스트에 유대교의 랍비

---

12) 고재성, "헝가리에서의 교회와 국가와의 관계," 224 – 225.
13) 조은식, "남북교회 교류를 통한 통일선교 과제"『장신논단』, 제21집(2004): 334. 조은식, "조선그리스도교연맹과 지하교인에 대한 고찰,"『신학과 선교』, 제45집 (2014): 246.
14) 고재성, "헝가리에서의 교회와 국가와의 관계," 225.
15) 위의 글, 226.

신학교가 운영되었고 가톨릭 신학교와 미사도 허용되었다. 이처럼 표면적으로는 종교인에 대한 사회적 차별이 없어 보였으나 실제로는 가혹한 탄압이 이루어졌다. 많은 주교가 행동에 제한을 받아 사제관이나 성당 이외의 외출이 금지되었고 편지와 사람들과의 만남도 감시의 대상이 되었다. 교회가 할 수 있는 일이 없는 암담한 시기가 시작된 것이다.

2.3 공산주의의 시작

1945년 공산주의자들이 권력을 장악했지만, 즉시 공산화가 이루어진 것이 아니라 점진적으로 공산주의가 성립되었다. 1945년부터 1948년까지는 한시적이지만 민주주의를 경험한 기간이었다. 그 원인은 스탈린이 헝가리를 소련의 영역으로 귀속시킬 것인지 결정하지 않았기 때문이었다. 따라서 소련 군대의 감독 아래 민주 자유 선거가 허용되어 1945년 11월 4일 처음으로 자유 총선이 치러졌다. 선거 결과 반공산주의 보수세력이며 포괄정당(cath-all-party)의 성격을 가진 독립소지주당이 57%를 득표하여 승리했다. 그러나 헝가리 주둔 소련군 장군 클라이멘트 보로쉬로프(Kliment Voroshilov)의 압력으로 좌파정당들(사회민주당, 헝가리공산당, 농민당)과 연립정부를 구성했다.16) 결과적으로 내무부 장관과 같은 주요 직책을 공산당이 차지하게 되었다. 이런 구조는 군대와 경찰을 동원한 공작정치를 가능하게 하였고, 공산당은 소련군의 지원 아래 '민주공화국에 대한 공모' 사건을 구실로 군대와 경찰을 통해 독립소지주당 지도부를 협박하고 체포하였으며, 결국 정당 해산으로 이어졌다. 이런 과정이 공산화 단계의 중요 전략이다.17) 이것은 북한의 '통일전선

---

16) 김철민, 박정오 외, 『동유럽 체제전환 과정과 통일 한국에 주는 의미』(서울: 한국외국어대학교 지식출판원, 2014), 157.

17) 공산정권은 민주주의라는 용어를 통해 비공산주의자들에게 희망을 제시하는 전술을 사용한다. 겉으로 권력을 추구하지 않는 듯 보이며 실제로는 군대는 물론이지만

전술' 전략과 유사한 양태를 보여준다. 아울러 해방 이후 38선 이북 지역에서 공산주의자들이 민족주의자들과 연립정권 형태를 취했던 일과 유사하다.[18] 이런 방식의 정적 제거와 전술이 1948년까지 점진적으로 진행되었고, 1949년 헝가리 공산법 제정과 헝가리 인민민주주의 인민공화국이 선포됨으로 라코시(Matyas Rakosi) 일당 공산주의 체제가 시작되었다.[19]

3. 헝가리의 체제전환 배경

3.1 라코시 체제의 강압정치

1949년 헝가리의 완전한 공산화가 이루어진 이후 1956년까지 라코시에 의한 전체주의적 통치가 이루어졌다.[20] 마챠시 라코시는 유대인으로 자신을 '스탈린 최고의 제자'로 칭하였다. 그는 헝가리의 정치, 경제, 사회 체제를 스탈린 방식의 공산주의로 탈바꿈시켰다. 라코시는 1948년부터 1956년까지 헝가리 일당 공산주의 독재자로 군림하였는데, 그는 헝가리인들에게 혐오의 대상이었고 라코시 체제는 헝가리 역사의 암흑기로 평가된다.[21] 라코시는 정치적으로는 민주집중제라는 구실로 공산당일당제를 정당화했고, 경제적으로는 사유재산의 강제적 국유화가 단계별로 집행된 계획경제 체제를 추구했으며, 사회 체제로는 시민의 자유가

보안 경찰, 공공부서의 자리를 차지해 실질적 영향력을 행사한다. 그리고 비공산주의 정당과 연합하지만, 공산주의자들에 의해 대표를 선출한다. 그리고는 독재체제를 구축한다. 양준석, "해방공간에서의 한반도와 동유럽: 공산화 과정과 기독교 탄압을 중심으로," 『동유럽발칸연구』, 제14권 3호(2017): 214-215.

18) 위의 글, 218-220.
19) 김철민, 박정오 외, 『동유럽 체제전환 과정과 통일 한국에 주는 의미』, 158, 159.
20) 황병덕, 김지영 외, 『사회주의 체제전환 이후 발전상과 한반도통일』, 244.
21) 김철민, 박정오 외, 『동유럽 체제전환 과정과 통일 한국에 주는 의미』, 160, 156.

극히 제한된 감시체제를 구성하였고 언론 검열과 여행, 결사, 집회, 종교의 자유를 제한했다.[22]

라코시는 교회 말살정책을 폈는데, 먼저 가톨릭 교인을 줄이고 국제관계를 단절시켰다. 이 일은 1950년 8월 30일 평화 사제들의 저항운동의 도화선이 되었으나, 가톨릭교회 안의 순응적인 사제들과 반동적인 사제들 사이의 싸움으로 내적 분열이 일어나게 되었다. 교회분열은 결국 수도원 해체로 이어졌고 2,500명의 수사와 9,000명의 수녀가 흩어짐으로 교회의 힘의 약화를 가져왔다.[23] 국가의 총체적인 교회 통제 방침에 따라 국가의 모임에 교회 안의 정치적 인물을 선택했고, 주교회의 때는 공무원이 파견되었으며 정보원이 파견되어 설교를 감시했고, 심지어 고해하는 내용까지 엿듣고 보고하는 일도 있었다. 국가교회청이 1951년 법에 따라 설립되어 교회의 일을 맡아서 처리했다.[24] 이렇게 다방면으로 교회를 통제하고 감시했다.

반면 국가에 협력하는 사제들도 있었다. 평화 사제운동의 주도세력과 몇몇 헝가리 사제들이 1950년 8월 1일 회의를 소집했는데 약 300명의 사제와 수사가 참석했다. 리하르트 호르바트(Richart Horváth)는 하나님 덕분에 사회주의 시대가 열렸다는 친정부적 발언을 했다. 또 사제들은 좋은 자리와 좋은 교구를 맡기 위해 정부에 협력했다.[25] 헝가리교회는 요셉 2세가 교회가 국가 행위에 복종하고 국가의 통제에 따르며, 시민단체의 한 기관으로 활동하도록 강요한 전통의 영향을 받고 있었다. 그래

---

22) 위의 책, 160.
23) 고재성, "헝가리에서의 교회와 국가와의 관계," 226. 1950년 3,500여 명의 종교지도자들이 투옥되었다. 이규영, "탈사회주의와 동유럽 종교의 딜레마," 『한독사회과학논총』, 제9권, 제2호(1999년 겨울): 48.
24) 고재성, "헝가리에서의 교회와 국가와의 관계," 226. 국가종교청은 1989년부터 교회를 감시하거나 통제할 수 없게 되었다. 위의 글, 232.
25) 위의 글, 227.

서 정부와의 대결을 피하려는 성향이 있었다.[26] 이런 면들이 정치 권력과의 대립 시 저항보다는 순응의 모습으로 나타나는지도 모른다. 톰카(M. Tomka) 주교는 이렇게 말한다. "1950년 이후 힘없는 다수 세력만이 종교와 접촉할 뿐이며, 권력을 소유하고 있거나 추구하는 사람들은 스스로 종교로부터 멀어졌다."[27]

일반적으로 정치 권력이 종교를 탄압할 때 나타나는 현상은 일차로 사회로부터 떠나 스스로 고립된 형태를 취하는 것이다. 마치 수도원의 모습을 하고 있는 것이다. 두 번째는 악한 권력과 맞서 싸우는 소위 십자군 정신을 갖는 일이다. 그런데 이것은 자칫 잘못하면 기독교 신앙을 이념화하는 오류에 빠질 수 있다. 세 번째는 생존을 위해 권력에 순응하거나 타협하는 것이다. 이 경우 기회주의라는 비난을 받게 된다.[28] 사회주의 국가에서 종교 활동은 특별법에 따라 제한되고 행정당국에 의해 통제된다.[29] 공권력을 이용한 종교탄압으로 종교를 무력화시키려는 시도가 순조롭지 못하자 공산정권은 탄압과 회유를 병행하며 교회가 국가에 또는 정부에 반발하지 못하도록 제도적으로 억압하는 형태를 취하였다. 이것은 동유럽 전체에 나타난 공통된 현상으로 공산정권은 교회 내에 친정부 성향의 목회자로 구성된 독자기구 조직, 미션스쿨 폐지, 목회자에 대한 국가 승인제, 교회 회합의 제한 등의 정책을 실시하였다.[30] 또한, 이 일은 마치 해방 후 북한 지역의 공산주의자들이 종교 활동을 탄압하고 1946년 11월 북조선기독교연맹을 만들어 북한 공산당의 지지 기반으로 만들었던 일과도 유사하다.[31]

---

26) 이규영, "탈사회주의와 동유럽 종교의 딜레마," 48.
27) 위의 글에서 재인용.
28) 피터 쿠즈믹, "동유럽 교회에 대한 공산주의의 영향,"『성경과 신학』, vol. 17(1995): 124-129.
29) 위의 글, 129.
30) 이규영, "탈사회주의와 동유럽 종교의 딜레마," 45.

3.2 카다르 체제의 유화정책

1953년 3월 스탈린 사망 이후, 후르시초프는 1956년 2월 소련 공산당 전당대회에서 스탈린이 추구했던 우상숭배와 스탈린 체제를 비판하며 전임자와 다른 개혁정책을 시도할 것처럼 연설했다. 이 연설이 동유럽 위성국가에 전달되었고 동유럽 지도자들은 자신들의 국가에 맞는 공산주의를 추구할 수도 있을 것이라고 해석하였다. 그 결과 강경파 공산당 권력층이 동요하기 시작했고 개혁파 공산주의자가 추후 집권하는 계기가 되었다. 1956년 10월 23일 헝가리 민중혁명은 비스탈린화 과정이 유럽 위성국가에 전달되면서 발발했다고 본다.[32] 한편 내적으로는 공산당의 민족성 말살정책에 항거한 민족보존 의식에서 발생했다고 보기도 한다.[33]

헝가리 개혁공산주의자들과 지성인들은 "헝가리도 헝가리 방식의 사회주의가 필요하다"라고 주장했다. 특히 부다페스트 공과대학 학생들은 구체적으로 어떤 개혁이 필요한지 16개 조항을 작성했다. 그 내용은 강경파 공산당이 수락하기 어려운 것으로 소련군의 즉각 철수 등이 있었다. 대학생과 시민들의 시가행진 도중, 부다페스트 라디오 방송국 진입을 시도하다 경비병이 시민을 상대로 총격을 가함으로 평화적인 시위가 무장봉기로 전환되었다. 소련 지도부는 헝가리 시민의 요구 가운데 헝가리 온건 민족주의자이며 개혁공산주의자인 너지 임레(Nagy Imre)의 복귀를 승인했고, 너지는 10월 28일 시민봉기를 '국가민주혁명'으로 인정했다. 그는 국내적으로는 다당제를 재도입했으며 국제적으로는 바르샤바

---

31) 조은식, "조선그리스도교연맹과 지하교인에 대한 고찰," 246-250.

32) 김철민, 박정오 외, 『동유럽 체제전환 과정과 통일 한국에 주는 의미』, 161.

33) Bognar Zalan, "헝가리의 체제변화 - 원인, 과정, 결과들," <2017년 동유럽 체제전환의 현장을 찾아서 - 동유럽 국제학술대회 자료집> 34.

조약기구 탈퇴를 선언(11월 1일) 하는 등 체제 내 개혁을 추구했다.[34]

그러나 10월 31일 이집트의 '수에즈 위기'를 계기로 소련 지도부는 강경노선으로 선회하여, 11월 4일 소련군 개입을 지시하여 헝가리 시민군이 유혈 진압되고 혁명은 실패한 혁명이 되고 말았다. 이 혁명은 헝가리 공산당 입장에서는 강압 정치의 한계성을 들어낸 체제 붕괴 사건이었고, 헝가리 시민들에게는 그들이 무엇을 갈망하였는지를 대내외에 표출한 민족단결의 순간이었다. 이 혁명은 비록 2주일 만에 종결되었지만, "지배 계층에게 있어서 혁명은 비지배 계층의 인내가 한계점에 도달하였을 때 어떠한 결과가 발생할 수 있는지 교훈을 제시하였다."[35]

집권 공산당은 유사시 이런 민중봉기가 재연될 수 있다는 개연성에 두려움을 갖게 되었고 기존의 정치 노선을 수정하도록 하였다. 너지에서 카다르로 교체되었고, 공산당의 공식명칭이 헝가리노동당에서 헝가리 사회주의 노동자당으로 바뀌었다. 카다르 체제는 혁명에 직간접적으로 참여했던 사람들을 숙청하며 공산체제의 안정을 꾀했으나, 국민은 카다르 정부에 냉소적 태도를 보이며 비협조를 했다. 그러자 카다르 정부는 1~2년 동안의 과도기를 거쳐 유연한 형태로 국정을 운영하게 되었다. 1959~1960년 부분적 사면으로 수백 명의 정치범이 석방되었고 1961년부터 인민재판소가 폐지되었다.[36]

헝가리는 주변 동유럽 국가들과 비교했을 때 상대적으로 풍요로운 소비재 경제를 누릴 수 있었다.[37] 이런 혜택에 대해 시민들의 '정치에 대

---

34) 위의 글, 162 – 163, 181. 진승권,『동유럽 탈사회주의 체제개혁의 정치경제학 1989~2000』(서울: 서울대학교출판부, 2003), 194.

35) 김철민, 박정오 외,『동유럽 체제전환 과정과 통일 한국에 주는 의미』, 163 – 164.

36) 위의 책, 164, 황병덕, 김지영 외,『사회주의 체제전환 이후 발전상과 한반도통일』, 244, 진승권,『동유럽 탈사회주의 체제개혁의 정치경제학 1989~2000』, 194 – 195.

37) 이것을 '구야시 공산주의'(Goluash Communism)라고 한다. 김철민, 박정오 외,

한 침묵'을 요구하게 되었는데, 이런 '암묵적인 사회계약'이 카다르와 시민들 간에 체결되었다. 이것은 암묵적인 비정치화를 의미했다. 1961년 헝가리 공산당 전당대회에서 카다르는 "우리에게 저항하지 않는 자는 모두 우리 편이다"라는 연설을 했다.[38] 이때 취해진 정책이 '카다르 독트린'으로 공산주의 정치체제에 대해 반대만 하지 않는다면 무엇을 해도 좋다는 것이었다.[39]

카다르 체제는 1968년 신경제정책(New Economic Mechanism)을 경제 개혁안으로 제시했는데, 중앙부서에서의 통제와 지시를 지양하고 효과적인 목표 달성을 위한 자율성이 주어진 것이었다. 이것은 스탈린식 사회주의 계획경제에서 상당히 일탈한 것으로 통제경제 구조에서 시장경제로의 전환은 아니지만, 공산주의 경제구조에 경제활동의 목표를 이익 추구로 전환하고 기업의 경제적 생산성 향상을 위해 중앙통제를 완화해 자율성을 확대하며 시장경제 요소를 가미하여 어느 정도의 인센티브와 경쟁체제, 개인의 소유와 자본주의적 시장 시스템 일부를 수용하는 것이었다. 이 정책은 개혁 초기에는 몇 년 동안 국민소득의 증가를 가져왔으나 1970년대 들어와 점차 후퇴하기 시작해 기대만큼의 경제적 성과를 내지는 못했다. 그 당시 석유파동은 헝가리 경제에도 큰 타격을 주었다. 정부는 1980년대 들어 더 큰 폭으로 경제개혁을 추진했으나 물가상승과 경제 불안이 가중되었다. 그럼에도 이 경제개혁은 사회주의 계획경제 아래 시장원리가 자랄 수 있는 토양을 제공해 주었다는 데 의의가 있다.[40]

한편, 사회적으로 표현의 자유가 일부 허용되면서 언론 및 출판과 관

『동유럽 체제전환 과정과 통일 한국에 주는 의미』, 165.
38) 위의 책, 165.
39) 황병덕, 김지영 외, 『사회주의 체제전환 이후 발전상과 한반도통일』, 245.
40) 위의 책, 245; 김철민, 박정오 외, 『동유럽 체제전환 과정과 통일 한국에 주는 의미』, 166, 204. 진승권, 『동유럽 탈사회주의 체제개혁의 정치경제학 1989~2000』, 195, 196 - 204.

련하여 관용성이 일부 허용되었다. 어칠 괴르기(Aczél György)가 고안한
'Three Ts' 체제가 사회통제 수단으로 활용되었는데 이것은 지원
(Támogartás), 허용(Türés), 금지(Tiltás)를 의미한다. 지원은 "비정치적이
거나 친정부적인 내용을 담은 작품의 지원"을 의미한다. 금지는 "체제
비판 및 저항의 목소리가 담긴 작품의 표현 금지"를 의미한다. 허용은
"애매모호한 자기검열"을 지칭하는데, "본인 스스로 판단하여 집권 세력
에 노골적인 도전만 하지 않았다면 일부 표현이 허용되었음을 의미"한
다. 아울러 1980년대 초를 기점으로 여행의 자유가 부여되었다.[41]

3.3 카다르 체제의 붕괴

카다르 체제는 거대한 부채와 생활 수준 하락으로 인한 경제위기, 공
산주의 리더십 교체를 위한 엘리트 형성, 헝가리 사회주의 노동당 내부
의 이념투쟁, 그리고 소련연방의 약화와 붕괴 등을 이유로 32년 동안의
통치를 마감했다.[42] 이런 요인 가운데 헝가리만의 특징은 공산당 지도
부에서 자신들만의 정치적 진로를 모색하기 시작했다는 점이다. 당내 개
혁파 중심세력이 강경파 세력과 대치함으로 비롯되었는데, 이것은 1956
년 혁명과 관련된 평가에 영향을 끼치게 되었다.[43]

사회주의 경제정책의 근본적인 문제는 경제법칙의 무시에 있었다. 즉
전문가를 등용하지 않고 사회당의 충성도를 기반으로 비전문가를 등용
하였다는 점이다.[44] 이런 연유로 상대적으로 풍요로운 소비재 경제를
누렸던 카다르 방식의 공산주의가 1970년대 말부터 한계점을 드러내기
시작했다. 석유파동으로 인한 원유가 상승이 타격을 주면서 생필품 가격

---

41) 김철민, 박정오 외, 『동유럽 체제전환 과정과 통일 한국에 주는 의미』, 167.
42) Bognar Zalan, "헝가리의 체제변화 - 원인, 과정, 결과들," 34.
43) 김철민, 박정오 외, 『동유럽 체제전환 과정과 통일 한국에 주는 의미』, 169.
44) Bognar Zalan, "헝가리의 체제변화 - 원인, 과정, 결과들," 34-35.

이 동반 상승하게 되었고 이것은 생활 수준의 하락을 가져왔다. 카다르 지도부는 하락하는 경제 수준을 끌어올리기 위해 차관을 들여오기 시작했다. 1974년 국제통화기금(IMF)으로부터 융자를 받기 시작해 1980년대 초에도 다시 융자를 받게 되었다. 그러나 1980년대 중반에 헝가리는 더 이상 융자를 요청할 수 없는 국가부도 상태에 직면했고 거대한 부채로 인해 경제적 위기에 봉착하게 되었다. 이때부터 카다르 지도부에 대한 지지도와 신뢰가 급격히 하락하였다.45) 이런 상황에서 카다르의 반대파들이 1985년부터 정치개혁을 요구하기 시작했다.46) 이에 공산당 내부에서도 경제개혁의 성공을 위해 정치개혁이 필요하다는 발상의 전환이 등장하기 시작했다.47) 1980년대 후반 "현존하는 사회주의는 작동하지 않고, 작동하는 사회주의는 존재하지 않는다"라는 말이 확산되며 국가에 대한 사회적 불만이 고조되었다.48)

헝가리의 야권 세력은 1970년대 말부터 서서히 등장하기 시작했는데, 대표적인 집단으로는 농촌 지역에서 성장한 작가 중심의 민족주의자 집단과 주로 대도시 지역에서 성장한 사회, 경제학자, 철학자 중심의 도시 성향의 지성인 집단을 들 수 있다. 1920년 제1차 세계대전 패전 후 오스트리아-헝가리 제국 내에 거주하던 헝가리 민족은 트리아농 조약에 따라 소수민족으로 전락하였다. 이 문제에 대하여 카다르는 '사회주의자 동지애'(socialist brotherhood)를 강조하며 소수민족으로 전락한 동족 문제를 경시하였다. "이에 도덕적 분노를 느낀 민족주의 성향의 작가들은 1987년 가을 부다페스트 외곽 러키텔렉(Lakitelek)에 모여 카다르 체제의 부도덕성과 비합법성을 논의하였다." 이들은 개혁공산주의자인 포즈

---

45) 김철민, 박정오 외, 『동유럽 체제전환 과정과 통일 한국에 주는 의미』, 169-170.
46) 황병덕, 김지영 외, 『사회주의 체제전환 이후 발전상과 한반도통일』, 245.
47) 위의 책.
48) Bognar Zalan, "헝가리의 체제변화 - 원인, 과정, 결과들," 35.

거이 임레(Pozsgay Imre)의 참석 아래 '헝가리 민주포럼'을 창설했다.[49]

도시성향의 지성인 집단은 대부분 "헝가리 막시스트의 거장 괴르기 루카치(György Lukács) 학파의 제자들로 구성되었는데, 공산당의 폭력과 인권 탄압을 규탄하며 언론의 자유와 보편적 인권 보장을 주장"했다. 이들은 개혁공산주의자의 협력을 모색하지 않았고, 급진적이고 과감한 정치·경제 개혁을 요구했다. 이들은 공산당의 일당 독점 권력에서 벗어나 권력을 분산하기 위해 의회와 사법부의 권한을 강화해야 한다고 주장했다. 이들은 1988년 5월 1일 '자유구상네트워크'를 창설했고, 11월 13일 '자유민주연합'으로 개칭했다.[50]

경제위기와 더불어 야권 세력이 등장하며 공산당 내 세대갈등과 이념투쟁이 표면화되었다. 헝가리 사회주의 노동자(공산당) 전국협의회가 1988년 5월 개최되면서 정치개혁이 본격화되었다.[51] 이 회의에서 공산당 지도부 내에서 지지 기반을 잃은 카다르는 당 서기장 직에서 물러나며 당 명예 의장직을 맡게 되었고, 당 정치국도 카다르 측 인물들이 퇴진하고 개혁공산주의 인사들이 기용되었다. 그로스 카로이(Grosz Karoly)가 당 서기장 직을 맡게 되었는데, 그는 경제적으로는 과감한 개혁을 추진하는 경향을 보였으나, 정치적으로는 막시즘-레닌이즘을 고수하던 강경파 공산당 리더였다. 그는 당의 이념쇄신으로 정권을 유지할 수 있을 것으로 생각했다.[52]

당내 개혁파 공산주의자들은 카다르와 그로스 체제가 본질적으로 다르지 않다고 보고, 포즈거이 임레를 중심으로 개혁동아리와 민주헝가리를 위한 운동을 조직했다. 1989년 1월 28일 포즈거이는 168시간이라는

---

49) 김철민, 박정오 외, 『동유럽 체제전환 과정과 통일 한국에 주는 의미』, 172-173.
50) 위의 책, 173-174.
51) 황병덕, 김지영 외, 『사회주의 체제전환 이후 발전상과 한반도통일』, 245.
52) 김철민, 박정오 외, 『동유럽 체제전환 과정과 통일 한국에 주는 의미』, 175.

라디오 방송 인터뷰에서 1956년 사건을 '반혁명이 아닌 민중봉기'로 재평가했다. 그로스 체제의 정치이념으로 보면 이 사건은 "사회주의를 부정하고 자본주의를 성립시키려고 시도했던 반혁명 사건"이었다.[53] 사회주의의 포기는 공산당 내 분열을 초래하는 중요한 요인이 되었다.[54] 이 포즈거이의 재평가로 인해 공산당 내 강경파와 개혁파의 분열이 초래됐다. 이때 포즈거이는 대중 지지를 기반으로 다당제 도입을 성사시켰다. 이것은 정치적 체제전환이 이루어지기 전, 이미 다당제를 갖추었다는 특이성을 갖는다.[55]

내부적 요인 외에 외부적 요인으로 소련 지도부의 변화를 들 수 있다. 브레즈네프 이후 안드로포프와 체르넨코를 거쳐, 1985년 미하일 고르바초프가 등장하며 브레즈네프 독트린 포기 선언으로 그 실효성이 상실되었다. 브레즈네프 독트린은 "한 국가에서 발생한 개혁의 움직임이 다른 사회주의 국가의 이해관계에 상충할 때 해당 국가의 주권은 제한될 수 있다"라는 내용이었다. 고르바초프는 개혁과 개방을 내세우며 위성국가에 대해 군사적인 개입을 하지 않겠다고 표명했다. 1989년 4월 25일 소련군은 헝가리로부터 부분 철수하기 시작했다.[56] 이것은 헝가리 정부가 소련군을 더 이상 의지할 수 없음을 의미하며 동시에 시민들이 정부에 대해 또는 소련에 대해 반발하더라도 소련군이 개입할 여지가 없음을 나타내는 것이었다. 다시 말해 시민들의 반발의 여지를 넓혀주는 계기가 되었다고 볼 수 있다.

실제로 1989년 6월 외무부 장관이었던 호른 줄로(Horm Gyula)는 형

---

53) 위의 책, 176.
54) 박형중, "구소련·동유럽과 중국의 경제체제 전환의 비교: 북한의 체제전환과 통일 한국 건설을 위한 교훈," 『유럽연구』, 통권 제5호(1997, 봄): 141.
55) 김철민, 박정오 외, 『동유럽 체제전환 과정과 통일 한국에 주는 의미』, 177.
56) 위의 책, 177-178.

가리와 맞닿은 오스트리아 국경의 개방 가능성을 소련 외무상에 타진했다. 소련 외무부 장관은 "해당 문제는 소련과 관련이 없다"라고 응답했고, 6월 27일 오스트리아 외무부 장관 알리오스 먹(Alois Mock)과 헝가리 외무부 장관 호른 줄로는 국경지대 철조망을 함께 제거했다. 이 철조망 제거가 동독 주민의 서독으로의 망명을 돕는 길이 되었다. 당시 동독 주민들은 국경이 인접하고 상대적으로 물가가 저렴한 헝가리에서 여름 휴가를 즐기곤 했다. 그런데 오스트리아 국경 철폐는 동독 주민들로 하여금 동독으로 돌아가지 않고 오스트리아를 통해 서독으로 망명하는 데 큰 도움이 되었다. 결국, 같은 해 11월 베를린 장벽이 무너지며 독일은 통일을 이루었다.[57)

3.4 총선과 체제전환

1988년 6월 5일 역사 진상규명위원회가 구성되었고, 1958년 6월 비밀리에 처형된 너지 임레를 비롯한 희생자들의 무덤 발굴과 재매장, 그

---

57) 위의 책, 178-181. 헝가리-오스트리아 국경 철조망 제거는 동독의 서독 여행 자유화 발표와 유사하다. 1989년 11월 9일 오후 동독의 에곤 크렌츠는 SED 중앙위원회에 임시여행 규정안을 만들었음을 통보했다. 이 규정에 의하면 동독 주민들의 출국과 외국 여행 신청에 대해 당국은 신속히 여권을 발급하며, 이 규정은 '즉각' 효력을 발생한다고 되어 있었다. 이날 18시 무렵 SED 대변인이자 정치국원인 귄터 샤보브스키는 국제프레스센터에서 기자회견 중 임시여행규정안 관련된 두 쪽짜리 문건을 건네받았다. 그 문건은 정부의 안으로 아직 결정되지 않은 것인데, 그 사실을 모르는 샤보브스키는 동독이 국경을 개방한다고 발표하게 되었다. "그 말은 이제 동독 시민이 자유롭게 서독으로 여행할 수 있음을 뜻하는가"라는 기자들의 질문에 문건의 용어를 인용하여 '즉각'이라고 답했다. 생중계 중이던 이 기자회견으로 수천 명의 동독 주민들이 즉각 국경으로 몰려들었고, 구체적 지시를 받지 못한 국경수비대가 머뭇거리다 국경을 열기 시작했다. 21시경 이 소식을 보고받은 크렌츠도 군중들이 국경을 통과하게 하라고 명령하였다. 국경개방을 통해 베를린 장벽이 무너지고 독일은 통일을 이루게 되었다. 임종대 외, 『시인과 사상가의 나라 독일 이야기 ② 통일 독일의 사회와 현실』(서울, 거름, 2010), 296-297.

리고 혁명에 대한 진상규명을 요구했다.[58] 이런 과정에서 정치개혁 문제가 활발하게 논의되며 헝가리 공산당 정부는 1989년 6월 주요 재야단체, 시민단체들과 임시로 '원탁회의'를 구성했다.[59] 정당 구도는 이념적으로 크게 기독-보수 진영, 자유주의 진영, 그리고 사회주의 진영으로 셋으로 구분할 수 있다. 대표적인 기독-보수 진영의 정당으로는 헝가리민주포럼과 기독교민주시민당 그리고 독립소지주당을 들 수 있는데, 세 정당 모두 공통으로 농촌 지역에서 큰 지지를 확보하였다. 자유주의 진영의 정당으로는 자유민주연합과 청년민주연합으로 도시 젊은이들의 지지를 얻고 있었다. 사회주의 진영의 정당으로는 헝가리사회당과 헝가리사회민주당을 들 수 있다.[60]

원탁 협상의 안건은 일곱 가지가 제시되었는데[61] 집권 공산당과 야권연대는 다섯 가지 안건에 대해서는 원칙적 동의를 하였으나 나머지 두 가지 안건에 대해서는 불일치하였다. 특히 대통령 선출방식과 대선 시기에 대해 집권 공산당은 대통령 직선제를 주장했고, 야권연대는 자유 총선 이후 선출된 첫 민주의회에서 대통령을 간선으로 선출해야 한다고 주장했다.[62] 야권연대는 직선제를 공산당은 간선제를 선호할 것이라는 일반적인 생각과 다르게 나타났다.

야권연대에서 급진적 성향의 자유민주연합과 청년민주연합은 대통령 간선제를 주장하며, 1989년 9월 18일 집권 공산당과 야권연대 사이의

---

58) 김철민, 박정오 외, 『동유럽 체제전환 과정과 통일 한국에 주는 의미』. 181, 182.

59) 위의 책, 184-185.

60) 진승권, 『동유럽 탈사회주의 체제개혁의 정치경제학 1989~2000』, 217-218.

61) 1. 새 선거법을 위한 법안, 2. 형법과 절차개정안을 위한 법안, 3. 신 미디어 법과 홍보를 위한 법안, 4. 개헌을 위한 법안, 5. 헌법재판소와 대통령직 창설을 위한 법안, 6. 정당과 정당 재원에 관한 법안, 7. 평화적 체제전환을 위한 보장(공산당의 준 군사기구 및 민병대 해체). 김철민, 박정오 외, 『동유럽 체제전환 과정과 통일 한국에 주는 의미』, 185.

62) 위의 책, 186.

최종 협상안 서명식에서 거부권 행사는 하지 않았으나 그렇다고 서명에 참여하지도 않았다. 대신 이들은 대통령직 문제와 양자합의에 실패한 안건을 국민투표에 부칠 것을 선언했다. 국민투표 결과 0.2% 차이로 두 연합의 입장이 관철되었고 대선은 첫 자유 총선 이후로 결정되었다.[63]

헝가리 공산당은 1989년 10월 7일 헝가리 사회주의노동당(MSZMP)이라는 명칭을 헝가리사회당(MSZP)으로 개편하여 창당했다. 동년 10월 23일 국회의장이 민주공화국을 선포하였다. 이어 동년 12월 2일 동·중부 유럽의 변화를 이루려는 말차조약 실행을 논의하였다. 다음 해인 1990년 4월 첫 번째 총선이 실시되었다. 이 총선은 20세기 후반 헝가리 최초의 완전 자유 선거라는 점에서 정치사적 큰 의미가 있다.[64] 이 총선에서 헝가리민주포럼(MDF)이 역사적 헝가리 영역의 회복, 유럽연합회원국으로의 가입, 공산주의 정권 시절의 잔재 청산 등을 내세우며 164석을 얻어 제1당이 되었다. 헝가리민주포럼은 44석을 얻은 독립소지주당(FKgP)과 21석을 얻은 기독교민주시민당(KDNP)과 함께 중도-우파 연립정부를 구성하여 5월 23일 헝가리민주포럼(보수, 중도우파)의 당수인 언떨 요제프(Antal Jozesf)를 수상으로 선출했다.[65]

여기에서 특이한 것은 다른 공산주의 국가와 달리 1956년 소련의 유혈진압 이후부터는 소련의 내정간섭이 보이지 않았다는 점이다. 또 라코시는 강압통치를 했으나 카다르는 국민을 폭력적으로 지배하지 않고 유

---

63) 헝가리 시민들은 11월 26일 다음 네 가지 사항을 결정해야 했다. (1) 작업장에서 공산당의 정당 활동은 금지되어야 합니까? (2) 공산당의 준 군사기구 사병조직은 해체되어야 합니까? (3) 공산당이 소유한 재산은 청산되어야 합니까? (4) 대선은 총선 이후에 치러져야 합니까? 위의 책, 186-187.

64) 진승권, 『동유럽 탈사회주의 체제개혁의 정치경제학 1989~2000』, 216.

65) 위의 책, 218-220. 김철민, 박정오 외, 『동유럽 체제전환 과정과 통일 한국에 주는 의미』, 189. 황병덕, 김지영 외, 『사회주의 체제전환 이후 발전상과 한반도통일』, 246.

연한 통치를 했다. 국민은 공산주의 개혁을 생각하고 요구할 정도로 민도가 높았고 결집된 힘이 있었다. 이런 상황에서 공산당 정부가 무력으로 진압하지 않았고 정부와 재야단체와 시민단체들이 원탁회의를 했다는 것 자체가 독특성을 갖고 있다. 또 공산당의 일당통치 종식에 합의했다는 것은 통치자들이 합리적이며 이성적으로 사고를 했기 때문에 항거와 무력진압, 갈등과 폭력 없이 협상과 회의를 거쳐 체제전환을 이룩할 수 있었다는 점은 매우 특이한 점이라 하겠다.

4. 체제전환 이후의 변화와 한반도통일

'동유럽'이라는 지역의 의미가 공산체제 아래의 낙후된 지역이라는 의미가 내포되어 있어 헝가리 국민은 '중부유럽'이라는 단어를 선호한다. 무엇보다 유럽연합의 정회원이 된 후 공산주의 시대에 느꼈던 '동유럽 콤플렉스'에서 벗어난 것으로 보인다.[66] 체제전환 이후 언떨 행정부는 해결해야 할 다수의 현안에 직면했다. 정치적으로 의원내각제를 수용했으나 의원내각제가 헝가리에서 무엇을 의미하는지 잘 알지 못했다. 경제적으로는 국가 부채의 증가로 기존의 사회·복지 정책을 지속하기 어려웠다. 외교적으로 1999년 북대서양조약기구에 가입했는데 이것은 정치, 군사적인 면이기도 했으며 민주주의를 공고히 하려는 목적이기도 했다. 또한, 2004년 5월 1일 유럽연합에 가입했는데 이것은 기능적 시장경제체제를 이루기 위한 목적이 있었다. 아울러 트리아농 조약 체결 이후 경시되었던 소수민족 권리 향상과 주변국과의 관계 개선을 주요 외교정책으로 추진했다. 이 외에도 공산주의 시절 발생했던 범죄자에 대한 처벌과 피해자에 대한 배상문제를 다루어야 했다.[67]

---

66) 황병덕, 김지영 외, 『사회주의 체제전환 이후 발전상과 한반도통일』, 249.

4.1 체제변화와 문제점

체제전환 이후 나타난 정치적 변화는 정부 구조의 개편과 개혁이 이루어진 것이다. 체제전환 이후 과도기적으로 존재하던 정부 부처를 축소하여 EU가 요구하는 수준으로 그 기능을 조정하였다. 경제적으로는 경제구조가 서유럽 경제권에 편입되었으나 재정적자, 물가인상, 경쟁력 약한 중소기업들의 존폐위기 등의 문제점이 드러났다. 사회적으로는 독일과 스웨덴 모델에 의존해 교육, 노동, 사회복지 등이 수정되었고 '사회구조의 유럽화'가 추진되었다.[68]

헝가리는 주변 나라들과는 달리 점진적인 방식으로 경제개혁이 이루어졌다. 헝가리는 공산주의가 붕괴한 후에도 사회주의 개념이 완전히 사라진 것은 아니었다. 1968년에 도입된 신경제정책으로 어느 정도 자율성이 부여되어 있었고, 시장가격이 도입되는 등 경제체제 변화에 큰 어려움이 없었다. 언떨 행정부는 사회적 시장경제를 추구했고, 그래서 개혁 초기에는 사회적 시장경제와 시장경제가 같은 개념으로 혼용되었다.[69]

헝가리의 경제는 공산주의 시대와 비교했을 때 내외적으로 성장했다고 볼 수 있다. 1인당 국내총생산(GDP)이 상승했고, 삶의 질을 나타내는 교통, 통신 분야의 발전을 보였다. 임금은 상승하였으나 상승한 임금이 물가상승률을 따라가지 못해 실질소득이 준 것이나 마찬가지가 되었다. 거시경제적 발전이 실제적인 생활환경의 개선과 구매력 상승 등이 뒤따라주지 못함으로 소비생활의 향상에 직접적인 영향을 주지 못했다. 그러다 보니 소비자가 느끼는 실물경제가 나빠진 것으로 보게 되는 것이다.

---

67) 김철민, 박정오 외, 『동유럽 체제전환 과정과 통일 한국에 주는 의미』, 190 − 191, 203.

68) 황병덕, 김지영 외, 『사회주의 체제전환 이후 발전상과 한반도통일』, 249 − 250.

69) 진승권, 『동유럽 탈사회주의 체제개혁의 정치경제학 1989~2000』, 223 − 225.

1989년도에서 2004년까지를 비교했을 때 소득불평등도를 나타내는 지니계수가 높아졌는데 이것은 소득불평등도가 심화된 것을 의미한다. 결국, 계층 간 격차가 확대되면서 저소득 계층의 박탈감이 높아지게 되었고 이런 빈부격차가 사회적 불만요인 것으로 나타나게 되었다.[70]

사회주의 계획경제체제에서 시장경제체제로 전환하면서 생산 감소에 따른 고용감소가 발생했고 대규모 국영기업의 민영화 과정에서 집단해고로 인한 실업자가 발생했다.[71] 물가상승으로 인해 실질임금은 하락했고 이에 따라 소득수준의 감소가 실업 문제와 더불어 심각한 경제문제로 대두되었다. 실질임금이 조금씩 회복되고 있어도 산업간 임금 격차는 심화되고 있다. "즉 임금수준이 높은 부문의 임금은 더욱 인상되는 반면 임금수준이 낮은 부문의 임금은 더욱 하락하고 있는 것이다." 이것이 빈익빈 부익부 현상을 악화시키며 빈곤 인구 증가로 나타나고 있다.[72] 경제전환에 따른 편익이 일부 계층에 집중되는 자본주의의 병폐가 나타나는 것이 아닌가 생각된다.

4.2 체제변화와 종교 관계

헝가리공화국이 탄생하며 헌법상 사상, 양심, 종교의 자유가 선포되었다. 1990년 1월 4일 의회에 의해 "교회의 종교적인 자유권과 중립권이 법적으로 보장"되었다. 수도원의 설립이 다시 허용되었고 종교교육이 허용되었다. 교구학교가 문을 열었고 개혁교단도 학교를 다시 운영하게 되었다.[73]

---

70) 황병덕, 김지영 외, 『사회주의 체제전환 이후 발전상과 한반도통일』, 251 – 258.

71) 위의 책, 259 – 260. 국가기업 사유화 문제는 다음을 참고하라. 진승권, 『동유럽 탈사회주의 체제개혁의 정치경제학 1989~2000』, 238 – 247.

72) 황병덕, 김지영 외, 『사회주의 체제전환 이후 발전상과 한반도통일』, 261 – 263.

73) 고재성, "헝가리에서의 교회와 국가와의 관계," 228 – 229.

교회의 가장 큰 어려움은 재정문제였다. 땅은 토지개혁으로 몰수되어 찾을 길이 없었고 배상도 받지 못했다. 교회는 신자들의 헌금과 국가의 재정에 의존할 수밖에 없는 상황이었다. 1997년 국민이 "세금의 1%를 교회나 종교단체에 지불할 수 있도록 법제화"함으로 가톨릭교회, 개혁 교단, 루터 교단, 유대교 등은 재정적 어려움을 극복할 수 있었다.[74] 상황이 나아지면서 가톨릭교회는 국가 내에서의 종교 활동에 대한 독점권을 주장하고 있다.[75]

4.3 과거사 정리문제

체제전환 이후 언떨 행정부가 직면한 가장 난해한 문제가 바로 과거사 정리였다. 구공산주의 정권에서 억울하게 피해를 본 사람들에 대한 적절한 배상과 가해자 처벌이라는 정의실현의 문제가 중요한 문제로 대두되었다. 과거사를 정리하는 데는 다섯 가지 영역이 있다고 본다. 그것은 "물질적 배상, 정치·법률상의 복귀, 가해자 명단 공개, 형사재판 공소, 진실과 화해를 위한 위원회 구성"이다. 여기에서 처음 두 가지 영역을 피해자를 위한 방편이라고 한다면, 나머지 세 가지 영역은 가해자를 대상으로 정의실현을 모색하려는 방안이라 하겠다.[76]

언떨 행정부는 "국가는 피해자에 대한 배상의 도덕적 책무가 있다는 판단" 아래 1949년 6월 8일 이후 국가가 강제적으로 집행했던 농업의 집산화와 산업화 과정으로 인해 재산을 상실한 피해자가 국가로부터 부분적인 물질적 배상을 받는 법안을 준비했다. 그런데 자유민주연합은 배상 날짜 기준을 1949년 6월 8일 이후가 아닌 제2차 세계대전 종결 이후로 변경해 피해자 배상 범위를 확대해야 한다고 주장했다. 아울러 모든

---

74) 1993년에는 개혁 교단의 대학이 부다페스트에서 개교하였다. 위의 책, 229.
75) 피터 쿠즈믹, "동유럽 교회에 대한 공산주의의 영향," 119.
76) 김철민, 박정오 외, 『동유럽 체제전환 과정과 통일 한국에 주는 의미』, 193.

피해자에게 미화 백 달러에 해당하는 금액을 국고에서 동등하게 지원해야 한다고 주장했다. 반면에 청년민주연합은 물질적 배상 자체를 거부하고 "구세대에서 발생한 문제를 해결하기 위하여 신세대에게 재정적 부담을 지우는 행위는 시대착오적인 발상이라고 주장"했다.77) 이 부분은 남북통일을 준비하는 현 과정에서 나타난 세대갈등과 유사한 면이 있다. 현재 잘살고 있는데 굳이 통일해야 하는 이유가 무엇인가 하면서 통일의 당위성에 의문을 제시하며, 통일비용을 왜 부담해야 하느냐고 묻는 남한의 젊은 세대들의 의식을 심각하게 고려해야 할 것이라 본다.

한편 독립소지주당은 부분 배상이 아닌 전면적인 배상, 즉 재사유화를 주장했다. 이 요구는 현실적으로 실현 불가능한 주장이었다. 언떨 행정부는 전면적인 배상 대신 부분 배상안의 지지를 호소했다. 이 주장으로 인해 독립소지주당 내 균열이 일어나 당이 분리되는 결과를 초래했다.78)

언떨 행정부가 제출한 입법안이 의회를 통과하여 시행됨으로, 국가 채권을 활용하여 구 전제정치 피해자들은 과거에 상실했던 토지와 재산의 일부를 되찾을 수 있었으나 법적인 문제점을 지니고 있었다. 첫째는 배상의 척도가 자의적이라는 점이다. 왜냐하면, 지난 40년 동안 변동된 물가상승률이 전혀 고려되지 않은 채 배상의 기준이 정해졌기 때문이었다. 따라서 피해자가 납득할 만한 적절한 배상을 받았다고 하기 어려웠다. 두 번째는 언떨 행정부가 발행한 배상 관련 채권이 평가 절하되어 증권시장에서 투기용으로 사용되었다는 점이다. 세 번째는 중복소유권의 문제가 있었다. 40년이라는 기간 동안 토지와 건물 그리고 동산은 소유자가 바뀌고 용도가 바뀌는 등 변화가 있었다. 그런데 최종 소유자뿐만이 아니라 기존의 소유자도 본래의 동산과 부동산을 찾을 수 있는 기회가

---

77) 위의 책, 194.
78) 위의 책, 194-195, 205.

제공됨으로 중복소유권 문제를 야기했다. 여기에 문서의 진위 또한 논란
이 되어 해결하기 어려웠다.[79] 결국, 언떨 행정부의 배상법은 "당시 국
가가 처한 한계적인 재정 상황에서 구체제의 피해자를 대상으로 상징적
차원의 물질적 배상을 시도하였던 과거사 정리"라고 할 수 있지만, 결과
적으로는 실패한 것으로 본다.[80] 그럼에도 공산체제와의 단절을 위해
언떨 행정부가 취한 이러한 정책은 대외적으로는 소련의 위성국이었던
이미지와 더불어 전체주의 공산국가로서의 부정적 이미지를 불식시키는
데 일조를 했던 것으로 평가된다.[81]

4.4 정의실현 문제

체제전환 이전 역사 진상규명위원회가 구성되어 과거 숨겨진 사실의
발굴과 진실을 추구했었다. 언떨 행정부는 제테니─터카취(the Zétényi─
Takács) 법안을 준비했다. 이 법안에 의하면, 당시 형법에 따라 공소시
효가 만료된 범죄의 경우 1990년 5월 2일을 기점으로 그 시효일을 재가
동시켜 소급적용하여 처벌을 가능하게 했다.[82] 반면, 야당이었던 자유민
주연합과 청년민주연합은 이 법안이 사회 내 불안감, 두려움 그리고 증
오감을 증폭시킴으로 일종의 마녀사냥과 같은 부정적 효과를 초래할 것
이라며 반대했다. 그럼에도 언떨 행정부는 1991년 11월 4일 이 법안을
통과시켰다. 그러나 11월 18일 대통령 괸츠 아르파트(Göncz Árpád)는
이 법안의 합법성에 우려를 표명하여 이 법안을 헌법재판소로 송부하였
다. 1992년 3월 3일 헌법재판소는 제테니─터카취 법안이 법적 안정성
의 원칙(the principle of legal security)을 침해했다고 지적했다. "공소시

79) 위의 책, 196─198.
80) 위의 책, 198.
81) 진승권, 『동유럽 탈사회주의 체제개혁의 정치경제학 1989~2000』, 222.
82) 김철민, 박정오 외, 『동유럽 체제전환 과정과 통일 한국에 주는 의미』, 199.

효가 만료된 상황에서 범죄자의 처벌은 그 범죄가 중대하더라도 소급효과를 적용하여 범죄자를 처벌할 수 없다"라는 평결로 이 법안을 위헌이라고 판결했다.[83]

언떨 행정부는 1993년 2월 1973년 형법 자체를 개정하여 법안을 제출했으나, 대통령 괸츠는 이것도 헌법재판소로 송부하였고 헌법재판소는 이 법안도 위헌으로 판결했다. 이에 언떨 행정부는 이 법안을 폐기하고, 1956년 혁명과 관련된 특별법을 도입하여 "혁명 당시와 진압 후 발생했던 대량 학살 범죄자에 대한 처벌을 주목적"으로 하는 법안을 제출했다. 그러나 대통령 괸츠는 이 법안도 헌법재판소에 회부하였고 헌법재판소는 이것 역시 위헌으로 판결했다.[84] 단, 혁명 전개 당시 발생했던 범죄는 제네바 협약과 뉴욕 의정서 기준으로 볼 때 반 인류 범죄에 해당한다고 평결하여 관련자들을 공소하여 재판이 진행되었으나 실효를 거두지는 못했다. 그것은 범죄를 입증할 수 있는 물리적 증거가 부족한 것이 원인이었다. 체제전환 시 공산당 간부들은 그들의 활동과 관련된 기밀서류와 문서들을 대량으로 파기했기 때문이었다. 또한 범죄자의 다수가 고령이었고 지병이 있어 복역 도중 가석방되는 빌미를 제공하기도 했다. 결국 언떨 행정부가 시도했던 정의법도 성공하지는 못했다.[85]

대통령 괸츠는 나름대로 과거사 정리를 위한 방안을 모색했다. 그는 지금까지 숨겨왔던 기밀서류를 공개하면 진실 추구가 가능할 것으로 보았다. 시민들 스스로 판단할 수 있는 기회를 제공함으로 사회 내 불안정한 요소를 일소하고 화해를 이룰 수 있을 것으로 생각했다. 그러나 의회의 지지를 얻지 못해, 결국 그가 제안한 과거사 정리방안도 실패하고 말았다.[86]

---

83) 위의 책, 199-200.
84) 위의 책, 200.
85) 위의 책, 201.
86) 위의 책, 202.

4.5 한반도통일에 주는 교훈과 시사점

헝가리는 공산주의가 붕괴된 것이 아니고 타협과 청산에 의해 민주주의로 체제전환이 발생했지만,[87] 아직 많은 영역에 있어서 안정적 정착은 이루어지지 않고 있다. 체제전환 과정에서 발생한 막대한 사회적 비용 처리와 저조한 삶의 만족도 문제 등이 해결해야 할 과제로 남아 있다.[88] 따라서 헝가리의 "체제전환은 현재진행형"이라고 보는 것이 옳을 것이다.[89]

일반적으로 동유럽 체제와 북한은 공산화 과정도 유사하고 공산당 일당독재체제 유지와 중앙계획경제라고 하는 유사점이 있다. 그러나 동유럽 국가들이 소련의 위성국가였던 반면, 북한은 등거리외교를 전개하며 독자성을 유지하면서 식량난과 경제난에는 중국으로부터 지원과 원조를 받으며 생존하였다. 유교 공산주의적 성향을 보이는 북한은 강한 민족주의적 성향을 바탕으로 수령에 대한 개인숭배와 충성을 강조함으로 봉건주의적 요소와 사회주의적 요소가 기묘하게 결합한 체제를 유지하고 있다. 그뿐만 아니라 억압과 통제와 차단 그리고 무력사용으로 강력한 체제 유지전략을 구사하고 있다.[90] 이런 상황에서 시민사회의 형성은 매우 어렵고 시위 발생 가능성 또한 매우 낮은 것으로 진단하고 있다.[91]

그럼에도 헝가리 체제전환을 통해 얻게 되는 교훈은 개혁과 개방을 유

---

87) 박형중, "구소련·동유럽과 중국의 경제체제 전환의 비교," 141.
88) 김철민, 박정오 외, 『동유럽 체제전환 과정과 통일 한국에 주는 의미』, 203–204.
89) 김대순, "체제전환기 동유럽 공산주의의 과거사 정리문제: 헝가리 사례를 중심으로," 『서양사학연구』, 제35집(2015년 6월): 183.
90) 박정원, "동유럽 공산주의 체제에 비추어 본 북한 붕괴론−'시민사회' 개념을 중심으로," 『한국정치외교사논총』, 제34권 1호(2013년 2월): 151–152.
91) 위의 글, 153–154. 이 부분은 다음을 참고하라. 우평균, "동유럽 공산체제 해체와 북한체제 붕괴의 연관성," 『평화학연구』, 제15권 4호(2014): 45.

도할 수 있는 방안의 필요성을 신중히 고려해야 한다는 점이다. 카다르 체제가 제공했던 관용정책을 통해 헝가리 시민들은 자유 유럽 라디오 방송과 미국의 소리(VOA) 프로그램을 통해 주변국가 소식을 접할 수 있었다. 이런 접촉은 공산정권의 정책과 지침을 비교, 판단할 수 있는 기회가 되면서 외부 사조 유입을 초래했다. 아울러 1980년부터 허용된 여행의 자유는 소련연방 국가만이 아니라 서구 자본진영 국가로의 여행도 할 수 있게 하였다. 헝가리 시민들은 여행을 통해 물질적으로 풍요로운 서구진영 국가와 헝가리를 비교하면서 서구를 동경하기 시작했다.[92]

북한은 아직 외부 미디어 접촉이나 여행의 자유가 주어지지 않는 폐쇄적인 곳이지만, 북한 주민들은 다양한 경로를 통해 남한 드라마를 시청하거나 남한 가요를 청취하기도 한다. 북한 당국은 채널을 조선중앙 TV에 고정시키고 봉인지를 붙인다. 그런데 북한 주민들은 봉인지를 뗐다 붙였다 하면서 남한방송을 시청하기도 하고 별도의 소형 텔레비전으로 남한방송을 시청하기도 한다.[93] 이런 과정을 통해 알게 모르게 한류가 북한에도 영향을 미치고 있다. 이런 현상은 북한 주민들에게 외부세계를 보는 또 하나의 창으로의 역할을 하고 있는 것이다.[94]

배급제를 통해 평준화되었던 북한 주민의 의식주가 고난의 행군을 거치며 1990년대 중후반 식량난으로 인해 배급제도가 붕괴되었고, 대신 장마당을 통한 경제활동의 장이 마련되었다. 중국 물품은 물론이거니와 남한 물품과 일본 물품까지 거래가 되고 있다. 의복에 있어 상류층은 중고라도 일본산과 한국산을 주로 구입한다. 중류층은 중국산 새 옷을 주로 구입하지만 간혹 중고 일본산과 한국산을 구매하기도 한다. 하류층은

---

92) 김철민, 박정오 외, 『동유럽 체제전환 과정과 통일 한국에 주는 의미』, 211.
93) 강동완, 『북한에서의 한류 현상: 그 의미와 영향』(서울: 통일부 통일교육원, 2015), 17.
94) 위의 책, 12.

중고 옷을 사 입는다.95) 원산지가 표시된 상표를 제거하기도 하지만, 상
표가 붙은 그대로 거래되기도 한다. 이런 일들을 통해 간접적으로 남한
의 경제 수준을 짐작할 수 있는 계기가 될 수도 있다.

북한 주민들이 외부와 접촉할 수 있는 직간접적인 기회가 제공된다면
폐쇄적인 북한 체제에 균열이 올 것으로 예상된다. 이점을 염두에 두고
다각도로 북한이 개방에 참여할 수 있는 방안을 신중하게 제시할 필요
가 있다. 동구권의 붕괴와 체제전환은 북한이 앞으로 어떻게 체제전환을
이루어야 하는지, 또 어떻게 통일을 이루어갈 수 있는지 암시하고 있다
는 점을 잘 파악하여야 할 것이다.

1948년 헝가리에서 일당독재체재가 확립될 때 반기독교 정서가 확산
되면서 교회에 대한 핍박이 진행되었다. 이때 가톨릭교회는 정치적 힘에
굴복했다. 라코시 체제의 강압 정치 아래서는 국가권력에 협력하는 사제
도 있었다. 1956년 시민봉기에 교회의 역할은 보이지 않았다. 체제전환
과정에서도 기독교민주사회당이 등장했지만, 교회와의 연관성이나 교회
의 역할은 드러나지 않았다. 오히려 다른 유럽국가의 교회와 마찬가지로
헝가리교회도 국가의 재정에 의존하는 모습이 두드러진다. 더구나 교회
가 재정적으로 안정되고 업무가 확대되면서 기독교 기관에서 일하는 직
원들의 수도 증가했지만, 믿음으로 사는 신자의 비율은 늘지 않았다. 선
교 활동이 활발하게 진행되지도 않았고 효과적이지도 않았다는 지적을
눈여겨볼 필요가 있다.96)

그렇다면 북한의 체제변화에 북한에 있는 교회가 어떤 역할을 할 것이
라고 기대할 수 있을까를 심각하게 고려해 보지 않을 수가 없다. 조선그리
스도교연맹은 북한 노동당의 위성 기구인 조국평화통일위원회 산하기관이

---

95) 김수암, 김국신, 김영윤, 임순희, 박영자, 정은미, 『북한주민의 삶의 질: 실태와 인
   식』(서울: 통일연구원 2011), 85-86.
96) Bognar Zalan, "헝가리의 체제변화-원인, 과정, 결과들," 38.

고 소속 목사들은 노동당원이다. 정권의 절대적 통제를 받는 북한교회가 자발적 행동을 한다는 것은 기대하기 어려운 일이다. 그럼에도 관심을 갖고 남북통일에 어떤 역할을 할 수 있을지 기도하며 주시해야 할 것이다.

5. 나가는 말

남북통일을 위한 북한 체제변화는 동유럽의 체제전환이나 체제 붕괴와는 다른 양상이 될 것으로 예상된다. 북한의 경우 중국과 러시아의 지원이 계속되는 한 체제변화를 기대하기가 어려운 것이 현실이다. 북한에서의 체제변화는 김일성-김정일-김정은 지배체제의 붕괴라는 인적청산과 조선노동당 독재체제의 몰락이라는 제도적 청산을 의미한다.[97] 북한 지배층의 개혁 의지나 사회구성원들의 의식이나 환경이 동유럽과 다르기는 하지만, 그럼에도 북한 내부의 노력에 의해 체제변화를 이끌어 낼 수 있다는 가능성은 남아 있다. 북한 내부는 동유럽보다 취약한 시민사회이지만, 대외적으로 주변의 압력을 통해 북한 시민사회가 형성되도록 환경을 조성하고, 내적으로는 남한이 버팀목이 되어 주어 북한 주민들이 아래로부터의 변화의 구심점이 될 수 있도록 지원하는 일이 필요하다.[98] 따라서 다양한 경로와 방법을 통한 교류와 협력으로 남북통일의 가능성을 만들어나가야 할 것이다. 아울러 조선그리스도교연맹이나 지하교회가 북한체제변화에 어떤 역할을 할 수 있을지 관심을 갖고 고민하며 주시해야 할 것이다.

---

97) 우평균, "동유럽 공산체제 해체와 북한 체제 붕괴의 연관성," 『평화학연구』, 제15권 4호(2014): 48.
98) 위의 글, 52. 박정원, "동유럽 공산주의 체제에 비추어 본 북한 붕괴론," 157-159. 박정오, 우평균 외, 『동유럽 공산주의의 '해체', '청산' 그리고 새로운 사회로의 '통합'에 대한 연구』(좋은 땅, 2016), 212-217.

참고문헌

강동완. 『북한에서의 한류 현상: 그 의미와 영향』. 서울: 통일부 통일교육원, 2015.

김수암, 김국신, 김영윤, 임순희, 박영자, 정은미. 『북한주민의 삶의 질: 실태와 인식』. 서울: 통일연구원 2011.

김철민 외. 『동유럽 체제전환 과정과 통일한국에 주는 의미』. 서울: 한국외국어대학교 지식출판원, 2014.

박정오, 우평균 외. 『동유럽 공산주의의 '해체', '청산' 그리고 새로운 사회로의 '통합'에 대한 연구』. 서울: 좋은 땅, 2016.

이상환, 김웅진 외. 『동유럽의 민주화』. 서울: 한국외국어대학교출판부, 2004.

임종대 외. 『시인과 사상가의 나라 독일 이야기 ② 통일 독일의 사회와 현실』. 서울: 거름, 2010.

주성하. 『서울에서 쓰는 평양이야기』. 서울: 기파랑, 2012.

진승권. 『동유럽 탈사회주의 체제개혁의 정치경제학 1989~2000』. 서울: 서울대학교출판부, 2003.

황병덕, 김지영 외. 『사회주의 체제전환 이후 발전상과 한반도통일』. 서울: 늘품플러스, 2011.

고재성. "헝가리에서의 교회와 국가와의 관계," 『사회주의 체제전환과 기독교』. 파주: 한울, 2014, 219－256.

김대순, "체제전환기 동유럽 공산주의의 과거사 정리문제: 헝가리 사례를 중심으로," 『서양사학연구』. 제35집(2015년 6월): 163－193.

박정원. "동유럽 공산주의 체제에 비추어 본 북한 붕괴론－'시민사회' 개념을 중심으로," 『한국정치외교사논총』. 34권 1호(2013년 2월): 133－169.

박형중. "구소련·동유럽과 중국의 경제체제 전환의 비교: 북한의 체제전환과 통일한국 건설을 위한 교훈," 『유럽연구』. 통권 제5호(1997년, 봄): 131－154.

조은식. "남북교회 교류를 통한 통일선교 과제" 『장신논단』. 제21집(2004): 3 31 – 354.

_____. "조선그리스도교연맹과 지하교인에 대한 고찰," 『신학과 선교』. 제45 집(2014): 243 – 276.

양준석. "해방공간에서의 한반도와 동유럽: 공산화 과정과 기독교 탄압을 중심 으로," 『동유럽발칸연구』. 제14권 3호(2017): 209 – 243.

우평균. "동유럽 공산체제 해체와 북한체제 붕괴의 연관성," 『평화학연구』. 제 15권 4호(2014): 35 – 56.

이규영. "탈사회주의와 동유럽 종교의 딜레마," 『한독사회과학논총』. 제9권, 제2호(1999년 겨울): 35 – 58.

Bognar Zalan. "헝가리의 체제변화-원인, 과정, 결과들." <2017년 동유럽 체제전환의 현장을 찾아서-동유럽 국제학술재회 자료집> 28 – 38.

피터 쿠즈믹. "동유럽 교회에 대한 공산주의의 영향," 『성경과 신학』. Vol. 17 (1995): 116 – 143.

06

헝가리의 과거사
청산 문제를 통한
통일한국의 과제 고찰

06

헝가리의 과거사 청산 문제를 통한
통일한국의 과제 고찰[1]

1. 들어가는 말

헝가리는 폴란드, 체코, 크로아티아, 슬로베니아 등과 더불어 지리적
으로 중유럽에 속하는 국가이다. 그러나 2차 세계대전 이후 유럽이 동과
서로 나누어지면서 이념에 의해 동유럽에 속하게 되었다. 동유럽에 속한
헝가리는 사회주의 국가였지만 유혈투쟁이나 격렬한 시위에 의해서가
아니라 협상으로 체제전환을 이루어낸 국가이다. 이것을 '협상에 의한
혁명'(Negotiated Revolution)이라고 부르기도 하고 가장 성공한 민주화
사례로 꼽기도 한다.[2]

유고슬라비아와 알바니아를 제외한 동유럽에 속했던 대부분의 국가들

---

1) 이 글은 2018년 7월 2~3일 보스니아 헤르체고비나 사라예보에서 개최된 <The
   6th International Conference 2018 "Reconciliations with their Communist
   Past in Europe">에서 "Political Offender Punishment Issus in Hungary"라
   는 제목으로 발표한 논문을 보완하여 게재한 "A Study on How Biblical Lessons
   and Attempts to Resolve Historical Problems in Hungary Can Help Prepare
   for Korean Unification," *University and Mission(대학과 선교)*, vol. 39(2019):
   281~311의 내용을 한국어로 번역 수정한 것이다.
2) 김성진, "중·동유럽의 민주화: 헝가리 체제전환 사례," 『동유럽발칸학』 1(1999):
   254.

은 소련의 무력에 의해 강제로 공산화되었다. 그러다 보니 소련의 위성 국가로서 소련의 통제를 받아왔다. 정치적으로는 브레즈네프 독트린 (Brezhnev Doctrine)[3], 경제적으로는 코메콘(COMECON: Council for Mutual Economic Assistance)[4], 군사적으로는 바르샤바 조약기구(WTO: Warsaw Treaty Organization)[5]에 속해있어 소련의 간섭과 통제에서 벗어날 수 없었다.

그러나 이런 제도들은 동유럽 국가들의 민족주의를 부정한 것으로 민족정체성 뿐만이 아니라 민족의 정서와 이익마저 부정하는 것이었다. 이러한 민족주의의 부정은 시민계층뿐만 아니라 공산당 내 권력 엘리트들에게도 심각한 불만요인으로 작용했고, 체제위기를 유발하는 잠재적 요인으로 존재해 있었으며, 실제로 체제전환의 결정적 계기 가운데 하나로 작용했다.[6]

체제전환 후 헝가리가 당면한 가장 심각한 문제 가운데 하나가 과거사 청산과 이에 따른 정치적 가해자 처벌 문제였다. 한반도에 어떠한 통일이 주어질 수 알 수 없지만, 두 개의 다른 체제가 하나로 통합되는 통일의 시기에 이것은 우리도 준비해야 할 심각하고도 예민한 문제임이 분명하다. 이 연구에서는 지면의 제한으로 인해 구체적 설명이나 예시는 생략하고 큰 그림을 그리는 것으로 하겠다. 즉 헝가리 체제전환 과정과 정치적 가해자 처벌 문제를 포함한 과거사 청산 내용을 살펴보고, 우리가 준비해야 할 통일 이후의 과거사 청산 원칙을 알아보겠다. 이 부분은

---

3) 소련 공산당 서기장 브레즈네프가 1968년 8월 소련이 체코슬로바키아의 '프라하의 봄'을 막기 위해 군사개입 한 것을 정당화하는 주장으로, 소련은 특정 사회주의 국가의 체제변화를 위해 군사개입을 할 수 있다는 의미를 함축하고 있으며 소련의 이런 행위를 비사회주의 국가는 묵인하라는 요구이기도 하다.
4) 공산권의 경제상호원조회의를 말한다.
5) 소련과 위성국가들 사이에 체결된 상호방위 기구를 말한다.
6) 위의 글, 256.

법적인 문제가 주류를 이루고 있어 간략하게 정리하겠다. 끝으로 성경에 나타난 가해자와 피해자 관련 이야기를 통해 성경적 교훈을 찾아보도록 하겠다.

2. 체제전환 이전 정권[7)

2.1 라코시 체제

공산주의자들이 헝가리에서 권력을 장악한 이후 라코시(Matyas Rakosi) 체제의 강압 정치가 1956년까지 지속되었다. 1956년 2월 소련 후르시초프(Khrushchyov)의 스탈린 격하 연설에 영향을 받은 동유럽권은 동요하게 되었고, 지식인들과 학생들 중심의 반체제운동이 민중봉기로 전환되었다. 사태 수습의 일환으로 소련 지도부는 시민들의 요구에 따라 온건 민족주의자이며 개혁 공산주의자인 너지 임레(Nagy Imre)의 복귀를 승인하였다. 너지는 10월 28일 시민봉기를 '국가민주혁명'으로 명명했고, 국내적으로는 다당제를 재도입했으며 국제적으로는 바르샤바 조약기구 탈퇴를 선언(11월 1일)하는 등 체제 내 개혁을 추구했다.[8) 바르샤바 조약기구 탈퇴는 소련의 군사적 개입으로부터 벗어난다는 상징적 의미를 갖고 있었다. 그러나 11월 4일 소련 군대의 무력진압으로 헝가리 혁명은 미완의 혁명으로 끝나게 되었다. 반면에 다당제 도입은 후에 대안적 정치세력이 형성되는 기반이 되었고, 30년이 지난 1989년 6월 재야 단체와 시민단체들은 마침내 원탁회의에 참여하게 되었다.

---

7) 이 부분은 조은식, "헝가리 체제전환이 남북통일에 주는 시사점," 『선교신학』, vol. 50(2018): 282 – 295 참조.

8) 진승권, 『동유럽 탈사회주의 체제개혁의 정치경제학 1989~2000』(서울: 서울대학교출판부, 2003), 194.

2.2 카다르 체제

소련 지도부는 카다르(Janos Kadar)를 사회노동당 지도자로 지명하였다. 카다르는 권력의 정통성을 확보하기 위해 유화정책을 실시하였다.[9] 정치적으로는 정치범을 석방하였고 1961년 인민재판소를 폐지하였다. 경제적으로는 상당한 자율성을 용인하였다. 이것은 경제적 양보를 통해 국민의 동의를 얻으려는 의도였다.

카다르 체제는 1968년 신경제정책(New Economic Mechanism)을 제시했는데 이것은 중앙통제와 지시를 완화하여 자율성을 허용하여 개인의 이익을 추구하게 하였다. 1970년대 제2경제를 통해 노동자 계층은 사적 이익을 추구하였다. 사적 이익을 추구함으로 사회적 연대나 집단정신 표출 가능성이 희박해지며, 경제적 여유를 통해 양적으로 팽창한 중간계층도 높은 개인주의 성향과 순응주의적 태도를 보이게 되었다. 문제는 이것이 정치적 무관심으로 나타났다는 점이다.[10]

1980년대 초에 제2의 경제 합법화가 이루어졌고, 1980년대 중반 기업관리 개혁이 도입되었으며, 1980년대 말 사적 자본 소유의 합법화가 도입되었다.[11] 이런 경제개혁은 사회주의 경제구조 아래 시장경제 요소를 가미하여 경쟁체제와 개인의 소유 등 자본주의 시장원리가 자랄 수 있는 토양을 제공해 주었다.[12] 그러나 카다르 정권은 외채를 효율적으로 사용

---

9) 유화된 형태의 공산주의를 '구야시 공산주의'(Goluash Communism)라고 한다. 김철민, 박정오 외, 『동유럽 체제전환 과정과 통일 한국에 주는 의미』(서울: 한국외국어대학교 지식출판원, 2014), 164-165.

10) 이충묵, "체제이행의 정치: 헝가리 사례연구,"『국제 · 지역연구』, 9권 4호(2000, 가을): 86.

11) 박정원, "체제변혁기 동유럽의 정치균열과 인정의 정치: 헝가리 사례,"『현대정치연구』, 10권 3호(2017): 53.

12) 황병덕, 김지영 외, 『사회주의 체제전환 이후 발전상과 한반도통일』(서울: 늘품플러스, 2011), 245; 김철민, 박정오 외, 『동유럽 체제전환 과정과 통일 한국에 주는 의

하지 못했다. 제2경제는 농업부문과 서비스업에 집중되어 있었고 소득의 대부분은 소비에 쓰여졌다. 제2경제의 확산은 국가부문에서의 노동생산성을 감소시키는 역기능을 초래했다. 개혁파 경제학자들은 원칙이 결여된 경제개혁이 경제악화를 가져오게 되었다고 진단하였다.[13)]

2.3 카로이 체제

카다르가 물러나고 강경파 공산당 리더였던 그로스 카로이(Grosz Karoly)가 당 서기장 직을 맡게 되었다. 그는 시장원리 도입 등 경제개혁을 추진하였고 당의 이념쇄신만으로 정권 유지를 기대하였다.[14)] 그러나 개혁파 공산주의자들은 포즈거이 임레(Pozsgay Imre)를 중심으로 세력을 조직화하였다. 포즈거이는 라디오 방송 인터뷰에서 1956년 사건을 '반혁명이 아닌 민중봉기'로 재평가하였고, 이것은 공산당 내 강경파와 개혁파의 분열을 초래했다. 이런 상황에서 포즈거이는 다당제 도입을 성사시켰다.[15)]

누가 의도적으로 계획한 것도 아닌데 시기적으로 헝가리 개혁파의 입지를 강화시켜준 사건은 1985년 소련 미하일 고르바초프의 브레즈네프 독트린 포기선언이었다. 이 선언으로 국제적으로 사회주의 체제가 느슨해지면서 공산당 내 개혁세력이 전면에 나설 수 있는 계기가 되었다.[16)] 고르바초프의 브레즈네프 독트린 포기선언으로 소련군은 1989년 4월 25일 헝가리로부터 부분 철수하기 시작했다.[17)] 국내적으로 공산당의 민

<hr>

미』, 166, 204, 진승권,『동유럽 탈사회주의 체제개혁의 정치경제학 1989~2000』, 195, 196 − 204.
13) 이충묵, "체제이행의 정치: 헝가리 사례연구," 89.
14) 김철민, 박정오 외,『동유럽 체제전환 과정과 통일 한국에 주는 의미』, 175.
15) 위의 책, 176 − 177.
16) 김성진, "중·동유럽의 민주화: 헝가리 체제전환 사례," 275.
17) 김철민, 박정오 외,『동유럽 체제전환 과정과 통일 한국에 주는 의미』, 177 − 178.

족주의 부정에 대한 잠재적 불만과 경제위기라는 현실적 불만이 맞물린 가운데 외적으로 고르바초프의 등장은 헝가리의 체제변화에 결정적 요인이 되었다.

2.4 총선과 체제전환

그로스가 1989년 2월 '특별중앙위원회' 기조연설에서 다당제의 원칙을 수용한다고 발표한 후 3월 22일 주요 독립단체들은 반대세력 원탁회의 수립을 선언하여 8개 단체가 참여했다.[18] 공산당 정부는 그해 6월 주요 재야단체, 시민단체들과 임시로 '원탁회의'를 구성했다. 1990년 4월 첫 번째 총선이 실시되었는데, 이 총선은 20세기 후반 헝가리 최초의 완전 자유 선거라는 점에서 정치사적으로 큰 의미를 갖는다.[19] 이 총선에서 헝가리민주포럼(MDF)이 164석을 얻어 제1당이 되었다. 헝가리민주포럼(MDF)은 44석을 얻은 독립소지주당(FKgP)과 21석을 얻은 기독교민주시민당(KDNP)과 함께 중도-우파 연립정부를 구성하여 5월 23일 헝가리민주포럼(MDF)의 당수인 언떨 요제프(Antal Jozesf)를 수상으로 선출했다.[20]

이처럼 헝가리는 총선으로 체제전환에 들어가게 되었다. 이 과정에서 공산당 정부의 무력진압이나 소련군의 진압도 없었다. 소련군은 이미 철수하기 시작했고 헝가리 군부도 무력으로 진압할 여력이 없었다. 오히려 집권 공산당이 중심이 되어 공산당 자체 내의 개혁세력에 의해 위에서

---

18) 8개의 독립단체는 헝가리민주포럼(MDF), 자유민주연합(SzDSz), 청년민주연합(Fidesz), 독립소지주당(FKgP), 사회민주당(MSzDP), MNP, 기독교민주시민당(KDNP), BZsBT가 참여했다. 이충묵, "체제이행의 정치: 헝가리 사례연구," 97, 98.
19) 진승권, 『동유럽 탈사회주의 체제개혁의 정치경제학 1989~2000』, 216.
20) 위의 책, 218-220, 김철민, 박정오 외, 『동유럽 체제전환 과정과 통일 한국에 주는 의미』, 189; 황병덕, 김지영 외, 『사회주의 체제전환 이후 발전상과 한반도통일』, 246.

부터 아래로의 개혁이 이루어짐으로 체제전환에 돌입하게 되었다.

1990년 총선이 헝가리민주포럼(MDF) 중심의 중도우파가 승리한 선거라면, 1994년 선거는 헝가리사회당(MSzP)과 자유민주연합(SzDSz)의 중도좌파가 승리한 선거이고, 1998년 선거는 청년민주연합(Fidesz)의 우파 정권이 승리한 선거라고 볼 수 있다. 2002년과 2006년 선거는 헝가리사회당(MSzP)의 중도좌파가 승리한 선거였다. 2010년 선거에서 오르반 빅토르가 1998년 총선 이후 총리로 재당선되었고, 2014년 청년민주연합(Fidesz)이 다시 승리하여 오르반은 세 번이나 총리를 역임하였다. 2018년 4월 8일 선거에서 청년민주연합(Fidesz)이 다시 승리하여 오르반은 다시 총리가 되었다. 오르반 정부는 2010년 선거법을 개정했고 반이민, 반모슬렘, 반서방 정책을 주장하고 있으며 선심 정치와 헝가리 특유의 포퓰리즘으로 정권을 이어가고 있다.

3. 과거사 청산 문제[21]

탈사회주의 과도기 민주정부는 구공산주의 체제 아래에서 정치적인 이유로 다루어지지 않았던 범죄에 대한 조사를 단행하였다. 이것은 과도기의 민주정부가 구체제에서 발생했던 과거사의 투명하고 공정한 정리 없이는 국민통합을 이루기 어려울 것이라는 인식에서 비롯되었다.[22]

3.1 피해자 배상문제

공산주의 시절 발생했던 범죄자에 대한 처벌과 피해자에 대한 배상문제가 중요한 정의실현의 문제로 대두되었다. 과거사 청산은 다섯 가지

---

21) 이 부분은 조은식, "헝가리 체제전환이 남북통일에 주는 시사점," 298 – 302 참조.
22) 김대순, "체제전환기 동유럽 공산주의의 과거사 정리문제: 헝가리 사례를 중심으로,"『서양사학연구』, 제35집(2015년 6월): 164.

영역으로 구분할 수 있다. 가해자를 대상으로 하는 방안에는 가해자 명단 공개, 형사재판 공소, 진실과 화해를 위한 위원회 구성이 있다. 피해자를 위한 방편으로는 물질적 배상과 정치·법률상의 복귀가 제시되었다.[23)

언떨 행정부는 1949년 헝가리 공산법 제정과 헝가리 인민민주주의 인민공화국이 선포된 이후, 국가가 강제적으로 집행한 농업의 집산화와 산업화 과정에서 재산을 상실한 피해자들에게 부분적으로나마 물질적 배상을 하는 법안을 제출하여 의회를 통과하였고 여러 차례 개정안을 거쳐 시행되었다. 정부가 발행한 채권을 활용하여 피해자들이 과거에 상실했던 토지와 재산의 일부를 되찾을 수 있었다. 그러나 이 배상법은 배상기준의 척도, 배상 관련 유가증권의 가치, 중복소유권의 문제, 문서의 진위 논란 등 법적인 문제점을 지니고 있었다.[24) 결국 언떨 행정부의 배상법은 상징적 차원의 물질적 배상을 시도하였던 과거사 청산이라 할 수 있지만, 결과적으로는 실패한 것으로 본다.[25)

3.2 정치적 가해자 처벌 문제

체제전환이 되면서 과거사 청산 문제에 있어 헝가리 시민사회는 큰 관심이 없어 보였다. 오히려 정치엘리트들이 과거사 청산을 거론하였는데, 이것 또한 정당 간의 복잡한 이해관계에 얽혀 헝가리민주포럼과 자유민주연합의 갈등으로 표출되었다. 이에 헝가리 대통령이 과거사 청산 문제에 직접 관여하였고, 정치엘리트는 정당 간의 타협 또는 합의를 이끌어내기 위해 법적 소송을 강구하였다.[26)

23) 김철민, 박정오 외, 『동유럽 체제전환 과정과 통일 한국에 주는 의미』, 193.
24) 위의 책, 196-198.
25) 위의 책, 198.
26) 김대순, "체제전환기 동유럽 공산주의의 과거사 정리문제: 헝가리 사례를 중심으

과거사 청산 문제 해결을 위한 첫 번째 법안은 '도나우게이트'(Donau
-Gate) 사건 발생 이후 본격화되었다. 도나우게이트 사건은 비밀경찰이
전화도청으로 야권세력의 활동을 감시했던 것을 말한다. 헝가리의 체제
전환 이후에도 이런 불법사찰이 계속되었고 그것이 1989년 12월 말 자
유민주연합에 의해 발각되었다. 이후 1990년 1월 25일 의회는 불법사찰
권한 제한 결의안을 통과시켰다. 그해 9월 자유민주연합 국회의원인 뎀
스키 가보르(Demszky Gábor)와 헉 피테르(Hack Péter)는 문제를 다루는
과정에서 공직자의 청렴성이 중요하다고 판단해 공직자의 배경조사가
가능한 입법안을 국회에 제출했으나 여당의 반대로 부결되었다.27)

이런 과정 가운데 제테니 졸트(Zétényi Zsolt)와 터카취 피테르(Takács
Péter)는 소련이 헝가리에 정부를 수립한 1944년 12월 21일부터 괸츠
대통령이 선출되었던 1990년 5월 2일 사이에 발생한 범죄의 전면 재조
사와 가해자의 사법처리를 주장했다. 이 법안은 당시 형법에 따라 공소
시효가 만료된 범죄에 대하여 1990년 5월 2일 기점으로 그 시효일을 재
가동시켜 소급적용하여 처벌을 가능하게 했다. 이것이 제테니-터카취
(the Zétényi-Takács) 법안이다.

논란과 이견 가운데 언떨 행정부는 1991년 11월 4일 이 법안을 통과
시켰으나, 대통령 괸츠 아르파트(Göncz Árpád)는 이 법안의 합법성에
우려를 표명하여 11월 18일 이 법안을 헌법재판소로 송부하였다. 이듬
해인 1992년 3월 3일 헌법재판소는 제테니-터카취 법안이 법적 안정
성의 원칙에 위배된다고 지적했다. 법적 안정성의 원칙은 모든 시민이
법 앞에 평등하고 법의 테두리 안에서 동등하게 보호받을 권리가 있다
는 것이다. 그러나 제테니-터카취 법안은 이 원칙을 침해했다는 것이

로," 166.
27) 위의 글, 166-167.

다. 공소시효가 이미 만료된 상황에서 중대범죄라 하더라도 소급하여 범죄자를 처벌할 수 없다는 것이다.[28]

이 판결을 수용할 수 없었던 언떨 행정부는 1973년 형법 자체를 개정하여 1993년 2월 법안을 제출했다. 개정 내용은 특정범죄에 대한 선별적 부분개정이었다. 그러나 대통령 귄츠는 이것도 헌법재판소로 송부하였고 헌법재판소는 이 법안도 위헌으로 판결하였다. 이에 언떨 행정부는 이 법안을 폐기하고 1956년 10월 혁명과 관련된 특별법을 도입하였다. 이 법안은 혁명 당시 무고한 시민들을 대량학살한 범죄자와 무차별 발포 명령을 한 범죄자를 사법처리하기 위한 것이었다. 그러나 대통령 귄츠는 1993년 3월 8일 이 법안도 헌법재판소에 회부하였고 헌법재판소는 10월 12일 이것 역시 위헌으로 판결했다. 헌법재판소는 혁명 당시 발생한 범죄는 전쟁범죄에 해당하지 않는다고 판단했다.[29]

단, 혁명 전개 당시 발생했던 범죄는 1949년 헝가리가 서명한 제네바 협약(Geneva Convention)과 1968년 뉴욕 의정서(New York Convention) 기준으로 볼 때 반인류 범죄(crimes against humanity)에 해당한다고 평결하여, 범죄자에 대한 공소가 가능하게 되었다. 따라서 관련자들을 공소하여 재판이 진행되었으나 범죄 연루를 입증할 수 있는 객관적인 증거와 증인 부족으로 실효를 거두지는 못했다. 체제전환시 공산당 간부들은 그들의 활동과 관련된 주요 기밀서류와 문서들을 대량으로 파기했고, 일부 문서는 윤리적인 이유로 전면 공개되지 못함으로 증거확보에 한계가 있었다. 또한 범죄자의 다수가 고령이었고 지병이 있어 복역 도중 가석방되는 빌미를 제공하기도 했다. 결국, 언떨 행정부가 시도했던 정의

---

28) 위의 글, 169, 김철민, 박정오 외, 『동유럽 체제전환 과정과 통일 한국에 주는 의미』, 199-200.

29) 김대순, "체제전환기 동유럽 공산주의의 과거사 정리문제: 헝가리 사례를 중심으로," 170, 김철민, 박정오 외, 『동유럽 체제전환 과정과 통일 한국에 주는 의미』, 200.

법도 성공하지 못했다.30)

대통령 괸츠는 과거사 청산을 위한 방안을 나름대로 모색했다. 남아프리카 모델을 기준으로 대통령 산하 역사진상규명위원회(The Committee for Historical Justice)를 통해 지금까지 감추어왔던 기밀서류를 공개하면 진실추구가 가능할 것으로 여겼다. 위원회가 조사하여 공개하는 자료를 보고 시민들 스스로 판단할 수 있도록 하는 것이 낫다고 판단했다. 대통령 괸츠는 혁명 진압 후 종신형을 선고받아 복역했던 이력이 있음에도, 공소시효가 만료된 법을 임의로 소급하여 적용하는 행위는 복수심이 작용한 것으로 보았다. 따라서 그는 헝가리 시민들 스스로 과거를 돌아보고 판단할 수 있는 기회를 제공함으로 사회 내 불안 요소를 일소하고 화해를 이룰 수 있을 것으로 생각했던 것이다. 그러나 의회의 지지를 얻지 못해, 그가 제안한 과거사 청산방안도 성공하지 못하고 말았다.31)

언떨 행정부 임기 마지막 해인 1994년 봄 고위공직자의 배경과 청렴도를 측정할 수 있는 적격심사법을 국회에 제출되었다. 이 법안은 과거 공산주의 정권하에서 발생했던 형사-정치적 범죄에 연루되지 않은 지원자만이 공직에 진출할 수 있는 자격을 부여받는다는 내용을 담고 있었다. 이 법안은 국내 첩보활동 관련 기구와의 협력 여부, 1956년 헝가리 혁명 진압에 주도적인 역할을 했던 진압팀 관련 여부, 제2차 세계대전 당시 친나치정당으로 활약했던 화살십자당과의 연루 여부 등 세 가지 범주를 정했다. 심의 대상은 대통령에서부터 판사, 검사를 비롯해 대학 총장과 학과장까지 포함되었다. 현 공직자나 후보자는 스스로 국민

---

30) 김대순, "체제전환기 동유럽 공산주의의 과거사 정리문제: 헝가리 사례를 중심으로," 171, 김철민, 박정오 외, 『동유럽 체제전환 과정과 통일 한국에 주는 의미』, 201.

31) 김대순, "체제전환기 동유럽 공산주의의 과거사 정리문제: 헝가리 사례를 중심으로," 171-172, 김철민, 박정오 외, 『동유럽 체제전환 과정과 통일 한국에 주는 의미』, 202.

앞에서 이 세 가지 범주와 관련 없음을 스스로 국민 앞에서 선언해야 했다. 만일 그 선언이 거짓으로 판명되면 그 이름을 주요 언론사에 공개하도록 규정했다. 1994년 총선에서 승리하여 집권한 헝가리사회당은 언떨 행정부 시기에 통과시킨 적격심사법 대상을 10,000~12,000에서 500~1,000개로 축소한 개정안을 통과시켰다. 그것은 적격심사법이 시행될 경우 가장 타격이 큰 대상이 구 헝가리 공산당을 계승한 헝가리사회당이기 때문이었다.

상황이 바뀌어 1998년 총선에서 다시 중도우파로 정권교체가 이루어지면서 적용 범위를 다시 확대하였고, 배경조사 만료 기간도 2000년에서 2004년으로 연장하였다. 이 입법안 시행으로 2003년까지 126건의 공직자가 적격심사법이 제시한 범주에 연루된 사실이 판명되었고 이 가운데 24명만이 공직에서 사퇴하였다. 그런데 세 가지 범주에 연루된 공직자의 이름이 공개되었어도 대중의 비난을 받은 경우가 거의 없었다. 또한, 이들의 연루 사실을 증명할 수 있는 문서들은 비공개 기밀문서로 분류되어 있었다. 단지 허가받은 연구자나 관련자에 한해 열람할 수 있을 뿐이었다. 이런 폐쇄적인 방안이 오히려 정치적으로 악용될 소지가 있었고 실제로 헝가리사회당 출신 메제시 피테르(Medgyessy Péter) 수상이 과거에 첩보 활동을 했던 과거가 발각되어 2004년 8월 19일 수상직을 사임했다. 공직자의 투명성과 과거사 청산이라는 두 가지 목적을 갖고 있었던 적격심사법은 자기 결정권을 최대한 배려한 법안이었지만 과거사 청산에는 그 효력성에 한계가 있었다. 결국 헝가리 과거사 청산은 실패하였다고 본다.[32] 그러나 그렇다고 과거사 청산이 종료된 것은 아니고 아직도 진행 중이라고 보기도 한다.[33]

---

32) 이 부분은 전적으로 김대순, "체제전환기 동유럽 공산주의의 과거사 정리문제: 헝가리 사례를 중심으로," 172-177 참조.
33) 위의 글 183.

3.3 과거사 정리 실패 원인

'정리'라는 용어는 비뚤어지거나 어긋난 것을 바로잡는다, 제자리에 놓는다, 문제가 되거나 불필요한 깃을 말끔하게 지운나, 복잡한 일을 끝 맺는다 등의 의미를 갖고 있다. '청산'이라는 용어는 남아 있는 부분 일 체를 없애다, 깨끗하게 씻어 버리다 등의 의미를 갖고 있다. 과거사 청 산이라 함은 과거 사회주의 정권에서 자행된 역사의 왜곡을 바로잡고, 과거 공산주의 정권에 의해 무고하게 피해를 입은 부분을 일정 부분 배 상하여 어느 정도 과거의 역사를 바로잡는 일이라 할 수 있다. 청산이라 는 용어에는 정리보다는 적극적이고 공격적인 의미가 담겨 있는 것으로 보인다. 그런 면에서 헝가리 체제변화 과정에서 나타난 사안은 '청산'보 다는 '정리'라는 용어가 더 적절하다고 본다. 그것은 집권 공산당 세력 안에서 개혁의 움직임이 있었고 그들의 대부분이 체제전환에 참여했으 며, 그들 또한 체제전환 이후 정권을 잡기도 했기 때문이다.

과거사 청산을 위해서는 일차로 이 이슈에 대한 법제화가 필요하다. 일차적으로 법적 근거를 가지고 과거 자행되었던 불법을 조사하고 그것 에 따라 처벌과 배상을 할 수 있기 때문이다. 그러나 헝가리의 경우 정 치적 가해자의 사법처리와 정의구현을 위한 시민사회의 적극적인 요청 이 부재했다. 사회적 지지가 없을 경우 정권이 이 문제에 적극적으로 개 입하여 이끌어갈 명분이 부족하게 된다.[34]

그러면 왜 헝가리의 경우 시민들이 과거사 청산과 정치적 가해자 처 벌에 있어서 적극적이지 않았을까? 일반적으로 과거의 정권이 권위적이 고 탄압이 심할 경우 체제전환과 정의실현에 대한 사회적 요구가 커지

---

34) 여론조사에 의하면 헝가리 공산당원을 정부 요직에서 축출해야 한다는 사안에 39% 만이 찬성했다. 이것은 60%를 찬성한 체코와 대비되는 결과이다. 위의 글 177.

06 헝가리의 과거사 청산 문제를 통한 통일한국의 과제 고찰

게 된다. 이 요구가 확산될 경우 체제가 붕괴되거나 아래로부터의 혁명이 일어나게 된다. 그러나 구체제의 억압이 상대적으로 미약하고 정치지도자가 타협을 모색할 경우 정의실현에 대한 사회적 요구가 그리 적극적으로 표현되지 않는다. 따라서 체제전환 방식이 협상 방식으로 이루어지게 된다.[35] 헝가리가 바로 여기에 해당되었다.

더구나 헝가리의 경우 카다르의 구야시 공산주의는 정권에 도전하지 않으면 풍요로운 경제를 누릴 수 있다는 암묵적인 타협을 이루어냈다. 그리하여 체제비판은 금지하지만 부분적 지원과 제한적 허용을 하는 유화정책을 시행하였다.[36] 대부분 시민이 카다르 체제에 순응하였고 옳지 않은 타협과 정권에의 순응은 후에 공동의 죄의식으로 자리 잡았다. 이런 상황에서 구체제의 불의를 비판하고 관련 책임자를 색출하여 사법처리하자는 요구를 일부 피해자 가족만이 요청할 뿐이었다.[37] 따라서 과거사를 정리하고 정치적 가해자를 사법처리하는 일은 필요하고 중요한 일이었지만 현실적으로는 그리 수월하지 않았다.

정치권에서는 구체제 내의 포즈거이 임레를 중심으로 한 개혁파 공산주의자들이 당시 재야인사들과 타협을 모색했고, 그것이 원탁회의를 통해 체제전환으로 이어졌다. 체제전환 이후에도 구체제 엘리트들은 현실 정치에 참여하며 요직에 남아 있었다. 이런 상황에서 구체제 엘리트에게 책임을 물으며 과거사를 정리하기가 어려웠던 것으로 판단된다.[38] 더구

---

35) 루마니아나 체코슬로바키아가 전자에 해당된다. 폴란드와 헝가리는 후자에 해당된다. 위의 글, 177-178.

36) 어칠 괴르기(Aczél György)가 고안한 'Three Ts' 체제로 금지(Tiltás), 지원(Támogartás), 허용(Türés)을 사회통제 수단으로 활용하였다. 김철민, 박정오 외, 『동유럽 체제전환 과정과 통일 한국에 주는 의미』, 167.

37) 김대순, "체제전환기 동유럽 공산주의의 과거사 정리문제: 헝가리 사례를 중심으로," 178-179.

38) 위의 글, 179.

나 집권당과 야당이 대중들의 관심을 전환시키려고 정치적 수단으로 과거사 문제를 사용했다는 지적도 있다. 예를 들어 경제성과가 미흡할 때 서로 상대방의 입지를 약화시키기 위해 과거사 문제가 거론되었다는 것이다.39) 이렇듯 구체제에 대한 관용과 이에 타협했던 다수의 시민의 수동적인 태도, 평화적 체제전환에 기여했던 개혁 공산주의자들의 역할이 결국 과거사 청산과 정치적 가해자 처벌을 어렵게 만든 요인이 되었다.40)

과거사 청산이 제대로 되지 않음으로 정치권과 시민사회에서는 의혹이 증폭되고 서로의 갈등으로 국민통합에 저해요소로 작용하고 있다. 더구나 시민들의 과거사 청산에 대한 관심이 점점 줄어드는 것이 큰 문제이다. 여기에 정적의 지지기반을 약화시키려는 목적으로 오용되고 있는 것도 본래의 취지와 달리 나타나는 역작용이라 하겠다. 그럼에도 2014년 봄 과거 카다르 정권에서 내무부 장관과 판사를 역임했던 비스쿠 빌러(Biszku Béla)가 1956년 혁명 발발 시 50명의 무고한 시민을 살해한 죄목으로 실형을 선고받았다. 그런 점에서 헝가리 과거사 청산은 아직도 현재진행형으로 보는 것이 옳을 듯하다.41)

4. 통일한국의 과거사 청산 원칙

과거사 청산은 "과거에 발생한 사건에 대한 규범적 평가 또는 재평가"를 통해 '과거를 극복'하고 과거에 발생한 '불법적 결과'를 청산하는 작업을 의미한다.42) 우리나라에서 '과거사 정리,' '과거사 청산' 또는 '역

---

39) 위의 글, 181.
40) 위의 글.
41) 위의 글, 183.
42) 방승주, "통일과 체제불법 청산,"『통일법연구』, 제1호(2015년 10월): 191, 192.

사 바로 세우기'라는 용어를 사용한 것은 그리 오래전이 아니다. 일본 강점기때 강압적으로 발생한 위안부 문제나 강제징용 문제, 또 친일행적과 해방 이후 나타난 '반공'과 관련된 사건들과 6.25 전쟁을 겪으며 발생한 민간인 학살 문제, 그리고 군사정권에서 자행된 민주화운동에 대한 다양한 탄압과 인권유린 실태 등이 여기에 해당된다.

과거 국가 차원에서 발생한 불법행위는 사실이 파악되어 엄정한 법 집행이 이루어지기보다 은폐된 것이 많았다. 또 피해자가 가해자인 정부를 대상으로 소송을 제기하는 일 자체가 거의 불가능했다. 따라서 시간상으로 늦었지만, 공정한 과거사 청산을 위해서는 과거 정권에서 발생한 불법 자체를 재평가하고 저질러진 범죄에 대하여 그 법적 책임을 물어 가해자를 형사적으로 처벌하고 정신적, 물질적 피해자들에게는 복권하거나 재산권을 반환하거나 보상하여 불법적인 결과를 제거하는 작업이 일차적으로 요청된다. 아울러 과거의 불행한 역사를 재정리하는 작업이 필요하다. 그렇지 않으면 이런 행위가 반복될 수 있기 때문이다. 그러나 이 연구에서는 통일 이후 북한정권이 자행한 불법행위에 한정하여 논의할 것이다.

앞에서 논의한 헝가리의 과거사 청산 문제가 통일 한국에 그대로 적용할 수 있는 모델케이스는 아니지만, 과거사 청산 과정에서 야기된 문제들을 통해 사전에 방지할 수 있는 부분과 보완해야 할 부분에 대한 교훈을 얻을 수 있을 것이다. 이것을 바탕으로 우리가 과거사 청산에 있어 유의할 사항은 먼저 그 범위와 한계를 어디까지로 설정할 것인가를 먼저 신중히 규정해야 한다는 점이다. 둘째, 과거사 청산의 기준을 분명하게 설정해야 한다. 과거사 청산은 보복의 차원에서 진행되는 일이 아니라 과거의 잘못을 인식하여 바로잡는 일임을 국민이 공감할 수 있어야 한다. 셋째, 과거사를 정리한다고 해서 과거 역사를 부정하는 우를 범하지 않도록 주의해야 한다. 과거사 청산은 잘못된 역사를 밝혀내고 재발을 방지하기 위한 것이지, 인정하고 싶지 않은 과거를 파묻어버리거나 부인하는 일이 아니라는 점을 명확히 해야 한다. 넷째, 그 당시의 사건을 현재의 관점에서 판단할 때 발생할 문제점과 부정적 영향을 고려하여 사건 당시의 시대상과 사회상황을 고려하여 객관적 평가를 할 수 있어야 한다. 다섯째는 국가가 보상할 경우 이를 뒷받침할 수 있는 국가재정이 확보되어 있어야 한다.

이런 사안들을 바탕으로 하여 통일이 된 후 북한정권이 저지른 각종 불법을 법적으로 어떻게 처리할 것인지를 미리 연구하고 준비하는 일이 필요하다. 몇 가지 법적인 문제들을 찾아보겠다.

첫째는 과거에 발생한 사건을 다시 파헤쳐 잘잘못을 규명하려면 증거와 증인이 필요하다. 그런 면에서 진상규명 자체가 쉽지 않을 것으로 예상된다. 증인이나 기록물이 없을 경우 증거확보도 수월하지는 않을 것이다. 또한, 증거보존의 문제도 제기될 수 있다. 무엇보다 증거와 증인이 있어도 그것이 과거사 청산에 제대로 반영되어야 함을 분명히 해야 한다.[43]

둘째는 공산정권이 저지른 불법행위를 찾아 책임자를 처벌하는 것은 현행 헌법의 국가 기본권 확인의무와 보장의 실현이라 할 수 있다. 다만 과거 체제에서 발생한 정권의 인권침해행위나 반인도적 범죄를 새로운 체제가 책임을 묻는 과정에서 제기되는 평가 기준의 문제와 법적 문제점들이 있다. 이것은 일차적으로 죄형법정주의와 관련이 있다.[44] 아울러

---

43) 알바니아의 경우, 모든 과거사 문제가 문서로 기록되었음에도 현실정치에 거의 반영되지 않았다는 지적을 심각히 받아들여야 한다. Emilio Cika, "A Political Story of Post Communism in Albania: The Challenges of the Political and Social Transition in Albania towards the European Integration," <The 6th International Conference 2018 "Reconciliation with their Communist Past in Europe"> (2018년 7월 3일): 77.

형벌불소급원칙의 위반 여부의 문제가 발생하게 된다.[45) 따라서 만일 북한 형법에 따라 처벌할 수 있으면 북한 형법을 적용해 처벌하는 방안도 고려해 보아야 한다. 또한 국제법의 차원에서 다룰 수 있는지도 고려해야 한다.[46) 평가 기준에 따라 피해보상 또는 명예회복을 어느 정도까지 해야 할지 그 범위와 한계를 정하는 일도 그리 쉽지는 않으리라고 예상된다. 가해자에 대한 법적 처벌과 피해자에 대한 보상이 합리적으로 이루어지도록 제도적으로 뒷받침되어야 한다. 희생자는 있는데, 가해자가 없는 현상이 발생하면 안 되기 때문이다.[47) 이 문제에서는 헌법, 형법, 이론적 및 법철학적 해결이 필요하다.[48)

셋째, 공소시효의 문제이다. 국가기관에 의해 발생한 사건은 이미 시간이 많이 경과된 것이 대부분이다. 현행법으로는 일정한 시간이 지나면 공소를 제기할 수 없는 문제가 있다. 공소시효는 현행법상 개별 범죄에 관하여 규정된 기준이 다르지만 가혹행위, 상해, 폭행, 살인 등의 죄는 5년에서 15년이 경과하면 공소를 제기할 수 없게 되어 있다.[49) 이런 현행법을 북한정권이 저지른 범죄에도 동일하게 적용할 수는 없을 것이다. 따라서 북한정권이 저지른 반인도적 범죄에 대해서는 통일시점 전까지 공소시효를 정지시키는 법률제정이 필요하다.[50) 더구나 과거 정부가 권력을 잡고 있을 때 피해자가 가해자인 정부를 대상으로 소송을 제기하

---

44) 죄형법정주의는 법률로 정해져 있지 않으면 어떤 행위를 범죄로 처벌할 수 없다는 원리이다.
45) 형법불소급의 원칙은 행위 당시 법률에 따라 범죄가 되지 않았던 행위가 추후에 제정된 법률에 의해 소급되어 형법을 받지 않는다는 원칙이다.
46) 조시현, "국제법으로 본 공소시효문제," 『민주법학』, 제21호(2002): 199.
47) Emilio Cika, "A Political Story of Post Communism in Albania," 77.
48) 방승주, "통일과 체제불법 청산," 188, 207.
49) 조시현, "국제법으로 본 공소시효문제," 203.
50) 방승주, "통일과 체제불법 청산," 188, 조시현, "국제법으로 본 공소시효문제," 199－200, 203, 204.

는 일 자체가 거의 불가능했다는 점을 인식하여 공소시효를 정지시키는 것이 적절하다. 헝가리 헌법재판소는 1956년 혁명 기간에 제네바 협약 위반행위와 반인도적 범죄를 처벌하는 법률을 1993년 합헌이라고 판단하였다.[51]

넷째, 북한에서는 1946년 3월 토지개혁이 단행되었고 1948년에는 종교인들과 종교기관들의 모든 재산이 몰수되었다. 통일이 되면 토지를 포함한 몰수당한 재산을 원소유자에게 반환해야 할지 아니면 이에 상응하는 보상을 해야 할지가 쟁점이 될 것이다. 부당하게 몰수당한 재산에 대하여 원소유자에게 반환청구권을 허용하여 소유권을 회복시켜주는 것이 재산권 보장의 원칙에 부합하지만, 원소유자를 입증할 수 있는 문서가 존재하는지 또 원소유자가 생존해 있는지 논란의 여지가 있다. 만일 원소유자가 생존해 문서를 소지하고 있다면 반환청구권보다는 보상청구권을 부여하는 방법도 신중히 고려해 보아야 한다. 이것은 몰수된 이후 누군가 그 토지를 점유하고 있을 수 있기 때문이다. 따라서 현재 그 토지를 점유하여 용익권을 가진 주민에게도 어떤 방식으로 보상할 것인지가 동시에 고려되어야 한다. 이런 상황 때문에 북한 몰수재산과 관련해서는 반환이 아니라 보상을 원칙으로 하는 것이 바람직하다는 견해가 있다.[52]

다섯째, 북한 공무원들이 공무원 관계를 계속 유지할 필요가 있는지를 개별적인 공직 적합성 심사를 거쳐 판단하도록 절차와 기준을 마련해야 한다. 동시에 권력을 남용하여 사적 이익을 추구했거나 인민들에게 불이익을 준 경우, 불법적 행위에 가담하였거나 반인도적 범죄를 저지른 경우에는 상응한 처벌을 받도록 미리 법률로 규정해야 한다.[53] 이것은 헝가리의 적격심사법을 참조해도 좋을 것이다.

---

51) 조시현, "국제법으로 본 공소시효문제," 226.
52) 방승주, "통일과 체제불법 청산," 188, 211−212.
53) 위의 글, 188, 214.

여섯째, 북한정권에 의해 부당하게 형사처벌을 받거나 그 외에 제재나 불이익이나 박해를 받은 피해자들에게 통일 후 일정한 절차를 거쳐 재심과 복권을 청구할 기회를 제공해야 한다. 입증자료 제시의 어려움이 있더라도 실체적 진실을 밝힐 수 있도록 해야 한다.[54]

일곱째, 북한의 비밀정보기관의 사생활 기록이나 체제수호를 위한 반인도적 범죄와 관련된 기록물은 당사자와 일정한 권한이 있는 기관이 열람하고 관리할 수 있게 적절한 기준과 절차를 마련해야 한다.[55] 이것이 정치적 반대자나 경쟁자를 공격하는 수단으로 악용되어서는 안 된다는 점을 명심해야 한다.[56]

이러한 원칙을 가지고 과거사 청산 및 정치적 가해자 처벌 문제를 다룰 수 있을 것이다. 그러나 이미 헝가리를 비롯한 동유럽과 독일에서조차 이런 이슈가 분명하게 정리되지 못했음을 인지하여 한국 현실에 맞는 대책을 세워야 할 것이다.

5. 성경을 통한 교훈

성경에 나오는 인간관계의 갈등 또는 국가 간의 분쟁으로 야기된 피해자와 가해자의 이야기 가운데 몇 가지를 간추려 보면 다음과 같다. 첫째는 가해자가 피해자를 일방적으로 살해한 경우이다. 대표적인 이야기는 가인과 아벨의 형제갈등이다. 하나님이 아벨의 제물은 받고 가인의 제물은 받지 않았다. 이에 가인은 분하여 동생 아벨을 죽인 최초의 존속

---

54) 위의 글, 189, 217.
55) 위의 글, 189.
56) Lukasz Janulewicz, "Dealing with the Legacies of Communism: A Review of Lesson from the case of Polish Lustration," <The 6th International Conference 2018 "Reconciliation with their Communist Past in Europe"> (2018년 7월 3일): 95.

살인자가 되었다. 결국 가인은 유리하는 자가 되었다(창 4:1~16). 이것이 가해자가 받은 처벌이라고 할 수 있다.

둘째, 가해자가 자살함으로 상황이 종료된 경우이다. 왕권 제도가 수립되어 처음 왕이 된 사울은 열등감에 사로잡혀 다윗을 죽이려고 했다(삼상 18:11; 19:10~12; 23:8~14). 다윗은 사울을 피해 도망 다니는 신세가 되었다. 심지어 다윗은 가드왕 아기스 앞에서 미친 척하여 위기를 모면하기도 했다(삼상 21:12~15). 다윗은 오히려 사울을 죽일 기회가 있었지만 죽이지 않았다(삼상 24:1~16). 그 사실을 안 사울은 순간적으로 용서를 빌었지만(삼상 24:17~22), 그때뿐 계속해서 다윗을 죽이려고 했다. 결국 사울은 블레셋과의 전쟁에서 자살함으로, 요즘 말로 하면 '공소권 없음'이 되었다.

셋째, 형 에서가 받아야 할 장자의 축복을 가로챈 동생 야곱은 삼촌 라반의 집으로 도망가서 지내게 되었다(창 27~28장). 야곱은 라반의 집에서 라반의 양 떼를 돌보고 라반의 딸들과 결혼하고 자녀를 낳았다. 야곱은 라반의 아들들이 그를 시기하는 이야기를 듣고(창 31:1~16) 식솔을 이끌고 아버지 이삭을 만나러 가게 되었다. 그러나 형 에서가 부하 사백 명을 데리고 야곱을 만나러 온다는 소식을 듣자, 야곱은 자기 일행을 두 떼로 나누고 동시에 형에게 줄 선물을 준비하며 나름대로 대책을 세웠다. 밤새 어떤 사람과 씨름하여 이긴 후 축복을 받고(창 32:22~32) 형 에서를 만났는데, 에서는 야곱을 공격하지 않고 오히려 야곱을 끌어안고 재회의 기쁨을 나누었다(창 33:4). 극적인 반전이 이루어진 것이다.

야곱과 에서의 이야기는 대체로 야곱은 긍정적 이미지를 갖고 있고 에서는 부정적 모습으로 그려져 있다. 그럼에도 에서와 야곱의 관계만을 놓고 볼 때 에서가 피해자이고 야곱이 가해자라 할 수 있다. 그러나 오랜 세월이 지난 후 야곱을 대면한 에서는 야곱의 잘못을 추궁하지 않았고, 그동안 쌓인 복수와 증오의 감정을 표출하지도 않았다. 그저 동생 야곱을 포용하는 형에서의 모습만이 나온다. 피는 물보다 진하다고 해야 할지, 형이니까 동생을 용서한다고 해야 할지. 말보다는 만남 그 자체를 통해 그동안 쌓인 원한이 사라지고 화해를 이룬 모습을 보여준다. 이것은 '묻지도 따지지도 말고' 그저 용서하라는 것 같다. 여기에 다양한 성경적 고찰과 논의가 있을 것이다. 그러나 하나 분명한 것은 화해의 조건은 겸손과 양보이고 화해의 결과는 생명이라는 점이다. 하나님의 역사는 사람의 계획을 앞선다.

악을 악으로 갚는 일은 피의 복수를 불러온다. 악을 악으로 갚게 되면 악이 두 배가 된다. 그 악을 또 악으로 갚다 보면 악은 계속 증가한다. 그리고 피해자가 그 악을 갚겠다고 나설 때 그 또한 악을 행하는 자가 되고 만다. 그런데 성경의 교훈은 법리적 해석과 다르다. 성경은 죄인을 벌하고 선인에게 복을 주는 윤리적 차원의 권선징악만을 말하지 않는다. 오히려 선으로 악을 이기라는 윤리를 초월한 신앙적 차원에서의 교훈을 준다(롬 12:21). 악을 선으로 갚게 되면 악의 악순환을 끊을 수 있게 된다. 또 성경은 가해자를 사랑과 용서로 품어 화해에 이를 것을 말한다. 예수 그리스도의 십자가 사건이 대표적이다. 물론 우리가 예수 그리스도처럼 용서와 사랑을 베풀 수는 없다. 피해자의 입장에서는 답답하고 현실적이지도 않은 해결책이라 할 수도 있다.

여기에서 하나 생각해 볼 것이 있다. 갈등과 전쟁으로 분단된 남과 북이 통일된다는 것은 가해자가 모두 처벌받고 피해자가 보상받는 것을 의미하지는 않는다는 점이다. 불법을 자행한 정치적 가해자에 대한 합리적 법 적용과 적절한 형벌은 불가피하다. 그러나 통일은 승자만을 위한 것이 아니다. 통일은 통합의 의미를 가진다. 그렇다면 하나로 통일된 나라에서 중요한 것은 민족화합과 국민통합일 것이다. 통일된 나라가 지향해야 하는 것은 화해를 통한 상생이다. 이것을 위해 원칙적인 법 적용이 중요하다. 동시에 용서와 포용을 위한 사면도 고려해야 할 것이다. 물론 이것도 엄격한 기준과 절차를 거쳐 준비해야 할 것이다. 처벌과 관용의 원칙을 분명하게 적용해야 한다. 아울러 여기에 공의와 자비가 수반되어야 한다.

나이브한 발상일 수도 있으나 헝가리 괸츠 대통령은 기밀문서 공개를 통해 시민들이 스스로 과거를 돌아보고 판단할 수 있는 기회를 제공하는 것이 과거사를 정리하고 화해를 이룰 수 있을 것이라 여겼다. 이와 더불어 독일 작센주 전 보건복지부 장관이었던 알빈 니스(Albin Nees) 박사의 "가해자들이 자신들이 어떠한 범죄를 저질렀는지 조용히 반성하고 뉘우치며 회개할 수 있는 기회와 시간을 가지도록 할 필요가 있다"라는 제안도 대국민통합을 위해 고려해 볼 수 있을 것이다. 아울러 "스스로 죄를 뉘우치는 자들에 대해서 다양한 방법으로 사회에 봉사할 수 있는 가능성"을 열어두는 것도 기회제공 측면에서 가능하리라 본다.[57] 왜냐하면, 과거사 청산은 정치적 가해자를 찾아내 복수하는 차원이 아니라, 진상을 규명하여 사회정의를 실현하고 다시는 동일한 범죄가 반복되지 않도록 다짐하며 민족화합을 이루려는 데 그 목적이 있기 때문이다.

6. 나가는 말

통일 준비에 있어 과거사 청산은 과거 역사를 재조명하고 정리하여 정치적 가해자들을 재판에 의해 처벌하고, 피해자들의 권리를 회복시켜 주고 보상해주며 새로운 통일국가 건설에 힘을 모으는 것이 목적이라 할 수 있다. 그러나 과거사 청산은 관점과 방법에 따라 사법적 청산이

---

57) 이 아이디어는 알빈 니스(Albin Nees) 박사가 2015년 9월 17일 한-독 국제학술대회의 라운드테이블 "독일통일과 한국통일-통합과 복지"의 토론 요지이다. 방승주, "통일과 체제불법 청산," 219.

될 수도 있고 정치적 청산이 될 수도 있다. 이런 청산은 모두를 만족시킬 수 없다는 한계를 갖고 있다. 헝가리뿐만 아니라 동유럽 국가들은 체제전환 이후 직면한 과거사 청산을 위해 배제(체코슬로바키아), 정화(폴란드), 응징, 폭로, 화해, 사면 등 다양한 시도를 했지만, 과거사 청산이 잘 이루어지지 않았다는 점이 그것을 말해준다.58) 통일된 한국은 동유럽의 체제전환과는 다른 형태의 체제전환이 이루어지는 것이기 때문에, 법적인 문제의 정비와 국민 정서를 감안한다면 어느 정도의 과거사 청산은 이루어질 것으로 여겨진다. 물론 준비하는 과정이 복잡하고 과거사 청산을 진행하는 일 또한 상당히 혼란스러울 것으로 짐작한다. 또 일회성으로 모든 문제가 마무리되리라 생각하지도 않는다. 그럼에도 객관적이며 국민이 공감할 수 있는 내용이 되도록 관심을 갖고 준비해야 할 것이다.

과거 공산주의 정권에서의 악행을 폭로하고 그것으로 사법처리를 하고 모든 공직에서 배제하는 일은 당연히 필요하지만, 한편으로는 대국민 화해를 위한 제도적 뒷받침이나 사면도 동시에 실행되어야 할 것이다. 교정의 관점에서 이 문제를 다루는 일도 필요하다.59) 이 부분은 교회가 담당할 수 있는 영역이라 여겨진다. 무엇보다 기독교인들은 성경적 과거사 청산이 무엇일까를 진지하게 고민해야 할 것이다. 하나님이 죄인인 인간을 용서하시기 위해 예수 그리스도를 보내주셨고, 예수 그리스도는 십자가에서 죽음으로 우리의 죄를 용서하였다. 그 예수 그리스도가 우리에게 가르친 교훈은 원수를 위해 기도하라는 것이었다(마 5:38~47). 바울은 또한 우리에게 화해의 사명이 있음을 강조한다(고후 5:18). 이 점을 기억하고 과거사 청산에 임하면 미래지향적이고 대국민 통합적 화해가 이루어질 것으로 기대한다.

---

58) Lukasz Janulewicz, "Dealing with the Legacies of Communism," 88.
59) 박영환, "폴란드 자유화와 북한선교의 방향과 과제,"『선교신학』, 제48집(2017): 171.

참고문헌

Cika, Emilio et, al. "A Political Story of Post Communism in Albania: The Challenges of the Political and Social Transition in Albania towards the European Integration," <The 6th International Conference 2018 "Reconciliation with their Communist Past in Europe"> (2018년 7월 3일): 64−81.

Janulewicz, Lukasz. "Dealing with the Legacies of Communism: A Review of Lesson from the case of Polish Lustration," <The 6th International Conference 2018 "Reconciliation with their Communist Past in Europe"> (2018년 7월 3일): 86−105.

김철민, 박정오 외. 『동유럽 체제전환 과정과 통일 한국에 주는 의미』. 서울: 한국외국어대학교 지식출판원, 2014.

진승권. 『동유럽 탈사회주의 체제개혁의 정치경제학 1989~2000』. 서울: 서울대학교출판부, 2003.

황병덕, 김지영 외. 『사회주의 체제전환 이후 발전상과 한반도통일』. 서울: 늘품플러스, 2011.

김대순. "체제전환기 동유럽 공산주의의 과거사 정리문제: 헝가리 사례를 중심으로," 『서양사학연구』. 제35집(2015년 6월): 163−193.

김성진. "중·동유럽의 민주화: 헝가리 체제전환 사례," 『동유럽발칸학』. 1. (1999): 253−281.

박영환. "폴란드 자유화와 북한선교의 방향과 과제," 『선교신학』. 제48집(2017): 139−178.

박정원. "체제변혁기 동유럽의 정치균열과 인정의 정치: 헝가리 사례," 『현대정치연구』. 10권 3호(2017): 39−64.

방승주. "통일과 체제불법 청산," 『통일법연구』. 제1호 (2015년 10월): 187−226.

이충묵. "체제이행의 정치: 헝가리 사례연구,"『국제·지역연구』. 9권 4호(2000, 가을): 83 – 112.

조은식. "헝가리 체제전환이 남북통일에 주는 시사점,"『선교신학』. 제50집 (2018): 275 – 309.

조시현. "국제법으로 본 공소시효문제,"『민주법학』. 제21호(2002): 197 – 232.

07

조지아의 체제전환
과정에 관한 소고

07

조지아의 체제전환
과정에 관한 소고[1]

1. 들어가는 말

조지아는 우리에게 그리 익숙한 국가는 아니다. 어디에 있는지도 모르고 국가명이 미국의 조지아주와 비슷하여 혼동되기도 한다. 조지아의 원래 명칭은 러시아어로 그루지야(Gruzija)였다. 그루지야는 재정 러시아의 지배를 받았고 소비에트에 병합되어 소비에트 연방 국가 가운데 하나가 되었다. 스탈린이 그루지야 출신이었다. 그루지야는 우리나라만큼이나 내적 혼란과 갈등 그리고 분쟁, 그뿐만 아니라 주변국과의 영토전쟁과 식민지화 등이 끊이지 않았던 국가이다. 갈등과 분쟁으로 인한 아픔과 상처가 아직도 치료되지 않은 여전히 치료 중인 안타까운 국가이기도 하다. 소련이 붕괴하면서 독립한 그루지야는 친서방 정책을 표방하면서 영토 문제와 경제적 지원을 받기 위해 러시아와도 교류하는 이중적인 외교 관계를 하

---

1) 이 글은 2019년 6월 30일 '유라시아 과거사청산과 한반도통일'이라는 주제로 개최된 <제7차 국제학술대회>에서 "Study on the Process of System Transition of Georgia"라는 제목으로 발표한 논문을 보완하여 게재한 "A Study on the Process of System Transition of Georgia," *Korea Presbyterian Journal of Theology*(장신논단) vol. 53. no. 4(2021): 105~130의 내용을 한국어로 번역 수정한 것이다.

기도 했으나, 그것은 생존 차원에서 불가피하게 이루어진 실리적 외교로 보아야 할 것이다. 국가 명칭은 러시아에 대한 반감이 있던 샤카쉬빌리 대통령이 2009년 그루지야를 조지아로 호칭해줄 것을 국제사회에 공식 요청하였다. 그 후 그루지야를 조지아로 부른다고 보면 되겠다.

이 연구에서는 조지아가 어떤 과정을 겪으며 러시아의 지배를 받게 되었는지와 소비에트 연방의 하나로 되었는지, 그리고 소비에트 연방 해체 이후 독립하여 체제를 다듬어 가는 과정에서 발생한 여러 가지 상황들을 간략하게 소개하면서 조지아의 체제전환 과정을 살펴보겠다.

2. 그루지야의 위치와 역사

2.1 지정학적 위치

조지아는 지리적으로 동쪽으로는 카스피해와 서쪽으로는 흑해 중간에 있는 나라이다. 북쪽은 러시아와 경계를 하고 있으며, 남서쪽은 이슬람 국가인 터키, 남쪽은 기독교 국가인 아르메니아, 그리고 남동쪽은 이슬람 국가인 아제르바이잔과 경계를 하고 있다. 조지아 영토 안의 북서쪽에는 압하지야(Abkhazia)가 있고, 북쪽 정 가운데 러시아 국경 사이에 남오세티야(South Ossetia) 공화국이 자리 잡고 있다. 남서쪽에는 아자리아(Ajaria)가 있다.

과거에 조지아는 비단길이 통과하는 지역으로 동서 문물교류의 요충지였다. 기독교, 이슬람교, 불교를 접할 수 있는 지리적 위치로 인해 그리스 로마의 영향은 물론이고 기독교를 접하여 수용하였고 이로 인해 친서방적 경향을 나타냈으며, 중세 이후부터는 페르시아와 터키의 영향을 받았다.[2] 조지아의 지정학적 위치는 흑해로 진출하려는 강대국의 전

---

2) 정세진, "그루지야 역사의 공간과 접변 연구 ─ 동과 서, 북방의 경계를 중심으로,"

략 지역이 될 가능성이 크고 주변 강대국과의 영토분쟁을 일으키기에 충분한 위치로 보인다. 마치 한반도가 러시아, 중국, 일본의 각축장이 되었던 것과 유사하다. 더구나 조지아 영토 안에 압하지야, 남오세티야, 아자리아 공화국이 자리 잡고 있는 형국은 세 민족과 민족 갈등뿐만 아니라 지속적인 영토분쟁을 초래할 수밖에 없는 상황으로 보인다.

2.2 그루지야의 시작과 러시아 지배

조지아는 그루지야 종족이 이주해와 정착한 것으로 알려졌다. 고대에는 동쪽의 카르틀리(Kartli) 공국과 서쪽의 이베리아(Iberia) 공국이 있었다. BC 4세기에 그루지야 국가가 형성되었다. 그러나 그루지야는 BC 1세기부터 로마의 지배를 받게 되었고, AD 334년 미리안 3세 국왕이 기독교를 수용하였다. 그 후 중세시대에 페르시아와 투르크 민족의 압력을 받으면서도 기독교 유산과 전통을 유지했다. 1236년 몽골의 침략으로 지배를 받게 되자 그루지야의 친서방 정책은 종식되었고 유럽 중심의 문화 정체성은 퇴색되었다.[3] 카르틀리 공국의 게오르기 5세가 몽골을 격퇴하면서 그루지야 땅이 통일되었다. 그러나 1386년 티무르제국이 트빌리시를 파괴함으로 그루지야의 국력은 약화되었다.

1453년 오스만 투르크가 비잔틴 제국의 수도인 콘스탄티노플을 점령함으로 비잔틴 제국이 멸망했다. 이에 그루지야는 오스만 투르크와 대치하게 되었고 동방의 이슬람 세력에 포위된 형국이 되었다. 결국 동그루지야는 페르시아에게, 서그루지야는 오스만 투르크에게 지배당했다.[4] 1762년 헤르켈러 2세는 당시 동그루지야에서 형식적인 지배권을 갖고 있던 페르시아 세력을 몰아내고, 1773년에는 서그루지야를 점령하고 있

『국제지역연구』, 제12권 제1호(2008): 330, 331.
3) 몽골군이 최초로 출현한 시기는 1220년이다. 1236년 몽골군이 세 번째로 침략하였다.
4) 위의 글, 330-336.

던 오스만 투르크 세력을 몰아내기 위해 러시아의 보호를 요청하였다. 이에 러시아 군대가 그루지야 일부 지역을 장악하여 오스만 투르크와 거의 30년 동안 그루지야의 지배권을 놓고 다투었다.[5]

1783년 카르틀리 공국의 이라클리(Irakli) 2세는 러시아와 게오르기예프스크 조약(Treaty of Georgievsk)을 체결했다. 이 조약으로 그루지야 왕은 국내 문제에 관한 자치권만 행사하고 외교권과 국방권을 러시아에 넘기게 되었다. 이것이 그루지야가 러시아로 병합되는 시작이었다. 제정 러시아는 그루지야 일부 지역을 점령하였다. 1795년 페르시아(이란)가 동그루지야의 트빌리시를 공격하자 동그루지야는 러시아에 다시 보호 요청을 하였다. 그 후 1801년 제정 러시아의 알렉산드르 1세는 동그루지야에 속한 카르틀리 공국과 카헤티(Kakheti) 공국을 공시적으로 폐위했다. 그루지야의 바그라티드(Bagratid) 왕조는 러시아에 합병됨으로 끝이 났다. 1804년 서그루지야도 러시아에 병합되었다. 이렇게 러시아는 서서히 그루지야 영토를 복속시켰다. 이후 그루지야는 1901년 독립 공화국이 될 때까지 러시아의 지배를 받았다.[6]

러시아의 지배를 받으며 러시아화 되는 과정에서 그루지야의 계급제도에 변화가 왔다. 귀족계급의 사회적 정치적 신분이 급격히 저하되면서 새로운 노동자 그룹이 형성되었다. 이런 과정에서 그루지야에 있던 아르메니아 상인계급이 경제적 영향력을 행사하며 부상하였다. 이런 현상이 그루지야인들의 민족의식을 일깨우는 계기가 되었다. 지식인 계급은 19세기 러시아의 사상과 유럽의 정치사상 및 철학을 민족주의의 이론적 토대로 사용했다. 20세기 초반에는 그루지야의 혁명 마르크스주의자들이 러시아 사회당의 지도 아래 급속하게 성장하였다. 1900년경 농촌 인

---

5) 위의 글, 336-337.
6) 위의 글, 337-338.

구가 급속히 도시로 이주했고 노동자 계급이 지식인 계급에 의해 형성되기 시작했다. 이들은 아르메니아 부르주아와 제정 러시아 관료주의의 붕괴를 위한 투쟁을 벌였다. 제정 러시아 식민주의 통치의 붕괴가 이들의 중요한 목표였다.[7]

러시아에서 볼셰비키 혁명이 성공한 1917년까지 그루지야에서는 러시아로부터의 독립을 꾀하는 어떤 정치운동도 없었다.[8] 그러다 1918년 그루지야의 멘셰비키 중심의 사회민주당원들은 그루지야 공화국을 공식 선포하였다. 그러나 소비에트 정부는 1921년 그루지야를 강제적으로 병합하여 소비에트 체제의 연방국가의 하나로 간주하였다. 비록 형식적으로는 주권국가로 간주되었고 자체 외무성까지 갖추고 있었지만, 소비에트 체제의 일부일 뿐이었다.[9] 1924년 그루지야의 독립을 요구하는 민족주의자들의 반볼셰비키 봉기가 실패한 후 1991년 소련으로부터 독립하기 전까지 어떤 반소운동도 없었다.[10]

3. 그루지야에서 조지아로 체제전환

3.1 그루지야의 독립과 장미 혁명

1989년 4월 9일 트빌리시에서 소비에트 정권에 대한 항의집회 도중 소련군의 발포로 시민 19명이 사망하는 사건이 발생했고, 7월 15일에는 압하지야 공화국 수도 수후미(Sukhumi)에서 압하지야인과 그루지야인 사이의 유혈 충돌이 있었다. 1990년 11월 종족 민족주의를 주창한 영문학자 감사후르디아(Zviad Gamsakhurdia)가 최고 소비에트 선거에서 의장

---

7) 위의 글, 338-339.
8) 현승수, "조지아(그루지야) 민족주의의 딜레마,"『e-Eurasia』, vol. 33(2011): 4.
9) 정세진, "그루지야 역사의 공간과 접변 연구," 339.
10) 현승수, "조지아(그루지야) 민족주의의 딜레마," 5.

으로 선출되었다.[11] 그리고 1991년 4월 9일 의회는 그를 대통령으로 지명했고 그는 그루지야의 독립을 선언했으며, 5월 26일 높은 지지율로 대통령에 선출되었다.[12] 그해 8월 그루지야는 독립되었다. 그러나 그해 말 그를 민주주의를 파괴하고 민족분규와 내란을 이끈 독재자로 폄하하는 반대파들의 군사 쿠데타로 인해 그는 대통령직에서 밀려났다. 1992년 3월 쿠데타 세력은 자신들의 행위를 정당화하기 위해 1990년 12월 소련의 외무장관에서 물러나 있던 그루지야 출신의 세바르드나제(Eduard Shevardnadze)를 모스크바에서 데리고 와 국가평의회(State Council) 의장으로 앉혔고, 그해 8월 직접선거로 그는 국회의장과 대통령에 선출되었다. 그는 공산주의자 이미지 탈피를 위해 세례를 받았다.[13] 그러나 그는 민족주의와 별 관계가 없는 사람이었다.[14]

세바르드나제는 그루지야를 소비에트 연방 해체 이후 독립한 11개 공화국이 참여한 독립국가연합(CIS = Commonwealth of Independent States)에 가입시키고 러시아와의 협력노선을 취해 자국 내 러시아 군대 주둔을 연장했다. 그는 1993년 10월 감사후르디아 세력이 일으킨 무장봉기를 진압하고 1995년 11월 대통령에 재선되었고, 쥬바니아(Zhvania)가 국회의장을 맡았다. 세바르드나제는 헌법을 개정해 대통령의 권한을 강화했고 그러다 보니 권력 간 견제 기능이 약화되었다.[15]

외교적으로 현실주의자인 세바르드나제는 서방의 원조를 끌어들이고

11) 감사후르디아의 종족 민주주의에 대해서는 현승수, "포스트소비에트 조지아의 국가 건설: 국민주의와 제도화, 분쟁의 상관관계를 중심으로," 『동유럽발칸연구』, 제29권(2012): 221 – 222 참조.
12) 현승수, "조지아(그루지야) 민족주의의 딜레마," 5, 허승철, 『조지아의 역사』(파주: 문예림, 2016), 186.
13) 허승철, 『조지아의 역사』, 188 – 189.
14) 현승수, "그루지아 장미혁명의 재평가," 『e – Eurasia』, vol. 30(2011): 13.
15) 이상준, "조지아의 체제전환과 경제발전: 개혁의 성공 조건," 『슬라브학보』, 제26권 3호(2011): 39, 허승철, 『조지아의 역사』, 199 – 200.

동시에 러시아와의 관계 정상화에도 주력했다. 1997년에 그루지야는 우크라이나, 아제르바이잔 그리고 몰도바와 함께 '민주주의와 경제발전을 위한 기구(Organization for Democracy and Economic Development)인 GUAM(Georgia, Ukraine, Azerbaijan, Moldova)'를 결성했다. 1998년에는 유럽평의회에 가입하였고 다음 해에는 CIS 안보조약에서 탈퇴하였다. 마침내 1999년 유럽안보협력기구(OSCE = Organization for Security and Co-operation in Europe) 정상회담에서 러시아군 기지 철수가 결정되었다. 이것은 그루지야의 외교적 승리로 평가되며 세바르드나제의 지도력이 인정받는 계기가 되었다.

그루지야는 이스라엘에 접근하여 무기를 제공받았고 이란과 관계 개선을 하여 이란과 서방을 연결하는 중개자가 되었다. 터키와도 관계를 개선하여 터키가 그루지야를 통해 아제르바이잔과 카스피해에 접근할 수 있게 되었다. 그러나 세바르드나제 대통령은 체첸 2차 전쟁에서 모호한 태도를 취하여 러시아와의 관계가 악화되었고, NATO의 코소보 공격을 지지함으로 자국의 영토 통합에 부정적 영향을 끼쳤다. 결과적으로 그루지야는 미국과 러시아와 유럽으로부터 외면되었고, 세바르드나제는 기회주의자라는 악평을 받게 되었다.16)

2000년 10월 법무장관을 맡았던 샤카쉬빌리(Mikheil Saakashvili)가 일년만인 2001년 9월 사임하였고 신진 정치인들도 대통령과 결별하며 여당은 사실상 해체되었다. 샤카쉬빌리는 <통일민족운동>(UNM = United National Movement)을 창당하고 2002년 6월에 실시된 통일 선거에서 트빌리시 시의회 의장으로 당선되었다. 2003년 11월 2일에 실시된 총선 개표 결과에 강한 의혹을 가진 샤카쉬빌리는 항의 행진을 시민들에게 호소하였다. 대통령 하야와 재선거를 요구하는 대규모 시위가 계속되다

---

16) 현승수, "그루지아 장미혁명의 재평가," 13.

가 11월 23일 세바르드나제를 축출하는 장미 혁명(Rose Revolution)이 되었다. 장미 혁명은 국민의 자발적인 무혈혁명을 통해 독재체제가 종식되었다는 특성을 갖는다.[17] 혁명의 주역으로 일컬어지는 3인은 샤카쉬빌리와 <부르자나제 민주주의당> 지도자인 슬라브 쥬바니아(Zurab Zhvania), 그리고 같은 당 국회의장 출신인 니노 부르자나제(Nino Burjanadze)였다.[18]

2004년 1월 샤카쉬빌리는 대통령에 취임했다. 그리고 협력자 쥬바니아는 총리가 되었고, 부르자나제는 국회의장이 되었다. 현승수는 샤카쉬빌리를 "탁월한 이미지 연출 전술과 군사를 이용하는 수사학"적 특징을 가진 인물로 묘사한다.[19] 샤카쉬빌리는 친서방 정책을 표방했고 시민 민족주의에 입각한 국가 건설을 약속했다.[20] 샤카쉬빌리는 자신의 측근을 치안관계 요직에 배치하고 대통령의 권한을 강화했다. 샤카쉬빌리와 권력 분담을 한 쥬바니아 총리는 러시아의 과두재벌이었던 벤투키제(Kakha Bendukidze)를 영입해 민영화 정책을 적극적으로 추진하며 경제 발전에 주력했다.[21] 세바르드나제와 마찬가지로 샤카쉬빌리도 대통령이 되자 대통령의 권한을 강화했다. 혁명을 하고 개혁을 한다고 하면서 대통령이 되면 권한을 강화하는 이유는 무엇일까?

집권 후 샤카쉬빌리는 친서방 외교노선을 취하기 시작하여 NATO와

---

17) 황성우, "그루지아 우크라이나 시민혁명과 헤게모니 충돌 비교,"『국제지역연구』, 제12권 제3호(2008년 10월): 483.
18) 현승수, "그루지아 장미혁명의 재평가," 14, 허승철, 『조지아의 역사』, 204 – 206.
19) 현승수, "그루지아 장미혁명의 재평가," 15. "포스트소비에트 조지아의 국가 건설," 227.
20) 현승수, "조지아(그루지아) 민족주의의 딜레마," 6. 장미혁명을 계기로 샤카쉬빌리 정권 아래에서 감사후르디아가 주창한 종족 민족주의가 억제되고 혁명적 국민주의와 이를 제도적으로 뒷받침할 국가주의(statism)가 대두되었다. 현승수, "포스트소비에트 조지아의 국가 건설," 213 – 218.
21) 현승수, "그루지아 장미혁명의 재평가," 15.

EU 가입을 적극적으로 추진했다. 2004년 8월 그루지야는 NATO에 '개별회원국 행동계획(Individual Partnership Action Plan)'을 제출하여 10월 승인을 받았다. 2005년 3월에는 NATO와 '평화를 위한 동반자(Partnership for Peace)' 협정에 서명했다. 그뿐만 아니라 2006년 5월 우크라이나 수도 키예프에서 열린 GUAM 정상회의에서 '유럽-아시아 트랜스 코카서스 통로(Europe-Asian Trans-Caucasus Transport Corridor)' 확대와 '통합과 안보를 위한 공동구역(Common Space of Integration and Security)' 설치를 위해 노력하기로 결의했다. 이 일은 러시아에 대항하는 연합성격이 강해 러시아의 신경을 자극했다. 또 2006년 10월에 '조지아-EU 행동계획(Georgia-EU Action Plan)'이 EU에 제출되어 11월 승인되었다. 이런 친서방 정책으로 러시아와의 관계는 악화되었다. 더구나 압하지야와 남오세티야와의 갈등과 긴장으로 러시아와의 관계는 더 악화되었다.[22]

샤카쉬빌리는 부패청산을 위해 트빌리시의 모든 교통경찰을 해고하고 시민들이 교통정리를 하게 한 후 반부패 서약을 받고 새로운 경찰을 뽑았다. 부패혐의가 있는 수사 경찰과 세관원 그 외 다른 공무원들도 대규모로 해고했다. 공무원의 숫자는 줄었지만 높은 급여가 제공됐다. 독립 15년 만에 처음으로 임금과 연금이 제대로 지급되었다. 부패한 공무원의 해고로 그친 것이 아니라 반부패 서약을 한 새로운 공무원을 선발하며 부패의 고리를 끊기 위해 급여와 연금을 제대로 지급하는 대책까지 세운 것이다. 교육 분야에서도 대학입시와 관련된 부정이 척결되었고 전

---

22) 허승철, 『조지아의 역사』, 208-209. 샤카쉬빌리의 친서방 외교노선으로 미국과 NATO 그리고 EU의 영향력이 남카프카스 지역으로 확대됨에 따라 러시아가 안보 위협을 느껴 조지아의 국내 문제에 개입했다고 보는 견해도 있다. 이영형, "조지아의 갈등구조와 러시아의 지정전략," 「분쟁해결연구」, 제13권 제3호(2015): 258, 262.

국 단일시험에 의한 대학입시 제도가 확정되었다. 또한 과감한 민영화 정책이 추진되어 재정 수입을 확대시켰다.[23)

샤카쉬빌리 정부의 개혁은 세 가지로 요약된다. 첫째는 "최소정부를 지향하며 재정준칙을 수립하는 것"이었다. 둘째는 "부패와 관료주의를 타파하고 비공식 경제를 줄이는 것"이었다. 셋째는 민간 부분의 발전을 어렵게 했던 조치를 수정하기 위해 기존의 규제를 단순화하고 기업경영에 관한 새로운 법규를 제정하였다.[24) 이런 노력으로 경제지표가 크게 개선되었다. GDP가 증가했고 금융시장이 작동하기 시작했으며 투자환경이 개선되어 외국인 투자 유입이 늘었고 대외무역이 증가하였다. 재정 수입 증가로 부채를 상환하고 생긴 여유분으로 임금과 연금도 인상할 수 있었으나, 경제적 불평등과 빈곤 퇴치는 해결되지 못했다.[25) 장미 혁명으로 인한 개혁과 체제변화가 가능했던 이유는 "지속된 정치적 위기와 경제 파탄, 고위층의 부정부패와 도덕적 해이가 초래한 국민의 불만 표출"이었다.[26) 그럼에도 장미 혁명 이후 '민주화는 혁명을 가져왔지만, 혁명이 민주화의 진전을 가져오지는 못했다'는 평이다.[27)

샤카쉬빌리 대통령은 자신과 정치적으로 갈등을 빚어온 오크루아슈빌리(Okruashvili) 전 국방장관을 국외로 추방했는데 국가의 사법권을 남용한다는 비판을 받았다. 또한 트빌리시에서 반정부 시위가 발생했다. 이런 상황에서 샤카쉬빌리 대통령은 2007년 11월 사임하며 조기 대선을 요구했다. 2008년 1월 샤카쉬빌리는 대통령에 복귀했다. 재선에 성공했지만 개혁에는 큰 진전이 없었다. 빈곤층은 확대되었고 글로벌 금융위기

23) 허승철, 『조지아의 역사』, 207-208.
24) 이상준, "조지아의 체제전환과 경제발전: 개혁의 성공 조건," 40.
25) 현승수, "그루지아 장미혁명의 재평가," 40-42.
26) 황성우, "그루지아 우크라이나 시민혁명과 헤게모니 충돌 비교," 492.
27) 현승수, "그루지아 장미혁명의 재평가," 15.

로 경제성장은 낮아졌다. 외국인 투자는 감소했고 무역수지 적자는 늘어났고 외국 원조는 줄어들었다. 실업률과 빈곤 상태는 개선되지 못했다.[28]

개혁 가운데 사유화가 가장 눈에 띄는 개혁이었고 국가 간섭의 최소화 정책이 경제운영에 도움이 되었다. 기업 활동에 필요한 각종 인허가 절차와 서류를 간소화했고 노동자의 권리를 제한하는 동시에, 고용주에게 유리하게 적용되는 새로운 노동법을 통해 기업 활동의 활성화를 가져왔다. 대통령의 권력 강화와 사정기관의 권력 강화로 부패한 관료들이 국가로부터 훔친 재산을 몰수하거나 재국유화하는 일들이 진행되었다. 이러한 국가권력의 행사는 선별적으로 진행되었다.[29]

2008년 남오세티야를 둘러싸고 러시아와 분쟁을 겪은 샤카쉬빌리 대통령은 2009년 통상적으로 그루지야란 호칭을 사용하던 국가들에게 조지아로 통일해서 호칭해줄 것을 공식 요청하였다. 그것은 그가 갖고 있던 러시아에 대한 반감과 관련이 있다. 2011년 우리나라가 유일하게 이 요구를 공식적으로 받아들였다.[30]

3.2 국내정치의 변화

2012년 총선에서 집권당인 <통합국민운동>의 백만장자인 미하일 샤카쉬빌리 대통령의 정책에 반대하던 비드쥐나 이바니쉬빌리(Bidzina

---

28) 이상준, "조지아의 체제전환과 경제발전: 개혁의 성공 조건," 42–43. 혁명을 통해 정부를 교체하는 것은 가능하나, 단기간에 국가를 변혁시키기는 어렵다. 황성우, "그루지아 우크라이나 시민혁명과 헤게모니 충돌 비교," 485.

29) 이상준, "조지아의 체제전환과 경제발전: 개혁의 성공 조건," 45–46.

30) 유재현, 『동유럽—CIS 역사기행: 코카서스에서 동베를린까지』(서울: 그린비, 2015), 25, 27. 외교통상부공고 제2011–26호(2011. 3. 22)에서 국가명 변경을 인정했다. 조지아는 대한민국과 1992년 12월 14일 국교를 수립했고, 북한과는 1994년 국교를 수립했다.

Ivanishivili)가 이끄는 정당인 <조지아의 꿈>(Georgian Dream)이 승리하며 이바니쉬빌리가 총리로 취임했다. 샤카쉬빌리 대통령은 2003년 발생한 장미 혁명을 통해 구소련의 정치적 유산에서 벗어나고 싶어 했다. 이에 그는 EU와 NATO 가입을 국가정책의 최우선으로 삼았다. 그러나 이바니쉬빌리 총리는 친 러시아 입장을 가진 인물이었다. 이런 대립적 정치성향은 갈등을 일으키는 요인이 되었다.[31]

2013년에 대통령과 조지아 의회의 잦은 충돌 여파로 조지아 의회는 3월 대통령의 권한을 대폭 축소하고 의회의 권한을 강화하는 헌법 수정안을 가결했다. 이 수정안은 대통령이 의회의 동의 없이 총리와 내각을 임명하거나 경질할 수 없게 제한하는 내용이 포함되었다. 대통령과 총리의 갈등은 <통합국민운동>과 <조지아의 꿈>의 권력투쟁으로 비화되었고 이것은 정치적 불안감을 양산했다. 대통령 측근과 대통령 지지자들이 범법행위로 조사를 받거나 체포되는 일이 발생했다.[32]

2013년 10월 개최된 대선에서 <조지아의 꿈> 후보인 철학자이며 대학 총장을 역임한 게오르기 마르그벨라쉬빌리(Giorgi Margvelashvili) 제1부총리가 대통령에 선출되었다. 마르그벨라쉬빌리 대통령은 헌법에 따라 <조지아의 꿈>의 핵심 인물인 이라클리 가리바쉬빌리(Irakli Garibashvili) 내무장관을 총리로 임명했다. 따라서 이바니쉬빌리 총리는 1년 남짓 총리직을 수행하고 물러났다. 마르그벨라쉬빌리 대통령은 이바니쉬빌리 전 총리와 같은 정치적 입장을 갖고 있었다. 그는 러시아와

---

31) 정세진, "카프카 지역: 조지아," 『e-Eurasia』, vol. 50(2014): 19-20, "조지아," 『e-Eurasia』, vol. 56(2017): 22.

32) 이바네 메라쉬빌리 전 총리가 횡령 및 직위 남용으로 전격 체포되었고, 치아벨라쉬빌리 전 보건부 장관도 같이 체포되었다. 우굴라바(Gigi Ugulava) 전 트빌리시 시장은 국가재정 낭비와 돈세탁 혐의로 고발되었고, 케제라쉬빌리(David Kezerashvili) 전 국방장관은 프랑스에서 불법무기 혐의로 체포되었다. 정세진, "카프카 지역: 조지아," 『e-Eurasia』, vol. 50(2014): 19.

의 관계 개선이 가장 중요한 국가 현안임을 강조했다. 조지아는 영토 문제에 있어 압하지야와 남오세티야 공화국이 조지아 영토에 통합되어야 한다는 입장이었다.[33]

2015년 12월 말 기오르기 크비리카쉬빌리(Giorgi Kvirikashvili) 전 외무장관이 신임 총리에 임명되었다. 크비리카쉬빌리 총리는 러시아가 조지아의 주권과 영토 통합을 승인하는 노력을 보인다면 러시아와 건설적인 관계를 유지해 나가겠다는 친 러시아적 입장을 표명했다. 이것은 조지아가 주권 문제와 영토 문제를 양보하면서까지 러시아와의 외교 관계를 회복하지는 않을 것임을 암시하는 것이었다.[34] 2016년 10월 8일 총선에서 여당인 <조지아의 꿈>이 승리했다. 이에 조지아는 EU와 NATO 가입을 꾸준히 추진하게 되었다. 조지아는 친서방 정책을 유지하며 동시에 영토 문제와 경제적 이유로 인해 친 러시아 정책을 펼 수밖에 없는 상황이 되었다. 실리적 외교를 추구하는 모습이라 하겠다.

3.3 민족분쟁

조지아는 지속해서 민족분쟁을 겪고 있다. 민족분쟁은 국내 문제이기도 하고 동시에 국제 문제로 작용하기도 한다. 조지아의 민족분쟁 실상은 무엇일까? 민족분쟁의 실상을 파악하기 위해 조지아인들에게 형성되어 있는 민족주의의 유형을 살펴볼 필요가 있다. 과거 구 소비에트 연방의 지배 아래 있던 국가들에 배타적 민족주의 성향이 나타난다.[35] 조지아의 경우 과거 러시아제국과 소비에트 연방과의 관계를 통해 러시아를

---

33) 위의 글, 19-20, "조지아," 『e-Eurasia』, vol. 54(2016): 75.
34) 정세진, "조지아,"(2016): 76, (2017): 22, 24.
35) 민족분쟁을 고찰하는 방법에는 상호작용적 민족주의 관점이 있는데 이것은 내부식민지 이론 및 상대적 박탈감 이론과 연결되어 있다. 이 부분에 대한 자세한 설명은 이채문, "코카서스 지역의 민족분쟁 - 그루지야의 사례를 중심으로," 『사회과학 담론과 정책』, 제1호(2008년 10월): 95-97 참조.

일차적으로 외적 위협으로 간주한다. 조지아와 러시아 또는 소비에트 연방과의 사이에는 오랫동안 지배 민족과 피지배 민족으로서의 식민지적 관계가 형성되어 있다고 본다.

식민지적 관계에서 지배 민족과 피지배 민족 사이의 경제적 불평등은 피지배 민족의 민족주의를 고양하는 요인으로 작용한다. 또 피지배 민족이 불평등하다고 느끼거나 착취당한다고 인식할 경우 상대적 박탈감을 가진 피지배 민족의 민족주의는 강화될 수밖에 없다. 이에 레닌은 민족 간 그리고 지역 간 균등화에 기반을 둔 사회경제적 발전을 해결책으로 제시했다. 그러나 민족 간 균등화가 민족주의를 억제하는 것이 아니라, 오히려 민족 간 긴장을 고조시켰고 민족의식을 고양하는 기제로 작용하였다. 경제적으로 균등하다 할지라도 지배 민족이 피지배 민족의 문화를 독점하고 정치적으로 지배할 경우 피지배 민족의 민족주의는 더 강화되기 마련이다.[36]

조지아인들은 자국 내에 거주하는 러시아인들을 내부적 위협으로 간주한다. 그뿐만 아니라 자국 내에 거주하는 남오세티야인들과 압하지야인들도 내부위협으로 간주한다. 따라서 조지아인들과 자국 내 거주하는 이런 민족들 사이에는 긴장과 갈등이 존재한다. 조지아인들은 남오세티야인들과의 분리 그리고 압하지야인들과의 분리를 원한다. 그러다 보니 분리주의적 민족주의가 형성된다. 동시에 압하지야인들도 조지아인들로부터의 분리를, 남오세티야인들도 조지아인들로부터의 분리를 원한다. 그러다 보니 상호작용적 민족갈등이 분리주의적 민족주의로 나타난다. 러시아는 이런 불안정한 상황과 각국의 민족주의를 이용해 코카서스 지역의 패권을 잡으려 한다.[37] 이처럼 조지아의 국내 문제를 러시아가 정

---

36) 위의 글, 95-97.
37) 위의 글, 97-98.

치적으로 이용해 국제 문제로 또 외교 문제로 확대하기도 한다.

민족분쟁의 내면에는 영토 문제가 중요한 요인으로 작용한다. 조지아 인들은 오세티야 인들이 17세기부터 19세기 사이에 그루지야 지역으로 이주했다고 주장한다. 반면, 오세티야 인들은 1774년 제정 러시아와 통합했다고 주장한다. 이런 역사에 대한 인식 차이가 민족분쟁을 심화시켰다. 남오세티야는 러시아 연방 안에 있는 북오세티야와 함께 18세기 말부터 그루지야 안에 자치구역을 형성해 오면서 오랫동안 그루지야 민족과 갈등을 빚어왔다.[38] 최초의 그루지야 공화국 시기인 1918~1921년에 그루지야 멘셰비키 정부는 오세티야인들이 러시아 볼셰비키와 협력하고 있다고 비난하면서 두 민족 간의 대립이 나타났다.[39] 이 기간에 오세티야인들의 반란이 있었고 그루지야 멘셰비키 정부의 군인들이 이들을 진압하며 오세티야인 5,000명이 사망하였다. 1921년 소련군대가 그루지야에 진입하였고, 그루지야 내에 남오세티야 자치지구가 건립되었다.[40] 남오세티야는 그루지야 지역에서 1923년 자치지역의 지위를 취득했다.[41] 1989년 11월 10일 남오세티야 지역위원회는 그루지야 최고위원회에 남오세티야 자치구를 자치공화국으로 격상시켜 달라고 요구했으나 무시되었다.[42]

남오세티야인들은 1990년 일방적으로 남오세티야가 소비에트 연방 사회주의 공화국 연합 내에서 독립주권을 보유한 공화국임을 선포했다.

---

38) 위의 글, 92.
39) 볼셰비키는 레닌을 지지하던 '다수파'로 급진적 무장봉기를 통한 혁명의 완수를 주장했다. 멘셰비키는 레닌의 중앙집권적 독재에 반대하며 프롤레타리아가 부르주아 혁명을 지도해서는 안 된다고 주장하였고 자유민주적 자본주의 체제 건설을 위해 부르주아 좌파와 협력해야 한다고 주장했다.
40) 위의 글, 102.
41) 위의 글, 101.
42) 위의 글, 103.

남오세티야인들은 그루지야 국회의원 선거를 거부하고 자치공화국 내의 국회의원 선거를 시행하였다. 그루지야의 감사후르디아는 남오세티야 선거를 무효로 선언했고, 1990년 12월 남오세티야의 자치지역 폐지를 결정했다. 이에 반발하여 남오세티야는 1991년에 독립을 선언했고 그루지야와의 영토분쟁이 시작되었다. 이로 인해 1991년 양 민족 간의 분규가 발생해 1,000여 명이 사망하고 100,000여 명의 오세티야인들이 북오세티야로 피신하였다. 한편 남오세티야에 거주하던 23,000여 명의 그루지야인들도 민족차별로 인해 다른 지역으로 피신하였다. 1992년 그루지야와 남오세티야는 상대방에 대한 무력사용을 자제하기로 하는 휴전협정에 서명했다.43) 이후 2008년 8월 그루지야는 영내 자치 영토인 친 러시아인 남오세티야 공화국을 침공했고, 이에 러시아가 반격하면서 전면전으로 확산되었다.44)

한편, 압하지야는 고유한 문화와 역사를 유지해 오며 자민족의 독자성을 주장해 왔다. 그러나 19세기 말 그루지야인들의 인위적인 이주로 압하지야 지역의 인구분포에 변화가 왔다. 그루지야인들이 압하지야인들보다 수적으로 다수를 차지하게 된 것이다. 이것이 그루지아와 압하지야 사이의 갈등을 유발하는 요인이 되었다.45) 제정 러시아는 19세기 말 압하지야를 식민지로 만들었다. 압하지야인들의 반발에 러시아는 압하지야인들을 주변 국가로 추방하였다. 제정 러시아는 러시아계 주민을 압하지야로 이주시켰다. 이로 인해 압하지야는 다민족 지역이 되었고 압하지야인들은 소수민족으로 전락하게 되었다.46)

---

43) 위의 글, 103.

44) 위의 글, 91–92. 남오세티야는 2004년 6월 러시아 연방 공화국 가입 허용 제안을 채택했다. 이후 남오세티야 주민 가운데 약 90%가 러시아 시민권을 받은 것으로 나타났다. 김영술, "러시아–그루지야 분쟁과 국제관계," 『아태연구』, 제16권 제2호(2009): 48.

45) 이채문, "코카서스 지역의 민족분쟁," 104–105.

러시아제국 멸망 이후, 압하지야는 1918년 그루지야 멘셰비키 정부에 의해 점령되었다. 그루지야 정부는 조직적인 이주정책을 시행했고 그루지야 이주자들에게 토지를 분배했다. 이때 그루지야와 압하지야의 소비에트화가 진행되었다. 압하지야는 1922년부터 1930년까지 소련의 일부로 자치공화국의 지위를 유지해 왔으나 1931년 스탈린에 의해 그루지야의 자치지역으로 그루지야에 강제 병합되었고 심한 차별정책이 이루어졌다.[47] 1978년 압하지야는 그루지야로부터 독립하여 러시아의 일원이 되기 위한 분리 운동을 하였다.[48] 압하지야 최고회의는 1990년 8월 독립을 선포했고, 구 소비에트 연방의 붕괴 이후 1992년 압하지야 분리주의자들은 독립을 선포하였다. 이에 그루지야 정부가 질서유지를 명분으로 군대를 파견하였고 러시아의 지원을 받은 압하지야와의 전쟁에서 그루지야가 패배했다. 이에 보복이 두려운 압하지야 거주 그루지야인들이 대거 빠져 나가면서 인구분포에 다시 변화가 와서 압하지야인들이 다수가 되었다. 그 이후 그루지야와 압하지야 사이의 긴장과 충돌이 지속되고 있다.[49]

그루지야의 배타적 민족주의를 형성하게 한 내부적 요인이 남오세티야와 압하지야라면, 외부적 요인은 단연 러시아라고 할 수 있다. 제정 러시아에 의한 1801년과 1921년의 그루지야 병합은 그루지야인들에게는 역사의 중단으로 인식되었다. 우리식으로 표현하면 '잃어버린 역사'라

---

46) 위의 글, 93, 105.
47) 위의 글, 92, 105, 이영형, "조지아의 갈등구조와 러시아의 지정전략," 266, 각주 8.
48) 압하지야인은 지속적으로 '그루지야인 – 적'이라는 이미지를 형성하였고, 1957년, 1967년, 1977년 압하지야 민족지식인 대표들은 소련 지도자에게 압하지야가 그루지야 공화국에서 탈퇴하고 소련에 가입하거나 독립된 독자 공화국을 형성하게 해 달라고 요청했다. 김영술, "러시아 – 그루지야 분쟁과 국제관계," 49.
49) 이영형, "조지아의 갈등구조와 러시아의 지정전략," 266 – 267, 이채문, "코카서스 지역의 민족분쟁," 93, 107.

고 할 수 있다. 소비에트 연방에 편입되었다는 것은 소련의 그루지야 점령을 의미했다. 이런 역사적 배경에서 그루지야의 민족주의가 형성되었고 강화되었다. 그루지야의 지도자들 대부분이 민족지도자라는 공통점을 가진 것이 이것을 대변한다고 볼 수 있다. 예를 들어 감사후르디아 대통령의 경우 종족민족주의를 주창한 영문학자였다는 점이 그것이다. 또한 코스타바(Merab Kostava)는 시인이며 음악가였으나 민족 해방운동 지도자로 활동했고, 조셀리아니(Djaba Joseliani)는 민족운동 지도자로 역사학자였다.[50]

이처럼 조지아의 민족분쟁은 제정 러시아와 구소련의 민족정책이 민족갈등을 고착시킨 면이 있다. 또한 인구 구성도 민족갈등에 요인으로 작용했다. 그뿐만 아니라 언어사용 문제도 민족갈등 심화의 요인으로 지적되고 있다.[51] 여기에 러시아의 자치공화국을 부추기는 행위 등이 또 다른 갈등 요인이 되고 있다.[52] 조지아의 민족분쟁은 다양한 요인이 개입되어 있어 해결되기 어려운 문제로 남아 있다.

조지아의 민족문제는 몇 가지 양상을 띠는 것으로 보인다. 먼저 조지아 정부는 민족문제에 있어 소극적인 입장을 견지하고 있으며 분명한 정책을 제시하지 않고 있다는 점이다. 특히 소수민족 정책에 모호한 태도를 취한다는 점이다. 이와 더불어 국민은 소수민족에 대해 부정적인 인식과 고정관념을 가진 것으로 나타났다.[53] 이것은 타민족과의 갈등과 충돌이라는 역사적 경험을 통해 나타난 현상으로 단시일에 해결되기는 어려운 문제로 남아 있다.

---

50) 이채문, "코카서스 지역의 민족분쟁," 107–108.
51) 위의 글, 118, 114. 조지아 영토 안에 거주하는 소수민족들의 조지아 언어 사용률이 높지 않음은 민족통합에 장애로 작용한다.
52) 위의 글, 109.
53) 위의 글, 119–121.

3.4 국제관계의 변화

그루지야는 러시아 제국과 소비에트 체제의 영향을 크게 받은 나라였다. 1783년 러시아와 게오르기예프스크 조약 이후, 그루지야는 러시아와 소련 제국주의의 통치적 범주에 200년 이상 포함되었다.[54] 1991년 구소비에트연방이 해체되며 계승국인 러시아의 국제정치상 입지 약화와 힘의 공백이 생긴 틈을 타서 구소비에트연방 구성 공화국들은 독립을 선포하며 독립국가연합에 속하게 되었다. 이들은 주권국가로 독립하였으나 친러 또는 반러 성향을 띠며 서로 갈등 양상을 보였다.[55]

그루지야의 경우 지정학적, 지경학적, 전략적 가치가 주목받으며 주변 강대국들의 패권 다툼이 표면화되었다. 러시아의 입장에서는 같은 정교회 국가인 그루지야가 카프카스 지역에 대한 배타적 영향력을 행사하는 데 필요한 국가이고, 그루지야 영에 있는 아자리아와 남오세티야 공화국에 대한 배타적 기득권을 주장하기 위해서도 중요한 지역이다. 그뿐만 아니라 그루지야가 서방세계와의 완충 역할을 할 수 있는 전략적 지역이라는 중요성이 있다.[56] 특히 남오세티야는 북 코카서스 지역의 국경에 있다는 전략적 중요성을 갖고 있다.[57] 중·서부 코카서스와 러시아를 연결하는 철도가 압하지야를 관통하고 있는 점에서 압하지야 또한 전략적으로 중요하다.[58] 가장 중요한 것은 그루지야가 동서 에너지 공급로

---

54) 정세진, "그루지야 역사의 공간과 접변 연구," 329.
55) 친러 성향을 띤 국가들은 중앙아시아연맹을 구성하는 카자흐스탄, 우즈베키스탄, 키르기스스탄이었고, 반러 성향을 띤 국가들은 GUAM 4개국인 조지아, 우크라이나, 아제르바이잔, 몰디바였다. 황성우, "그루지야 우크라이나 시민혁명과 헤게모니 충돌 비교," 485-488.
56) NATO와 EU를 견제할 수 있으며, 미국의 간섭을 차단할 수 있다고 본다.
57) 이채문, "코카서스 지역의 민족분쟁," 98.
58) 위의 글, 99.

라는 점이다.59)

한편, 미국의 입장에서는 카프카즈 지역에 대한 영향력을 확대하기 위해 그리고 카스피해 연안국들과 에너지 안보협력 증대를 위한 교두보로 필요한 지역이 그루지야다. 그뿐만 아니라 러시아를 고립시키기 위한 전초기지로서의 전략적 지역이기도 하다.60)

소비에트 해체 이후 소련식 사회주의와 결별을 하며 그루지야의 정치적 향방이 중요한 이슈였다. 2003년 장미 혁명은 포스트 소비에트 시대를 열며 그루지야가 어떤 정치 노선을 선택하느냐 하는 것이 세계의 관심사였다. 이런 상황에서 그루지야의 시민혁명 진행 과정에 미국과 러시아 간의 헤게모니 대결양상이 나타났다.61)

그루지야는 영토 문제로 2008년 두 자치공화국을 공격했다. 그때 러시아는 남오세티야와 압하지야 공화국을 보호한다는 명분으로 그루지야의 내전에 개입하였으나 실은 치밀하게 사전 준비를 한 것으로 보인다.62) 이 전쟁으로 그루지야는 압하지야와 남오세티야의 지배권을 상실

---

59) 영국의 BP(British Petroleum)가 아제르바이잔의 원유를 조지아의 트빌리시와 숩사(Supsa)를 거쳐 흑해 연안의 바투미(Batumi) 항구를 통해 공급하는 원유 수송관이 1999년 완공되었다. 조지아를 관통하는 송유관은 에너지를 무기화하는 러시아의 정책에 대항하기 위해 미국과 서구의 지원으로 2005년 완공된 BTC 송유관으로 아제르바이잔의 수도인 바쿠(Baku)-트빌리시-터키의 제이한(Ceyhan)으로 이어져(1,768Km) 하루 100만 톤의 원유를 서구로 공급하고 있다. 바쿠-트빌리시-에르주룸(Erzurum)을 연결하는 BTE 가스관은(692Km) 2006년 완공되었다. 위의 글, 100.

60) 황성우, "그루지아 우크라이나 시민혁명과 헤게모니 충돌 비교," 485, 490, 499.

61) 위의 글, 483, 484. 흥미로운 것은 구소비에트연방을 구성했던 공화국에서 꽃과 과일로 표현된 혁명이 등장한다는 점이다. 키르기스스탄의 레몬 혁명, 몰도바의 포도 혁명, 카자흐스탄의 튤립 혁명, 아르메니아의 살구 혁명 등이다.

62) 러시아의 사전 준비설에 대한 증거로 조지아 정부 웹사이트를 마비시킨 사이버전, 카프카즈(Kavkaz)-2008 군사훈련 실시, 남오세티야 수도 츠힌발리(Tskhinvali)의 주민 소개, 러시아 언론인들의 츠힌발리 방문, 코사크(Cossack) 부대 참여 전쟁 준비, 러시아 정규군 진입 및 주둔 등이 제시되었다. 또 장미혁명의 핵심 인물인

했고, 두 국가는 러시아와 베네수엘라에 의해 자치공화국으로 인정되는 결과를 가져왔다. 물론 대부분의 국가는 이들의 독립을 공식적으로 인정하지 않았다.[63]

2008년 남오세티야 전쟁에서 패하면서 조지아는 CIS를 탈퇴했고 이때부터 조지아는 러시아와 국교를 단절하였다.[64] 조지아의 내전은 어느 입장에서 보는가에 따라 민족갈등으로 인한 국내 문제로 보기도 하고, 러시아의 패권추구로 야기된 국제 문제로 보기도 하는 복잡한 형국이다.[65] 샤카쉬빌리 대통령에 이어 마르그벨라쉬빌리 대통령 시기에도 조지아와 러시아 사이의 외교관계가 회복되기 위해서는 러시아가 이 두 공화국이 조지아 영토에 속한다는 입장을 표명해야 한다는 것이었다.[66] 그러나 러시아가 조지아의 주장에 동의할 리가 없다는 점이 외교적 문제로 남아 있다.

구소련 해체 이후 미국을 비롯한 서유럽 국가들은 구소련과의 경계지역인 남카프카스 지역에서의 영향력 확장을 추구했다. 이에 러시아는 서

샤카슈빌리의 정권을 붕괴시키는 것을 목적으로 한 것으로 추정되기도 한다. 우평균, "유라시아 분쟁에서의 러시아의 개입: 조지아 전쟁과 우크라이나 사태,"『국제정치연구』, 제17집 2호(2014): 81−82.

63) 우크라이나도 압하지야와 남오세티야의 독립을 진정하지 않고 있다. 우크라이나는 러시아가 그루지야 영토보존의 원칙을 위반했고 무력으로 병합을 했다고 주장하였다. 김영술, "러시아−그루지야 분쟁과 국제관계," 59.

64) 위의 글, 78.

65) 위의 글, 75−83. 인터뷰에서 푸틴은 조지아의 나토가입을 저지하기 위해 조지아와의 전쟁에 개입했다고 밝혔다고 한다. 위의 글 82 각주 22에서 재인용. 러시아의 개입을 패권추구로 보는 견해는 첫째로, 러시아가 러시아 민족주의 정서를 반영하여 구소련 공간의 영향력 유지를 위해 조지아를 침공했다고 보는 것과, 둘째로 국익에 따라 영토적 통합성(territorial integrity)이라는 원칙으로 개입했다는 것, 그리고 셋째로 자국민 보호를 내세워 러시아의 개입을 합리화하려는 시도를 국제법상 판단하기 어렵다는 맹점을 이용했다고 보는 것이다. 위의 글, 89−92.

66) 정세진, "카프카 지역: 조지아," 20.

유럽 국가들의 안보위협에 대응한다는 명분 아래 남카프카스 지역의 갈등에 적극적으로 개입하였다. 친러 정권을 공고히 하기 위해 남오세티야와 압하지야에 대한 지정학적 관리를 시작한 것이다. 이와 더불어 조지아 영토를 점유하고 있던 공화국들은 러시아의 보호와 지원을 받으며 탈 조지아 성향을 보이기 시작했다.[67]

러시아는 2014년 11월에 압하지야 공화국과는 동맹 및 전략적 파트너십 협정을 체결했고, 2015년 3월에 남오세티야 공화국과는 동맹과 통합 조약을 체결하였다.[68] 그럼에도 조지아는 이 두 자치공화국이 조지아의 영토임을 주장하였다. 반면 압하지야와 남오세티야는 조지아에서 독립된 국가로 자인한다. 동시에 러시아는 이 두 공화국을 독립된 국가로 인정하고 있다. 이것은 조지아의 영토 통합성 입장에 배치되는 것이었다. 이런 이유로 인해 러시아가 국제적으로 조지아의 중요한 국가 파트너이지만 냉각상태를 유지할 수밖에 없는 요인으로 작용하고 있다.[69] 이처럼 러시아는 압하지야와 남오세티야와 동맹 관계를 이용해 조지아를 견제하거나 압력을 행사하는 구실로 삼고 있다. 영토 문제는 조지아의 경제발전에 부정적인 요인으로 작용하였다. 이런 영토 문제에도 불구하고 친 러시아 입장을 가진 이바니쉬빌리 총리는 경제 분야에서 러시아와의 관계 개선을 시도하기도 했다.[70]

정세진은 조지아가 가까운 북쪽 경계의 러시아가 아닌 친서방 정책을

---

67) 이영형, "조지아의 갈등구조와 러시아의 지정전략," 258－259, 275－278.
68) 위의 글 280. 정세진, "조지아," (2017): 25; "조지아," 76.
69) 심지어 압하지야는 이미 2013년 3월에 러시아와의 국가연합 방안 모색에 합의했다. 정세진, "카프카 지역: 조지아," 20.
70) 2006년 러시아가 조지아의 포도주와 생수의 품질을 문제 삼아 수입을 공식적으로 금지한 이후 7년만인 2013년 상반기에 조지아산 포도주와 생수의 러시아로의 수출이 재개되었다. 그러나 그해 10월 러시아는 조지아에 대한 정치적, 경제적 압박을 가하기 위해 조지아산 주류 수입을 금지했다. 위의 글, 21, 22.

추진한 이유를 세 가지로 지적하고 있다. 첫째는 민주주의에 대한 추구이다. 2003년 장미 혁명으로 세바르드나제가 권좌에서 물러나고, 친미 성향의 샤카쉬빌리가 대통령이 되었다. 그는 친서방 입장을 표명했다.[71] 둘째는 조지아가 EU와 NATO 가입을 원하고 있다는 점이다. NATO 가입은 유럽 국가의 일원이 된다는 의미를 갖고 있다. 유럽과 아시아의 중간지대에 위치한 조지아는 유럽에 속하길 원한다는 것이다. 이것은 조지아의 역사적 아픔에 기인한다고 볼 수 있다. 거의 이백 년을 러시아에 치우쳐 있던 국가 전략의 방향을 서방으로 선회하였다는 것을 의미한다.[72] 셋째는 조지아는 과거 러시아로부터의 지배와 그 잔재에서 벗어나려는 경향이 있다.[73] 반면 러시아는 경제지원 여부로 조지아의 친서방 정책을 방해하고 있다. 이런 현상이 상황에 따라 반복적으로 나타나고 있다.

4. 남북통일에 주는 시사점

조지아의 경우 지정학적 위치가 외세의 침입에 가장 큰 영향을 미쳤다고 볼 때, 한국의 지정학적 위치 또한 과거 열강의 각축장이 되었던 경험과 남북통일을 바라보는 주변국과의 긴장관계를 간과할 수 없는 것이 냉엄한 현실이다. 러시아의 끊임없는 도발과 개입이 조지아의 안정적 발전을 저해하였다. 남북통일은 남한과 북한만의 문제가 아니라 중국과 러시아 등 적어도 국경에 맞닿아 있는 국가를 비롯한 일본과 미국 등 주변 관련국과의 국제적 문제임을 인지하여 그들의 동의와 협력을 얻어야 가능함을 직시하여야 할 것이다. 남한과 북한이 UN에 가입한 이후, 남

---

71) 정세진, "그루지야 역사의 공간과 접변 연구," 341 – 342.
72) 위의 글, 342.
73) 위의 글, 343.

북통일은 우리의 문제를 넘어 두 국가 간의 문제이며 동시에 국제적으로 허용되어야 가능함을 인식해야 한다.

조지아의 체제전환 과정을 통해 얻는 시사점은 일차적으로 통일시점 북한 지역 치안 유지의 시급함이다. 북한 사회와 문화 그리고 북한 주민들의 성향에 대하여 잘 모르는 남한사람들이 북한 지역으로 가서 공무를 수행하는 데는 많은 어려움이 예상된다. 북한의 관리들을 재기용하는 문제에서는 찬반논의가 있겠으나 샤카쉬빌리의 부패공무원 해고와 신임 공무원 채용법을 참고할 필요가 있다. 샤카쉬빌리는 부패청산을 위해 부패한 공무원들을 대규모로 해고했다. 해고만 한 것이 아니라 새로운 공무원을 뽑고 높은 급여와 연금을 주어 부패하지 않도록 대책을 세웠다. 여기에는 부패와 관료주의 타파라는 개혁의 의지가 담겨있다. 또 헝가리의 과거사청산 과정에 있었던 정치적 가해자 처벌 문제도 고려해 볼 필요가 있다. 헝가리의 언떨 행정부는 1994년 적격심사법을 통해 과거 공산주의 정권에서 형사 – 정치적 범죄에 연루되지 않은 사람만 공직에 진출하도록 했다. 적격심사법은 과거사청산과 공직자의 투명성을 공론화하는 목적을 갖고 있었다.74)

내적 치안유지와 더불어 국경지대의 안보환경 조성을 신중하게 준비해야 한다.75) 중국과 러시아와 맞닿아 있는 압록강과 두만강 지역을 중심으로 중국과 러시아의 개입을 차단하며 충돌 없는 최소한의 방어 라인을 구축할 수 있어야 한다. 이 부분은 외교 및 국방 차원에서 대책을 강구해야 할 부분이다. 이외에 경제 분야에 있어서 북한은 고난의 행군 이후 배급체제가 중단된 것이나 마찬가지 상태가 되었고 오히려 장마당

---

74) Eunsik Cho, "A Study on How Biblical Lessons and Attempts to Resolve Historical Problems in Hungary Can Help Prepare for Korean Unification," *University and Mission,* vol. 39(2019): 288–293.

75) 이영형, "조지아의 갈등구조와 러시아의 지정전략," 283–284.

경제가 인민들의 경제생활에 긍정적 변화를 주고 있다. 아울러 서서히 사유화가 진행되고 있다. 이런 부분들도 고려하면서 북한 지역경제의 활성화 방안도 모색해 보아야 한다.

외교, 국방, 치안, 경제 등 제반 사항의 대책을 강구하는 동시에 한국교회는 북한 주민들의 정신적 공백 상태와 심리적 불안 상태를 어떻게 접근하여 복음으로 채워주고 치유할 수 있는지를 신중하게 연구하고 준비해야 한다. 우리의 입장이 아닌 북한 주민의 입장에서의 접근이 요청된다. 그뿐만 아니라 분단의 상처와 아픔을 치유하고 극복하려는 상호노력이 필요하다.[76] 화해 없는 통일은 잠재적 갈등과 불만을 내포하고 있을 수 있으므로 언제 표출될 지 모르는 위험을 갖게 된다.[77] 따라서 잠재적 갈등과 혼란을 예방하기 위해 한국교회가 관심을 갖고 사회적 갈등 해소와 국민통합을 위한 화해와 연합운동을 펼쳐야 할 것이다.

5. 나가는 말

조지아는 소비에트 연방에서 독립한 국가 가운데 비교적 잘 통치되고 있는 국가라는 평이다. 장미혁명 이후, 과감한 정부개혁으로 정부 관료들과 공무원들의 부패를 포함한 사회 전반의 부패가 줄었고 공공 서비스가 개선되었으며, 기업 활동에 장애가 되는 부분들이 과감히 개혁되어 경제적으로 안정을 꾀하고 있다. 민주적 발전을 위한 제도적, 입법적 기반은 어느 정도 조성이 되었으나, 민주주의가 제대로 작동하는가 하는 것에는 아직은 아니라는 지적이다. 그 이유로는 조지아 국민이 민주주의

---

76) Andrew Sung Park, *Racial Conflict and Healing: An Asian−American Theological Perspective* (Maryknoll, NY: Orbis Books, 1996), 15−16.
77) 조은식, "남북화해를 위한 한국교회의 역할,"『선교신학』, 제31집, vol. III(2012): 329−360.

에 대한 경험이 부족하고 자신의 권리에 대한 인식이 부족한 점 등이 지적되고 있다. 또 실업과 빈곤의 문제가 아직 해결되지 않은 과제로 남아 있고, 공직자들에 대한 감시와 견제기능이 약하다는 점도 지적되고 있다.[78) 국민의 의식향상과 감시기능 강화가 요청된다.

경제적으로는 아직도 러시아에 의존적이라 러시아의 반응에 따라 경제가 위축되기도 하고 활성화되기도 하는 약점이 있다. 따라서 러시아 이외의 국가에 대한 수출을 확대하려는 노력이 필요하다. 영토 문제 또한 아직도 해결되지 않은 조지아의 과제이다. 이미 독립국인 압하지야와 남오세티야의 영토 문제도 러시아의 입김이 많은 작용을 하고 있어 해결이 수월하지는 않다. 조지아 영토 안에 있는 압하지야와 남오세티야의 존재를 민족주의적 입장에서 인정할 수도 없고 국제적, 외교적 입장에서 타협할 수도 없는 딜레마가 있다. 조지아는 200년간의 러시아와 소비에트의 지배 아래 있었지만 가장 러시아에 덜 동화된 민족으로 알려져 있다.[79) 현재 조지아는 러시아로부터 독립한 후 시행착오를 겪으며 순탄하지 않은 과정을 거쳐 나름 민주주의를 향해 가고 있다고 평가된다.

---

78) 허승철, 『조지아의 역사』, 216.
79) 조지아인은 자국어를 제1언어로 사용하는 비율이 99.9%이다. 다만 조지아에 거주하는 소수민족들의 조지아어 사용률이 높지 않은 것이 민족통합에 걸림돌로 작용하고 있다. 이채문, "코카서스 지역의 민족분쟁," 112-114.

참고문헌

유재현. 『동유럽-CIS 역사기행: 코카서스에서 동베를린까지』. 서울: 그린비, 2015.

허승철. 『조지아의 역사』. 파주: 문예림, 2016.

김영술. "러시아-그루지야 분쟁과 국제관계," 『아태연구』. 제16권 제2호(2009): 45-65.

우평균. "유라시아 분쟁에서의 러시아의 개입: 조지아 전쟁과 우크라이나 사태," 『국제정치연구』. 제17집 2호(2014): 73-97.

이상준. "조지아의 체제전환과 경제발전: 개혁의 성공 조건," 『슬라브학보』. 제26권 3호(2011): 31-65.

이영형. "조지아의 갈등구조와 러시아의 지정전략," 『분쟁해결연구』. 제13권 제3호(2015): 257-290.

이채문. "코카서스 지역의 민족분쟁-그루지야의 사례를 중심으로," 『사회과학 담론과 정책』. 제1호(2008년 10월): 91-125.

정세진. "그루지야 역사의 공간과 접변 연구— 동과 서, 북방의 경계를 중심으로," 『국제지역연구』. 제12권 제1호(2008): 327-348.

_____. "카프카 지역: 조지아," 『e-Eurasia』. Vol. 50(2014): 16-23.

_____. "조지아," 『e-Eurasia』. Vol. 54(2016): 75-80.

_____. "조지아," 『e-Eurasia』. Vol. 56(2017): 22-26.

현승수. "그루지아 장미혁명의 재평가," 『e-Eurasia』. Vol. 30(2011): 13-16.

_____. "조지아(그루지야) 민족주의의 딜레마," 『e-Eurasia』. Vol. 33(2011): 4-7.

_____. "포스트소비에트 조지아의 국가 건설: 국민주의와 제도화, 분쟁의 상관관계를 중심으로," 『동유럽발칸연구』. 제29권(2012): 211-238.

황성우. "그루지아 우크라이나 시민혁명과 헤게모니 충돌 비교," 『국제지역연구』. 제12권 제3호(2008): 483-502.

조은식, "남북화해를 위한 한국교회의 역할,"『선교신학』. 제31집, Vol. III(20
12): 329－360.

Cho, Eunsik. "A Study on How Biblical Lessons and Attempts to Resol
ve Historical Problems in Hungary Can Help Prepare for Korean Uni
fication," *University and Mission*. Vol. 39(2019): 279－309.

Park, Andrew Sung. *Racial Conflict and Healing: An Asian－American
Theological Perspective*. Maryknoll, NY: Orbis Books, 1996.

제3부

학원선교, 사회주의권 선교
그리고 환경

08

기독교대학
정체성 구현을 위한
교육프로그램 개발 연구

08

기독교대학 정체성 구현을 위한
교육프로그램 개발 연구[1]

1. 들어가는 말

'기독교대학'은 기독교인 개인이나 교회 또는 교단에 의해 기독교 정
신을 표방하면서 설립된 학교로서[2] 기독교 정신으로 교육한다는 교육이

---

1) 이 글은 "기독교대학 정체성 구현을 위한 교육프로그램 개발 연구," 『한국기독교신
학논총』, 제99집(2016): 263-287의 내용을 수정한 것이다.

2) 선교사가 세운 대학으로는 숭실대, 연세대, 이화여대, 한남대, 계명대 등이 있고,
교단이나 교회가 세운 대학으로는 서울여대, 한동대 등이 있으며, 기독교인 개인이
세운 대학으로는 명지대, 남서울대, 백석대, 전주대, 호서대 등이 있다. 강남대, 한
세대 등은 신학대학이 일반학과를 개설하여 종합대학으로 바뀐 경우이다.
기독교학교의 개념에 대해 박상진은 기독교계 학교와 기독교학교를 구분한다. 기독
교계 학교는 "기독교 정신의 건학이념을 갖고 있고, 교회나 기독교인에 의해 세워
졌으며, 교목실이 있고, 채플이나 성경 시간이 있어서 학원선교에 초점을 두는 학
교라고 할 수 있다." 그러나 기독교계 학교가 가진 한계성은 "기독교적 건학이념이
모든 교과의 교육내용이나 학생생활지도, 상담, 그 밖의 모든 학교교육의 활동 속
으로 스며들지 못하고 있다는 것이다." 그러나 "기독교학교는 학교교육의 모든 영
역 속에서 기독교적인 가치가 실현되는 것을 추구하는 학교이다... 모든 교과목과
교육활동이 기독교적 관점에서 이루어지는 학교를 의미한다." 박상진, "어떻게 하
여야 기독교학교의 정체성을 확립하고 보전해 갈 수 있는가?" 『기독교학교교육』
제6집(2007): 30-31. 이런 개념에서 볼 때 기독교대학은 기독교학교라기보다 기
독교계 학교로 분류될 수 있을 것이다. 그러면서 기독교학교라는 이상을 실현하기

념이 명시되어 있으며, 그 교육목표를 이루기 위해 교목실을 두어 채플과 기독교과목을 가르치는 학문공동체를 말한다.[3]

　기독교대학의 정체성 문제는 최근 들어 발생한 기독교대학의 공통 관심사이다. 과거에는 '기독교대학'이라는 명칭이나 기독교대학의 정체성 문제가 교내외에서 큰 문제가 된 적이 없었고 대체로 기독교대학의 특수성을 수긍하는 편이었다. 그러나 최근 기독교대학이라는 명칭 자체에 반발하는 세력들이 조직화되어 기독교대학의 정체성을 흔들고 있다. 교외뿐 아니라 교내 구성원들 사이에서도 직접적으로 사회문제화하여 기독교 정체성을 약화시키려는 시도가 빈번하게 일어나고 있다. 그러다 보니 기독교 정신을 표방해 설립되었어도 기독교 정신을 유지하고 발전시키기가 결코 쉽지 않은 것이 현실이다.

　뿐만 아니라 대학의 수가 늘어난 반면, 대학 진학생들은 감소하여 대학들 사이의 경쟁이 심화되었고 일부 대학들은 통·폐합되기도 했다. 이러한 경쟁에서 살아남기 위해 기독교대학들이 일반대학 가운데 하나로 전락해 가고 있는 것이 현실이다. 교책과목으로 기독교과목과 채플이 존재하고 교목실을 운영하는 것 외에 전반적인 교과과정이나 학교 행정 등에서는 일반대학과의 차별성을 찾기가 어려운 것 또한 사실이다.[4] 이런 복잡한 상황에서 기독교대학 본래의 기독교 정신과 기독교대학으로서의 정체성을 회복하기 위해서는 기독교대학 정체성 구현을 위한 교육 프로그램 개발이 시급하다는 것을 깨닫게 되었다.

　따라서 이 글에서는 기독교대학의 정체성에 대해 언급한 후, 기독교대

위해 애쓰는 학교라고 볼 수도 있을 것이다.
3) 이상윤, "기독교대학의 정체성과 과제,"『기독교언어문화논집』, 제8집(2005년 2월): 82.
4) 조용훈. "한국 기독교대학의 정체성의 구성요소에 대한 한 연구,"『통합연구』, 16권 2호 통권 41호(2003): 196.

학의 위기에 대해 간략히 소개하겠다. 그리고 기독교 정체성 유지를 위해 교내에서 어떤 프로그램을 운용할 것인지를 논의하도록 하겠다. 특히 프로그램 운용 방안에서는 교수나 교직원들보다 교육대상자인 학생들을 주체로 기독교 정체성을 위한 교육이 무엇인지 모색하겠다. 이를 위한 설문조사는 숭실대학교 1학년을 대상으로 진행되었다. 설문조사는 8개의 다지선다형과 1개의 양자택일형 그리고 1개의 개방형 등 10개의 문항으로 최소화해 진행하였고, 분석 방법은 202명의 응답지를 중심으로 빈도분석과 교차분석을 하였다. 이 글에서는 지면 관계로 설문 결과표나 도표 등은 생략하고 설문 결과 분석에 대한 내용만 소개하도록 한다. 교수와 교직원들의 견해에 대한 연구는 추후 확대하는 것이 좋을 듯하다. 아울러 미국 등지의 기독교대학 교육프로그램에 대한 비교 연구도 추후 보완하도록 하겠다.[5]

2. 기독교대학의 정체성

먼저 숭실대학교의 설립이념을 보자. 평양 숭실대학교 설립자인 배위량(W.M. Baird) 선교사는 1909년 미국 선교부에 보낸 편지에서 다음과 같이 밝히고 있다.

> 첫째 복음 전도 그리고 그 다음이 교육, 이것이 우리의 정책입니다. … 선교부는 교육을 직접 복음 전파의 방편으로 삼는 정책을 지양하고, 교회나 교회 어린이들을 위한 기독교교육의 한 방편으로 원용하는 원칙을 고수하였습니다. … 이미 구원받은 자들을 교육하고 그래서 선교 사업에 곧 봉사할 수 있는 자들을 교육함이 최선의

---

5) 윤진숙, 조은식, "기독교대학의 정체성과 종교의 자유 – 미국과 비교법적 검토," 『법학논총』, 제41권 제1호(2017년 4월): 59–85.

방책이라 아니할 수 없습니다.6)

또한 평양 숭실대학교의 4대 학장이었던 마우리(E.M. Mowry) 선교사
는 "이 학교의 처음부터의 시도와 목표는 '선생이나 학생들 모두의 힘을
다 기울여서 복음 전도를 한다'는 데 있었다"라고 주장한다.7)

기독교대학의 정체성이라 함은 그 대학이 기독교 정신으로 설립되어
기독교 정신을 바탕으로 교육한다는 전제가 있음을 의미한다. 이것은 기
독교대학의 정체성이 '기독교 정신'을 근거로 그 대학의 설립이념이나
교육목적에 반영되어 있음을 말한다. 아울러 기독교 정신을 바탕으로 한
기독교대학의 정체성은 학문의 연구와 교육에만 한정되어 있는 것은 아
니다. 학교 행정을 비롯하여 학생 지도와 봉사에 이르기까지 대학의 모
든 영역에서 구현되어야 한다. 다시 말해 기독교 정신을 담은 교육이념
과 그것을 구체화하기 위한 교과과정, 그리고 기독교적 교육이념에 동의
하는 구성원들, 이런 요소들로 만들어지는 기독교적 분위기가 기독교대
학의 정체성을 유지해 나간다고 볼 수 있다.8)

그런데 교육과 행정 전반에 이런 원칙들을 온전히 지키는 기독교대학
을 찾기가 어려운 것이 현실이다. 기껏해야 기독교나 성경 관련 한두 과
목과 채플 시간이 있는 것에 제한되어 있다. 왜 이런 원칙을 지키는 기
독교대학을 찾기 어려운 것일까? '기독교대학의 정체성 유지'라는 이상과

---

6) W. M. Baird, *History of the Education Work*, Quarto Centennial papers.
   Korea Mission of the Presbyterian Church in the U.S.A. 1909. 1. 민경배, "한국
   대학의 학원 선교 역사," 『기독교대학과 학원선교』(전망사, 1997), 61에서 재인용.
7) E.M. Mowry, *The Contribution of Educational Work for the Young Men to
   the Christian Movement*. The Fiftieth Anniversary Celebration of the Korean
   Mission, the Presbyterian Church in the U.S.A. 1934, 158. 민경배, "한국 대학
   의 학원 선교 역사," 49에서 재인용.
8) 이상윤, "기독교대학의 정체성과 과제," 83.

'무한경쟁 속 생존을 위한 세속화'라는 현실 사이에서 갈등하며 기독교 대학들이 정체성 위기를 겪고 있다는 것이 일반적인 지적이다.

3. 기독교대학에 찾아온 위기

지난 반세기 동안 기독교대학은 여러 방면에서 사회의 선도역할을 했다. 그러나 대학의 수가 증가하면서 기독교대학이 누렸던 위상에 변화가 오기 시작했다. 대학설립이 자유로워지며 많은 대학이 설립되었다가, 대학지원자의 수가 감소하면서 대학들이 위기를 겪고 있는 것이 요즘의 모습이다. 서울 소재 몇 개 대학을 제외하고는 신입생 충원에 차질이 생기며 대학들 사이에 신입생 유치를 위한 경쟁이 심화되고 있다. 심지어 교수가 학생 모집을 위해 뛰어다니기도 한다. 이런 경쟁 상황에서 가장 먼저 발생하는 문제가 재정문제이다. 이 두 가지 문제와 연계되어 자의 반 타의 반으로 구조개혁이라는 난제가 놓여있다. 재정문제가 심각해진 지방 소재 대학은 통폐합하는 등 자구책을 강구하고 있고 국가의 재정지원을 받기 어려운 기독교대학을 포함한 사립대학 또한 자구책을 찾게 되었다.

한편으로는 현재 기독교대학의 위기는 재정적인 면보다 무조건 일반 대학을 닮아가려는 '학문적 모방주의(academic isomorphism)'라는 지적도 있다. 이것은 기독교와 대학이라는 두 단어를 대립개념으로 생각하는 데서 기인하는 견해이다. 대학 안에는 이 두 가지 가운데 하나를 선택하려는 위험이 도사리고 있다.9)

여기에서 기독교를 강조하게 되면 지식체계인 대학보다 기독교의 신앙체계를 더 강조하는 형태로 나타나게 된다. 그럴 경우 모든 교수와 직

---

9) 위의 글, 84.

원은 기독교 신자여야 하고, 채플과 기독교과목은 필수과목으로 정해지고, 강의실과 캠퍼스는 선교의 장이 되어야 한다는 입장을 취하게 된다. 이것을 기독교대학의 종교화라고 부르기도 한다.[10] 현재 우리나라에 있는 기독교대학 가운데 이런 입장을 취하는 대학은 거의 없어 보인다.

반면에 대학들의 경쟁으로 위기감을 느낀 대학들은 신입생들의 입학경쟁률을 높이고 졸업생들의 취업률을 높여 안정된 대학으로 자리매김을 하기 위해 기독교대학이라는 점을 소홀히 한 채 기독교 전통과 가치관보다 교육이라는 면만을 강조하여 보편적 지성과 실용적 학문에 치중하는 경향을 보이고 있다. 이런 현상을 기독교대학의 세속화로 진단하기도 한다.[11] 이것에서 좀 더 나아가 기독교대학이 세속화되면서 해당 대학이 소속된 교단이나 교회에서 벗어나 독립된 학교가 되려고 하는 현상도 발생한다.[12]

기독교대학의 세속화 내용을 살펴보면 다음과 같다. 일차적으로 대학책임자를 구성할 때, 기독교 신앙과는 별개로 모금과 경영을 잘하는 인사로 구성하기도 한다. 대학의 재정을 안정적으로 유지하기 위한 자구책의 하나인 것이다. 이런 체제에서 총장의 능력은 발전기금 모금 능력에 비례하는 것으로 보기도 한다. 두 번째로 교수를 영입할 때, 경쟁력을 위한 우수 교수 영입이라는 미명아래 신앙은 없어도 실력과 명성이 있는 교수-소위 스타교수-를 영입하려고 한다. 일반적으로 기독교대학에서 교수 지원자는 세례교인이어야 한다는 조건이 있었으나, 요즘에는 지원 자격이 대폭 완화돼 교인증명서만 제출하면 되는 학교들이 많다. 세례교인이 되기 위해서는 일정 기간 교회에 출석해야 하고 세례를 받

---

10) 위의 글.
11) 위의 글, 85.
12) 이은실, "기독교대학 정체성을 위한 교수개발의 방향," 『기독교교육정보』, 제35집 (2012년 12월): 35.

기 위한 교육에 참여해야 한다. 따라서 세례를 받지 않았는데 세례교인 증명서를 받을 수는 없는 노릇이다. 그러나 교인증명서는 교회에 아직 출석하지 않아도 교회에 출석하겠다는 약속만으로도 받을 수 있다. 따라서 교인 증명서를 제출하여 교수가 된 후에는 교회에 출석하지 않는 경우도 많다. 이런 상황에서 구성원들간의 기독교적 분위기를 기대하기는 어려운 것이 현실이다.

그뿐만 아니다. 한 발 더 나아가 기독교인이어야 한다는 조건이 우수 교수 영입에 지장을 준다고 철폐를 요구하는 일도 있다.[13] 교수뿐만이 아니라 교직원의 경우도 동일하다. '신자가 아니어도 능력 있는 직원들로 구성해야 한다'는 입장을 취하기도 한다. 최근에는 '교수나 교직원 지원자가 기독교인이어야 한다'는 조건이 인권법에 위반된다고 국가인권위원회나 국민고충위원회에 진정하는 방식으로 반론을 제기하거나 공론화하기도 했다.[14] 이런 상황에서 교수나 직원 선발시 형식적인 교인 증명서로는 충분하지 않으므로 기독교대학의 교육이념에 동의하는지, 기독교대학의 정체성 유지에 협력할지 확인하는 방법도 필요하다. 아울러 전공 분야에서 신앙과 학문을 통합할 능력과 의지가 있는지도 고려되어야 한다.[15]

이런 상황 속에서 기독교대학의 기독교 정체성이 흔들린다. 현재 우리나라 기독교대학들의 모습은 생존을 위해 신앙적인 면과 학문적 탁월성을 동시에 잡으려는 몸부림처럼 보이기도 한다. 기독교대학으로서의 정

---

13) 요즘처럼 박사학위 소지자가 포화인 상태에서 기독교 신자인 우수 교수를 영입하지 못한다는 말은 타당성이 없어 보인다. 모 대학의 경우 공개적으로 기독교대학임을 표방하며 기독교인 교수를 모집하여 세계 각국에서 지원한 좋은 기독교인 교수들로 교수진을 구성하였다. 이것을 어떻게 설명할 수 있을까? 결국 지원 자격에 기독교인이어야 한다는 항목 삭제 요구는 우수 교수 영입이라는 미명으로 비기독교인 교수를 뽑으려는 의도로 보인다.

14) 최근 이런 일이 숭실대학교에 발생했다.

15) 조용훈. "한국 기독교대학의 정체성의 구성요소에 대한 한 연구," 217.

체성을 외면하기도 어렵고, 대학 간 경쟁에서 뒤처질 수도 없는 것이 현실이다. 그렇다 보니 기독교대학으로서의 정체성을 어느 정도 유지하면서 실용적 학문을 통해 입학 충원율을 높이려는 다양한 시도가 있다.

이런 혼란스러운 상황에서 기독학생들의 모습은 어떤가? 신앙의 확신이 약한 기독학생들은 기독교인으로서의 정체성이 흔들리며 자신감 있게 자신의 목소리를 내거나 행동하지 못한다. 채플에서도 자신 있게 찬송을 부르지 못하고 다수에 묻혀있고, 교내에서 발생하는 기독교 관련 문제들에도 '익명의 기독교인'으로 침묵하는 다수가 되어버리곤 한다. 또 기독학생들 가운데에서도 취업에 치중하는 대학생들은 신앙생활보다 취업을 우선시한다. 입학 후부터 신앙 관련 활동을 뒤로하고 취업 관련 과목 수강과 학원, 아르바이트, 인턴십 등에 몰두한다. 그러다 보니 신우회와 기독교 동아리의 신입생들이 줄고, 인원 감소로 활동이 빈약해진다. 이렇게 신우회와 기독교 동아리들의 모임과 활동이 위축되고 있는 것이 현실이다.16)

일반 대학생들의 상황은 어떤가? 학생들 또한 가치관이나 도덕에 대한 관심이 줄어들고 경쟁과 취업에 관심이 쏠려있다. 그러다 보니 공동체 문화에 대하여 무관심하고 이웃을 배려하는 일에도 별 관심이 없다. 학문 활동은 영어나 컴퓨터 등 취업을 위한 과목 수강과 학교나 학원에서 자격증 취득을 위한 과목 수강, 그리고 고시 준비 등에 제한되어 있다. 이들에게 대학은 졸업장을 얻기 위한 곳, 취업을 준비하는 곳, 배우자를 얻기 위한 수단 그리고 사회적 신분 상승의 수단 등에 불과하다.17)

과거에는 기독교인 지원자가 기독교대학을 찾아 지원하거나 기독교인 부모의 권유로 기독교대학에 지원하는 사례가 많았으나, 요즘은 기독교

---

16) 위의 글, 199.
17) 위의 글, 213.

대학이라는 인식 없이 점수에 맞춰 합격 가능한 대학에 진학하는 경우가 대부분이다. 그 결과 비기독교인 학생들이 대거 입학하게 되는데 그들은 자신이 지원한 학교가 기독교학교인지 별로 관심이 없다. 그들은 일단 입학한 후 학교의 종교성을 알고 나서 반응을 하는데, 대개 학교의 기독교적 특성이나 분위기에 대하여 불편해하고 부담스러워한다. 우리 사회가 특히 기독교나 교회에 대하여 배타성이 강하다 보니 학생들도 이런 기독교적 특성에 반발하는 경우가 많다. 이런 이유로 기독교대학의 정체성 유지와 기독교대학으로서의 차별화에 어려움을 겪는다.[18] 오늘날 기독교대학은 그 고유의 신앙적 열성이 약해지며, 기독교대학 안에서의 기독교적 분위기마저 사라져 가고 심지어 비기독교적으로 변화, 확대되어가기도 한다.[19]

기독교대학에서 실시하는 기독교과목의 경우, 과거에는 학생들이 이 과목 수강에 대한 불만이 있어도 비교적 수용하였다. 그러나 최근에는 성적으로 대학과 학과를 선택하다 보니 기독교과목 수강에 대해 사전 인지를 하지 않은 학생들은 강한 불만을 표출하기도 한다.[20] 기독교과

---

18) 위의 글, 198, 204.
19) 위의 글, 198, 199.
20) 기독교대학은 기독교대학으로서의 교육이념과 기독교과목 수강에 대해 학교 안내서에 명시하여 사전에 인지하도록 하고 있다. 그러나 이것을 읽지 않은 학생들은 학교가 일방적으로 기독교과목 수강을 요구한다고 생각하는 경향이 있다. 그들의 불만 표출의 방법으로는 간접적 또는 소극적 방법으로 강의평가에서 낮은 점수를 주거나 주관적 불만을 기록하는 일이다. 직접적 또는 적극적 방법으로는 수업 시간에 담당 교수에게 불만을 표시하거나, 인터넷에 불만을 기록하거나, 학교에 불만 사항을 전달하거나, 법적 소송을 제기하는 경우이다. 숭실대학교의 경우, 법과대 학생이 채플 교육을 종교 행위 강요로 소송을 제기한 적이 있다. 그러나 대법원은 채플 교육을 "보편적 교양인을 양성하기 위한 것"으로 "헌법상 종교의 자유에 반대하는 위헌적 학칙이 아니다"라고 판시한 바 있다(대법원 판례, 1998년 11월 10일). 또 채플 수강은 종교자유 침해라며 숭실대학교 재학생 12명이 (공동대표 이승욱, 김완중) 국가인권위원회에 진정을 냈으나 대법원 판례로 접수가 안 되기도 하

목은 교양필수이기 때문에 마지못해 수강할 뿐, 기독교과목을 통해 배우려는 의지와 의욕이 약하다. 더구나 취업과 직간접적으로 연관이 없다고 생각하기 때문에 기독교과목에 대한 관심은 더 줄어들 수밖에 없다.

채플 또한 필수과목이기 때문에 출석은 하지만, 질 좋은 공연을 보여주고 유용한 강연을 해 주어도 대체로 잠을 자거나 스마트폰을 하는 경우가 대부분이다. 채플에 불성실한 참여 태도를 보이는 이유는 크게 두 가지가 있다. 첫 번째는 신입생 오리엔테이션이나 MT를 통해 선배들로부터 "채플은 학점이 없으니 아무렇게나 해도 된다"는 이야기를 듣기 때문에 채플을 듣기 전부터 불성실한 태도를 당연히 여기는 것이다. 또 하나는 중고등학교 시절 대학입시를 위한 공부만 하느라 도덕교육이나 예절교육이 소홀했기 때문이다. 여기에 공연 관람에 대한 기본 소양마저 부족하다. 그러다 보니 아무리 품격 있는 공연을 보여주어도 별로 관심도 없고 그것을 관람하는 태도도 무성의하게 나타나는 것이다. 이런 태도로 말미암아 채플이 기독교대학의 중심이 아니라 주변으로 밀려나고 있다.

이처럼 기독교과목 수강에 불만이 표출되는 요인은 2010년도에 발생한 두 가지 사건과 관련되어 있다. 첫 번째는 2010년 4월 강의석 군 손해배상 판결에서 종립학교가 패소한 사건이다.21) 대법원에서는 '학교의 종교교육의 자유보다 학생의 종교자유가 더 근본적인 것이므로, 종립학교의 종교교육은 제한된 방식으로 실시해야 한다'고 판결했다. 여기서 제한된 방식이란 종교 과목 수강에 동의한 학생들만을 대상으로 종교교

였다. 그러나 이들은 "헌법에 보장된 기본권을 침해받지 않도록 학칙을 시정, 변경해달라"는 내용의 청구서를 교육인적자원부에 접수하기도 하였고, 계속해서 헌법소원을 제기했으나 기각되었다. 이런 진정이 계속되는 가운데 국가인권위원회는 '종교교육을 받지 않을 자유'까지도 수긍하는 입장을 취하고 있다.

21) 종립학교는 종교교육을 실시하는 사립학교. 이 사건에서 종립학교가 1심에서는 패소, 2심에서는 승소, 3심에서 패소하였다.

육을 실시하고, 그 외 학생들에게는 대체 과목의 선택을 허용하라는 것이다. 다시 말해 학생들의 선택과 동의 후에 종교교육을 실시해야 한다는 것이다.22)

　두 번째는 2010년도에 경기도가 학생인권조례를 제정한 사건이다. 이 조례 15조(양심, 종교의 자유)의 3항은 '학교는 학생에게 여러 종교행사 가운데 하나 및 대체 과목 없는 종교 과목 수강을 강요하여서는 아니된다'라고 규정하고 있다. 다시 말해 대체 과목 없이 종교 과목을 수강하도록 하면 안 되고, 종교행사도 예배만을 제시한 후 참여하도록 해서도 안 된다는 것이다. 그것은 학생의 기본인권을 제한하는 행위라는 입장이다. 이것은 위에 언급한 대법원의 강의석 군 판결과 같은 맥락에서 이루어졌음을 알 수 있다.23)

　이와 같은 사례는 학교 선택권이 없이 입학하는 고등학교에 국한된 사안이지만, 이런 사례를 접해 알고 있는 학생들은 스스로 대학을 선택해 입학했어도 기독교과목 수강에 대한 거부감을 거침없이 표현하며 반발하기도 한다. 이들은 기독교과목의 운용이 종교 강요라는 성격이라기보다 교양인으로 양육하기 위한 성격을 갖고 있음에도 불구하고 기독교과목 자체를 종교 강요 행위로 받아들이기도 한다. 이렇게 간주하는 학생들은 '종교의 자유란 종교를 가질 자유도 있지만, 종교를 거부할 자유도 있다'라고 주장한다. 따라서 기독교과목을 거부하는 것도 그들의 자유이며 권리라는 논리다. 심지어 채플에 참석하라는 것은 기독교 강요이므로 채플 거부의 자유를 달라고 법적 투쟁을 하는 경우도 있다. 이런 부정적인 수강자를 대상으로 기독교과목을 진행해야 하는 강사들은 일반 강의보다 몇 배의 노력을 들여야 하고, 강의 진행의 어려움을 토로하

22) 김재춘, "기독교학교에서 종교교육을 어떻게 실시할 것인가?"『기독교 학교』(2011, 봄): 6, 8.
23) 위의 글.

기도 한다.

이런 상황과 맞물려 무한경쟁 시대에 학교의 위상을 높이기 위해 기독교 색채의 농도조절에 고심하고 있는 것도 사실이다. 이것은 기독교 색채가 강한 것이 학교발전에 부정적 영향을 끼친다는 우려에서 나온 발상이다.[24] 이런 이유로 기독교과목의 수를 줄이거나 학점을 줄이는 일도 있고, 채플 수강 기간을 줄이거나 채플 내용을 문화강의 또는 인문학 강의로 바꾸는 일도 빈번하다. 그러다 보니 진정한 기독교 정신을 바탕으로 한 교양교육이 이루어지기보다 대학 위상을 높이기 위한 인기과목의 신설에 관심이 집중되기도 한다. 다원화 시대에 기독교 정신을 함양하기 위한 교육이 종교자유에 대한 요구와 맞물려 강한 저항에 직면해 있고, 포스트모던이라는 시대적 흐름이 기독교대학의 정체성 유지에 어려움을 주고 있다.

이런 상황에서 대학 지원자들에게 오히려 기독교대학의 존재 이유를 설득력 있게 설명할 필요가 있다고 지적하기도 한다. 첫 번째로 입학설명회에서 기독교대학으로서의 역사와 전통과 특징을 정확하게 설명할 수 있어야 한다. 두 번째로 입학 오리엔테이션에서 기독교대학의 차별성을 학교 차원에서 강조할 필요가 있다. 세 번째로 학생들이 가장 크게 영향을 받는 학과별 MT에서 학과 교수님이나 선배들이 기독교대학으로서의 장점을 소개하며 지도할 필요가 있다. 이 일을 위해서는 학과 차원에서 기독학생들과 교수님들의 적극적인 협력이 필요하다. 이런 과정을 통해 기독교대학에 대한 긍정적 시각을 갖게 하고, 기독교교육 참여에 대하여 거부감을 느끼지 않도록 사전에 예방하는 지도가 요청된다.

---

24) 대외적으로는 외부기관의 재정지원에 제약이 있을까 봐 우려하거나 유능한 비기독교인 교수 채용에 어려움이 있을까 봐 교수나 직원 채용의 조건인 '기독교인이어야 한다'는 조항의 삭제 또는 폐지를 요구하기도 한다.

4. 기독교 정체성 유지 방안

기독교학교는 "기독교 신앙을 전파하는 것을 목적으로 설립된 학교이다."[25] 기독교학교의 건학이념은 기독교과목의 수업을 통해 가장 구체적으로 구현될 수 있기 때문에 기독교과목을 교육의 핵심으로 여긴다.[26] 기독교대학은 채플이나 기독교과목 등의 명시적 교과과정뿐 아니라 중고등학교 시절 교육과정에서 소외된 인성 회복 프로그램과 사회봉사 프로그램 등 잠재적 교육과정을 개발해야 할 필요가 있다. 중고등학교의 공교육이 무너지고 있는 상황에서 무엇보다 기독교대학의 교육은 차별화된 교육으로 무너져가는 교육을 일으켜 세울 수 있는 기저가 되어야 한다.[27] 기독교 교양교육을 통해 학생들이 기독교 가치관을 형성하는 데 도움을 줄 수 있어야 한다.

일반적으로 기독교대학들은 기독교 정신으로 교육한다는 공통점을 갖고 기독교과목과 채플 과목을 교책과목으로 운용하고 있다. 각 기독교대학마다 기독교과목의 수와 학점, 채플 과목 이수 기간 등이 다르지만, 숭실대학교의 경우 기독교과목인 '현대인과 성서'(3학점)과 기타 기독교과목(1학점), 그리고 채플(6학기)을 교양필수로 이수해야만 졸업할 수 있다.[28] 그러나 기독교과목의 수강대상인 학생들의 불만과 반발이 지속되고 있다.

2014년도 1학기에 숭실대학교 '현대인과 성서' 과목을 수강하는 220명의 학생을 대상으로 한 설문조사에서 202명이 응답하였다. 이들의 응

---

25) 박상진, "종교수업, 어떻게 할 것인가?" 『기독교 학교』(2010, 봄): 9.

26) 위의 글, 8.

27) 이상윤, "기독교대학의 정체성과 과제," 87.

28) 2022년까지 이렇게 운영되었다. 채플 과목의 경우, 계명대학교는 2학기, 연세대학교와 한남대학교는 4학기, 숭실대학교와 서울여자대학교는 6학기, 이화여자대학교는 8학기를 수강해야만 한다.

답에 대해 빈도분석과 교차분석을 하였다.

먼저 숭실대학교가 기독교대학이란 것을 사전에 인지했는가 하는 질문에, 전체 응답자의 68.8%는 숭실대학교가 기독교대학이란 것을 알고 입학하였다고 응답했다. 이 가운데 기독학생의 82.6%, 비기독학생의 58.6%는 숭실대학교가 기독교대학이라는 것을 알고 입학한 것으로 조사되었다. 이 결과를 통해 평균적으로 68% 이상이 숭실대학교가 기독교대학이라는 것을 인지하고 입학한 것으로 볼 수 있다.

두 번째로 숭실대학교의 기독교대학이라는 정체성에 관한 견해를 묻는 말에, 전체 응답자의 약 절반 이상(57.9%)은 숭실대학교의 기독교대학이라는 정체성에 대해 크게 개의치 않는 것으로 나타났다. 그리고 기독학생의 45.3%는 기독교대학에 대해 우호적이며, 비기독학생의 34.5%는 호감도를 보이지 않고 있다. 숭실대학교의 기독교 정체성에 대해 큰 관심이 없는 것이다. 특히 첫 번째 결과와 두 번째 결과를 비교하여 분석하였을 때, 입학할 때 기독교대학인지의 인지 여부와 숭실대학교가 기독교대학이란 것에 대한 생각 차이를 비교하면 과반수 이상(인지자의 53.2%, 비인지자의 68.3%)은 "상관없다"라고 응답하여 기독교대학이라는 이미지에 대해 큰 거부감이 없는 것으로 보인다.

세 번째로 기독교과목 가운데 채플의 호감도를 묻는 말에, 전반적으로 기독학생의 상당수는 채플에 대해 호의적이지만, 비기독학생은 호의적이지 않은 것으로 조사되었다. 구체적으로 보면 기독학생의 경우 52.3%는 "괜찮다"고 응답했고, 27.9%는 "좋다"고 응답하여 전반적으로 약 80.2%는 채플에 대해 긍정적인 견해를 보였다. 비기독학생은 이와는 다른 양상을 보였는데, "관심없다"고 대답한 응답자는 27.6%이며, "싫다"고 응답한 경우는 41.4%로 전체의 약 69.0%는 부정적인 입장을 보였다. 오직 27.6%만이 "괜찮다," 3.4%만이 "좋다"고 응답했다. 첫 번째 결과와 세 번째 결과를 비교하여 분석하였을 때, 입학 때 기독교대학의 인지 여부와 채플에 대한 생각은 통계적으로 큰 차이를 보이지는 않았다.

네 번째로 기독교과목 가운데 '현대인과 성서' 과목에 대해 전체 의견의 44.6%(좋다 11.4%, 괜찮다 33.2%)만이 호의적인 입장을 보이는 반면, 36.1%는 비호의적인 의견을 밝혔다. 기독학생의 44.2%는 "괜찮다"고 응답했고 20.9%는 "좋다"고 응답하여 전체 기독학생의 약 65.1%만이 '현대인과 성서' 과목에 우호적인 입장을 나타냈다. 반면, 비기독학생의 과반수인 51.7%는 "싫다"고 응답했고 25.0%만이 "괜찮다," 4.3%만이 "좋다"고 응답했다. 첫 번째 결과와 네 번째 결과를 비교하여 분석하였을 때, 입학할 때 기독교대학의 인지 여부와 '현대인과 성서' 과목에 대한 생각 또한 통계적으로 큰 차이를 보이지 않았다.

다섯 번째로 숭실대학교의 기독교적 분위기에 대해 전체 의견의 26.2%만이 기독교적 분위기가 강하다고 응답했으며 33.7%는 응답을 보류하였다. 기독학생의 경우 45.3%는 기독교적 분위기가 "약하다"고 응답했다. 첫 번째 결과와 다섯 번째 결과를 비교하여 분석하였을 때 입학할 때 기독교대학의 인지 여부와 기독교적 분위기에 대한 관계에는 통계적으로 유의미한 차이를 보였다. 기독교대학 인지자의 42.4%는 '기독교적 분위기가 약하다'고 응답했고 '모르겠다'는 비율이 30.2%나 되었다. 비인지자의 36.5%는 '기독교적 분위기가 강하다'고 응답했고 '모르겠다'고 응답을 보류한 비율이 타 문항 대비 상당한 것으로 나타났다(인지자 30.2%, 비인지자 41.3%).

여섯 번째로 숭실대학교의 기독교대학으로서의 정체성이 "인성교육"에 도움이 된다고 대답한 학생이 전체의 47.0%였고, 26.8%는 기독교대학으로서의 정체성이 "학교 분위기"에 도움이 된다고 응답하였다. 첫 번째 결과와 여섯 번째 결과를 비교하여 분석하였을 때, 입학할 때 기독교대학

인지의 인지 여부와 기독교대학으로서의 정체성 간의 차이에는 통계적으로 유의미한 차이를 보였다. 기독교대학 인지자의 과반수인 49.3%는 "인성교육"을, 27.9%는 "학교 분위기"라고 응답했다. 비인지자의 41.9%는 "인성교육"을, 24.2%는 "학교 분위기"라고 응답했다.

일곱 번째로 숭실대학교가 다른 대학교와 구별될 수 있는 특징에 대해 전체 의견의 45.0%는 응답을 보류하였고 17.0%는 없다고 응답했다. 오직 30.0%만이 "기독교대학"이라고 응답하여 기독교대학으로서의 정체성을 확립하기 위한 다양한 노력이 필요해 보인다. 이 질문의 전반적인 응답 패턴은 기독학생과 비기독학생 간에 차이를 보이지 않고 있다.

여덟 번째로 숭실대학교의 기독교 정체성을 유지하기 위해 필요한 것에 대해 전체의 29.2%는 "사회봉사"를 28.7%는 "채플의 다양화"를 요청했다. 또한 숭실대학교가 가진 기독교 정체성에 대해 응답자의 18.5%는 "봉사"를 14.8%는 "진리와 봉사"라고 응답했다. 소수 의견까지 포함하면 전체 의견의 약 37%는 기독교대학으로서의 정체성을 "봉사"와 연관 지어 생각하고 있음을 알 수 있다.

위에서 설문조사 결과를 살펴보았듯이, 기독교 정체성을 유지하는 데 필요한 것은 사회봉사와 채플의 다양화로 나타났다. 채플과 기독교과목도 중요하지만, 사회봉사 프로그램은 표면적으로는 기독교적 색채가 옅으면서도 내용상으로는 기독교의 이웃사랑을 실천하는 프로그램이 될 수 있다. 기독교대학이 타자를 대상으로 하는 봉사와 섬김을 실천하는 것은 기독교 정체성을 구현하는 일이다.[29] 이런 점을 염두에 두고, 이제 구체적으로 전체 커리큘럼을 재정립하고 전반적인 교과과정에 대한 재검토와 재정비가 필요하다.[30] 교양교육위원회를 통해 교책과목에 대한 중요성을

---

29) 박영환, "기독교대학과 사회봉사,"『신학과 선교』, 제30권(2004): 116.
30) 심재승, "기독교대학의 정체성 I: 크리스천 마인드,"『백석저널』(2002년 3월): 62.

재인식하고 효과적인 교육 방안을 논의하는 일이 필요하다. 아울러 교양
교육위원회 구성은 교양교육에 참여하는 교수들을 포함해 교양교육의 현
실이 반영되도록 하는 것이 바람직하다. 이 논문에서는 설문조사 결과에
따라 또 지면의 제한 상 봉사 과목에 관한 부분만 살펴보겠다.[31]

5. 교육프로그램 개발

숭실대학교의 교육이념이 '진리와 봉사'이다. 이 교육이념은 이론교육
만을 시행하는 것이 아니라 현장에서 실천하는 것을 포함한다. 일반적으
로 대학의 기능은 교육과 연구 그리고 봉사로 규정한다.[32] 대학은 사회
밖에 존재하는 것이 아니라 사회 안에 존재하며 사회와 밀접한 관계를
맺고 있다. 따라서 사회를 향한 봉사가 대학의 기능인 것은 당연하다.
기독교대학의 경우 사회봉사는 사랑의 실천적 기능을 갖고 있다. 기독교
대학의 사회봉사를 요약하면, 일제하에서는 '여름성경학교'나 '한글학교'
와 같은 계몽운동의 형태로 전개되었다. 해방 후에는 취학의 기회를 얻
지 못한 불우청소년을 위한 '야간학교'의 운영이나 무의촌을 위한 '의료
봉사' 등의 형태로 진행되었다. 한동안 농촌봉사가 사회봉사의 대부분을
차지하기도 하였다.[33] 요즘 봉사는 복지관이나 어린이 공부방, 양로원이
나 병원, 극빈자와 무숙자를 위한 봉사가 주를 이룬다.

이미 오래전부터 숭실대학교는 교육이념에 따라 봉사를 강조해 왔다.
숭실대학교는 사회봉사에 깊은 관심을 두고 1986년 기독교사회연구소를

---

31) 1992년부터 2006년까지의 숭실대학교 채플에 대한 연구는 조은식, "학생 채플 분
   석과 개선방안," 『기독교사회연구』, 제4집(2006): 23-43 참조.
32) 고범서, "기독교대학의 사회봉사적 기능," 『사회봉사의 신학과 실천』, 이삼열 엮음
   (한울: 1992), 284.
33) 위의 글, 285.

설립하여 사회발전 교육프로그램을 실시하여 왔다. 이와 더불어 독일 개신교회 개발원조처와 독일 정부의 경제협력성으로부터 재정지원을 받아 1991년 사회봉사관을 건립하기도 했다.[34] 현재 숭실대학교의 봉사프로그램은 크게 두 가지로 운용된다. 하나는 봉사 과목의 수강이다.[35] 2009년도에 개설된 '섬김의 리더십'은 1학점의 필수과목으로 학년에 구분 없이 누구나 신청할 수 있는 개방된 과목이다.[36] 이 과목은 단순히 봉사에 관한 이론을 배우는 것이 아니라 현장에서 실습하며 봉사에 참여하는 것을 포함한다. 교과과정을 보면, 6시간의 이론 수업 후 18시간 이상 봉사활동에 참여하도록 계획되어 있다. 이론 수업에는 '봉사자의 자세, 봉사대상에 대한 이해, 봉사기관 및 담당자에 대한 이해, 갈등 및 문제 해결'이 포함되어 있다. 아울러 매번 봉사활동에 참여한 후 봉사활동 일지를 작성하게 되어 있다. 봉사기관은 학교연계기관이나 자율기관 가운데 선택하여 실천하도록 되어 있다. 맨 마지막 주는 봉사활동 보고 및 소감을 발표하고 전체 평가를 하게 된다.

이 봉사 과목을 이수한 후 봉사 과목을 더 이수하고 싶은 학생은 개별적으로 '사회봉사 실천'이라는 과목을 수강할 수 있다. 이 과목은 1학점의 교양선택 과목으로 매 학기 1학점씩 신청 가능하며 최대 3학점까지(사회봉사실천 1, 사회봉사실천 2, 사회봉사실천 3) 취득 가능하다. 수업방식은 수강 학생이 활동계획서를 제출한 후 32시간 이상의 봉사활동에 참여해야 하고 활동 보고서를 제출하는 것으로 마무리된다. 봉사활동 할 기관을 신청하는 기간이 지난 후 변경은 불가하고, 봉사활동은 신청한

---

34) 이삼열, "숭실대학의 사회발전 교육,"『기독교대학과 사회봉사 3』(숭실대학교 기독교사회연구소, 1992), 302.
35) 1994년부터 실시된 대학종합평가에서 사회봉사를 대학평가 기준에 포함시키면서 한양대학교가 1995년 처음으로 사회봉사 학점제를 도입하였다. 그 후 전국의 대학들이 다양한 사회봉사 교과목을 운용하며 다양한 봉사활동을 실시하고 있다.
36) 원래 과목명은 '섬김의 리더십 이론과 실천'이었다.

기관에서만 가능하다. 1일 최대 6시간까지 봉사를 할 수 있다. '섬김의 리더십' 1학점과 '사회봉사실천' 3과목의 3학점을 이수한 경우 사회봉사 인증서를 발급하고 이 내용이 학적부에 기재된다.

사회봉사실천 과목을 이수하기 위해 기관에서 해야 하는 일은 영유아 교육지원, 초등사회성 훈련반, 초·중·고 방과 후 교실, 특수체육, 난타 교실, 도시락 배달 및 무료급식 배식, 도서 대출 반납 및 이용 안내, 청소년 생활지도 및 정서 지원 등의 청소년 멘토링, 장애인 활동 보조, 장애인 인식개선을 위한 환경미화, 어르신 목욕 봉사 등 다양한 활동이 포함된다.

문제는 기독교대학의 정체성을 유지하기 위해 사회봉사가 필요하다는 것은 자명하지만, 정작 봉사에 관심을 두고 참여하는 학생들의 수가 늘어나지는 않는다는 점이다. 최근 2년 동안 사회봉사 과목 수강인원을 분석한 결과 대체로 수강신청자가 줄고 있는 것으로 나타났다.[37] 봉사기관 담당자의 학생활동 평가를 통해 학생들의 봉사 참여도를 측정해 보면,[38] 봉사기관에서 주어진 일에 대한 성실도가 떨어져 좋은 평가를 받지 못하는 경우가 발생한다. 예를 들어, 지각이나 결석을 하기도 하고 일정이 맞지 않아 참여가 일정하지 않은 경우도 있고, 연락 없이 중도에 하차하는 학생들도 있다.[39] 일부 학생들의 경우 봉사 과목이 1학점이라

---

37) 2014학년도 1학기 사회봉사실천 1, 2, 3 수강자 총계가 185명, 여름학기 171명, 2학기 142명, 겨울학기 97명으로 계속 감소 추세를 보이고 있다. 2015학년도 1학기에는 사회봉사실천 1 수강자의 증가로 전체 수강생 수가 175명이었으나, 여름학기에는 86명 2학기에는 100명으로 나타났다.

38) 2015학년도 1학기 8개 지역 봉사기관의 결과보고서를 참조하였다.

39) 대학생들의 사회봉사 관련 연구에 의하면 자원봉사자의 중도 탈락률이 높은 것으로 나타났다. 그 원인으로는 자원봉사 기관과 관리자의 전문성 및 체계성 미흡과 자원봉사의 활동을 지속시킬 수 있는 유인의 부족 등을 들고 있다. 이애련, "대학의 지역사회봉사활동 활성화에 관한 연구," 『한국여성교양학회지』, 제19집(2010년 12월): 76.

참여를 소홀히 하고 소위 말하는 '학점 채우기용'으로 사용하는 경향도 있다. 제때 보고서를 제출하지 않는 사례도 발생한다. 봉사기관에서는 최소 시간만 봉사에 참여하고 중도에 하차하는 학생들 때문에 어려움을 겪기도 한다. 최소 봉사시간인 18시간을 넘기더라도 책임감을 느끼고 봉사활동을 마무리하길 바라는 곳이 있다.

이런 문제점을 개선하기 위해 어떤 봉사기관에서는 봉사활동이 끝난 후 자체적으로 봉사자 간담회를 하고 봉사활동의 내용과 개선점을 공유하며 봉사자들이 만족감을 더 느낄 수 있도록 유도하기도 한다. 이와 같은 내용을 종합해 볼 때, 학생들이 자신이 참여할 봉사프로그램 내용을 사전에 잘 인지하고 확인하여 신청할 수 있도록 사전교육을 할 필요가 있다. 동시에 학교에서 봉사 과목의 중요성, 봉사 참여자의 성실성과 책임감의 중요성을 주지시켜야 한다. 이수자의 혜택을 부각하는 등 봉사에 대한 동기부여를 위한 사전교육을 철저히 시행하여 봉사 실습자가 자발적이고 능동적인 태도를 갖도록 해야 한다.

봉사활동을 통해 얻을 수 있는 학습 성과는 일차적으로 '자기 계발'이다. 그러므로 매일 봉사활동 일지를 쓰며 자신의 변화된 모습을 기록하도록 하여 자아를 바라볼 수 있게 해야 한다. 담당교수는 학생들에게 봉사활동 일지를 쓰게 하여 봉사활동 상황에 대해 분석하게 하고 봉사활동을 스스로 피드백할 수 있도록 지도해야 한다. 이차적으로는 '나' 중심의 사고에서 공동체 중심으로의 전환이다. 봉사활동을 통해 다양한 삶의 모습을 목격하게 되고 이웃을 배려하는 일이 어떤 것인지 배울 수 있으며, 공동체 생활을 통해 나눔의 중요성을 깨달을 수 있다. 봉사활동은 더불어 사는 삶의 중요성을 체득하게 하고 인성교육에도 도움을 주는 가치 있는 수업이 될 것이다. 또한 학생들이 공동체 현안에 관심을 갖고 자발적 참여를 할 수 있게 유도한다는 장점이 있다. 세 번째는 원만한

대인관계 형성이다. 봉사대상자인 아동이나 노인 또는 장애인과의 만남을 통해 관계의 어려움을 체험하며 그것을 극복하는 과정을 통해 나와 다른 사람과의 관계를 원만하게 할 수 있는 계기가 된다. 이런 과정이 사회통합의 중요성을 깨닫게 하는 계기가 될 것이다. 따라서 이런 봉사 과목의 장점을 살려 지역사회 봉사활동을 활성화할 필요가 있다.

두 번째 프로그램은 방학 기간 봉사활동에 참여하는 것이다. 봉사는 국내 봉사와 해외 봉사로 나누어진다. 국내 봉사는 사회봉사실천 과목과 별도로 진행되는 봉사프로그램으로 봉사 과목의 현장실습과 유사하나 짧은 시간에 집중된 봉사를 해야 하는 제한이 있다. 복지관이나 어린이 공부방에서의 봉사, 양로원이나 병원에서의 봉사, 극빈자를 위한 봉사나 무숙자를 위한 봉사가 포함된다. 이 봉사활동 참여자에 대한 관리는 봉사 과목 운영 시 실시하는 내용과 비슷하다.

특히 교목실에서 운영하는 해외선교봉사는 2001년 1월 치과의료선교회와 협력하여 말레이시아에서 치과의료 사역과 어린이 문화 사역을 한 것을 시작으로 몽골, 태국, 인도네시아, 일본 등지에서 매년 여름과 겨울 다양한 선교봉사를 실시하고 있다.[40] 해외선교봉사의 경우 적어도 3개월 전 참가자를 공개적으로 모집하여 서류심사와 면접을 거쳐 최종적으로 교목실 회의를 통해 선발하게 된다. 선발은 성별, 학년, 전공, 신앙생활, 가정환경 그리고 MBTI 등을 참고하여 균등하게 한다.

선발되면 문화 사역팀, 물품관리팀, 미디어 정보팀 그리고 기도 찬양팀으로 분류하여 분야별 사역 준비에 들어간다. 아울러 팀웍을 위해 1박 2일의 합숙을 통해 단합훈련을 세 차례 정도 갖는다. 1개월 전부터는 매일 아침 경건회를 하고 성경 공부와 기도회 등을 통해 영성 훈련을 한

---

40) '임팩트'라는 이름의 해외선교봉사는 2015년 여름 29기가 인도네시아에 다녀왔고, 임팩트 30기가 겨울방학 동안 태국으로 해외선교봉사를 다녀왔다. 2016년 여름에는 임팩트 31기가 인도네시아에 다녀왔고, 겨울에는 임팩트 32기가 피지를 다녀왔다.

다. 이 기간의 교육과정을 통해 봉사활동을 갈 지역의 문화를 포함한 지역연구를 하게 되고 간단한 인사말 정도의 대화법과 현지어 찬송을 배운다. 최종적으로 선배들과의 대면식을 하고 사역 각 부문에 대해 점검한다.

해외선교봉사를 실시하는 현장에서는 그곳 선교사 또는 리더와 협력하여 봉사활동을 한다. 고아원이나 유치원 또는 초등학교 등을 방문하여 어린이 사역과 문화 사역을 한다. 또 현지 교회를 방문하여 같이 예배를 드리고 찬양과 게임을 하며 교제하는 시간도 갖는다. 지역에 따라 건축을 돕거나 페인트칠을 하는 등 노력 봉사에 참여하기도 한다. 또한 현지 문화 및 자연을 탐방하는 문화체험을 하기도 하며 현지 기독교 유적지 등을 방문하기도 한다. 선교사님의 특강을 듣는 시간도 갖는다. 이런 과정을 통해 현지에서 보고 듣고 느끼고 체험하는 과정을 통해 봉사의 진수를 느끼게 된다.

봉사활동 현지에서는 매일 오전 경건회로 시작하고 일과를 마친 저녁 평가시간을 갖는다. 그리하여 그날 있었던 활동의 장단점을 나누어 단점을 보완할 수 있도록 조처한다. 또한 수시로 건강 상태도 확인하고 필요하면 개인 상담도 한다.

약 2주일 동안의 해외선교봉사를 갔다 오게 되면 일차로 사역에 대해 종합평가를 하게 된다. 각자는 사역에 대한 보고서를 제출한다. 그리하여 해외선교봉사 내용을 백서로 만든다. 해외선교봉사는 봉사를 다녀온 후 봉사한 지역과의 관계가 끝나는 것이 아니다. 후기사역 준비 수련회를 하고 후기사역을 계획하고 준비하는 과정을 거친다. 보통 1년 동안 주 1회 후기사역 모임을 하고 그 지역과 선교사님과 사역지 등을 위해 기도하고 선교지 돕기 행사 등을 한다. 전체적인 학교 재정문제로 봉사활동 예산이 축소되는 상황에서도 해외선교봉사는 꾸준히 진행되고 있다.

해외선교봉사를 하는 학생들은 그 활동 내용과 과정에 있어 섬김의 리더십이나 사회봉사실천 과목을 수강하는 학생들보다 자발적이고 능동적이다. 해외선교봉사 참여자들은 봉사활동 후의 만족도가 높다. 또 현지의 만족도도 높은 편이다. 이처럼 해외선교봉사의 경우는 봉사자가 피봉사자 모두 만족한다는 긍정적 결과가 도출되고 있는 점은 고무적이라 하겠다. 봉사활동을 통해 참여자와 대상자 모두 기독교 봉사라는 점을 공유할 수 있다는 면에서 해외선교봉사가 섬김의 리더십이나 사회봉사실천 과목보다 기독교 정체성을 유지하는 데 훨씬 장점을 많이 갖고 있다. 이에 대한 인센티브로 학교에서는 '섬김의 리더십' 과목을 이수한 후 해외선교봉사를 마친 학생에게 '사회봉사실천' 과목을 이수한 것과 동일하게 인정하여 3학점의 학점과 사회봉사인증서를 발급하고 있는 일은 긍정적으로 평가할 만하다.

아쉬운 점은 학교에서는 '섬김의 리더십'이나 해외선교봉사 등을 통해 봉사에 대해 강조하지만, 학생들의 관심은 영어 공부와 취업에 치중되어 있다는 점이다. 과거에는 해외 봉사 참여 자체가 스펙에 도움이 되었고 사회봉사인증서가 취업에 도움이 되었다. 그때는 신청률이 적어도 3:1 이상의 경쟁률을 보였다. 그러나 요즘은 영어 점수를 올리는 일이나 다양한 방법으로 취업을 준비하는 일에 치중하다 보니 해외선교봉사 신청률이 2:1 정도를 유지하고 있을 뿐이다. 이것은 학생들의 성향이 이웃을 향한 봉사보다는 자기 자신에게 집중되어 있음을 반증한다.

따라서 효율적인 사회봉사를 위해 사회봉사 참가 대학생들의 사회봉사에 대한 태도와 인식을 구체적으로 연구할 필요가 있다.[41] 일반적으로 봉사에 참여하는 학생들은 순수하게 남을 도와주려는 마음으로 참여

---

41) 이 부분에 대한 연구로는, 천희영, "대학생의 사회봉사 활동에 대한 인식과 태도 및 사회봉사 경험과 참여욕구에의 영향요인," 『청소년복지연구』, 제2권 1호(2000): 3-15.

하는 경우도 있고, 취업에 대비하여 봉사실적을 쌓고 봉사학점을 취득하기 위해 참가하는 경우도 있다.[42] 따라서 스펙이나 보상에 기반을 둔 대학생들이 사회봉사에 참여할 경우, 단순히 봉사에 그치는 것이 아니라 봉사를 통한 학습효과를 얻을 수 있도록 지도하는 일도 중요하다.[43] 그러기 위해 참여 학생들의 성향, 참여 동기, 사회문제 인식도, 사회봉사 참여 유무 등을 고려하여 개인에게 맞는 봉사기관을 선택할 수 있도록 해야 한다.

사회봉사는 공동체 생활을 통해 서로 도우며 공동의 선을 추구하여 공동체를 세워나가는 작업이다. 따라서 봉사활동 참여자는 소극적 관찰자가 아닌 적극적 참여자로서 책임감을 갖고 주어진 일에 최선을 다해야 한다. 무엇보다 참여자들은 사회봉사 경험을 통해 도덕적인 문제나 사회 부조리 등에 관련된 문제를 접하며 토론과 분석을 통해 현실사회에 대해 적극적인 시민의식을 갖도록 해야 한다. 이것을 위해 참여자에게 봉사활동에 대한 분명한 목적과 필요성 그리고 봉사 과정에 대한 구체적 내용을 인지시켜야 한다.[44] 이것은 봉사자와 관리자의 책임을 분명히 하여 봉사 과정 중에 발생할 갈등을 최소화하고, 기타 발생 가능한 문제들을 예방하고 문제 발생 시 신속하게 대처할 수 있게 할 것이다.

아울러 사회봉사 프로그램에 대한 홍보의 중요성을 인식하고 구체적 방안을 개발하여 많은 학생이 지원하여 참여하도록 해야 한다.[45] 또한

---

42) 김정원, 김병찬, "대학교 사회봉사프로그램 운영과정에 관한 질적 사례 연구,"『교육행정학연구』, 제30권 2호(2012): 166.

43) 이애련, "대학의 지역사회봉사활동 활성화에 관한 연구," 67.

44) 이것은 미국의 전국경험교육협회(National Society for Experimental Education)의 연구진이 사회봉사교육이 지향하는 교육적 목표와 이를 바탕으로 프로그램의 내용이 추구해야 하는 10개의 기본원칙을 설정한 것 가운데 몇 가지이다. 김정진, "복지공동체와 연대협력을 통한 기독교대학의 사회봉사 교육과정 운영방안에 관한 연구,"『기독교교육정보』, 15(2006년 12월): 139 - 140.

45) 천희영, "대학생의 사회봉사 활동에 대한 인식과 태도 및 사회봉사 경험과 참여욕

대학의 사회봉사 기능을 확대하기 위해 사회봉사 영역을 확대할 필요가 있다. 기독교대학의 사회봉사는 단순히 불우이웃돕기 차원을 넘어 궁극적으로는 사회구조의 변혁을 지향하며 참여하는 활동임을 자각하고 다양한 영역에서 봉사할 수 있도록 준비해야 할 것이다. 사회를 위한 봉사야말로 대학이 가진 가치이며 그 가치가 봉사 과목을 통해 현장에서 구현될 수 있는 것이다.[46) 끝으로 사회봉사활동의 효율성과 효과의 극대화를 위한 프로그램을 구성해야 한다. 그리하여 봉사에 참여하는 학생들이 타인의 삶을 체험하고 봉사활동을 통해 인격을 함양하며, 자아 만족을 얻고 성취감을 얻을 수 있도록 지도하는 일이 필요하다.[47) 이런 봉사활동을 통해 교육적 가치와 사회적 가치 그리고 자주적 가치를 함양할 수 있을 것이다.

6. 나가는 말

기독교대학이라는 정체성을 바라보는 시각 중에서는 기독교대학이기 때문에 학교발전에 저해가 된다는 비판적인 시각이 있다. 반면, 분명한 기독교 정체성을 가져야 한다는 시각도 있다.[48) 이런 시각들은 외부와 내부의 시각 모두에 존재한다.

기독교대학은 기독교 정신을 강조하며 기독교적 관점을 가지고 학교를 운영하려고 하고, 기독교의 가치관을 통해 교육하려고 노력하는 학교

구에의 영향요인," 14.

46) 이신형, "기독교대학 정체성 회복을 위한 연구,"『한국조직신학논총』, 제40집 (2014년 12월): 160.

47) 천희영, "대학생의 사회봉사 활동에 대한 인식과 태도 및 사회봉사 경험과 참여욕 구에의 영향요인," 9.

48) 박상진, "어떻게 하여야 기독교학교의 정체성을 확립하고 보전해 갈 수 있는가?" 28 – 29.

이다. 따라서 내부적으로 기독교대학으로서의 목적을 상실하지 말고 기독교대학으로서의 정체성을 유지할 수 있어야 한다. 그러기 위해 사회봉사 과목과 해외선교봉사 활동을 포함한 기독교 교양과목을 통해 기독교대학이 가진 고유한 정체성을 확립하며 그것을 특성화해야 한다. 그것이 무한경쟁 시대에 기독교 정신을 유지하며 교육하여 사회에서 필요로 하는 교양인을 양성할 수 있는 길이다.

물론 이 일이 쉽게 단기간에 이루어질 수는 없다. 먼저 기독교대학의 구성원들이 기독교학교의 존재 목적과 건학이념을 재확인하고 공통의 목적의식과 방향의식을 가져야 할 것이다.[49] 그리고 기독교대학으로서의 정체성 구현을 위한 교육방안을 설정하여 그에 따라 교육프로그램을 개발하고 교과목을 운용한다면 '진리와 봉사를 세계로' 확대해 나가는 학교로 자리매김할 수 있을 것이다. 모든 학문을 통해 진리를 추구하고 이웃에 대한 봉사를 통해 사회적 책임을 다하는 대학이 될 때 기독교 정체성을 회복하여 기독교대학으로서 바르게 설 수 있을 것이다.

---

49) 위의 글, 38.

참고문헌

고범서. "기독교대학의 사회봉사적 기능,"『사회봉사의 신학과 실천』. 이삼열 엮음. 한울: 1992, 279－290.

김정원, 김병찬. "대학교 사회봉사프로그램 운영과정에 관한 질적 사례 연구,"『교육행정학연구』. 제30권 2호(2012): 159－182.

김정진. "복지공동체와 연대협력을 통한 기독교대학의 사회봉사 교육과정 운영방안에 관한 연구,"『기독교교육정보』. 15(2006년 12월): 133－155.

김재춘. "기독교학교에서 종교교육을 어떻게 실시할 것인가?"『기독교 학교』. (2011년 봄): 5－18.

민경배. "한국 대학의 학원 선교 역사,"『기독교대학과 학원선교』. 서울: 전망사, 1997, 41－71.

심재승. "기독교대학의 정체성 I: 크리스천 마인드,"『백석저널』. (2002년 3월): 47－69.

윤진숙, 조은식. "기독교대학의 정체성과 종교의 자유－미국과 비교법적 검토,"『법학논총』. 제41권 제1호(2017년 4월): 59－85.

이삼열. "숭실대학의 사회발전 교육,"『기독교대학과 사회봉사 3』. 숭실대학교 기독교사회연구소, 1992, 302－312.

이상윤. "기독교대학의 정체성과 과제,"『기독교언어문화논집』. 제8집(2005년 2월): 75－90.

이신형, "기독교대학 정체성 회복을 위한 연구,"『한국조직신학논총』. 제40집 (2014년 12월): 129－171.

이애련. "대학의 지역사회봉사활동 활성화에 관한 연구,"『한국여성교양학회지』. 제19집(2010년 12월): 61－80.

이은실. "기독교대학 정체성을 위한 교수개발의 방향,"『기독교교육정보』. 제35집(2012년 12월): 30－67.

조용훈. "한국 기독교대학의 정체성의 구성요소에 대한 한 연구,"『통합연구』.

16권 2호 통권 41호(2003): 193 - 224.

조은식. "학생 채플 분석과 개선방안,"『기독교사회연구』. 제4집(2006): 23 - 43.

천희영. "대학생의 사회봉사 활동에 대한 인식과 태도 및 사회봉사 경험과 참여욕구에의 영향요인,"『청소년복지연구』. 제2권 1호(2000): 3 - 15.

박상진. "어떻게 하여야 기독교학교의 정체성을 확립하고 보전해 갈 수 있는가?"『기독교학교교육』. 제6집(2007): 28 - 47.

_____. "종교수업, 어떻게 할 것인가?"『기독교 학교』. (2010년 봄): 8 - 20.

박영환. "기독교대학과 사회봉사,"『신학과 선교』. 제30권(2004): 107 - 128.

사립학교법 논쟁점과
기독교사학의
대처 방안 고찰

09

사립학교법 논쟁점과
기독교사학의 대처 방안 고찰[1)]

1. 들어가는 말

우리나라의 학교는 설립주체에 따라 다음과 같이 구분된다. 국가가 설립하여 운영하는 국립학교, 지방자치단체가 설립하여 운영하는 공립학교, 그리고 학교법인이나 개인이 설립하여 운영하는 사립학교가 있다.[2)] 공립학교는 시립학교와 도립학교로 구분되기도 한다. 사립학교는 일반사립학교와 종교와 관련된 종립학교가 있다. 우리나라 헌법은 교육제도와 운영, 교육재정과 교원의 지위 등을 법률로 정한다고 규정하였다. 따라서 이렇게 구분된 학교들도 공교육이라는 이름 아래 거의 동일한 책임과 의무를 갖고 있다.[3)] 학교는 교육부 산하기관으로 학교를 관리 지도하기 위한 규정이 있게 마련이다.[4)] 학교법은 학교의 다양한 행정을 관

---

1) 이 글은 대한예수교장로회 총회 사립학교법재개정위원회 주최 기독교대학 교수 논문 현상 공모에 당선된 논문을 수정하여 게재한 "사립학교법 논쟁점과 기독교사학의 대처 방안 연구," 『장신논단』제55−1호(2023): 181−208의 내용을 보완한 것이다.
2) 주영달, 『사립학교법』제3판 (서울: 세창출판사, 2020), 1.
3) 위의 책.
4) 초등학교 · 중학교 · 고등학교 · 고등기술학교 · 고등공민학교 · 특수학교 · 유치원 및 이

리 지도 및 감독하여 더 나은 교육이 이루어지고 적절한 행정을 하도록 제정되었다.

문제는 학교법이 학교 교육이나 행정을 제한하거나 통제하려는 목적으로 사용된다면 그것은 권한의 남용이 될 수도 있는 적절하지 않은 일이 될 것이다. 그럼에도 과거 정부의 경우 특정 이념이나 정치적 성향을 반영하여 학교 교육을 제한하고 통제하는 일이 있었다. 심지어 특정 정부의 공을 선전하는 도구로 삼기도 했다. 적어도 교육기관은 정치적으로 중립을 지키고 정부의 성향에 맹종하거나 무조건 반대해서도 안 되며 객관적이고 독립된 입장에서 교육 본연의 임무에 충실해야 하기 때문이다. 안타깝게도 이런 일들이 정부의 성향에 따라 반복되어 집행되었고 때로는 교육기관을 통제하기 위한 목적으로 오용되기도 했다. 게다가 이런 불합리한 조치를 공론화하여 문제 삼거나 비판하기보다 일부 교사들은 자신의 성향과 맞는 정부는 무조건 지지하거나 동조하고, 자신이 반대하는 정부에 대해서는 가혹할 만큼 비난하는 일도 있어왔다.

사립학교의 경우 재정 불투명이나 교직원 채용 비리 등의 문제를 해결하기 위해 사립학교법으로 원인을 규명하고 책임자를 문책하고 학교를 정상화하도록 하는 일은 적법하다고 할 수 있다. 그러나 사립학교 비리 척결이나 공교육 실현 등의 미명 아래 사립학교법을 개정하여 실질적으로는 사립학교를 통제하고 정부 정책에 순응하도록 하는 것은 옳지 않은 일이다. 또 사립학교의 특수성을 고려하지 않고 일관된 법으로 제한하고 통제하려는 것도 적절하지 않다.

이 연구에서는 먼저 일제의 종교교육 박해문제를 간략하게 살펴보겠

들에 준하는 각종 사립학교는 주소지를 관할하는 교육감의 지도·감독을 받고, 대학·산업대학·사이버대학·전문대학·기술대학 및 이들에 준하는 각종 대학교육기관은 교육부장관의 지도·감독을 받는다. <사립학교법 제4조 1항, 3항> [개정 2020.12.22.] https://www.lawnb.com/Info/ContentView?sid=L000000888.

다. 그리고 1963년 사립학교법이 제정된 이후, 사립학교법이 자율성과 공공성을 기반으로 발전하는 데 토대가 되기보다 사립학교의 공공성을 강조하며 관할청의 개입 강화와 학교구성원의 권한과 참여를 강화하고 있는 점에 주목할 것이다.[5] 이어서 2005년 개정된 사립학교법의 주요 쟁점과 2020년 사립학교법 개정법률안을 비교하여 어떤 조항이 왜 기독교사학에 독소 조항인지를 살펴보며 기독교사학의 대응방안을 논하겠다.

2. 사립학교법의 취지

사립학교법이란 사전적인 의미로 개인이나 사법인이 설립하여 경영하는 학교에 관한 법을 말한다. 특별히 학교법인이나 개인이 설립한 사립학교의 경우 교육부나 교육청의 관리 감독이 미치지 못하는 부분이 있고 또 사립학교의 특수성으로 인해 사립학교에 맞는 사립학교법이 존재하게 된다. 사립학교법은 주로 학교법인에 대하여 규정하고 있고 교원의 신분보장에 대하여 규정하고 있다.[6] 사립학교법 제1장 제1조는 사립학교법이 "사립학교의 특수성에 비추어 그 자주성을 확보하고 공공성을 높임으로써 사립학교의 건전한 발달을 도모함을 목적으로 한다"고 되어 있다.[7]

---

5) 황동연은 사립학교법 제정 시기에 관해 1961－1992년 까지를 '법 정비기,' 1993－1998년 까지를 '자주성 신장기,' 1998－현재를 '자주성과 공공성 갈등기'로 구분한다. "사학의 자주성과 공공성에 대한 사립학교법의 주요 개정내용 분석," 『교육법학연구』, 제31권 3호(2019년 12월): 245.

6) 주영달, 『사립학교법』, 2.

7) [전문개정 2020.12.22.] https://www.lawnb.com/Info/ContentView?sid＝L000000888

3. 일제의 종교교육 박해

1905년 11월 을사늑약이 체결되면서 통감부가 설치되기도 전에 이미 일제의 식민지 교육을 위한 작업이 시작되었다. 소학교를 보통학교로, 중학교를 고등보통학교로 개편하는 학제 개편과 우민화 정책을 위한 수업연한 단축, 조선인의 동화를 위한 일본어 교과서 편찬 등에 주력하였다.[8]

일제는 1906년 2월 통감부가 설치되자 그해 8월 <학교령>을 공포하여 식민지 교육을 위한 법적 근거를 마련했다. 1907년 이후 차관정치를 실시하면서 '조선인의 일본화'라는 교육방침을 공식 선언하는 등 본격적인 식민지 교육정책을 시작했다. 또한 민족계 사립학교를 정치학교 또는 비문명적 학교라고 비난하였다.[9]

사립학교에 대한 비난은 사립학교에 대한 탄압으로 이어져 1908년 8월 <사립학교령>을 공포한 후 5천여 학교를 820여개로 축소시켰다. 이듬해인 1909년 기독교계 학교의 종파별 통계에 의하면 장로교 소속 학교가 501개, 감리교계 학교가 158개교 등 신·구교계 학교가 796개에 달했다.[10] <사립학교령> 공포 이후 학교운영 전반에 대한 시설 및 감시가 강화되자[11] 민족계 학교들의 운영권이 대부분 선교사들의 명의로 바뀐 일도 있다. 그것은 일제의 감시를 피하려고 치외법권을 이용한 자

---

8) 한국 기독교사 연구회, 『한국 기독교의 역사 I』(서울: 기독교문사, 1989), 327.
9) 위의 책, 328.
10) 위의 책, 329.
11) 일제는 1906년부터 1909년 사이에 사범학교령, 외국어학교령, 보통학교령, 고등학교령, 사립학교령, 사립학교 보조규정, 공립학교 인정규정, 교과용 도서 검정규정, 실업학교령, 사립학교령 시행규칙, 고등여학교령 시행규칙, 사범학교령 시행규칙, 고등학교령 시행규칙, 외국어학교령 시행규칙, 보통학교령 시행규칙 등을 공포하며 식민교육을 추진했다. 이영헌, 『한국기독교사』(서울: 컨콜디아사, 1982), 159. 1908년 사립학교령을 공포하고 교과용 도서검정규정도 발표했다. 위의 책, 161.

구책의 하나였다.[12] 그러나 1910년 8월 합방이 단행된 이후 일제의 선교사들과 기독교에 대한 태도가 급속히 냉각되며 점차 적대시하는 상황으로 바뀌었다.[13]

일본이 대한제국을 병합한 이후 초대 총독으로 데라우치 마사다케(寺內正毅)가 부임한 후 헌병경찰제도를 통한 무단통치시대를 열어갔다. 그일환으로 1911년 8월 <조선교육령>을 공포하여 조선인을 제국신민으로 육성하겠다는 교육 지표를 삼게 되었다.[14] 조선총독부는 1915년 3월 사학의 통제와 감독을 강화하는 <사립학교규칙>을 공포했다. 표면적으로는 불합리한 것이 없어 보였으나 교과과정과 내용을 규정한 이 규칙은 강제적 일본어 사용과 학교 교과과정에서 예배의식의 집행과 성서교육의 철폐를 요구하였다.[15] 총독부는 10년을 유예기간으로 설정하여 교육시설 기준에 따른 시설을 완비하라고 했지만, 내용적으로는 기독교교육의 계속 여부를 심사하여 결정하겠다는 속셈이었다. 이에 선교연합

---

12) 한국 기독교사 연구회, 『한국 기독교의 역사 I』, 329.

13) 위의 책, 330.

14) 위의 책, 330–332. 다시 말해, 교육의 궁극적 목적은 철저한 일본화였다. 이영헌,
『한국기독교사』, 162. 데라우치는 기독교 계통의 학교에 대한 감시와 제제를 강화
할 것을 언명하기도 했다. 위의 책, 163.

15) 데라우치의 사립학교규칙에 의해 기독교교육의 위기를 맞게 되었다. 첫째로, 시설이
좋은 관공립학교에 비해 재원이 부족한 사립학교는 시설이 부족했다. 관공립 학교
는 장학금과 우대로 학생들을 유인했다. 관공립 출신은 졸업 후 공직에 나갈 수 있
었으나 사립학교 졸업생에게는 취직하는데 애로가 있었다. 이런 일들로 학생들은
불만을 갖고 시위를 벌였다. 둘째로, 감리교측은 예배를 못드리고 성서교육을 못하
더라도 교사들은 크리스천을 채용할 수 있으므로 교사들의 신앙인격을 통해 학생들
에게 기독교적 감화를 줄 수 있을 것이라 여겼다. 또 학교 교실 이외의 곳에서는 예
배드릴 수 있고 성서교육도 할 수 있으므로 배제, 이화, 송도 등 학교는 총독부 시
책을 받아들이기로 하여 고등보통학교의 인가를 얻을 수 있었다. 반면 장로교 계통
의 학교는 학교 설립목적이 종교교육이므로 성서를 못가 르치게 하고 예배를 못 드
리게 한다면 학교 설립목적에 위배되므로 고등보통학교 인가를 신청하지 않기로 했
다. 이로 인해 압력과 심한 차별대우를 받게 되었다. 이영헌, 『한국기독교사』, 164.

공의회가 1915년 9월 기독교학교에서 성경을 교과목으로 삼는 것과 한국어 사용을 허락해 줄 것을 건의하는 진정서를 제출했으나[16] 강경한 총독부의 입장은 변함없이 더 강경해질 뿐이었다. 1919년 3·1 독립운동 이후 9월에 조선 총독으로 부임한 사이토 마코토(齋藤實)가 마펫 선교사를 만나 성서 교육과 채플의식이 허락됨으로 극적으로 위기에서 벗어날 수 있었다.[17]

1922년 2월 4일 공포된 <개정 조선교육령>에 의해 일제는 한국어를 사용하는 학교와 일본어를 사용하는 학교를 구분하여 교과목을 규정하였다. 이런 구분에는 사립학교를 분열시키려는 일제의 음모가 있었다. 한국어를 사용하는 학교는 조선총독부에서 편찬한 교과서를 사용하도록 규정하여 왜곡된 내용을 주입시키려는 의도가 있었다. 또 총독부에서 요구하는 학제와 재정 규모를 갖춘 학교를 지정학교로 인가하였고, 사립 중학교 중 총독부 시책에 순응한 학교를 고등보통학교로 지정하였다. 그렇지 않은 학교는 잡종 학교로 지정했고 상급학교 진학 자격도 부여하지 않았다. 상급학교에 진학하기 위해서는 총독부에서 실시하는 검정고시를 치러야 했다. 이런 불이익 때문에 기독교계 학교에서 선교사 배척 운동이나 성경 과목을 빼달라는 요구가 있었고 종교교육을 폐지하라는 학생들의 반대시위가 빈번하게 일어났다. 그 결과 1910년 이후 종교학교의 수가 급감하였다.[18]

일제는 1908년 '사립학교령'을 필두로 <조선교육령>과 <사립학교 규칙>이라는 교육법을 통해 사립학교를 규제하고 통제하면서 신사참배라는 의식을 통해 사립학교 특히 미션학교에 위협을 가해 왔다. 1920년

---

16) 한국 기독교사 연구회, 『한국 기독교의 역사 II』(서울: 기독교문사, 1990), 83
17) 민경배, 『한국기독교회사』(증보판)(서울: 대한기독교서회, 1980), 250-253, 이영헌, 『한국기독교사』, 165-166.
18) 한국 기독교사 연구회, 『한국 기독교의 역사 II』, 84-85.

에만 해도 신사참배는 종교를 강요하는 것이 아니라는 입장이었다. 그러나 만주 침략을 계기로 신사참배 문제가 기독교인들에게 심각하게 대두되었다. 1932년 9월 평안남도 지사는 신사참배를 강요하였고, 이후 1935년 미션학교에 대하여 정기적인 참배를 강요하였다. 1935년 11월 평양 숭실전문학교 교장 매큔(McCune) 박사 등이 신앙 양심을 내걸고 신사참배를 단호히 거절하였다. 이에 평안남도 지사(安武直夫)는 학교의 폐쇄와 강제 출국을 불사한다고 협박하였고, 마침내 매큔 박사를 면직시키고 미국으로 출국시켰다. 이후 대대적인 신사참배 강요가 시작되었다.[19] 장로교 선교사들은 선교 실행위원회를 1936년 초 소집하여 미션학교의 폐쇄를 원칙으로 삼았고, 1938년까지 평양 내외의 학교 폐쇄 단행을 결정했다.[20] 북장로교의 평양의 3숭(숭실전문, 숭실중, 숭의여학교) 폐교를 비롯하여 남장로교계 학교들 그리고 호주장로교 관련 기독교학교들이 폐교를 단행했다.[21]

1938년 제3차 조선교육령이 공포되었다. 이것의 핵심은 '조선인의 황국 신민화의 완성'이었다. 이때 민족교육을 담당하던 많은 사학들이 문을 닫았다.[22]

---

19) 감리교 대부분은 신사참배를 종교의식이 아닌 정치적인 국민 행위로 받아들였고, 이에 감리교 계통의 학교는 해방 전까지 생존할 수 있었고 교회의 수난도 비교적 가볍게 지나갈 수 있었다. 가톨릭교회도 이런 입장을 취했다. 민경배, 『한국기독교회사』, 344-345.

20) 위의 책, 346.

21) 신사참배 찬반 논의에 있어 매큔은 "너는 내 앞에 다른 신을 경배하지 말라"는 제목으로 반대 입장을 표명했고, 언더우드는 "가이사의 것은 가이사에게 돌려주라"는 제목으로 타협적 찬성론을 펼쳤다. 한국 기독교사 연구회, 『한국 기독교의 역사 II』, 296 각주 39. 여전히 감리교계 선교사들과 캐나다 선교부 소속 선교사들이 운영하는 학교들은 신사참배를 국가의식으로 받아들여 별 어려움이 없었다. 위의 책, 299.

22) 한상권, "사학과 사립학교법," <한국역사연구회> 2005년 5월 3일. http://www.koreanhistory.org/2383.

09 사립학교법 논쟁점과 기독교사학의 대처 방안 고찰

4. 사립학교법 제정과 내용

사립학교법은 1963년 6월 26일 법률 제1362호로 제정되었다. 사립학교법 제정으로 사립학교에 대한 지도·감독의 법적 근거가 마련되었고 교원의 신분이 법적으로 보장받는 계기가 되었다. 반면 사립학교법 제정으로 사립학교의 자유가 위축되었다고 보기도 한다.[23]

사립학교는 개인이나 학교법인의 가치관과 교육관에 의해 인재를 양성하기 위해 개인이 재원을 출연하여 설립하거나 학교법인에 의해 설립된 학교이다. 사립학교는 학교의 교육이념과 교육목표에 따라 학교를 운영한다.[24] 이것이 사립학교의 특수성이다. 따라서 설립주체의 의견을 존중하여 학교운영을 할 수 있도록 보장해 주어야 한다. 사립학교의 교육목표와 교육이념은 국공립학교에서 실행하지 못하는 부분을 보완하기도 한다. 따라서 국가의 관여 없이 설립주체에 의해 교육하도록 보호해야 한다. 이것이 사립학교의 자주성이다. 또한 사립학교도 공교육기관이기 때문에 교육의 공공성이 있다.

이런 내용을 뒷받침하는 것이 사립학교법 제1조이다. 그 내용은 다음과 같다. "이 법은 사립학교의 특수성에 비추어 그 자주성을 확보하고 공공성을 앙양함으로써 사립학교의 건전한 발달을 도모함을 목적으로 한다." 사립학교의 자율성은 헌법 제10조에서 보장되는 행복추구권의 하나로[25] 사립학교의 자율성 보장에 대하여 헌법 제31조 제4항은 다음

---

23) 주영달, 『사립학교법』, 2, 3.

24) 여기에 종립학교는 설립주체의 종교관 또는 신앙관이 포함되어 있다. 예를 들어 숭실대학교의 경우 교육이념은 "기독교 정신에 기초한 진리와 봉사"이고, 교육목적은 "사회 및 교회에 봉사할 지도자적 인재 양성"이고, 교육목표는 "기독교적 인간교육," "첨단응용 기술교육," "봉사적 실천교육," 그리고 "통일지향적 세계시민교육"이다. <숭실대학교 2022 대학요람>, 4. https://ibook.ssu.ac.kr/Viewer/LEIH8ZI6D88P.

과 같이 말한다. "교육의 자주성·전문성·정치적 중립성 및 대학의 자율성은 법률이 정하는 바에 의하여 보장된다." 또 국가와 지방자치단체가 교육의 자주성과 전문성 보장에 대하여 교육기본법 제5조 제1항에 다음과 같이 말한다. "국가와 지방자치단체는 교육의 자주성과 전문성을 보장하여야 하며, 지역 실정에 맞는 교육을 시행하기 위한 시책을 수립·실시하여야 한다." 또한 교육기본법 제25조도 눈여겨보아야 할 부분이다. 그 내용은 다음과 같다. "국가와 지방자치단체는 사립학교를 지원·육성하여야 하며, 사립학교의 다양하고 특성 있는 설립목적이 존중되도록 하여야 한다." 그뿐만 아니라 헌법 제31조 제1항에서 "모든 국민은 능력에 따라 균등하게 교육을 받을 권리를 가진다"라고 규정되어 있다. 사립학교가 갖고 있는 공공성에 대해서는 헌법 제31조를 비롯하여 교육기본법 제9조 제2항[26]과 사립학교법 제1조 등에 명시되어 있다.

사립학교가 갖고 있는 자주성과 공공성은 모두 보장받아야 한다. 그러나 자주성을 강조하면 공공성이 약해지고 공공성을 강조하면 자주성이 약해지는 면이 있어서, 정권의 변화와 사회 가치관의 변화에 따라 사립학교 정책 수립과 집행에 자주성을 중시할 것인지 아니면 공공성을 중시할 것인지에 대한 갈등이 있었다. 이와 관련된 재판에서도 어느 면을 강조하느냐에 따라 결과가 달라질 수 있는 맹점이 있다. 따라서 자주성과 공공성이 동시에 보장받을 수 있는 균형 잡힌 시각이 필요하다.[27]

---

25) "모든 국민은 인간으로서의 존엄과 가치를 가지며, 행복을 추구할 권리를 가진다. 국가는 개인이 가지는 불가침의 기본적 인권을 확인하고 이를 보장할 의무를 진다."
26) "학교는 공공성을 가지며, 학생의 교육 외에 학술 및 문화적 전통의 유지·발전과 주민의 평생교육을 위하여 노력하여야 한다."
27) 주영달, 『사립학교법』, 11.

5. 1960년대 이후 사립학교법 개정

사립학교법은 제3공화국 정부에서 1963년 6월 26일 제정된 이후 '사학재단법인'을 강제로 '학교법인'으로 전환하였다. 이것으로 사립학교의 위축과 사립학교 운영자의 교육자 정신을 약화시켰고 국가의 과잉 규제와 감독을 가능하게 하였다. 더구나 1974년 학교교육 평준화정책 이후 사립 중·고등학교는 준 국·공립화되었다. 이로 인해 등록금결정권과 학생선발권을 박탈당하게 되었다.[28] 이것은 지금까지 사립학교의 난제로 남아 있다. 특히 중·고등학교의 경우 학생선발권이 없기 때문에 종립학교의 경우 종교교육에 어려움을 겪게 된 원인이 되었다.

사립학교법은 제정 이후 2020년 3월 24일 법률 제17078호로 개정되기까지 총 75차례에 걸쳐 개정되었다. 사립학교법이 상당히 자주 개정된 것을 긍정적으로 본다면 사립학교법의 지속적인 발전을 의미한다고 할 수 있고, 부정적으로 본다면 사립학교 제도가 안정적이지 않다는 것을 반영하며 정권의 성향에 따라 또 학교 설립자나 경영자들의 이해관계에 따라 규정의 변화가 왔다는 것을 내포한다.[29]

일례를 든다면 다음과 같다. 한일 국교관계 정상화 회담이 1965년에 열렸다. 이때 한일 국교관계 정상화라는 이슈가 국민정서에 반하는 면이 있었다. 물론 당시 정부는 이 문제를 매듭지으며 일본으로부터의 차관을 받아 경제개발에 사용하겠다는 정치적 의도가 있었지만, 그것을 지지하기보다 아직은 국민정서가 일본을 용납하지 못한다는 강경한 분위기였

---

28) 강경근, "개정 사학법은 왜 위헌인가," 『사학』 통권 115호(2006년 봄): 19.
29) 개정된 간략한 내용에 대해서는 주영달, 『사립학교법』, 3-8 참조. 개정의 원인별 분류와 정부별 개정 빈도에 대해서는 박민, 이시우, "사립학교의 공공성과 자율성에 관한 연구 -사립학교법의 변천과정과 현행 법제의 구조적 분석을 중심으로-," 『공법연구』 제39집 제3호(2011년 2월): 152 참조.

다. 전체 한국교회는 한일 국교관계 정상화 회담에 대하여 반대 의사를 표명했다. 이 사건은 박정희 정권과 한국 기독교가 정면으로 대립하는 계기가 되었다. 그 결과 박 정권은 종교등록법, 성직자 소득세, 기독교학교 성경 과목의 불인정 등을 통해서 한국 기독교에 압력을 가했다. 한동안 극단적인 어려움을 겪는 줄 알았으나 이러한 대립은 타협적으로 끝나게 되었다.[30]

6. 2005년 개정된 사립학교법

1990년 3월 사립학교법이 의원입법으로 개정되었고 당시 노태우 대통령은 4월 7일 이것을 공포했다. 개정된 사립학교법은 사립학교에 자율성을 부여하고 사립학교 교직원의 신분을 보장하는 내용이 들어 있었다.[31] 이후 사립학교법은 1999년 국민의 정부 시절 교육부 장관의 주도로 개정되었다. 개정안에는 임시이사의 임기 제한 조항이 신설되었다.[32]

---

30) 김용복, "민족분단 40년과 기독교,"『한국 사회 연구』(서울: 한길사, 1985), 123 – 24.

31) 덕성여대 사학과 교수인 한상권은 이 개정을 개악이라고 보고 사학의 자율성과 교직원 신분보장은 기만적인 명분이라 비판한다. 이 개정안은 교육주체의 자치권과 자율권을 억압한 반면 사학재단에 절대 권력을 부여한 사학의 공익성과 교육의 자율성을 유린하는 악법이라는 것이다. 뿐만 아니라 이 개정안은 교육자들과 민주시민들의 교육악법 철폐 주장을 무시한 채 재단 이사장들의 막후 로비에 의해 제정되었다고 주장한다. 한상권, "사학과 사립학교법." 서울 서초중학교 해직교사인 신연식은 이 개정안은 사학 교주이던 민자당 의원들이 주도하여 친인척의 사학 경영을 허용하여 재단의 권한을 강화했다고 비판한다. 신연식, "사학의 역사를 알면 사학법이 보인다," <한겨레신문> 2005년 12월 29일. https://www.hani.co.kr/arti/opinion/because/91630.html.

32) 한상권은 "임시이사 재임기간은 2년 이내로 하되, 1차에 한하여 연임할 수 있다."는 조항은 관선이사의 임기 제한으로 부정비리로 쫓겨난 구 재단이 복귀할 수 있는 발판이 마련된 것이라고 비판한다. 학교법인의 기본재산은 사회에 환원된 공익재산으로 학교법인뿐만 아니라 사립학교는 개인의 소유가 될 수 없다고 주장한다. 그런데도 교육부 장관이 '사립학교 주인론'을 내세워 사립학교법을 개정했다는 것

2000년 16대 국회에서 사립학교법 개정 움직임이 있었으나, 사학재단 법인협의회가 앞장서 일부 사립학교의 비리로 전체 사립학교를 규제하려 해서는 안 된다고 반발하였고 건학이념을 실현하기 위해서는 사립학교의 자율성이 최대한 보장되어야 한다고 주장하였다.[33]

참여정부가 들어서면서 열린우리당이 제1당이 되고 민주당과 민주노동당이 공조하면서 2005년 12월 9일 열린우리당이 제안한 사립학교법 개정안을 국회의장이 직권상정하여 한나라당의 강한 반대를 무시한 채 통과시켰다.[34] 개정되거나 신설된 내용 가운데 중요한 것 몇 가지는 다음과 같다. 첫째는 대학평의원회의 설치 의무화(제26조의 2, 신설)이고, 둘째는 학교법인 이사 정수의 4분의 1 이상을 개방 이사제로 한다는 것이다(제14조 제3항 및 제4항, 신설). 개방 이사는 학교운영위원회나 대학평의원회가 추천한 2배수의 인사 가운데 선임한다는 내용이 포함되었다. 셋째로 이사장은 총장이나 학장직을 겸직하지 못하고 이사장의 친인척도 총장이나 학장을 할 수 없게 되었다(제23조 제1항, 개정)는 것과, 넷째로 학교 예산은 학교운영위원회 및 대학평의원회의 자문을 거치도록 하였다(제29조 제4항, 개정)는 점이다. 이것은 학교 예·결산 심사를 강화한

이다. 한상권, "사학과 사립학교법."

33) 한상권은 한나라당이 다수당이라 사립학교법 개정에 진전이 없었다고 본다. 위의 글.

34) 2004년 9월 10일 최순영 국회의원이 대표 발의한 사립학교법 중 개정법률안과 같은 해 10월 20일 복기왕 의원이 대표 발의한 사립학교법 개정법률안에 기초하여 2005년 12월 9일 국회의장에 의한 직권상정으로 통과되었다. 정봉주 당시 열린우리당 국회의원은 개정 사학법이 "국회의장의 중재안을 기초로 이에 반대하는 한나라당을 제외한 열린우리당과 민주당, 민주노동당을 포함한 여야의 합의로 처리되었으며, 이 과정에서 이를 저지하려던 한나라당과 물리적 충돌이 있었다"라고 기술하였다. 정봉주, "사립학교법은 시대의 흐름을 반영한 것이다," 『대학교육』(2006년 3, 4월): 4 각주 1번. 열린우리당이 제1야당인 한나라당을 제외하고 민주당과 민주노동당과 합의한 것을 과연 여야의 합의라고 할 수 있을까? 물론 형식적으로는 여야의 합의이지만, 내용상으로는 여야의 합의라고 하기에는 석연치 않다.

것이다. 다섯째로 학사업무의 이사회 관여 금지가 포함되었다.35) 이 가운데 몇 가지만 살펴보면 다음과 같다.

6.1 대학평의원회

국·공립대학에 대학평의원회 설치는 구 교육법 제117조에 의거 1991년 12월 31일부터 1997년 1월 12일까지 존치하다가 헌법상(제31조 제4항) 대학의 자율성 침해 등의 문제가 제기되어 1997년 1월 13일 고등교육법 시행과 더불어 폐지된 제도이다. 당시에는 대학의 장이 위촉하는 40명 이내의 평의원으로 구성되었고 보직교수, 교육에 저명한 인사 중 위촉된 평의원은 전체의 2분의 1 이내로 하였다. 직원이나 학생은 포함되지 않았다. 사립대학의 평의원회는 구 사립학교법 제26의 2조에 의거 1990년 4월 7일부터 2005년 12월 28일까지 의무적으로 설치하지 않아도 되는 임의기구였다. 이후 사립학교법령에 의거 대학평의원회를 의무적으로 설치한 국가는 한국과 일본뿐이었다. 그러나 일본의 경우 평의원회는 자문기구이고 학생은 구성원에서 배제되었다. 우리나라의 평의원회는 교무회의나 교수회보다 상위 기구가 되었다.36) 학교운영위원회 또는 대학평의원회의 심의기구화는 학교법인의 재단법인성을 국가가 강제로 사단법인화하는 것으로 사학법인의 교육의 자주성과 전문성 등 기본

---

35) 한상권, "사학과 사립학교법." 조용승, "개정 사학법에 감춰진 전교조 이념화,"『한국논단』(2006년 3월): 78.

36) 사립학교에 학교운영위원회 설치 의무화는 학교법인의 재산권 침해라고 제기한 위헌 소송에 헌법재판소는 기각 결정을 했다. 그 이유는 사립학교에 설치된 운영위원회가 단순히 자문기관에 불과하기 때문에 재산권 제한이 과잉된 것이라 할 수 없다는 것이다(헌재 2001. 11. 29 2000헌마 278 참조). 그렇다면 사립대학에 두는 대학평의회는 단순히 자문기관이 아니라 교육에 관한 중요사항을 심의하기 위한 심의기구인데 그것은 학교법인의 재산권과 대학의 자율성을 침해한다고 볼 수 있지 않은가. 송영식, "현행 개정 사학법은 사학제도의 근간 붕괴시키는 악법, 조속한 재개정 촉구한다,"『한국논단』(2008년 11월): 67, 68, 69.

권의 과잉제한이며 사학의 본질을 침해한다.[37)

6.2 개방 이사제

개정 사립학교법에서 가장 큰 쟁점이 되는 부분은 개방 이사제이다. 이에 대해 찬반론이 팽배하다. 찬성론자들은 한결같이 개방 이사제 도입으로 이사회 운영이 투명해질 것이라는 기대를 표명했다.[38)] 반면, 반대론자들은 겉으로는 투명성 운운해도 내부적으로는 개방 이사제로 인해 특정단체에 의해 학교법인이 장악될 위험이 있다는 우려를 나타냈다.[39)]

---

37) 강경근, "개정 사학법은 왜 위헌인가," 22.
38) 정봉주는 개방형 이사를 기업의 '사회 이사제' 도입으로 보면 되지 않겠느냐고 말한다. 정봉주, "사립학교법은 시대의 흐름을 반영한 것이다," 10. 그러나 학교법인의 개방형 이사와 기업의 사외 이사는 성격도 다르고 선임방식도 다르다. 강경근, "개정 사학법은 왜 위헌인가," 21.
39) 정봉주는 개정 사학법은 당해 학교 교사는 이사로 선임될 수 없게 되어 있어 '전교조의 학교 탈취' 운운은 근거가 매우 약하다고 주장한다. 또 교사가 겸직하려면 학교장의 허가가 있어야 하므로 어려운 일인데 전교조가 학교를 장악하려고 한다는 주장은 터무니없는 허위주장이라고 말한다. 이런 주장을 하는 것은 사학비리의 문제를 감추고, 교육을 정쟁화하며, 색깔론을 퍼뜨리려는 정치적 의도에 비롯된 것이라 치부한다. 정봉주, "사립학교법은 시대의 흐름을 반영한 것이다," 10. 그런데 전교조는 한 학교의 조직이 아니라 전국적인 조직이 있어 긴밀히 연계한다는 점을 언급하지 않고 있다. 따라서 당해 학교 교사가 아니라 하더라도 "한나라당은 전교조가 학운위 등에서 조직력을 발휘해 개방형 이사의 대부분을 추천함으로써 결국 사학을 장악해 학생들에게 좌경이념을 교육시킬 것이라는 우려를 제기"했다. "사학법 헌법소원 오늘 첫 공개변론," <전북일보> 2006년 12월 15일. https://www.jjan.kr/209482. 조용승은 새로운 사학법이 적용되어 개방형 이사제가 도입되면 전교조 세력의 침투가 합법화, 현실화될 것이라고 우려했다. 조용승, "개정 사학법에 감춰진 전교조 이념화," 78. 송영식은 사립학교법이 개악된 것은 "사학의 지배구조를 집단경영체제로 바꾸려는 목적 아래 교원노조의 주장을 여과 없이 수용한 데서" 비롯되었다고 본다. 대표적인 예가 대학평의원회로 "구성원 대표자가 참가하는 대학의 최고 의사결정 기구라면 대학의 지배구조가 구성원 집단경영체제로 바뀌었음을 의미한다."라고 지적했다. 송영식, "현행 개정 사학법은 사학제도의 근간 붕괴시키는 악법, 조속한 재개정 촉구한다," 62, 70.

뿐만 아니라, 종교계 사립학교는 건학이념과 상관없는 사람이 이사로 임명될 경우에 대한 우려가 있었다.[40)]

이사회 구성권이나 이사 선임권은 사립학교의 권리·의무의 주체로서 대내외적인 법적, 재정적 책임을 지는 학교법인의 고유한 권한이다.[41)] 그러나 개정된 사립학교법은 이사회 구성권이나 이사 선임권을 과잉으로 제한하고 있다.[42)] 개방형 이사제는 학교법인 이사회에서 개방형 이사를 자율적으로 결정하는 것이 아니라 외부인의 추천에 의해 강제적으로 이사로 할당하는 것으로 이것은 학교법인의 고유권한을 부정하는 것이다.

이 외에도 개정 사립학교법에는 이사 등 임원의 직무집행정지 제도를 강화했고,[43)] 임시이사의 선임 주체를 교육인적자원부 장관에서 관할청으로 바꾸었으며 선임 사유의 범위도 넓혔고 임시이사의 임기 제한도 없앴다. 이것은 임시이사가 선임 사유가 해소될 때까지 무제한 이사직에 머물 수 있게 함으로 정 이사의 지위에 설 위험을 내포하게 된다.[44)] 임시이사의 선임은 학교법인의 재산권을 본질적으로 침해하고 관에 의해 개별 사립학교의 지배구조를 임의적으로 변경하는 사안으로 위헌적 요

---

40) 정봉주는 "종교교육 곤란문제와 타 종교인사의 이사회 진입 등의 건학이념 실현 문제는 걱정할 필요가 없다"라고 단언하다. 그러면서 "열린우리당은 법 개정 과정에서 수차례에 걸쳐 충분히 종교계 인사들과 협의"했다고 말한다. 정봉주, "사립학교법은 시대의 흐름을 반영한 것이다," 11. 어떤 종교계 인사와 어떤 협의를 했는지 모르겠다.

41) 공익목적으로 운영되는 병원이나 복지기관 등의 사법인에서도 이사 선임권은 경영자에게 있지 구성원에게 부여하지 않는다. 강경근, "개정 사학법은 왜 위헌인가," 21.

42) 위의 글, 19.

43) 사유로 '임원취임승인 취소를 위한 조사 또는 감사가 진행 중일 때, 임원이 직무계속 시 법인 또는 학교에 중대한 손해가 생길 우려가 있다고 인정되는 때'로 확대 개정되었다. 강경근, "개정 사학법은 왜 위헌인가," 15.

44) 위의 글.

소가 있다.[45] 더구나 임시이사 선임 규정은 임원위임 승인 취소 규정과 연계하여 사립학교를 국가가 무상으로 접수하는 수단으로 악용될 위험이 있다.[46]

6.3 사학비리

개정 사립학교법의 타당성을 주장하는 측은, 사학재단의 전횡 가능성이 상존하므로 비리 예방을 위한 최소한의 안전장치를 만들어야 한다는 이유를 든다.[47] 이런 주장은 가능성만을 가지고 이미 비리가 상당 존재하는 것처럼 오도할 위험이 있다. 물론 사립학교의 사학 경영자, 교수 그리고 직원의 비리와 부조리가 없을 수 없다. 전국 17개 시, 도 교육청이 2007년부터 11년동안 진행한 사립학교 감사보고서 3,300건에 의하면, 중·고등학교 사학법인은 전국 811곳으로 이 가운데 80개 학교가 비리사학으로 조사되었다. 10%가 비리사학인 셈이다. 이들 학교는 횡령 등 회계비리가 69%, 채용비리가 25%, 입시비리가 4%로 나타났다.[48] 대학의 경우 사학비리는 교육부의 특별감사나 검찰조사로 비리가 드러나면, 재정지원제한대학에 선정되고 국가장학금과 학자금 대출이 중단된다. 그럴 경우 부실대학이 되어버려 신입생 충원율이 하락하고 폐교 위기에 몰리기도 한다.[49]

---

45) 송영식, "현행 개정 사학법은 사학제도의 근간 붕괴시키는 악법, 조속한 재개정 촉구한다," 66.
46) 위의 글.
47) 정봉주, "사립학교법은 시대의 흐름을 반영한 것이다," 5.
48) "사학의 '私'생활... '사학 비리' 명단 공개," <KBS NEWS> 2018년 12월 8일. https://news.kbs.co.kr/news/view.do?ncd=4090838.
49) 2021년 3월 교육부 자료에 의하면, 사학비리로 폐교된 비수도권 대학은 광주예술대·아시아대·명신대·선교청대·건동대·국제문화대학원대·한중대·서남대·성화대·벽성대·동부산대·개혁신학교·한민학교·서해대 등 14개 대학이다. "사학비리 폐교만 14곳... 수도권 쏠림 부채질," <뉴시스> 2021년 3월 16일.

사학비리는 민법과 형법으로 대응할 수 있고, 이미 감독청의 시정변경 요구권, 학교장 해임요구권, 임원승인 취소 및 임시이사 파송권, 학교폐쇄명령권 등의 규정으로 처리할 수 있다. 그럼에도 사학비리를 빌미로 사립학교법을 개정한다는 것은 지나치다는 지적이다.[50] 더구나 사학비리 관련 학교를 대상으로 한 규제나 제제가 아니라, 정치권이 나서서 사학비리 관련 규정을 전체 사학으로 확대하고 언론의 편파적, 일방적 보도로 사립학교 전체가 비리 학교인 것처럼 비쳐지면서 이미지만 더 부정적으로 만들었다. 그러다 보니 불합리한 규정을 더욱 비합리적으로 바꾸어 사학탈취 수단으로 악용하려는 것이 아닌가 하는 우려가 생길 정도가 되었다. 이런 찬반 논쟁에도 불구하고, 비리 사학에 대한 특별 감사를 보수언론이 '정략적 감사', '사학 자율성 침해', '코드감사'라고 비난했다고 비판하며 개정 사학법을 지지하는 의견도 있었다.[51] 뿐만 아니라, 사학법 개정이야말로 썩은 웅덩이를 깨끗하게 청소하고 이물질이 더 이상 들어가지 않도록 하는 '안전장치'라는 주장과 이런 체질 변화의 첫 걸음에 동참하라는 선동으로 판단을 혼란케 하기도 한다.[52]

이처럼 개정 사학법에 대하여 지지하는 세력이 있는가 하면 반대하는 세력이 존재함을 볼 수 있다. 강경근은 국민이 개정 사학법의 반헌법성과 비합리성에 크게 공감하지 못하는 이유를 두 가지로 설명한다. 하나는 '사학의 법 논리'를 통하여 국·공립학교와 구분되는 사립학교의 본질을 이해하지 못한다는 점이고, 다음으로는 특정 단체들의 실체 없는 사학비리 선전과 영화 등을 통해 사학을 희화화하기 때문이라고 지적한다.[53] 이런 지적의 심각성은 언론과 미디어로 표출된 사학의 비리가 사

---

    https://mobile.newsis.com/view.html?ar_id=NISX20210303_0001357168#_PA.
50) 강경근, "개정 사학법은 왜 위헌인가," 21.
51) 한상권, "사학과 사립학교법."
52) 정봉주, "사립학교법은 시대의 흐름을 반영한 것이다," 15.

학법 개정에 찬성한다는 사회적 합의를 가져오기 때문이다. 따라서 이런 지적에 대한 대책을 세워 적극적으로 해명하는 일과 사립학교 스스로 자정위원회를 구성하여 비리를 사전에 방지할 수 있도록 하는 제도적 장치가 필요하다.

6.4 사적재산 vs. 공익재산

사립학교는 사적 재산인가 아니면 공익재산인가? 사학법을 찬성하는 쪽은 학교법인의 기본재산은 사회에 환원된 공익재산으로 학교법인뿐만 아니라 사립학교는 개인의 소유가 될 수 없다고 주장한다.[54] 당시 정부는 국내 사립 중·고교 운영비의 90%가 국고 지원금과 학생 등록금으로 충당되고 있는 것을 감안할 때 사립학교는 사실상 '공공재'에 해당한다고 주장했다.[55] 그러나 학생 교육 등을 위해 국가나 지방자치단체로부터 재정지원을 받는 것은 보조의 의미가 있는 것이지 그것을 사립학교의 사인적 성격을 부인하는 근거로 삼는 것은 사유재산권과 교육의 자기 결정권에 위배된다는 반론도 있다.[56] 한마디로 사학에 대한 국가의 지원은 시혜가 아니라 의무라는 말이다.[57] 재정보조를 받는다거나 관할 관청으로부터 일정한 지휘, 감독을 받는다고 사립학교 학교법인이 본질적으로 갖고 있는 사인으로서의 재단법인의 성격을 공법인화 할 수는 없다. 재단법인의 물적 설비나 학교운영권 등의 사적재산권 보상 없이 수용하려 한다면 그것은 재산권을 보장하는 헌법 제23조에 반하는 위헌

---

53) 강경근, "개정 사학법은 왜 위헌인가," 15 – 16.
54) 한상권, "사학과 사립학교법."
55) "사학법 헌법소원 오늘 첫 공개변론," <전북일보>.
56) 강경근, "개정 사학법은 왜 위헌인가," 16 – 17. 송영식, "현행 개정 사학법은 사학 제도의 근간 붕괴시키는 악법, 조속한 재개정 촉구한다," 71.
57) 송영식, "현행 개정 사학법은 사학제도의 근간 붕괴시키는 악법, 조속한 재개정 촉구한다," 72.

이 될 수 있다. 따라서 우리 사회에 오도되어 있는 "사립학교는 사회에 환원된 공적 재산으로서 일종의 사회적 재산으로서의 성격"이 있다는 근거 없는 가설에서 벗어나야 한다.58)

6.5 개정된 사립학교법 비판

사립학교법을 개정하는 일은 우리나라 교육에서 사학이 차지하는 비중이 높은 것을 감안할 때, 정부제안 법률은 해당 부처 내에서 충분한 논의와 사전검토가 필요하고 법제처 심의, 차관회의, 국무회의를 거치는 과정에서 위헌성, 불합리한 규정, 법령규정 간의 상충, 모순 등을 해결해야 한다. 그러나 개정법은 국회 심의과정에서 소관상임위원회인 교육위원회에서 충분히 검토하지 못했고, 교육위원회를 통과하지 못하여 법제사법위원회의 자구수정조차 받을 기회가 없었다. 그럼에도 상임위원회도 통과하지 못한 법률안을 국회의장이 직권으로 상정하여 통과시킨 것은 변칙처리라고 할 수밖에 없다.59)

학교법인은 인격권과 평등권, 사학의 자유, 직업의 자유, 재산권 등 기본권 주체성이 있다. 학교법인의 기본권 주체성으로 인해 국가는 학교법인이 추구하는 교육목적의 실현을 위한 공공적 이익을 위해 도와주고 그 목적을 일탈하지 않도록 감독해야지, 학교 설립자와 그에 의해 설립된 학교법인이 설정한 교육목적을 초월하여 학교 설립자와 학교법인의 기본권을 본질적으로 제한하거나 과잉으로 제한해서는 안 되며(헌법 제37조 제2항) 일정한 국가 목적을 달성하기 위한 방편으로 규제와 감독을 해서는 안 된다.60)

---

58) 강경근, "개정 사학법은 왜 위헌인가, 18.
59) 송영식, "현행 개정 사학법은 사학제도의 근간 붕괴시키는 악법, 조속한 재개정 촉구한다," 62.
60) 강경근, "개정 사학법은 왜 위헌인가, 18.

아이러니한 것은 개정 사립학교법에 학생들의 학습권을 직접적으로 보장하는 규정은 보이지 않고, 오히려 개정법이 학교법인의 의사결정 구조를 강제적으로 개편하고 사립학교의 법적 주체를 바꾸는 것을 목적으로 하고 있다는 점이다.[61] 개정법이 학교법인과 전혀 상관없는 제삼자를 경영에 참여하도록 강제하는 것은 적절하지 않다. 문제는 이런 개정법에 반대하는 것을 저항권의 행사로 보지 않고 비리 사학의 기득권 수호라고 매도하는 세력이 존재한다는 것이다. 또한 개정법에 복종하지 않을 경우 사학비리를 조사하고 임시이사를 파견하겠다는 것은 사립학교를 준 국·공립학교로 만들겠다는 것이고 설립자와 학교법인을 쫓아낼 수 있는 공권력을 행사하겠다는 것이다. 이런 상황에서 사학 경영자들이 학교경영에 얼마나 더 투자할지 알 수 없고 그로 인해 교육환경은 더 황폐해질 것이라는 우려가 있다.[62]

7. 2007년 재개정 사립학교법

2005년 12월 개정 사립학교법 공포 전 사학단체와 사학인들이 개정법의 위헌성을 이유로 헌법소원심판을 청구했고, 국민저항권 차원의 법률 불복종운동을 전개했다. 또 한국교원단체총연합회를 비롯한 교육단체와 학부모단체에서도 성명을 발표하고 정부와 여당을 규탄하는 집회를 했다. 결국 사립학교법 개정으로 인해 보수와 진보의 극심한 대결 양상을 가져왔다. 이런 반발의 영향으로 2007년 7월 3일 재개정 사립학교법(법률 제8545호)이 국회 본회의를 통과하여 7월 27일 공포되었다.[63]

---

61) 위의 글, 19.
62) 위의 글, 19-20.
63) 송영식, "현행 개정 사학법은 사학제도의 근간 붕괴시키는 악법, 조속한 재개정 촉구한다," 62-63.

재개정 사립학교법에는 2005년 개정 사학법 중 위헌 소지가 큰 조문 일부가 수정되었으나 개방형 이사제, 대학평의원회 심의기구화, 임원취임 승인의 취소요건 완화를 통한 임시 이사제 유지 등은 그대로 남았다. 재개정안에는 사학에 대한 외부참여와 구성원 참여를 완화하였다지만 개방형 이사제는 이사 정수 4분의 1을 개방이사 추천위원회에서 2배수 선임한 인사 중에서 선임토록 개정되었다. 개방이사 추천위원회는 학원운영위원회나 대학평의원회에 두고, 위원 정수를 5인 이상 홀수로 하되 학원운영위원회나 대학평의원회가 2분의 1을 추천하도록 하였다. 이것은 여전히 이사회의 고유권한인 이사선임권을 침해하고 사학의 자유를 침해한 것으로 보기도 한다. 그나마 종교지도자 양성을 목적으로 하는 대학과 대학원을 경영하는 학교법인의 경우에는 당해 종교단체에서 2분의 1을 추천하도록 예외규정을 두었다.[64] 이 외에 사학분쟁조정위원회를 도입하였으나 입법·행정·사법의 3부에 의해 구성하도록 하였고, 심의·자문기구인 대학평의원회가 이사회나 교무위원회 등과 기능이 충돌할 수 있다는 문제 제기가 있었다. 이런 이유로 사립학교법 폐지를 주장하기도 하였다.[65]

8. 2020년 사립학교법 개정법률안

2020년 6월 16일 21대 국회에서 박용진 의원이 대표 발의한 사립학교법 일부개정법률안과 그 외 사학법 개정안(정청래, 박찬대, 서동용, 권인숙, 조승래, 윤영덕)은 사립학교의 공립화 및 공영화를 주장하는 방안을 담고 있다.[66] 사립학교의 비리를 제도적으로 방지하고 사립학교의 공공

---

64) 위의 글, 63.
65) 박민, 이시우, "사립학교의 공공성과 자율성에 관한 연구," 157-158.
66) "박용진 의원 대표발의 개정안은 2001년 2월에 김원웅 의원 등 20명이 발의한 '사

성을 강화하기 위한 것이 개정의 취지라고 한다. 무엇보다 박용진 의원
의 개정안은 학교법인의 이사 정수의 2분의 1에 해당하는 이사를 개방
이사로 선임하도록 하였는데, 이것은 종래의 이사 정수 4분의 1에서 두
배나 증가한 것으로 결국 이사 전체의 절반을 차지하도록 한 것이다. 만
일 그럴 경우 이사회 운영의 견제가 강화될 뿐만 아니라 이사회가 외부
인사라 할 수 있는 개방이사에 의해 좌우될 수 있는 위험도 크다. 무엇
보다 종립학교 특히 기독교사학에서 이사회가 건학이념을 계승한 학교
경영을 할 수 있을지 또 정체성 구현을 위한 교육이 제대로 이루어질 수
있을지 우려가 된다.[67]

신설된 안으로 초·중등 교원임용에 있어 1차 시험은 시·도교육청이
필기시험을 주관하도록 하고 있다(제53조의 2 제11항). 교원의 임용권은
학교법인의 고유권한으로 사립학교 교직원은 임용권자인 학교법인과 '사
적 고용관계'에 있고, 학교법인은 건학이념에 맞추어 교직원을 채용할
수 있다. 그런데 신규채용의 필기시험을 시·도교육청에 위탁하도록 강
제하는 것은 사학의 자율성을 과도하게 제한하는 일이 된다. 이것은 위
탁이 아닌 시·도교육청이 필기시험을 주관하는 것일 뿐이다.[68] 또 사무

립학교법중개정법률안'(의안번호 160643)과 매우 흡사하다. 이 개정안은 당시 전
국교직원노동조합을 중심으로 발족된 사학국본(사립학교개혁국민운동본부)의 개정
안을 그대로 담고 있다. 조용기, 『한국사학 수난사: 1998-2007』(파주: 책가,
2013), 72. 박상진, "21대 국회 사학법 개정에 대한 한국교회의 대응방안: 한국교
회의 2005년 사학법 개정 대응에 관한 평가에 근거하여," 『장신논단』 vol. 52
(2020): 276 각주 5에서 재인용.

67) 박상진, "21대 국회 사학법 개정에 대한 한국교회의 대응방안," 273-278.

68) 허종렬, "21대 국회 초반기 사학법 개정 법률안의 쟁점과 사학입법정책," 『교육법
학연구』 제32권 3호(2020년 12월): 178. 이명웅, "개정 사학법의 위헌적 성격,"
『사학』 통권 163호(2021년 가을, 겨울), 18. 비리척결을 개정 취지로 내세우고 있
지만 "실제로는 시·도 교육감이 직접 '사립학교의 교원 임용'에 개입해 통제력을
행사하는 위헌적 월권행위"라는 지적도 있다. "한국교회 앞장서 개정 사학법에 강
력히 대응해야," <교회연합신문> 2022년 5월 13일.

직원 임용도 공개전형에 의하도록 규정하고 있다.[69] 일부 학교의 채용 비리를 근절하기 위해 전체 사학에 강제위탁제도를 적용하는 것은 잘못된 예단에 따른 일률적 제약이라 하겠다. 또 개별 법집행이 가능한 사안을 포괄적 입법으로 대응하는 것은 과잉 규제가 될 수밖에 없다.[70] 이 규제의 문제는 종립학교에서 교원을 임용할 때 필기시험을 통과한 사람 중에서 몇 배수를 받아도 그중에 해당 종교인이 없을 수 있다는 점이다. "교원임용은 학교의 건학이념을 구현하고 그 정체성을 지속하는 데 가장 중요한 요소인데," 이런 개정은 "종교계 사학의 존립기반을 흔드는 조치"이며 종립학교의 종교적 특성을 존중하지 않는 일방적 처사라 하겠다.[71] 공익이라는 명분을 위해 사학의 자주성을 제한하는 것은 적절하지 않은 접근이라 하겠다. 따라서 사립학교의 건학이념을 구현하기 위한 구성원 조직은 사학에 맡기는 것이 마땅하다.

개정법률안에는 관할청(교육부나 교육청)의 개입이 강화되었을 뿐만 아니라, 학교운영위원회나 대학평의원회의 역할이 강화되었고 학교운영에 법인 임원만이 아닌 교사, 학부모, 학생 등 학교구성원의 권한과 참여를 강화하고 있다. 이것은 한편으로는 '학교민주화'라는 명분을 보여주지만, 다른 한편으로는 학교법인의 권한을 축소할 수 있는 단점이 있다. 더구나 학교운영위원회나 대학평의원회가 자문기능을 넘어 예결산에 대한 심의기능까지 행하도록 하는 것은 전문성과 중립성을 지니기 어렵고 사학운영의 자율권에 제약이 된다.[72]

또한 임원의 자격 요건이 강화되었고 비리 임원에 대한 처벌도 강화

---

69) 허종렬, "21대 국회 초반기 사학법 개정 법률안의 쟁점과 사학입법정책," 179.
70) 이명웅, "개정 사학법의 위헌적 성격," 18.
71) "한국교회 앞장서 개정 사학법에 강력히 대응해야," <교회연합신문> 2022년 5월 13일. http://www.ecumenicalpress.co.kr/n_news/news/view.html?no=53711.
72) 위의 글, 19.

되었다.[73] 아울러 이사장의 친족들(배우자, 직계존속 및 직계비속과 그 배우자)은 학교장이 될 수 없도록 하였다(제54조의 3의 3).[74] 다만, 이사 정수의 3분의 2 이상의 찬성과 관할청의 승인을 받은 사람은 해당되지 않는다는 예외 규정이 있기는 하다. 이처럼 개정 법률안은 사학법인의 임원구성, 회의 운영, 재정, 교직원 임용, 징계 등 사립학교에 대한 규제가대부분임을 보여주고 있다. 이런 내용은 현행법으로도 규제가 가능한데도 사립학교법 개정을 통해 과잉규제를 하는 것으로 보인다.[75]

이런 법안은 사학비리를 근절시키기 위해 법적기준을 상향 조정해 구조적, 제도적 비리를 방지하고 관할청의 적극적 개입으로 공공성을 강화하려는 것이다. 비리가 발생한 사학은 법률적으로 규제하면 되는데, 일부 비리사학을 규제하기 위해 전체 사학을 대상으로 법적 규제를 하려는 것은 적절하지 못하다.[76] 더구나 사립학교의 특수성과 자주성을 무시한 정책은 결코 바람직하지 않다. 차라리 허종렬의 제안처럼 우수사학과 부실사학을 준별하여 부실사학에게는 엄중한 규제를 가하여 책임을 묻고, 우수사학에게는 규제를 과감하게 풀고 확실한 지원을 하는 이원화된 입법정책을 펼치는 것이 오히려 바람직하며 긍정적이라고 여겨진다. 아울러 이것을 위해 자율적 사학평가제를 도입하는 것도 필요하다고 본다.[77] 이런 제도가 모든 사학을 일률적으로 다루는 과정에서 발생할 수 있는 부당한 폐해로부터 벗어날 수 있는 방안이 될 것이다.

---

73) 박상진, "21대 국회 사학법 개정에 대한 한국교회의 대응방안," 280.
74) 능력이 있음에도 가족이라는 이유로 원천적으로 배제되는 것은 직업선택의 자유와 개인의 행복추구권에 위배된다. 이것이 학교법인의 안정성을 확보하기 위한 것이라고는 하지만 합리적이지 않다는 지적이다. 허종렬, "21대 국회 초반기 사학법 개정 법률안의 쟁점과 사학입법정책," 179.
75) 위의 글, 184－185.
76) 박상진, "21대 국회 사학법 개정에 대한 한국교회의 대응방안," 281.
77) 허종렬, "21대 국회 초반기 사학법 개정 법률안의 쟁점과 사학입법정책," 181－182, "최근 사립학교법 개정과 사학의 자주성 및 공공성," 235.

9. 사립학교의 특수성, 자주성, 공공성

사립학교법 제1조는 사립학교의 특수성, 자주성, 공공성을 언급하고 있다. 사립학교의 특수성은 국·공립학교와 달리 설립주체가 사인 또는 법인이라는 점과, 설립주체의 건학이념과 교육목적의 구현을 위해 독자적인 교육을 시행하는 것을 의미한다. 이 특수성이 유지되기 위해서는 자주성이 보장되어야 한다.[78]

사립학교의 자주성은 건학이념과 교육목적에 근거한 자율적인 학교운영을 의미한다. 종립학교를 인가해 준 배경에는 종립학교의 종교적 건학이념을 존중함도 포함되어 있다고 본다. 그렇다면 종립학교가 종교적 건학이념을 구현하기 위해 최소한의 교육과정을 편성하고 적절한 교원을 선발하여 임용하는 자율성이 확보되어야 한다. 특히 사립학교와 학교법인의 자주성은 헌법상 보장되는 기본권(제31조 제4항)이므로 충분히 존중되어야 한다. 헌법재판소도 "어느 정도 사립학교의 자율성을 확보해 주어야 하는 것이 상당하고 또 바람직하다"라고 했다.[79] 특히 사립학교의 교육은 자주성을 근간으로 한다.

이처럼 사립학교는 헌법과 사립학교법에 의해 학교 설립의 자유를 보장받고, 종립학교의 경우 건학이념대로 교육할 수 있는 자율성이 보장되어야 한다. 특히 기독사학의 건학이념이 구현되려면 사학의 자율성 보장이 중요하다.[80] 그런데 헌법과 사립학교법의 해석 여부에 따라 종교교육의 자유가 제한되기도 하고 사립학교의 자율성보다는 공공성이 더 부

---

78) 박상진, "종교교육과 사립학교의 자율성," 『장신논단』 vol. 51, no. 1(2019년 3월): 242.

79) 헌재결 1991. 7. 22. 89헌가 106.

80) 박상진, "종교교육과 사립학교의 자율성," 256, "기독학교 정체성 수호하려면 사학법 바로 잡아야," <데일리굿뉴스> 2022년 5월 12일. https://www.goodnews1.com/news/articleView.html?idxno=408360.

각되기도 하는 것이 현실이다. 사립대학은 국공립대학보다 폭넓은 자율을 보장받는 것이 자유민주주의 국가의 법 원리인데, 안타깝게도 우리나라는 그렇지 않다는 지적이다.[81] 자주성 문제에 있어 사학법인의 자주성이나 자율적 운영권이 아닌 교육의 자주성으로 이해하여, 사학법인을 교육자가 아닌 경영자로 보고 사학법인으로부터의 교직의 자주성을 확보하려는 갈등론적 시각도 있다.[82] 더구나 사립학교에 대한 정책 방향이 일관적이지 않고 정부의 정치성향에 따라 또는 국회의원의 이해관계에 따라 좌지우지되는 듯하여 혼란을 초래하고 있다. 현 상황은 사립학교의 존재는 인정하지만, 자율성은 제한하겠다는 것이다.

사립학교의 공공성은 사립학교도 국민의 교육을 담당하고 있으므로 사립학교의 교육활동도 사회 공공의 복리를 위한 것이어야 하며 국가·사회공동체의 교육목적에 이바지해야 한다는 것을 의미한다.[83] 사립학교도 공교육의 일부를 맡고 있으므로 교육의 질이 떨어지지 않도록 국가가 지도·감독권을 행사한다. 물론 사립학교가 공교육의 일부를 맡아 참여하지만, 사립학교는 사립학교의 특수성과 자주성을 기반으로 공교육의 다양화에 기여하게 된다. 이것이 사립학교가 갖는 공공성의 의미이다.[84]

2005년도 사립학교법 개정안과 2020년도 사립학교법 개정법률안의

---

81) 송영식, "현행 개정 사학법은 사학제도의 근간 붕괴시키는 악법, 조속한 재개정 촉구한다," 68-69.
82) 임재홍, "사립학교법의 문제점과 개정방향," <교육과 시민사회 포럼> '사립학교의 정체성을 생각한다' 2004년 10월 23일. 박상진, "종교교육과 사립학교의 자율성," 242에서 인용. 사학의 자주성에 관한 논의는 허종렬, "최근 사립학교법 개정과 사학의 자주성 및 공공성: 자유민주사회 교육의 다양성을 위한 사학의 역할 제고 관점에서,"『교육법학연구』. 제33권 3호(2021년 12월): 220-221 참조.
83) 박민, 이시우, "사립학교의 공공성과 자율성에 관한 연구," 149. 공공성과 자주성 관련 조항 분류는 위의 글, 163-164 참조.
84) 허종렬, "최근 사립학교법 개정과 사학의 자주성 및 공공성," 221-222.

변천 과정과 내용 분석을 통해 나타난 공통점은 통제중심의 감독체제를 기조로 하고 있다는 점이고, 이것은 사립학교의 자주성보다는 공공성이 강조되는 결과를 가져왔다는 점이다.85) 권위주의 정권 시절부터 참여정부를 거처 최근 정부에 이르기까지 사립학교의 공공성이 자율성보다 강조되었음을 볼 수 있다.86) 이처럼 사립학교법을 개정하면서도 특정 정치성향을 반영한 듯한 변칙적인 개정으로 기독교 사립학교의 비판을 받고 있다.87)

공공성과 자주성은 서로 대치되는 개념이 아니라 상호보완적 기능을 갖고 있다. 따라서 하나만 강조하면 교육의 불균형이 초래된다. 만일 공공성이 강조된다면 규제와 통제가 사학의 자주성을 침해하고 사학의 특수성을 간과하는 결과를 가져오게 된다. 사립학교를 사적재산이 아닌 공공재로 보면서 사립학교에 책임과 의무를 부과하는 통제적 규제보다는, 사학의 특수성을 고려한 자주적 운영과 육성에 중점을 두도록 선도하는 것이 미래지향적 교육을 위해 바람직하다.88)

---

85) 박민, 이시우, "사립학교의 공공성과 자율성에 관한 연구," 164.
86) 이 부분에 대한 설명은 위의 글, 154-157 참조. 참여정부의 사학법 개정을 통해 사학에 대한 통제가 강화되었고 그러한 개정이 오늘날의 이념적 대립을 가져왔다는 지적도 있다. 위의 글, 152.
87) 미래교육연합(상임대표 이승영 목사)은 2009년 주최한 '사립학교법 폐지 및 사학진흥법 제정 포럼'에서 사립학교법 91개 조문 가운데 89개가 규제 조항으로 이것이 사립학교의 발전을 막는 요인이 되고 있다고 지적했다. 특히 종교 사학의 설립 이념 구현에 어려움을 겪고 있다고 했다. "규제 일변도의 현행 사학법 '문제 많다'," <주일신문> 2009년 8월 11일.
   http://www.juilnews.com/news/articleView.html?idxno=1863.
88) 박민, 이시우, "사립학교의 공공성과 자율성에 관한 연구," 144, 165.

10. 기독교사학의 대응

사립학교의 자주성과 공공성에 있어 기독교교육학자들은 기독교사학의 건학이념이 구현되려면 사학의 자율성이 보장되어야 한다고 말한다.[89] 그런데 사립학교법 개정안은 사립학교의 자율성을 훼손할 요소를 담고 있기 때문에 논란이 되고 있다. 자율성 훼손이 기독교사학의 정체성과 특수성을 약화시키기 때문이다. 이것은 특히 기독교사학의 존립에 큰 영향을 주게 된다.

사립학교법 개정안을 발의하는 국회의원들은 한결같이 사립학교법 개정 목적이 사학비리 근절이라고 말한다. 여기에 편승한 언론 보도는 시민사회의 동조로 사립학교를 보는 시각을 부정적으로 만들었다. 이로 인해 일부 사학의 비리가 전체 사학의 비리인 양 비쳐지고 있는 것이 현실이다. 여기에 기독교사학도 예외는 아니다. 사실 사립학교 가운데 기독교 사립학교가 어느 정도 비리에 연루되었는지, 어떤 비리가 있는지에 대한 구체적인 자료공개는 이루어지지 않고 있다. 그저 사학의 비리 근절을 위한 목적이라니까 국민은 사학비리 근절이라는 명분에 동의하는 듯하다.

이에 대해 기독교 사립학교는 비리학교로 오해받는 일이 없도록 내적으로 투명한 학사운영을 해야 한다. 그러기 위해 기독교학교 스스로 자정위원회를 구성하여 비리를 미연에 방지하여 사회에 물의를 일으키지 않도록 하고 기독교학교가 건강한 학교로서 타학교의 모범이 될 수 있도록 노력해야 한다.[90] 이런 과정을 통해 기독교 사립학교의 공신력을 회복해야 한다.

---

89) "기독학교 정체성 수호하려면 사학법 바로 잡아야," <데일리굿뉴스> 2022년 5월 12일. https://www.goodnews1.com/news/articleView.html?idxno=408360.

90) 박상진, "21대 국회 사학법 개정에 대한 한국교회의 대응방안," 300.

또한 외적으로 기독교 사립학교의 이미지 개선을 위해 기독교 사립학교는 비리학교라는 등식이 오도된 것임을 밝히는 적극적인 태도를 가져야 한다. 개정법을 발의한 국회의원 항의 방문, 국회의원과의 사학법 토론회 개최, 성명서 발표, 기독교 방송 매체를 통한 적극적인 해명, 교회 강단을 통한 상황 설명 등을 구체적으로 또 체계적으로 수립하여 범교회 운동으로 이끌어야 한다.

기독교학교는 각 교단에서 운영하거나 교단과 관계된 경우가 많다. 따라서 범교단적으로 연합하여 다양한 방법으로 사학법 개정 반대 운동을 전개해야 한다. 단순한 반대가 아닌 사학법의 문제점을 지적하고 그것을 설명하여 이해시키는 노력이 필요하다. 2005년 사학법 개정을 반대할 때 한국기독교총연합회와 한국기독교교회협의회가 함께 참여했던 것처럼 신학적 성향을 떠나 연대하는 일이 바람직하다. 또 사학법인연합회뿐만 아니라 한국기독교학교연맹과 한국기독교학교연합회라는 기독교학교 연합기구를 통해서도 연대해야 한다.[91] 대학의 경우 한국기독교대학교목회와 연대해야 한다. 한국교회총연합회와 미션네트워크는 2022년 3월 '사립학교법 일부개정법률'에 대해 헌법소원심판을 청구하였다.[92]

사실, 기독교학교의 구성원들은 기독교학교가 소속 교단의 유관기관이라는 것 이외에 무슨 관계가 있는지 알지 못한다. 그 유관기관이라는 것이 어떤 의미인지, 어떤 유익이 있는지 체감하지 못한다. 오히려 교단에서 학교운영을 간섭하는 것은 아닐까 우려하기도 한다. 그러다가 교단의 무관심을 경험하기도 한다. 이것이 교단과 기독교학교 사이의 맹점이

---

91) 위의 글, 296, 285.
92) 헌법소원심판 청구 소송에서 다루어질 쟁점은 '시험위탁 강제조항,' '징계의결 강제조항,' '임원승인 취소조항'이다. "100인 기독대표단, 개정 사학법 헌법소원 청구," <아이굿뉴스> 2022년 3월 22일. https://www.igoodnews.net/news/articleView.html?idxno=69172.

라 하겠다. 기독교학교의 문제는 단순히 기독교교육의 문제만이 아니라 궁극적으로는 교단의 문제이고 한국교회의 문제가 될 수 있다는 인식을 가져야 한다. 따라서 기독교교육 활성화와 기독교학교 정상화를 위해 교단 차원의 방안이 모색되어야 한다.[93] 아울러 교단 총회 차원에서 관심을 갖고 학교구성원들을 격려하고 학교를 위해 기도하며 유대관계를 강화해야 한다. 또 기독교학교의 기독교 정체성 교육을 위한 재정 후원을 해야 한다. 노회에서도 다양한 지원을 통해 기독교학교와 지역사회 교회가 밀접한 관계를 형성하도록 하는 것이 좋다. 이런 관계성은 일회성이 아닌 지속 가능하도록 해야 한다. 그리하여 학교구성원들이 총회와 노회 및 지역교회의 관심과 지지를 느낄 수 있도록 하는 일이 중요하다. 이것이 소속감을 증진시키는 귀한 일이 될 것이다.

한국교회는 "오른손이 하는 일 왼손이 모르게 하라"(마 6:3)는 말씀 때문인지 대외 홍보에 약하다. 그러나 이제부터는 기독교학교의 긍정적인 모습을 적극적으로 홍보하는 일에 관심을 갖고 앞장서야 한다. 일차적으로는 학교 차원에서 그리고 교단 차원에서 기독교 언론과 공조하여 학교 미담을 비롯한 사회봉사 등 긍정적인 이야기를 널리 소개하여 기독교학교의 이미지 쇄신에 노력해야 한다. 아울러 학교행사에 지역주민들을 초청하여 지역주민들과 함께 하는 학교로서의 이미지 메이킹에도 힘써야 한다. 이것이 최소한의 사회적 차원의 대응이 될 것이다.

또 기독교학교의 구성원들은 학교법인의 역할을 잘 이해하지 못하고 있다. 따라서 학교법인이 먼저 관심을 갖고 건학이념과 기독교 정체성 유지를 위한 구체적인 대책을 세워야 한다. 또 학교 분위기도 기독교적 분위기가 형성되도록 마음을 모아야 한다. 그리하여 기독교학교에서 기독교 문화를 양산해 내도록 하는 일이 필요하다. 아울러 교목 활동을 원

---

93) 박상진, "종교교육과 사립학교의 자율성," 253, 254.

활하게 할 수 있도록 지원해야 한다.94)

끝으로 기독교학교마다 처한 상황이 달라 사학법에 대응하는 방식도 다를 것으로 예상된다. 가능하면 기독교학교가 뜻을 모아 소극적, 간접적, 감정적 대응방식에서 벗어나 적극적, 직접적, 논리적 대응을 할 필요가 있다. 그러기 위해 정부나 정치인들이 사립학교법을 개정하는 것을 방관만 할 것이 아니라 기독교학교 연합기구나 한국기독교대학교목회 또는 미션네트워크 등과 협의해 대책위원회를 발족하여 기독교학교 관련 전문가와 교육 관련 법률전문가와 더불어 기독교사학의 입장을 대변할 실제적이고 구체적인 개정안을 만들어 제시하는 방안도 고려해야 한다.95)

11. 나가는 말

사립학교법 개정법률안은 2020년 7월부터 12월까지 매달 개정안들이 제안되었는데 이것은 단시간에 지속적인 개정안이 쏟아져 나온 것은96) 이미 연구와 검토를 마쳤거나 아니면 졸속입법일 가능성이 높다. 더구나 말이 개정안이지 내용적으로는 전면 개정에 가까운 성격을 띠고 있다.97) 개정안에는 사학을 지원하는 규정이나 정책은 없고 규제 일변도의 개정만이 계속되고 있다.

---

94) 최기준, "사립학교법 재개정과 함께 기독교대학교의 신앙적 기독교성 회복의 급선무를 위해 새로운 결단과 각오로 임해야 한다,"『기독교대학 교육의 현실과 이상』(서울: 대한기독교교육협회, 2009), 190－191.
95) 박상진, "21대 국회 사학법 개정에 대한 한국교회의 대응방안," 296.
96) 사립학교법 개정법률안 제출 의원과 일자별 동향은 허종렬, "21대 국회 초반기 사학법 개정 법률안의 쟁점과 사학입법정책," 168의 표1과 "최근 사립학교법 개정과 사학의 자주성 및 공공성," 225－226 참조.
97) 위의 글, 166, 169.

사립학교의 입장에서는 자주성 확보를 쟁점으로 삼고, 사학법을 개정하려는 측에서는 사립학교가 공교육의 범주에 있음을 강조하며 사학의 공공성 확보를 주장하고 있다. 중요한 것은 사립학교가 무엇을 위한 자주성 확보를 주장하는지 명확해야 한다는 점이다. 적어도 사립학교의 건학이념을 구현하기 위해 얼마나 노력해왔는지 또 교육과정의 자율성을 확보하기 위해 얼마나 노력해왔는지 자성해야 한다. 또 사학비리 문제와 학교경영 투명성에서 얼마나 자유로운지 공개할 수 있어야 한다.

사학법을 개정하려는 측은 무엇 때문에 온갖 규제로 사립학교의 자주성을 제한하고 공공성을 강화하려는지 또 왜 사립학교의 특수성을 간과하고 사립학교를 공영형 사립학교로 전환하려고 하는지 명확하며 합리적인 답변을 해야 한다.[98] 사립학교 공영화 정책은 특히 기독교학교의 정체성과 자율성을 훼손할 우려가 크다. 개정법안 발의 당시 여당은 사립학교의 공공성을 강조하며 사립학교의 준공영화 내지 공영화 추구를 노골화했는데 이것은 사립학교법 개정법률안 이면에 정치적 의도가 있고 특정 이념에 편향되어 있음을 보여주는 부분이다. 이 부분에 대한 해명이 필요하다. 아울러 소수의 비리사학 때문에 나머지 다수의 사학까지 비리사학으로 매도하거나, 학교운영권 등의 자율성을 제한 또는 박탈하려는 시도는 방법의 적절성 원칙에 위배되며 균형성도 결여되어 있다.[99] 따라서 사학법을 재개정하면 사학운영의 비리가 근절되고 재정의 투명성이 확보되며 학교구성원의 참여로 학교가 민주화되는 것이 확실한지도 밝혀야 한다.

---

98) 비슷한 문제 제기가 다음 글에 나온다. 허종렬, "최근 사립학교법 개정과 사학의 자주성 및 공공성," 215-216. 사립학교의 설립주체는 사적 주체이지만 국가에 의한 재정지원과 행정적 통제가 동시에 주어지고 있다. 이것으로 사립학교가 준공영 학교의 성격을 갖고 있다고 보기도 한다. 박민, 이시우, "사립학교의 공공성과 자율성에 관한 연구," 148-149.

99) 강경근, "개정 사학법은 왜 위헌인가, 24.

어떤 법이든 법이 강화되면 규제가 많아질 수밖에 없다. 특별히 사립학교법의 개정은 규제와 통제를 위한 것이어서는 안 된다. 그것은 사립학교의 특수성을 무시하는 일이고 창의성을 막는 일이며 자주성을 제한하는 일이다. 분명한 것은 사학법 개정은 규제를 최소화하고 사학의 건전한 발전을 도모하는 내용이어야 한다는 점이다. 무엇보다 종립학교는 일반 사립학교와 다른 정책으로 운영될 수 있도록 해야 한다.

기독교사학은 우리나라 근대교육을 이끌었고, 일제강점기에도 정체성을 지키며 일제의 탄압을 이겨냈다. 그러나 최근들어 사학법 개정으로 정체성 교육을 실시할 기반을 상실해 가고 있다. 어려운 시기이지만 기독교사학은 교단과 밀접한 관계를 갖고 지혜롭게 이 난관을 극복해야 할 것이다. 예수 그리스도의 "뱀같이 지혜롭고 비둘기 같이 순결하라"(마 10:16)는 말씀의 의미를 잘 깨달아 지혜롭게 동시에 순결하게 기독교사학을 잘 세워나가야 할 것이다.

참고문헌

주영달. 『사립학교법』. 제3판. 서울: 세창출판사, 2020.

민경배. 『한국기독교회사』(증보판). 서울: 대한기독교서회, 1980.

이영헌. 『한국기독교사』. 서울: 컨콜디아사, 1982.

한국 기독교사 연구회. 『한국 기독교의 역사 I』. 서울: 기독교문사, 1989.

한국 기독교사 연구회. 『한국 기독교의 역사 II』. 서울: 기독교문사, 1990.

김용복. "민족분단 40년과 기독교," 『한국 사회 연구』. 서울: 한길사, 1985, 123−24.

강경근. "개정 사학법은 왜 위헌인가," 『사학』. 통권 115호(2006년 봄): 14− 24.

박민, 이시우. "사립학교의 공공성과 자율성에 관한 연구 −사립학교법의 변천 과정과 현행 법제의 구조적 분석을 중심으로−," 『공법연구』. 제39집 제3 호(2011년 2월): 143−168.

박상진. "종교교육과 사립학교의 자율성," 『장신논단』. Vol. 51, No. 1(2019 년 3월): 231−258.

_____. "21대 국회 사학법 개정에 대한 한국교회의 대응방안: 한국교회의 2005 년 사학법 개정 대응에 관한 평가에 근거하여," 『장신논단』. Vol. 52(2020): 271−305.

송영식. "현행 개정 사학법은 사학제도의 근간 붕괴시키는 악법, 조속한 재개 정 촉구한다," 『한국논단』(2008년 11월): 62−71.

이명웅. "개정 사학법의 위헌적 성격," 『사학』. 통권 163호(2021년 가을, 겨 울), 18−19.

정봉주. "사립학교법은 시대의 흐름을 반영한 것이다," 『대학교육』(2006년 3, 4월): 4−15.

조용승. "개정 사학법에 감춰진 전교조 이념화," 『한국논단』(2006년 3월): 7 8−81.

최기준. "사립학교법 재개정과 함께 기독교대학교의 신앙적 기독교성 회복의 급선무를 위해 새로운 결단과 각오로 임해야 한다," 『기독교대학 교육의 현실과 이상』. 서울: 대한기독교교육협회, 2009, 184 – 193.

허종렬. "21대 국회 초반기 사학법 개정 법률안의 쟁점과 사학입법정책," 『교육법학연구』. 제32권 3호(2020년 12월): 165 – 189.

_____. "최근 사립학교법 개정과 사학의 자주성 및 공공성: 자유민주사회 교육의 다양성을 위한 사학의 역할 제고 관점에서," 『교육법학연구』. 제33권 3호(2021년 12월): 213 – 242.

황동연. "사학의 자주성과 공공성에 대한 사립학교법의 주요 개정내용 분석," 『교육법학연구』. 제31권 3호(2019년 12월): 243 – 273.

신연식. "사학의 역사를 알면 사학법이 보인다," <한겨레신문> 2005년 12월 29일. https://www.hani.co.kr/arti/opinion/because/91630.html.

한상권. "사학과 사립학교법," <한국역사연구회> 2005년 5월 3일. http://www.koreanhistory.org/2383.

사립학교법 [전문개정 2020.12.22.] https://www.lawnb.com/Info/ContentView?sid=L000000888.

"규제 일변도의 현행 사학법 '문제 많다'," <주일신문> 2009년 8월 11일. http://www.juilnews.com/news/articleView.html?idxno=1863.

"교단장회의 '차별금지법, 사학법' 공동 대처," <한국기독공보> 2022년 5월 27일. http://www.pckworld.com/article.php?aid=9375754075.

"기독학교 정체성 수호하려면 사학법 바로 잡아야," <데일리굿뉴스> 2022년 5월 12일. https://www.goodnews1.com/news/articleView.html?idxno=408360.

"사학의 '私'생활... '사학 비리' 명단 공개," <KBS NEWS> 2018년 12월 8일. https://news.kbs.co.kr/news/view.do?ncd=4090838.

"사학법 헌법소원 오늘 첫 공개변론," <전북일보> 2006년 12월 15일. https://www.jjan.kr/209482.

"사학비리 폐교만 14곳... 수도권 쏠림 부채질," <뉴시스> 2021년 3월 16일. https://mobile.newsis.com/view.html?ar_id=NISX20210303_0001357168#_PA.

"100인 기독대표단, 개정 사학법 헌법소원 청구," <아이굿뉴스> 2022년 3
월 22일. https://www.igoodnews.net/news/articleView.html?idxno=6
9172.

"한국교회 앞장서 개정 사학법에 강력히 대응해야," <교회연합신문> 2022
년 5월13일. http://www.ecumenicalpress.co.kr/n_news/news/view.ht
ml?no=53711.

<숭실대학교 2022 대학요람> https://ibook.ssu.ac.kr/Viewer/LEIH8ZI6D
88P.

사회주의권 선교 연구
: 베트남 장요나 선교사를
중심으로

10

사회주의권 선교 연구
: 베트남 장요나 선교사를 중심으로[1]

1. 들어가는 말

대부분의 동구 공산권이 붕괴되면서 냉전시대가 사라지고 탈냉전시대
가 되었다.[2] 그러나 자유경제를 부분적으로 받아들인 상태에서도 여전
히 사회주의 체제를 유지하는 국가들이 존재한다.[3] 이런 사회주의 국가

---

1) 이 글은 2019년 10월 7-8일에 개최된 <베트남 선교 30주년 선교심포지엄>에
   서 "베트남 선교 고찰: 장요나 선교사 사역을 중심으로"라는 제목으로 발표한 논문
   을 보완하여 게재한 "사회주의권 선교 연구: 베트남 장요나 선교사를 중심으로,"
   『선교신학』, 제58집 (2020): 347-374의 내용을 수정한 것이다.
2) 1980년대 후반부터 시작된 동구 사회주의권 붕괴와 소련의 붕괴는 탈냉전시대를
   가져왔다. 1985년 정권을 잡은 소련의 고르바초프는 개혁과 개방을 내세우고 시장
   경제체제를 도입하려고 했다. 1991년 12월 독립국가연합(CIS)이 결성되었고 소련
   은 해체되었다. 1989년 폴란드의 자유노조연합이 선거에서 승리하며 바웬사가 대
   통령에 당선되어 비공산 정권이 수립되었다. 1989년 동독의 베를린 장벽이 개방되
   었고 이듬해 독일통일이 완성되었다. 동유럽 국가들은 민주화 운동과 더불어 민족
   주의 운동이 전개되며 헤쳐 모여식 재편성이 이루어졌다.
3) 안교성은 동구 공산권 붕괴 이후의 사회주의 국가를 둘로 구분한다. 하나는 사회주
   의를 국시로 고수하는 국가와 다른 하나는 사회주의를 더 이상 국시로 삼지는 않
   지만 사회주의 체제를 유지하는 국가이다. 후자를 후기 사회주의라고 부른다. 안교
   성, "사회주의 국가들에서의 선교신학과 실천의 변화,"『기독교사상』, 725(2019년
   5월): 9.

에서는 자유롭게 선교하는 것이 결코 쉽지 않다. 그들의 헌법에 종교의 자유를 허용한다는 조항이 있다고 해도 현지인조차 자유롭게 전도를 하고 교회를 세우는 일은 결코 수월하지 않다. 그런 상황에서 선교사가 외국인의 신분으로 선교를 하고 교회를 개척하는 일에는 신분상의 제약을 비롯한 다양한 규제와 한계가 있음은 자명하다. 외국 선교사의 선교행위는 실정법을 위반하는 행위가 될 수도 있고 공안의 감시에 발각되어 벌금, 구속, 추방을 비롯하여 차후 입국금지까지 이어질 위험도 있다.[4] 또 현지인들의 감시와 신고도 자유로운 선교활동을 제약하는 요인이기도 하다. 따라서 사회주의 국가의 헌법에 있는 종교자유 조항과 현실의 실행 사이에는 괴리가 있고, 대체로 종교자유 조항은 대내외 과시용으로 존재하는 경우가 많다.[5]

이런 사회주의권 국가에서 선교하는 것 자체가 어려운 일이지만, 장기적으로 선교하기란 더더욱 힘든 일이다. 뿐만 아니라 사회주의권 국가에서 선교하는 것을 공공연하게 알리는 것은 신변보호 문제로 인해 결코 쉬운 일이 아니다. 선교의 긍정적 환경보다는 부정적 요인들이 많은 사회주의권 국가에서 장기간 선교사역을 하고 있는 선교사가 존재한다면 그 선교사의 정체가 무엇인지, 어떤 선교사역을 했는지 또 하고 있는지, 그 선교사의 사역이 진짜인지, 어떻게 장기간 사회주의권 국가에서 선교사역을 할 수 있었는지 등 궁금한 점이 많이 있을 것이다.

이 연구에서는 베트남에서 30년 동안 사역하고 있는 비라카미 선교회장요나 선교사의 선교사역을 고찰하고 선교학적 관점에서 그의 사역을 조명하려고 한다.[6] 사회주의권 특히 베트남 선교에 대한 구체적 방안과

---

4) 중국에서 선교하다가 북한으로 납북된 경우, 또 북한에서 인도주의적 구제활동을 하다가 억류된 경우도 많다. 조은식, "대북선교 위기관리 고찰: 선교사 납치와 선교방향』, 『선교신학』, 제48집(2017): 295-323 참조.
5) 대표적으로 북한이 그렇고 중국이 그렇다.

자료가 없는 상황에서 다양한 분야의 선교현장체험과 자료 분석을 통한 연구를 하여 사회주의권인 베트남 선교의 과거와 현재를 평가하고 미래의 방향을 제시하는 지침서를 만들 필요가 있다.[7] 이 연구는 그런 과정의 아주 작은 한 부분으로 장요나 선교사의 선교현장을 직접 탐방하고[8] 장요나 선교사 관련 문서를 분석하며, 장요나 선교사의 진술과 장요나 선교사 관련 방송을 참고하여 베트남 선교의 활성화와 비전을 살펴보려고 한다. 이 연구가 사회주의권 국가 가운데 베트남이라고 하는 특정 국가를 중심으로 한 선교에 기본적인 자료를 제공하고 사회주의권 국가의 선교전략 구상에 도움이 되리라 기대한다.

2. 사회주의권에서의 선교이해

'선교'를 정의하는 일은 개인마다 또 지역마다 다를 수 있다. 일반적으로 선교는 '복음을 전하는 일'에서 시작하여 '구원의 길로 인도하는 일'까지 포괄적으로 사용된다. 이 일은 단순히 성경을 알려주거나 가르쳐주는 일뿐 만이 아니라 "말씀과 행동과 기도와 예배를 통해 복음을 선포하여 그리스도의 증인이 되도록 하는 것이며, 하나님과의 관계 안에서 사람들과의 관계를 세워나가고 온전한 치유와 화해를 의미한다."[9] 이런 선교의 활동 영역 또한 포괄적으로 "인류의 구원을 위한 복음 전파, 하

---

6) '비라카미'는 베트남, 라오스, 캄보디아, 그리고 미얀마를 지칭하는 용어로, 비라카미 선교회는 이 지역을 선교지로 활동한다는 선교 의지를 담고 있다. 1998년 비라카미선교회가 설립되었다.

7) '사회주의권 선교,' '사회주의국가 선교,' '공산권 선교,' '공산주의국가 선교,' '공산국가 선교,' '베트남 선교' 등의 키워드를 입력했을 때 찾을 수 있는 자료가 극히 제한적이다.

8) 2019년 7월 8－13일까지 베트남 선교탐사 일정을 가졌다.

9) 조은식, "선교신학 연구의 쟁점과 전망,"『삶에서 찾는 문화선교』(서울: 숭실대학교출판부, 2009), 16.

나님 나라 소개, 예배, 성경 공부, 회심, 증인, 교회개척, 교회건축, 용서, 화해, 평화 만들기, 치유, 봉사, 진리수호, 사회정의 추구, 자유, 일치, 인권문제, 가정폭력 방지, 고아 보호, 문맹자 교육, 농사기술 교육, 우물파기, 무주택자를 위한 주택 건설, 환경보존 등"10)을 포함한다고 볼 수 있다. 물론 선교지마다 그 지역과 상황에 맞는 효율적인 선교 방법을 활용하는 일이 중요하다.

필자는 '선교는 삶이다'라고 주장한다. 그것은 선교는 삶을 통해 보여주는 것이어야 한다는 생각을 갖고 있기 때문이다. 예수 그리스도는 우리에게 "너희 빛을 사람 앞에 비취게 하여 저희로 너희 착한 행실을 보고 하늘에 계신 너희 아버지께 영광을 돌리게 하라"(마 5:16)고 했다. 우리가 빛을 비출 때 감춰진 것이 드러나듯 우리의 착한 행실이 드러나 사람들이 그 착한 행실을 보게 된다. 그때 비로소 사람들은 우리가 누구인지 알게 되고 우리가 하나님에게 속한 하나님의 자녀임을 알게 된다는 말이다. 그것이 하나님께 영광 돌리는 일이 되는 것이다. 따라서 삶을 통해 그리스도를 증거할 수 있어야 한다.

원론적인 선교개념과는 달리 선교사마다 또 선교지마다 선교를 이해하는 부분이 다를 수 있다. 중요한 것은 선교사가 어떤 선교 동기를 가지고 선교를 이해하는가이다.11) 비라카미 선교회의 장요나 선교사는 "선교는 순교다"라고 담대하게 말한다. 물론 선교하다가 순교한 경우가 없는 것은 아니다. 예수의 제자들부터 초대교회에 많은 순교자가 있음을

---

10) 위의 글, 17.
11) 베르카일은 선교과제를 성취하기 위한 동기 가운데 불순한 것이 있다고 지적한다. 그것은 선교지를 식민지화 하려는 제국주의적 동기, 선교사의 문화를 이식하려는 문화적 동기, 상업적 이익을 추구하는 상업적 동기 그리고 모교회 모델을 강요하는 교회 식민주의이다. J. Verkuyl, *Contemporary Missiology: An Introduction* (Grand Rapids, MI: Williams B. Eerdmans Publishing Company, 1978), 168–175.

우리는 알고 있다.[12] 우리나라에도 순교자가 있다. 그런데 왜 선교가 순교이어야 하는가? 꼭 선교가 순교와 연결되어야만 하는가? 선교역사가 입증하지만 선교를 할 때 쉽게 선교하는 경우는 많지 않다. 선교지에서는 새로운 학문, 새로운 문화, 새로운 종교가 유입되는 것을 경계하고 반대하고 배척하는 경우가 많다. 그런 상황에서 선교를 하다가 오해와 갈등과 핍박으로 순교하게 된다. 물론 이것은 선교지 문화와 종교를 이해하지 못한데서 오는 갈등으로 인해 야기되기도 하고,[13] 외국인의 유입을 두려워하는 자국민의 방어로 나타나기도 하며, 선교지의 정치적 상황과 맞물려 무력대응으로 인해 발생하기도 한다. 특히 현재도 타종교권 국가에 들어가 선교했을 때 또 사회주의권 국가에서 선교활동을 할 때 죽음을 각오하지 않을 수 없다. 또 죽음을 각오하지 않으면 선교할 용기가 나지 않고 선교를 지속하기 어려운 것도 사실이다. 그래서 그는 선교지를 영적 전쟁터로 간주한다. 선교지는 영적 전쟁의 최전선으로 실제 전쟁의 전방보다 더 위험한 곳으로 여긴다.[14] 그런 연유로 아예 순교를 각오하고 선교에 임하는 장요나 선교사의 결연한 의지가 바로 "선교는 순교다"라는 그의 외침에 담겨있다고 여겨진다.

장요나 선교사는 하나님이 그에게 주신 마음이 있다고 고백한다. 그것은 "고난이 있고 죽임을 당하더라도 가야만 한다. 그게 너를 뽑아 선교

---

12) 터툴리안은 "순교자의 피는 교회의 씨"라고 말했다. 윌리스턴 워커, 『기독교회사』, 류형기 역(서울: 한국기독교문화원, 1988), 62.
13) 과거 서구 선교사들은 현장의 문화를 이해하지 못한 채 자신의 세계관을 가지고 들어가 그것이 표준인 것처럼 서구 세계관을 강요하거나, 자신의 문화가 기독교문화라 여기고 그것을 현지에 그대로 이식시키려고 하거나, 전통문화나 민속종교를 무시하거나 미신시하고 기독교만을 강조하거나, 제국주의와 같이 감으로 문화적 침략자로 오인받기도 하였다. Paul G. Hiebert, *Anthropological Insights for Missionaries*(Grand Rapids, MI: Baker Book House, 1985), 111–137, 184, 287, 263.
14) 이건숙, 『정글에 천국을 짓는 사람』(서울: 두란노, 2011), 96.

사로 만든 내 뜻이다. 그렇게 하는 것이 선교사들이고 주의 종들이 갈 길이다. 갈 수 없는 곳에 가야 하고 죽음이 기다리는 곳에 가야만 하는 것이 사명자의 길이다."15)라는 것이다. 이런 마음을 갖게 된 장요나 선교사는 죽음이 두렵지 않다. 왜냐하면 순교는 영광스러운 것이기 때문이다. 그래서 그는 담대히 말한다. "선교사란 살려고 하는 사람이 아니요 죽음을 각오한 사람이다."16) 죽음을 각오하고 선교에 임하는 그는 아주 특이하게 관 위에서 잠을 잔다.17) 그의 모습에서 마치 "나는 날마다 죽노라"(고전 15:31)하는 사도 바울이 떠오른다. 그는 "왜 이렇게 어려운 현장에서 죽음을 무릅쓰고 선교를 해야만 하는가? 그것은 하나님의 명령이기 때문이다."18)라고 말한다. 여기서 선교에 임하는 우리는 이런 철저한 사명감을 갖고 있는지 돌아보게 된다.

2.1 비라카미의 베트남

베트남이라는 선교지 상황을 살펴보자. 베트남은 공식명칭이 베트남 사회주의 공화국이다. 그 말은 사회주의 국가란 말이다. 경제적으로 시장원리가 도입되었으나 정부는 공산주의 일당 체제를 유지하고 있다. 과거 베트남은 자유진영의 남쪽 월남과 공산주의인 북쪽 월맹으로 분리되어 미국이 개입한 큰 전쟁을 치렀다. 월맹의 전술에 속은 미국과 월남은 결국 패망했고 베트남은 월맹에 의해 1975년 공산화되었다. 이후 월남이라는 이름은 사라졌고 공산화된 이 나라는 베트남으로 불리게 되었다. 공산주의로 통일되었다고는 하지만, 남쪽에는 과거 월남의 화려하고 발

---

15) 위의 책, 242.
16) 위의 책, 291.
17) "그의 침대인 관은 끊임없이 자신과 싸움을 하는 곳이요 날마다 자신을 회개하고 돌아보는 장소다. 관은 그의 기도처요, 하나님을 만나는 지성소이기도 하다." 위의 책, 134.
18) 위의 책, 165.

전된 문화가 남아 있고, 북쪽은 공산주의의 어둡고 음울한 기운이 아직도 뒤덮고 있다. 특히 월남의 수도였던 사이공은 월맹의 지도자 호찌민의 이름으로 대체가 되었는데 이것은 과거 월남 사람들에게는 치욕적인 일이었다. 공산주의자들은 바로 그 점을 이용해 이제 월맹이 지배하는 공산주의 사회가 되었다는 것을 알리며 동시에 월남 사람들의 자유주의 사상을 위축시키기 위해 의도적으로 그렇게 한 것으로 보인다. 과거의 사이공, 현재의 호찌민 시는 전쟁으로 무너진 곳들을 재건하는 데 그리 오래 걸리지 않았고, 많은 해외여행자들이 방문하는 관광지로 알려지며 사회주의 국가인지 모를 정도가 되었다. 반면, 북쪽의 하노이는 현 베트남의 수도로 과거와 비교해 볼 때 조금은 발전하였으나 호찌민 시에 비하면 아직도 낙후된 곳이 많이 있다.

베트남이 1975년 공산화된 후 교회는 철거되거나 창고로 전락되었다. 많은 신부와 목사들이 재교육이라는 명목으로 집단수용소 생활을 했다. 그곳에서 많은 사람이 학대와 굶주림으로 죽었다. 또 반동으로 재판받고 처형되거나 외딴 곳에 추방되기도 했다. 이런 비참한 일을 목격한 많은 사람은 두려움으로 인해 종교에서 떠나거나 종교 기피증에 걸리기도 했다.[19] 공산주의, 사회주의권인 베트남에는 종교의 자유가 없었다. 그러다 2000년 당시 클린턴 미국 대통령과 힐러리 여사가 베트남을 방문하는 일을 계기로 명목상이나마 종교의 자유가 싹트기 시작했다. 그리하여 2002년부터 제한적이나마 전도가 가능해졌다. 집회 허가를 받으면 공식적으로 예배를 드릴 수도 있게 되었고 정식으로 건축허가를 받아 교회를 건축할 수도 있게 되었다.[20] 호찌민 시를 중심으로 한 베트남 남부지역은 그래도 종교기관들이 설립되었으나 북쪽은 아직도 전도하는 것조

---

19) 위의 책, 157. 김능환, "베트남의 기독교 핍박을 바라보며," 『이처럼 사랑하사』, <선교사역보고 합본>, 제3권, 95.
20) 이건숙, 『정글에 천국을 짓는 사람』, 170.

차 어려운 실정이다. 베트남에는 아직도 구소련 국기가 펄럭이고 집에는 붉은 바탕에 별모양의 국기(금성홍기)를 게양한 것을 볼 수 있다.

베트남 사회주의 헌법에는 공민은 어떤 종교를 따르거나 따르지 않을 자유가 있다고 되어 있다. 그러나 외국인이 선교를 하는 것은 금지되어 있다. 베트남 종교법에는 외국인의 경우 중앙의 종교담당 국가관리 기관의 승인을 받은 후에 기존 종교처소에서 강론할 수 있다고 제한하였다. 그리고 반드시 베트남 종교단체의 규정을 존중하고 베트남 법률의 규정을 준수해야 한다고 되어 있다. 그러나 장요나 선교사는 그런 법에 개의치 않는다. 그에게는 인간이 만든 법보다는 하나님의 법이 상위법이기 때문이다. 그런 그는 이렇게 담대히 말한다. "종교제한법을 지키려면 무엇 때문에 여기에 와서 이 고생을 합니까? 그 법을 넘을 수 있어야 합니다. 인간이 만든 종교법 위에 하나님의 법을 세울 수 있어야지, 세상의 종교법에 구속되어 무엇을 하겠다는 겁니까?" 베트남 법을 지키기보다는 하나님의 법을 먼저 지켜야 한다는 믿음과 용기를 보여준다. 어찌 보면 고개가 갸우뚱거려지며 이렇게 해도 되나 하는 의구심이 들 정도로 무모해 보이기도 한다. 거의 니버의 '문화에 대립하는 그리스도'를 연상케 한다.[21]

사회주의 국가에서 외국인 신분으로 선교사역을 하려니 걸리는 부분이 많다. 그럼에도 그는 베트남 정부 법에 순응하기보다 하나님의 말씀에 순종하는 것이 마땅하다는 지론을 갖고 있다. "나는 이 나라의 법을 지키러 온 것이 아니다. 하나님의 법을 이 땅에 실현시키고자 온 것이다."[22] 한편으로는 수긍이 되기도 한다. 베트남이 아니라 대한민국에 살

---

21) H. Richard Niebuhr, *Christ and Culture*. (New York, N.Y.: Harper & Row, 1951), 45–82 참조. Charles H. Kraft, *Christianity in Culture*. (Maryknoll, N.Y.: Orbis Books, 1981), 104–106 참조.

22) 이성중, "떵떱비라카미교회 헌당예배를 드리고," 『이처럼 사랑하사』, <선교사역보

고 있는 우리는 어떤지 생각해 보자. 우리는 이 사회에 살면서 하나님의 법을 사회법보다 더 존중하는가, 아니면 하나님의 법은 교회에서만 지키고 세상에서 살 때는 하나님의 법은 잠시 외면하고 세상 법대로 살아가고 있지는 않은지 돌아볼 필요가 있다.

2.2 베트남 선교사역 현황

성경은 무엇을 선교할 것인가 하는 선교의 내용을 제공해 주지만, 어떻게 선교할 것인가 하는 방법은 선교지마다 다르게 강구되어야 할 것이다.[23] 단지 베트남 법을 지키기보다 하나님의 법을 실현시켜야 한다는 고집스런 그가 어떤 선교를 하고 있는지 살펴보자. 장요나 선교사가 처음 베트남으로 갔을 때는 아무런 준비가 없었던 것으로 보인다.[24] 그저 선교열정과 베트남 사람들에 대한 긍휼함만이 있었던 것으로 여겨진다. 그 당시에는 베트남이라는 나라의 지역적 배경을 이해하거나 문화를 알지 못한 상태였다.

선교지에서 거지를 만났을 때 어떻게 하는 것이 좋을까? 보통 선교지를 방문하여 길에서 구걸하는 어린아이들을 보게 되면 측은지심(惻隱之

고 합본>, 제2권, 172. 이 말은 니버의 '문화 위의 그리스도'를 연상케 한다. H. Richard Niebuhr, *Christ and Culture,* 116-148.

23) J. H. Bavinck, 『선교학 개론』, 전호진 옮김(서울: 성광문화사, 1983), 96.

24) 그가 베트남에 가게 된 동기는 식물인간으로 있을 당시 그에게 보여진 환상이 '야자수 숲 우거진 곳'이었다. 그때는 그곳이 어디인지 몰랐다. 그 후 감림산 기도원에서 그는 또 환상을 보게 되었다. 그리고 그곳이 "네가 전에 갔던 곳"이라는 음성을 듣게 되었다. 그곳은 1967년 베트남 전쟁 때 십자성부대로 참전했던 곳임을 깨닫게 되었다. 그리고는 그는 신학공부를 마치고 주저 없이 베트남으로 향했다. 이건숙, 『정글에 천국을 짓는 사람』, 72, 79-80, 106-110. 이런 과정을 통해 하나님이 그를 부르신 두 가지를 생각해 볼 수 있다. 하나는 식물인간이었을 당시 그를 구원으로 초청하신 부르심이고, 다른 하나는 그를 일으켜 세우셔서 선교사로 사명을 주시며 부르신 일이다.

心)이 발동하여 먹을 것을 주기도 한다. 때로는 돈을 주기도 하는데 돈을 줄 경우 술이나 마약을 할 우려가 있으므로 돈을 주지 말라고 하기도 한다. 또 돈을 주면 다른 거지들이 나타나 자기에게도 돈을 달라고 손을 내밀며 당당하게 요청하는 경우도 있다. 선교적 차원에서 거지들을 위한 쉼터(shelter)를 만들 수도 있겠으나 그런 일은 시간과 절차가 필요하고 운영 또한 그리 수월하지 않다.

우리나라와 베트남이 수교되기 전인 1990년 장요나 선교사는 사업자의 신분으로 베트남에 들어갔다.25) 하노이 거리에 있는 거지들이 너무 불쌍해서 빵과 물을 주었는데 그 일로 공안이 그를 체포했다. 외국인은 접촉허가증이 있어야 현지인을 만날 수 있는데 허가증 없이 현지인을 접촉했다는 이유에서였다. 그만큼 경직된 사회가 바로 베트남이다.26) 베트남에서 거지들에게 먹을 것을 주었다고 잡혀가고 벌금을 내고 추방되는 실제적 경험을 통해 베트남은 직접선교가 어려운 선교제한 국가라는 인식을 하게 되었다. 그러면서 그가 깨달은 것은 공산국가에서 선교하기 위해서는 간접선교가 필요하다는 사실이었다. 사실 그 당시 베트남에서

---

25) 그는 신학공부를 마치고 사랑의 병원 선교회 파송으로 베트남으로 갔다. 그때는 우리나라와 베트남이 수교가 되지 않아 화승 르까프 지사장 명함을 들고 태국의 방콕에서 비자를 받아 입국했다. 위의 책, 114-118.

26) 이 일로 14일 동안 감금되었다. 이외에도 장요나 선교사와 동역하는 도원주 선교사는 장요나 선교사가 겪은 핍박의 일부를 언급한다. 1994년 혼자 투숙한 호텔에서 찬송을 부르다 종교경찰에 붙잡혀 경고 받은 일, 1995년 베트남 남부 롱안성 구멍가게에서 교회 주소를 묻다 경찰에 붙잡혀 3일 동안 감금과 조사를 받은 후 벌금을 내고 풀려난 일, 2011년 3월 15일 람동성 까도서창제일교회 준공 헌당예배와 2012년 8월 26일 꽝찌성 꾸버미래국교회 준공 헌당예배 중 현지 경찰에 붙잡혀 조사받고 풀려난 일, 2012년 12월 17일 소수민족과 접촉했고 허가 없이 현지교회에서 설교했다고 호찌민 보꽁안(종교성 경찰)에 소환되었다. 반면, 고아원, 유아원, 초등학교, 병원설립 등의 NGO 활동에 고맙다고 풀어주기도 했다. 도원주, "베트남의 핍박," 『이처럼 사랑하사』, <선교사역보고 합본>, 제3권, 257. 이건숙, 『정글에 천국을 짓는 사람』, 114-118.

는 외국인의 현지인과의 접촉이 금지되어 있어 직접적인 선교가 거의 불가능했다. 따라서 간접적인 선교를 통해 사역을 할 수밖에 없었다.[27] 가능한 간접선교로는 학교를 세워 교육하는 일, 고아원을 세워 아이들을 돌보는 일, 병원을 세워 치료하는 일 그리고 미용선교와 같은 전문인 선교가 그것이었다.

그는 과거 대기업에서 주요업무를 추진하던 경험과 회사를 이끌던 능력을 발휘하여 나름대로의 선교전략 수립하게 되었다.[28] 그는 크게 두 가지 선교를 병행하고 있다. 하나는 병원을 설립하여 환자들을 치료하며 하나님의 복음을 전하는 의료선교이다. 다른 하나는 무너진 교회를 찾아 재건하고 필요한 곳에 교회를 세우는 교회건축 사역이다. 이 둘은 다 그 지역사회에서 의술과 복음전파를 하는 거점선교 역할을 한다.

물론 이 외에도 신학교를 설립하여 제자양육을 하는 일과 고아원을 통한 어린이 사역도 하고 있다. 사실 하노이에 있는 아가페 고아원은 고아원이라기보다 공산당원들이 자신의 아이들을 맡긴 탁아소였다. 그럼에도 그는 고아원을 설립하여 아이들을 돌보고 있다. 장요나 선교사가 사역하는 선교의 구체적인 내용은 추후 분야별로 분석하고 평가하여 방향을 설정하는 일이 필요하다고 사료된다. 이 논고에서는 그 내용을 간략하게 살펴보겠다.

---

27) 사랑의 집짓기, 다리 놓아주기, 컴퓨터 교실 등을 통한 지역사회 개발을 통한 봉사도 포함된다. 김덕규, "지역사회 개발을 통한 베트남 선교: 빈롱성 한아봉사회 활동을 중심으로,"『선교와 신학』, 제37집(2015): 116-118. 안교성은 동독의 예를 들면서 사회주의 국가에서의 선교는 디아코니아가 적절함을 피력한다. 안교성, "사회주의 국가들에서의 선교신학과 실천의 변화," 11-14.
28) 장요나 선교사는 벽산그룹 기획실장과 (주)한영기업 대표이사였고, 1985년 아시아게임을 위한 부산의 수영로 요트 경기장 건설 현장 책임자로 일하다 쓰러져 식물인간이 되었다. 그 후 병명도 모른 채 10개월간 투병생활을 했다. 이건숙, 『정글에 천국을 짓는 사람』, 62.

2.2.1 의료선교

의료선교는 선교사역의 주요한 부분이다. 예수가 병든 사람을 고쳐주 었듯이 선교역사를 보면 많은 지역에서 의료인들이 선교에 동참하기도 하였고 의료선교사로 사역하기도 하였다. 의료선교의 목적 가운데 하나 는 공중보건을 통해 선교지 주민들의 건강을 증진시키기 위한 것이다. 이것은 단순히 개인치료와 관련된 것이 아니라 개인의 건강이 지역사회 의 건강과 연관되어 있기 때문에 중요성을 갖는다. 또한 치료를 통해 그 리스도의 사랑을 나누고 보여주기 위한 것이다. 사실 많은 환자들이 의 료인들의 치료와 사랑에 감동하기도 한다. 이런 일이 현지인들을 그리스 도에게 인도하는 길이 되기 때문이다.[29]

직접선교가 어려운 베트남의 경우 간접선교의 일환으로 장요나 선교 사는 1993년 선교병원을 짓게 되었고 베트남 정부로부터 최초로 NGO 허가를 받게 되었다. 현재 베트남 남부에 7개, 북쪽 지역에 9개의 병원 이 세워져있다.[30] 이 병원들은 국가안전기획부의 빠꼼(PACCOM)이라는 기관에 NGO로 등록되어 있다.[31] 그는 의료선교는 "선교가 제한된 공 산국가에서 병들고 외로운 사람들의 마음을 치유해 주고 사랑을 심으며 영혼구원을 위하여 함께 기도하는 깊은 사랑의 선교"라고 말한다.[32] 병

---

29) 허버트 케인, 『선교사의 생활과 사역』, 백인숙 옮김(서울: 두란노서원, 1992), 379-401. 지역사회 보건선교에 대해서는 스탠 롤랜드, 『21세기 세계선교의 새로 운 패러다임』, 정길용 옮김(서울: 이레닷컴, 2003) 참조. 특히 21-43, 121-164, 197-263, 295-313 참조.

30) 남쪽에 있는 병원은 농푸사랑의병원, 떤빈사랑의병원, 띄우깐사랑의병원, 년짝사랑 의병원, 쑤임목사랑의병원, 요협사랑의병원이고, 북쪽에 있는 병원은 깐욕사랑의병 원, 빈선사랑의병원, 응엔빈사랑의병원, 탄하사랑의병원, 닌빈사랑의병원, 하선사랑 의병원, 동린사랑의병원, 하이증사랑의병원, 나중사랑의병원이다.

31) 이건숙, 『정글에 천국을 짓는 사람』, 124-127. 빠꼼은 '국제친선협회'라는 이름을 달고 NGO들을 감시한다. 위의 책, 148.

32) 장요나, "공산권 복음 상황화," 『베트남 선교 30주년 선교심포지엄 Guide Book』,

원선교의 유익한 점은 첫째, 장기적으로 지속적이고 안정적인 선교를 할 수 있다. 둘째, 치료와 상담을 통해 현지 주민들에게 긍정적으로 복음을 전할 수 있는 기회가 발생한다. 셋째, 의술로 치료하고 복음으로 치유하는 전인치유가 가능하다.[33]

2.2.2 신학교육

선교사역에 있어서 중요한 영역은 교육이다. 특히 현지 교회를 이끌어 갈 지도자를 양성하는 교육선교는 선교지의 미래를 위해 매우 중요한 사역이다. 언제까지나 선교사가 선교지에 머물 수는 없는 일이기 때문이다. 또한 현지 교회 지도자 양육을 통해 지역사회의 또 선교지의 선교사역에 관심을 갖고 참여하도록 일깨워 주어야 한다. 여기서 더 나아가 현지 교회 지도자 가운데 선교사도 배출되고 신학자도 배출될 수 있도록 하여 현지 신학을 이끌어가고 세계선교에도 참여하도록 해야 한다. 그런 면에서 신학교육은 매우 중요한 의미를 갖는다.[34] 반면, 현지 신학교육의 어려운 점은 교사 수급의 문제, 현지에 맞는 교육과정 개발, 인가문제 등이다. 무엇보다 사회주의권이나 이슬람권에서 겪는 공통된 문제라 볼 수 있다. 베트남은 사회주의권 국가이므로 공인된 교단이 아니면 공개적으로 신학교를 설립하여 현지 목회자를 양성하는 일이 수월하지 않다. 베트남에 있는 기존의 신학교들은 1976년부터 폐쇄되었다.

형식적이나마 종교 활동의 자유가 주어진 이후, 베트남 정부의 공식적인 허가나 인가를 받을 수가 없어서 장요나 선교사는 2000년 9월 은밀히 비라카미 선교신학교를 세워 현지인 교회 지도자와 선교사를 양성하

(2019년 10월 7~8일), 68.

33) 최요한, "공산 국가엔 병원 선교가 필요하다," 『이처럼 사랑하사』, <선교사역보고 합본>, 제1권, 156.

34) 허버트 케인, 『선교사의 생활과 사역』., 403−421.

고 있다. 15명의 교수진들이 강의하지만 한국의 목회자들과 신학자들이 방문하여 객원교수로서 집중강의를 맡기도 한다. 신학교는 3년제로 신학과, 성서학과, 종교음악과가 있는데 신학과 졸업생은 소속 노회의 목사고시를 거쳐 목사안수를 받고 교회에서 사역하게 된다. 성서학과는 졸업 후 교회와 선교기관에서 전도사로 봉사할 수도 있고 신학과로 편입할 수도 있다.[35] 1기 졸업생 62명이 배출된 이후 매년 60명 정도가 입학하고 40명 정도가 졸업하고 있다. 3년 과정의 신학교를 졸업 후 공인된 호찌민(사이공) 성경학교에 편입하여 1년을 더 공부하면 목사안수를 받게 된다. 그는 선교의 꽃은 제자훈련이라고 믿는다. 제자들을 양육하여 비라카미 지역에 파송하여 사역하게 하는 것이 그의 꿈이다.

2.2.3 교회건축

선교사역의 중요한 분야는 교회개척이다. 선교지에서 복음을 전하고 회심한 현지인들의 공동체를 형성하여 지속적인 가르침과 양육을 위해 교회공동체는 필수라 하겠다. 그러나 지역사회의 형편을 고려하지 않은 무분별한 교회건축은 덕이 되지 못하고 오히려 빈축을 살 우려가 있다. 또 현지 지역교회를 외면하고 선교사가 교회를 건축하는 것은 불필요한 경쟁구도를 형성해 현지인 교회에 부정적인 영향을 주기도 하고 현지인 목회자와 갈등을 일으키기도 한다.

장요나 선교사의 사역 가운데 두드러진 것은 교회건축이다. 그의 교회건축 사역에는 특징이 있다. 무작정 교회를 세우거나 사람이 많이 모일 만한 지역을 선정해 교회를 세우는 방식이 아닌, 일차적으로 공산주의 치하에서 무너진 교회를 찾아 재건하는 방식을 택하고 있다. 이것은 아

---

35) 장요나, 『이제 내가 너를 소유하리라 가라, 니느웨로!』(서울: 나침반, 2020), 300-305; 장요나, 『나의 니느웨! 베트남 선교행전』(고양: 상상나무, 2020), 171-175; 이건숙, 『정글에 천국을 짓는 사람』, 229.

주 긍정적인 교회 재건의 모습이다. 아울러 선교사 자신이 교회를 세우는 것이 아니라 무너진 현지교회의 목회자나 교인들을 찾아 그들로 하여금 교회를 재건하도록 동기부여를 하고 격려하여 그들 스스로 교회 재건을 결정하도록 한다.[36] 이것은 현지인들이 주인의식을 갖고 교회를 섬기도록 하는 데 매우 좋은 방법이다. 장요나 선교사가 현지인 및 후원자들과 협력하여 세운 교회 가운데 절반이 마치 이사야서 6:12~13에[37] 나오는 그루터기를 찾듯 과거에 존재했던 교회 터를 찾아 재건한 곳이다. 베트남에는 아직도 창고로 사용되는 과거의 교회건물이 있다. 이런 곳도 교회로 원상복귀되기를 기도하며 소망하고 있다.

재정문제에 있어 장요나 선교사의 원칙이 있다. 교회 재건 설계에 관여하여 재정의 일부를 지원하는 방식을 택한다. 교회 건축비도 전부를 주지 않는다. 비용을 한꺼번에 다 주면 유용되기도 하고, 교회건축 후 교회관리를 하지 않는 것을 보았다. 그래서 가능하면 건축비 절반을 후원받아 지원하고 나머지 절반을 교인들이 부담하도록 한다. 추가비용이 발생하면 그것은 장요나 선교사가 책임을 지기도 한다. 교회가 완공되면 현지 교인들이 스스로 교회를 운영, 관리하며 자립하도록 돕는다.[38] 우리에게는 네비우스의 삼자정책으로 알려진 자전, 자립, 자치의 실천을 보는 듯하다.[39]

---

36) "1993년 이후부터 공산치하의 정책으로 그간 문을 닫았던 교회를 보수하고 신축한 숫자가 60 교회나 되었다. 한국의 후원자들과 연결하여 지은 교회가 모두 합쳐 100개" 넘었다. 이건숙, 『정글에 천국을 짓는 사람』, 267.
37) "여호와께서 사람들을 멀리 옮기셔서 이 땅 가운데에 황폐한 곳이 많을 때까지니라. 그중에 십분의 일이 아직 남아 있을지라도 이것도 황폐하게 될 것이나 밤나무와 상수리나무가 베임을 당하여도 그 그루터기는 남아 있는 것 같이 거룩한 씨가 이 땅의 그루터기니라 하시니라"(사 6:12~13).
38) 이건숙, 『정글에 천국을 짓는 사람』, 296.
39) 삼자정책은 루퍼스 앤더슨(Rufus Anderson)과 헨리 벤(Henry Venn)이 1861년 경 신생교회들의 독립의 기초가 되는 세 가지 원칙을 제안한 것이다. J. Verkuyl,

선교의 열정은 있었으나 선교방법론을 잘 인지하지 못했던 초기 시절과 달리 그는 선교지인 베트남에 대한 세밀한 분석을 통한 선교전략을 세우고 있다. 상황에 대한 적절한 이해가 없는 선교는 공격적이 될 위험이 있고 불필요한 문제를 야기할 소지가 있기 때문이다.[40] 그는 정치적, 사회적 상황분석과 문화적 차이를 고려하여 지역에 맞는 현장중심의 효율적인 선교정책을 세우고 있다.[41] 사회주의권에 적용 가능한 맞춤형 선교방법이 지속적으로 개발되어야 할 것이다.[42] 아울러 선교지와 선교지 문화에 대한 이해와 존중의 틀에서 선교정책을 구상하고 선교를 실천하는 일이 바람직함을 기억해야 한다.

2.3 상반된 평가

사회주의권에서 선교를 힘들게 하는 요인은 일차적으로 종교법이라 할 수 있다. 그리고 그 법을 집행하는 기관 또한 선교를 어렵게 한다. 베트남도 예외는 아니다. 선교사역을 방해하거나 걸림돌이 된 것은 일차적으로 베트남 공안이었다. 처음 의료선교를 시작했을 때 장요나 선교사는 의사 가운을 입고 환자들을 맞이했다. 그는 의사도 아니면서 의사 가운을 입고 다니며 의사행세를 했다는 죄목으로 구류되어 재판을 받았다. 의사가 아닌데 의사 가운을 입은 것은 잘못이지만, 의사 행세를 한 것은 아니었다. 다만 흰 가운이 환자들에게 주는 신뢰와 안정을 나타내기 위함이었을 뿐이었다.[43]

Contemporary Missiology, 184-188.

40) 임희모, "베트남 사회주의 상황에서의 통전적 선교 전략," 『선교신학』, 제21집 (2009): 286.

41) 신성종, "장요나 선교방법과 특징," 『베트남 선교 30주년 선교심포지엄 Guide Book』(2019년 10월 7~8일), 63, 64. 장요나, "공산권 복음 상황화," 68.

42) 안교성, "사회주의 국가들에서의 선교신학과 실천의 변화," 18-19.

43) 이건숙, 『정글에 천국을 짓는 사람』, 158; 장요나, 『이제 내가 너를 소유하리라 가

구류와 재판을 통해서 선교지의 또 다른 어두운 면을 보게 되었다. 베트남 공안의 감시와 통제보다 더 서글픈 것은 한국 사람들의 민원과 비난이었다. 장요나 선교사를 추방시켜달라고 투서, 고소, 고발한 사람 가운데 한인이 있었다는 사실을 공안을 통해 알게 되었다. 공안이 "한국 사람이 민원을 내서 어쩔 수 없이 조사를 한 것입니다."라고 실토함으로 알게 된 사실이었다.[44] 마음을 아프게 하는 부분이다. 이것은 가룟 유다와 같은 사람이 언제나 우리 가운데 있다는 사실을 상기시켜 준다.

베트남을 비롯한 주변국에서 사역하는 한인선교사들은 장요나 선교사를 그리 달가워하지 않는다. 왜 장요나 선교사는 주변 선교사들에게 비호감으로 비쳐질까? 장요나 선교사의 성격에 독불장군적인 면이 강해 자신의 방식이 맞는다고 생각하면 고집대로 밀고 나가는 스타일 때문에 그랬을 수도 있다.[45] 또 다른 면으로는 장요나 선교사가 그의 글에서 언급했듯이 "아마 시기가 나서 그런 것 같다"고 볼 수도 있다.[46] 안타까운 점은 장요나 선교사의 교회건축 사역이 현지인들에게는 환영을 받으나 주변 한인선교사들에게는 질투와 시기의 표적이 되고 있다는 점이다.

"베트남은 공산권이라 교회가 없고, 교회를 세울 수도 없으며, 특히 신학교는 있을 수 없다"고 말하며 그의 사역을 폄하하는 사람들은 베트남 사람이 아니라 한국 사람이라는 사실이다. 그러나 호찌민 시를 관광하면 길가에 있는 절은 물론이거니와 교회나 성당을 볼 수 있다. 그것은 어떻게 설명할 것인가? 그것은 원래부터 있던 것이라고 변명할지도 모른다. 반동(反動) 교회들은 그렇게 되었고 베트콩에 협조한 교회는 남아 있

라, 니느웨로!』, 292-293.
44) 이건숙, 『정글에 천국을 짓는 사람』, 289. 고발자 모두 한인 선교사였다. 장요나, 『이제 내가 너를 소유하리라 가라, 니느웨로!』, 298.
45) 장요나, 『나의 니느웨! 베트남 선교행전』, 325.
46) 장요나, 『이제 내가 너를 소유하리라 가라, 니느웨로!』, 298.

는 거라고 할까. 궁색한 변명이리라. 베트남 현지에 가서 보면 금방 탄로 날 거짓말로 특정인의 선교사역을 비난하는 이유가 무엇일까? 심지어 교회건축에 대해서는 "컴퓨터로 조작, 합성한 교회 사진을 갖고 다니면서 헌금을 강요한다"는 비난도 있었다.47) 그도 그럴 것이 30년 동안 사역하며 약 280개의 교회를 재건하거나 신축, 16개 병원 설립 등, 그 어느 누구도 감당할 수 없는 가시적 실적을 내놓고 있으니 일 년에 교회 하나도 개척하지 못하는 선교사의 입장에서는 자신의 사역과 비교했을 때 열등감과 질투가 복합적으로 작용했을 것으로 보인다.

또 일반적으로 선교사들은 사역도 하지만 가족도 책임져야 하는 부담이 있다. 그런데 가족을 한국에 두고 아는 사람 아무도 없는 베트남에 혈혈단신으로 와서 하나님만 의지하며 선교하는 그는 '선교사는 집이 없는 순례자'라는 생각을 갖고 있다. 가족을 한국에 두고 혼자 베트남에서 선교하는 것으로 인해 오해도 루머도 있었다. 심지어 그를 재판하던 공안조차 의구심을 갖기도 했다.48) 그러나 "그는 가정을 버린 것이 아니라 하나님께 맡긴 것이다."49) 그의 모습은 부모와 처자식 그리고 고향을 뒤로하고 예수님을 따라갔던 사도들의 발자취를 재현하는 듯하다.

순례자 정신으로 순교자적 신앙으로 무장된 그는 목숨을 걸고 '선교는 순교다' 하면서 앞만 보고 달려가고 있으니, 사방으로 우겨쌈(고후 4:8~10)을 당해도 두려워하지 않는다. 왜냐하면 예수 그리스도라는 목표

---

47) 이것뿐만이 아니다. '교회를 지을 때마다 남기는 이익이 있어서 교회건축에 열을 낸다,' '기초공사만 하고 기둥을 세우고 지붕을 올리는 간단한 건축이라 비용이 적게 든다,' '인건비도 싸고 땅값도 싸니까 교회건축이 수월한데 건축비는 너무 많이 가져간다,' '개인 이름으로 사놓은 땅이 많다'는 등 가짜 뉴스로 마음을 힘들게 하고 실망하게 만들기도 한다.

48) 한번은 주변인의 민원고발로 잡혀가 14일 동안 재판을 받을 때 공안이 그에게 한 질문 가운데 하나는 "어떻게 자신의 가족을 떠나 남의 땅에 와서 이렇게 할 수가 있는가"였다. 위의 책, 159.

49) 위의 책, 95.

가 있기 때문이다. 복음에는 대가가 필요하다. 더구나 베트남과 같은 공산권에서의 선교는 생명을 담보로 하지 않으면 할 수 없을 정도로 사역이 위험하다. 따라서 순교와 희생이 따라온다는 점을 그는 항상 기억하고 있다.[50]

그런데 이것을 바라보는 주변 선교사의 입장은 불편할 것이다. 드러나지 않게 조용히 선교하는 선교사에게는 돌격형의 그의 선교방식이 부담스러울 수도 있다. 더구나 그의 선교 추진력과 재정후원 능력은 과히 타의추종을 불허하니 내세울 것이 없는 생계형 선교사의 입장에서는 그저 싫을 뿐이다. 그의 선교열정과 가시적 결실에 대해 주변의 시샘과 중상모략이 비례해서 확대 재생산된다. 뿐만 아니라 주변 선교사의 부정적 평가, 질투, 질시, 비난, 유언비어, 가짜뉴스가 전달되어 비라카미 지역에서 장요나 선교사와 연관되어 있다고 하면 아예 협력자체를 거부할 뿐만이 아니라 적대시하는 일조차 발생한다고 한다.[51] 마치 바울이 동족 유대인에게 매를 맞고 배반을 당하고 고초를 당하고 환영을 받지도 못한 것처럼(고후 11:23~27), 장요나 선교사도 같은 한인 선교사들에게 환영을 받지 못하고 음해를 겪고 있으니 그 마음이 얼마나 아프겠는가.

---

50) 최요한, "복음에는 대가가 필요하다," 『이처럼 사랑하사』, <선교사역보고 합본>, 제1권, 157.

51) 전제봉, "그동안 감사합니다," 『이처럼 사랑하사』, <선교사역보고 합본, 제2권>, 189. 정재규 목사는 이런 선교사들을 '짝퉁'이라 부른다. 정재규, "짝퉁을 몰아내자!" 『이처럼 사랑하사』, <선교사역보고 합본>, 제2권, 47. 캄보디아 한인 선교사들이 캄보디아 수도의 프놈펜 포체통 공항에서 '장요나 선교사는 돌아가라, 당신의 선교지는 베트남이 아니냐'며 피켓을 들고 시위를 했다고 한다. 임영택 목사는 장요나 선교사를 비난하는 주변 한인선교사들에게 "당신은 장사지낼 때 사용하는 관 위에서 잠을 자 본 일이 있는가? 공안에 핍박을 당하며 감옥에 끌려 다니며 복음을 전하는 그 현장에 가 본 일이 있는가?"하고 묻는다. 임영택, "잘못된 정보에 선교가 늦어진다," 『이처럼 사랑하사』, <선교사역보고 합본>, 제2권, 225, 224. 최요한, "끝나지 않은 베트남 영육 전쟁," <선교사역보고 합본>, 제3권, 104-105.

장요나 선교사의 사역에 대해 부정적 평가와 음해가 지속적으로 있었던 것이 사실이지만, 그럼에도 불구하고 순교의 정신으로 목숨 건 선교를 30년 동안이나 하면서 이룬 성과들과 그의 사역지를 돌아보고 감동되어 선교에 직간접적으로 동참하는 선교동역자들과 후원자들도 많아졌다. 뿐만 아니라, 베트남 서기장이 장요나 선교사역을 지지한 일과[52] 그 후 장요나 선교사가 베트남에서 최초로 NGO 허락을 받은 것은 어떻게 해석해야 할까? 또 장요나 선교사를 여러 번 핍박했던 쫘빈 성의 부성장이 밤에 몰래 장요나 선교사를 찾아와 기도해 달라고 했던 일과 예수 그리스도를 고백한다고 했던 일은 어떻게 보아야 할까? 그일 후에 경찰을 위한 구찌병원이 설립되었다.[53] 심지어 민원 고발로 인해 장요나 선교사를 조사하던 베트남 공안이 "옹짱은 참으로 훌륭한 사람이오. 본의 아니게 고생을 시켜서 미안하오. 민간고발이 들어왔으니 어쩔 수 없었소. 여기 여권이 있으니 가지고 가시오."[54] 라고 한 말에서도 장요나 선교사에 대한 무죄와 공적을 알 수 있다. 장요나 선교사는 2007년 베트남 정부로부터 평화수교훈장을 받았다.

주변의 평가에 일희일비하지 않고 묵묵히 하나님만 바라보고 30년 동안 선교에 매진할 수 있었던 것은 "우리가 선을 행하되 낙심하지 말지니 포기하지 아니하면 때가 이루매 거두리라"(갈 6:9)는 말씀에 대한 믿음과 무엇보다 죽어가는 영혼을 살려야 한다는 신념이 분명하고 견고하기 때문이었다. 또한 그의 선교지와 선교지 사람을 사랑하는 마음과 선교에 대한 열정은 예수 중심의 신앙과(히 12:2) 사도 바울처럼 푯대를 향해 달

---

52) 공산당 서기 14명이 장요나 선교사가 가난한 사람에게 시클로를 사준다는 소문과 탁아소에 찾아가서 도움을 준다는 소식에 대해 조사한 후, 서기장 레뉴안이 안기부장을 불러 "이 사람이 일하는 동안 어려움이 없도록 도와주시오."라고 말했다. 이건숙, 『정글에 천국을 짓는 사람』, 55–56.
53) 위의 책, 143–147.
54) 위의 책, 160.

려가는(빌 3:12, 14) 받은바 사명에 충실하려는 신앙의 결합으로 이루어졌다고 볼 수 있다.

3. 나가는 말

죽을 고비를 겪어도 깨닫지 못하는 사람이 있다. 하나님이 기회를 주어도 그것을 잡지 못하는 사람이 있다. 그러나 장요나 선교사는 10개월 동안의 식물인간 상태를 통해 삶에 대한 갈망이 구원에 대한 감사로 이어졌고, 그 감사가 영혼구원이라는 사명감을 갖게 하여 선교지로 떠나 선교사역에 매진하는 실천적 모습을 보여주고 있다. 선교는 입으로 하는 것이 아니라 삶으로 하는 것임을 몸소 보여주고 있는 것이다.

불편한 몸과[55] 주변의 따가운 시선과 거짓된 말이 마음을 힘들게 해도 그는 초지일관 하나님만 바라보는 하나님 중심 신앙으로 푯대를 향해 달음박질하는 선교를 해 오고 있다. 한 지역에서 30년 동안 280개의 교회를 설립, 재건했는데 이것은 1년에 약 10개의 교회를 세웠다는 말이고, 한 달에 교회가 하나씩 세워졌다고 볼 수 있다. 이것은 가히 기적에 가깝다고 할 수 있겠다. 더구나 사회주의 국가의 특수성을 고려하여 그동안 16개의 병원을 설립하며 의료선교를 통한 병 고침과 영혼구원에 매진했음을 볼 수 있다. 병원설립을 통한 간접선교와 교회설립을 통한 직접선교를 병행하며 사회주의권의 감시와 제약을 피해 선교활동을 진행해 온 것은 지혜와 용기 그리고 목숨을 건 신앙이 아니었으면 불가능한 일이었을 것이다. 또한 신학교를 통해 목회자를 배출하고 있다는 사실은 어떤 말로도 표현하기 어려운 대단한 일임에 틀림없다. 특히 교회

---

55) 10개월 동안의 식물인간 생활과 6번에 걸친 감옥 생활 등이 그에게 준 것은 실명된 한쪽 눈과 강직성척추염이다. 걷는 것도 불편하고 누웠다 일어나는 것도 불편하다.

재건과 건축을 통한 거점선교는 베트남이라는 특수한 지역에서 그만이 갖는 독특한 방식이라 할 것이다. 더구나 교회를 세우되 그 교회를 선교사가 관리하는 것이 아니라 현지인들에 의해 운영되게 하며 측면지원으로 가이드 해주는 방식은 상당히 긍정적이라 여겨진다.

눈에 보이는 성과보다 더 중요한 것은 이런 성과를 내기 위해 흘린 눈물과 땀, 아픔과 시련 그리고 기도가 밑받침이 되었다는 사실이다. 그래서 그는 그와 동역하는 선교사들에게 선교는 영적 싸움임을 지속적으로 주지시킨다. 그리고 영적 싸움에서 승리하기 위해 구원의 확신이 있어야 하고 성령 충만함이 있어야 하며, 타문화권에 대한 경험이 있어야 하고 어학능력이 있어야 하며, 신학교육 및 전문교육을 받아야 한다는 점을 강조한다.56) 이것은 그가 몸소 체험한 경험을 통해 얻어진 산교육의 내용이다. 모든 선교사들이 귀담아 들어야 할 교훈이다.

장요나 선교사의 선교관은 상당히 긍정적이고 미래지향적이다. 그는 베트남의 선교 상황을 이렇게 진단한다. "베트남 선교의 문이 닫힌 것이 아니라 빗장이 살짝 얹혀 있는 것"이라고. 뭇 선교사들은 문이 닫힌 겉모습만 보고 움츠려든다. 그러나 장요나 선교사는 직접 문 앞에 가서 상황파악을 한다. 상황분석 후 목표를 설정하고 그 목표를 향해 저돌적일 만큼 돌격을 한다. 그에게 있어서는 목표설정이 중요하다. 그는 목표가 분명하기 때문에 선교사역에 초지일관 매진할 수 있는 것이다.

여기에 일사각오의 신앙관이 있기 때문에 두려울 것이 없다. 그에게는 내가 다치거나 죽는 것이 문제가 아니라 영혼을 살리는 일이 급선무이기 때문이다. 그에게는 영혼구원이라는 선교 목표가 분명하기 때문에 그는 가족을 한국에 두고 홀로 선교지에 와서 선교에 몰입할 수 있는 것이다. 그래서 그는 누구의 눈치도 보지 않고 소신껏 행동할 수 있는 것이

---

56) "선교사의 준비," 『이처럼 사랑하사』, <선교사역보고 합본>, 제1권, 188.

다. 그는 항상 되새긴다. "베트남에는 하루에 600명이 하나님을 모르고 죽어갑니다"라고. 이처럼 그는 선교의 시급성과 필요성을 영혼구원에 둔다. 무엇보다 베트남 사람들에 대한 사랑, 영혼구원에 대한 열정은 그의 베트남 선교가 흐트러지지 않게 하는 요인이 되었고 그의 선교를 일관되게 이끄는 동력이 되고 있다.

장요나 선교사는 베트남에 국제 아가페 종합대학 건설과 매콩강 병원선을 준비하고 있다. 그의 선교활동은 베트남에만 머물러있지 않다. 그의 선교비전은 주변 나라에까지 이르고 있다. 캄보디아와 라오스에도 교회를 세우고 병원을 설립하는 사역을 하고 있고57) 캄보디아 기독교방송국 설립도 계획하고 있다. 그래서 그의 선교를 '비라카미' 선교라 부른다. 베트남, 라오스, 캄보디아 그리고 미얀마까지가 그의 선교활동 영역이다. 이곳은 인도차이나 반도의 핵심을 이루는 지역이다.

그럼에도 아쉬운 것은 공산권 선교라는 특수성 때문에 공개할 수 없는 점이 있어 투명성의 문제로 오해받기도 하고 선교방식이 너무 저돌적이고 독단적이라는 점이 지적되기도 한다. 선교현장의 상황이나 그의 인생경험을 볼 때 그럴 수밖에 없음을 이해하지 못하는 것은 아니나, 그래도 주변 선교사의 부러움과 질시가 너무 비생산적인 방향으로 치우쳐지는 일은 결코 바람직한 일이 아니라 본다. 무엇보다 주변의 한인선교사들과의 화목과 동역이 현실적으로 불가능해보여도 인격적 관계회복을 목표의 하나로 설정해 놓을 필요는 있다고 본다. 집을 짓기 위해서 집터를 다지고 기둥을 세우고 벽을 쌓으며 지붕을 얹는 일이 총체적으로 협력하여 이루어져야 하듯 선교도 집을 짓는 과정과 비슷하다고 여겨진다. 역할이 다르지만 협력하여 조화를 이룰 때 선교라는 집을 세우게 되는

---

57) 그는 1990년에 베트남에 와서 2006년까지는 호찌민 시를 중심으로 사역했고, 2007년부터는 하노이를 중심으로도 사역하고 있다. 이건숙, 『정글에 천국을 짓는 사람』, 292.

것이다. 시너지 효과(synergy effect)라는 말이 있듯이 협력선교를 통해 선교지경을 좀 넓힐 필요가 있는 것으로 사료된다(대상 4:10).

이제는 베트남 현지인 목회자들이 현지인의 구원을 책임지는 방식이 정착되도록 도와야 한다. 그것을 위해 현지인 목회자 리더십이 계발되어야 할 것이다. 또한 현지인 교회가 재정적으로도 자립할 수 있는 기반을 만들어야 할 것이다. 아울러 베트남 목회자들이 비라카미 지역의 선교에 동참할 수 있는 길을 확대하여 베트남이 비라카미 지역의 선교거점이 되도록 힘써야 할 것이다. 선교는 중단될 수 없는 하나님의 일이기 때문이다.

끝으로 선교의 주체는 하나님이시다. 우리는 하나님의 청지기로 하나님의 사역에 동참하고 있음을 기억해야 한다. 따라서 우리에게 주어진 달란트를 가지고 사역하되 나를 위한 사역이나 남에게 보이기 위한 사역이 아니라 하나님이 인정하시는 사역 그리고 하나님이 기뻐하시는 사역을 할 수 있어야 할 것이다. 그러기 위해 하나님의 사랑을 전하고 구원의 복된 소식을 전하여 죽어가는 영혼을 구원하는 일을 통해 하나님으로부터 "착하고 충성된 종"(마 25:21)이라는 칭찬을 받을 수 있어야 하겠다. 영혼구원이 이 시대에 가장 시급하고 필요한 일임을 기억하고 사람 살리는 선교에 매진할 수 있어야 하겠다.

참고문헌

Hiebert, Paul G. *Anthropological Insights for Missionaries.* Grand Rapid s, MI: Baker Book House, 1985.

Kraft, Charles H. *Christianity in Culture.* Maryknoll, N.Y.: Orbis Books, 1981.

Niebuhr, H. Richard. *Christ and Culture.* New York, N.Y.: Harper & Row, 1951.

Verkuyl, J. *Contemporary Missiology: An Introduction.* Grand Rapids, MI: Williams B. Eerdmans Publishing Company, 1978.

J. H. 바빙크. 『선교학 개론』. 전호진 옮김. 서울: 성광문화사, 1983.

스탠 롤랜드. 『21세기 세계선교의 새로운 패러다임』. 정길용 옮김. 서울: 이레 닷컴, 2003.

허버트 케인. 『선교사의 생활과 사역』. 백인숙 옮김. 서울: 두란노서원, 1992.

윌리스턴 워커. 『기독교회사』. 류형기 역. 서울: 한국기독교문화원, 1988.

이건숙. 『정글에 천국을 짓는 사람』. 서울: 두란노, 2011.

장요나. 『이제 내가 너를 소유하리라 가라, 니느웨로!』. 서울: 나침반, 2020.

_____. 『나의 니느웨! 베트남 선교행전』. 고양: 상상나무, 2020.

『이처럼 사랑하사』. <선교사역보고 합본>. 제1권.

『이처럼 사랑하사』. <선교사역보고 합본>. 제2권.

『이처럼 사랑하사』. <선교사역보고 합본>. 제3권.

『베트남 선교 30주년 선교심포지엄 Guide Book』. 2019년 10월.

김능환. "베트남의 기독교 핍박을 바라보며," 『이처럼 사랑하사』. <선교사역 보고 합본>. 제3권, 94－95.

김덕규. "지역사회 개발을 통한 베트남 선교: 빈롱성 한아봉사회 활동을 중심 으로," 『선교와 신학』. 제37집(2015): 107－139.

도원주. "베트남의 핍박," 『이처럼 사랑하사』. <선교사역보고 합본>. 제3권,

257.

신성종. "장요나 선교방법과 특징,"『베트남 선교 30주년 선교심포지엄 Guide
Book』. (2019년 10월 7~8일), 60 - 64.

이성중. "뗑떱비라카미교회 헌당예배를 드리고,"『이처럼 사랑하사』. <선교
사역보고 합본>. 제2권, 172 - 173.

안교성. "사회주의 국가들에서의 선교신학과 실천의 변화,"『기독교사상』. 725
(2019년 5월): 9 - 20.

임희모. "베트남 사회주의 상황에서의 통전적 선교 전략,"『선교신학』. 제21집
(2009): 285 - 314.

임영택. "잘못된 정보에 선교가 늦어진다,"『이처럼 사랑하사』. <선교사역보
고 합본>. 제2권, 224 - 225.

장요나. "공산권 복음 상황화,"『베트남 선교 30주년 선교심포지엄 Guide
Book』. (2019년 10월 7~8일), 65 - 68.

전제봉. "그동안 감사합니다,"『이처럼 사랑하사』. <선교사역보고 합본>. 제
2권, 189.

정재규. "짝퉁을 몰아내자!"『이처럼 사랑하사』. <선교사역보고 합본>. 제2
권, 47.

조은식. "선교신학 연구의 쟁점과 전망,"『삶에서 찾는 문화선교』. 서울: 숭실
대학교출판부, 2009, 11 - 36.

_____. "대북선교 위기관리 고찰: 선교사 납치와 선교방향,『선교신학』. 제48
집(2017): 295 - 323.

최요한. "공산 국가엔 병원 선교가 필요하다"『이처럼 사랑하사』. <선교사역
보고 합본>. 제1권, 156.

_____. "복음에는 대가가 필요하다,"『이처럼 사랑하사』. <선교사역보고 합
본>. 제1권, 157.

_____. "끝나지 않은 베트남 영육 전쟁,"『이처럼 사랑하사』. <선교사역보고
합본>. 제3권, 104 - 105.

"선교사의 준비,"『이처럼 사랑하사』. <선교사역보고 합본>. 제1권, 188.

"베트남을 선교의 관문으로 비라카미 2억명에 복음 전하자" <국민일보>
2019년 7월 15일자. http://m.kmib.co.kr/view.asp?arcid=0924088553&

code = 23111117&sid1 = chr.

"선교30주년 맞은 베트남 '언더우드' 장요나 선교사," <국민일보> 2019년 7
월 16일자. http://m.kmib.co.kr/view.asp?arcid = 0924088710&code = 23
111649&sid1 = ser.

"비라카미, 베트남 선교 30년 '공산권을 행한 사명 다짐'" CTS.NEWS. 2019년
7월 16일. https://youtu.be/e4p_rTic6W8.

"비라카미사랑의선교회, 300번째 베트남현지인교회 기공(김덕원)" CTS.NEWS.
2019년 7월 16일. https://youtu.be/Vtf_SSWTF3A.

"베트남 선교30주년 기념컨퍼런스 – 비라카미 선교현장을 가다," CTS.NEWS.
2019년 7월 18일. https://youtu.be/ceKo37AWxXQ.

"공산권국가 선교모델 '비라카미'에 주목(김덕원)," CTS.NEWS. 2019년 7월
19일. https://youtu.be/2is79jo9qVk.

"베트남 비라카미사랑의선교회 장요나 본부장," CTS.NEWS. 2019년 7월 26
일. https://m.youtube.com/watch?v = 2G7mytSbekQ&t = 17s.

"선교현장 베트남을 가다 (1) – 공산권 국가 베트남, 한국교회가 주목한다
(김덕원)," CTS.NEWS. 2019년 7월 22일. https://youtu.be/qUz9Cuh8bpk.

"선교현장 베트남을 가다 (2) – 한국교회 베트남 선교, 이렇게 한다(김덕원),"
CTS.NEWS. 2019년 7월 23일. https://youtu.be/A3uPNjfym1Q.

"선교현장 베트남을 가다 (3) – 늘어나고 있는 베트남의 십자가(김덕원)," C
TS.NEWS. 2019년 7월 24일. https://youtu.be/N48PjgigE74.

"선교현장 베트남을 가다 (4) – 기도로 세우는 기업 ㈜멜카바(김덕원)," CTS.
NEWS. 2019년 7월 24일. https://m.youtube.com/watch?v = N_FWBJqs
– FQ.

"선교현장 베트남을 가다 (5) – 베트남 선교, 남은 과제는?(김덕원)," CTS.
NEWS. 2019년 7월 26일. https://m.youtube.com/watch?feature = youtu.
be&v = 38dkvSmL26M.

"중국·베트남 개정된 종교법으로 선교 비상," CGN NEWS. 2018년 3월 11
일. https://youtu.be/tIkkNtseiLw.

환경문제의 재고찰과
환경신학적 대응

11

환경문제의 재고찰과
환경신학적 대응[1]

1. 들어가는 말

우리는 생존을 위해 숨을 쉰다. 의식적이든 무의식적이든 우리는 알게 모르게 숨을 쉬며 살아간다. 그 숨을 쉬기 위해 필요한 것은 산소다. 그런데 우리는 산소를 볼 수도 만질 수도 없다. 그저 숨을 쉴 때 의식할 수 있을 뿐이다. 만일 우리가 숨을 쉬는 산소가 오염되었다고 한다면 어떻게 되겠는가? 우리는 숨쉬기 어려울 것이고 궁극적으로는 우리의 생명을 위협하게 될 것이다.

우리가 살아가는 터전을 환경이라 할 수 있다. 환경이 좋으면 우리의 삶이 더 나을 수 있을 것이다. 그런데 우리는 삶의 터전인 환경에 대하여 별로 큰 관심을 갖지 않고 지낼 때가 많다. 만일 어떤 연유에서든지 환경이 훼손되면 우리의 삶도 영향을 받게 된다. 중요한 점은 우리가 살

---

1) 이 글은 2011년 4월 7일 서울에서 개최된 세계선교협의회(Council for World Mission) 동아시아지역협의회 원탁회의(Roundtable Meeting)에서 "Reading of the East Asian Context"라는 주제 아래 발표한 논문을 보완하여 게재한 "Theological Reconsideration on Environmental Problem," 『선교신학』, 27집 (2011): 371 – 393의 내용을 한국어로 번역 수정한 것이다.

고 있는 환경을 좋은 상태로 보존해야 한다는 것이다.

지난 역사를 통해 인간이 자연을 훼손할 때 자연은 훼손된 부분을 회복하기 위해 몸부림치는 현상을 보았다. 그 몸부림은 황사로 이상기온으로[2] 해일로 쓰나미로,[3] 또 지진으로 나타나기도 했다. 우리가 말하는 자연재해는 자연의 공격이라기보다 인간을 향한 자연의 경고라고 볼 수 있다.

이런 자연재해의 근본적인 원인은 무엇일까? 이런 자연재해를 방지할 수는 없는 것일까? 이런 상황에서 교회의 역할은 무엇일까? 이런 고민을 하다가 다양한 경로로 환경문제의 심각성에 대해 들어온 우리가 이제는 둔감해지고 무감각해져 있다는 사실을 발견했다. 대부분 기독교인도 환경문제의 심각성에 대해 잘 모르거나 간과한 부분이 있는 것 같았다. 그래서 환경문제를 신학적 입장에서 다룰 필요가 있다고 생각하였다. 이 논고에서는 환경문제의 전반적인 상황을 살펴보고, 환경문제를 바라보는 신학적 관점을 제시하고 환경신학적 입장에서 환경문제에 대한 대책을 논의하겠다.[4]

---

2) 기후변화의 심각성을 인지한 기상청은 2011년부터 <한국 기후변화 평가보고서>를 발간하고 있다.

3) 2011년 3월 11일 일본에 발생한 대지진과 쓰나미로 8천 명 이상이 사망한 것으로 알려졌다. 이것은 1995년 고베 대지진 당시 6,437명이 사망한 것보다 피해가 크고 제2차 세계대전 이후 최악의 피해라는 지적이다. 그뿐만 아니라 대지진과 쓰나미로 인한 원자력 발전소의 붕괴는 방사성 물질 누출이라고 하는 또 다른 환경문제를 일으켰다.

4) 환경신학은 환경적 생태학적 논점들을 하나님과 관련하여 다루는 학문이다. 켄 그나나칸, 『생태 위기와 교회의 대응 환경신학』, 이상복 옮김, (UCN, 2005), 24.

2. 인간과 자연과의 관계[5]

처음 자연 속에 살던 인간은 자연과 더불어 살았고 자연의 일부였다. 인간은 생존을 위해 음식이 필요하지만 스스로 음식을 만들 수 없었다. 그래서 인간은 기본적인 식생활을 위해 자연을 의지할 수밖에 없었다. 인간은 단순히 나무의 열매를 따 먹고 강물을 마시며 살았다. 이때는 인간이 자연의 의존자로 존재하던 시기였다.

그 후 인간은 농기구를 만들어 사용하게 되었고 농경문화가 시작되었다. 인간은 땅을 경작하고 씨를 뿌리고 농작물을 수확하였다. 인간은 더 많은 것을 소유하기 위해 더 넓은 땅이 필요했다. 더 넓은 땅을 소유하려다 보니 대립과 경쟁을 해야 했다. 더 넓은 땅을 소유한 인간은 더 많은 농작물을 수확하여 잉여농산물을 팔기도 하고 다른 필요한 물건과 교환하기도 했다. 이때는 인간이 자연을 다스리는 소위 정복자의 시기였다고 볼 수 있다.

피동적으로 생존하던 인간이 다양한 도구를 사용하며 그들의 소유를 확대해 가면서 다른 피조물과는 달리 자연의 주인행세를 하게 되었다. 인간이 더 번성할수록 자연 속에 있는 더 많은 자원을 사용하게 되었다. 단지 더 많은 자원을 사용하는 것만이 아니라 남용하고 오용하는 일까지 생겼다. 그 결과 생태계는 조화된 균형을 잃게 되었다. 이것이 생태계의 문제이다. 어느새 인간은 자연의 파괴자가 되어 있었다.

---

5) 이 부분은 방용호, 『신음하는 지구촌』(서울: 현대사상사, 1994), 66–76에서 요약, 발췌하였다. 이 글의 상당 부분이 이 책의 도움을 받았음을 밝힌다.

2.1 발전과 훼손

일반적으로 자연이 훼손되고 환경이 오염되는 데는 산업화와 경제성장에 그 원인이 있다고 본다. 제1차 세계대전 이후 과학기술이 급진적으로 발달하여 물질문명이 확산되었다. 공장이 세워지며 산업화가 가속되었고 공장 주변으로 사람들이 몰리며 도시화가 시작되었다. 이런 산업화에 따른 도시화에는 장단점이 있다. 먼저 장점으로는 다양한 생활용품의 공급이 쉽다는 점이다. 그리고 사람들의 생활 수준이 전반적으로 향상된다는 점이다. 세 번째는 생산성의 고도화를 가져온다는 점이다. 네 번째는 위생시설, 의료수준, 영양 있는 음식물 섭취 등으로 평균수명이 연장된다는 점이다. 끝으로 사망률이 저하된다는 점이다.[6]

이와는 달리 부정적인 면도 있다. 첫째로 공장을 가동하기 위해 화학물질을 사용하게 되고 이로 인하여 환경오염이 시작되었다는 보는 것이다. 둘째로 지속적인 경제개발로 천연자원이 고갈된다는 것이다.[7] 셋째로 도시로 집중된 인구로 인한 불균형이 초래된다는 점이다. 넷째로 자본주의에 기초한 경제에 의해 빈부격차가 심화된다는 점이다. 끝으로 자연의 질서와 균형을 파괴한다는 것이다[8]

경제개발을 꾀하고 있는 나라는 그 나라 나름의 환경문제를 안고 있다. 경제개발 과정에서 가장 피해를 받고 있는 것이 제3국의 생태계이

---

6) 방용호, 『신음하는 지구촌』, 71.
7) 천연자원을 세 가지로 구분하면 다음과 같다. (1) 영구적인 자원: 태양 에너지, 바람, 파도, 냇물 등. (2) 재생 가능한 자원: 공기, 물, 흙, 산림, 야생동물이 포함되며 자연의 순환을 통해 일정한 기간이 지나면 재생되는 자원. 그러나 언제나 회복이 가능한 것은 아니다. (3) 재생 불가능한 자원: 석유, 광물질, 비광물질 등으로 한번 사용하면 그 매장량이 줄어 결국 고갈되어 없어지는 자원을 말한다. 방용호, 위의 책, 170-171; 김균진, 『자연환경에 대한 기독교 신학의 이해-현대 자연과학과 대화 속에서-』(서울: 연세대학교출판부, 2006), 15-16.
8) 방용호, 『신음하는 지구촌』, 71-73.

다.[9] 경제성장은 '더 많이'가 모토가 되었다. 가능한 자연을 훼손해서라도 더 많이 얻어야 한다. 더 많아야 성장할 수 있기 때문이다. 예를 들어, 나무를 얻기 위해 벌목을 해야 하고 작물과 방목을 위해 화전을 만들기도 한다.[10] 경제개발을 위해 환경의 자산을 많이 사용하면 할수록 폐물이 축적된다. 폐물이 축적될수록 환경이 오염되는데 이것의 한계가 지나치게 되면 생태계는 자산을 공급할 수 있는 능력, 다시 말해 재생능력을 상실하게 된다. 그럴 경우 먹이사슬 관계가 깨지고 생태계가 파괴되는 것이다. 생태계 파괴라는 결과는 고스란히 인간에게 주어진다.

2.2 환경오염

환경오염은 인간의 활동으로 다양한 오염을 일으켜 사람의 건강은 물론 사람과 자연 생물들의 생명까지도 위협하는 상태, 즉 생태계의 파괴를 가져온다.[11] 환경오염에 대하여 살펴보면 다음과 같다.[12] 첫째, 토양

---

9) 환경오염의 책임을 제3국에만 돌리는 것에는 문제가 있다. 제3국의 경우 정부의 환경문제에 대한 인식이 결여되어 있고, 국민의 환경문제에 대한 의식이 부족하고, 대체로 환경문제에 대해 무지한 것으로 보인다. 반면 서방의 경우 환경오염 물질 배출이 제3세계보다 더 많아도 관리와 조정으로 환경문제를 비켜 가는 것으로 보인다.
환경문제에 대해 선진개발국과 개발도상국 간의 대립에 대하여 방용호는 다음과 같은 도표로 설명한다.

쟁점	개발국의 주장	개발도상국의 주장
환경파괴 보존책임	지구촌 모든 국가의 공동책임	선진개발국의 책임
자금지원	재정난으로 세계환경기금 등 기존자금 내에서 확보	배상의 성격이므로 새로운 기금설치
기술이전	지적소유권 보호 민간기업기술 강제이전은 불가	비상업적으로 기술이전

출처: 방용호, 『신음하는 지구촌』, 97.
10) 방용호, 『신음하는 지구촌』, 75.

의 황폐화이다. 토양이 퇴화되거나 침식되고 사막화, 염분화 현상이 나타난다. 지나친 방목은 토양의 황폐화를 초래하고 토양의 황폐화는 사막화를 유발할 수 있다. 이것은 몽골, 중국 등지의 사막화를 보면 알 수 있다. 사하라 사막은 남동쪽으로 확장되고 있고, 몽골과 중국의 사막도 확대되고 있다. 이것이 봄에 황사현상으로 나타난다. 사막화 방지를 위해 나무를 심고 보존하는 운동을 전개하고 있다.13)

유목민들은 목초지를 찾아 방랑하는 목축을 하였다. 건조기에는 그 지역을 떠났다가 우기에 다시 돌아오는 방랑적인 목축은 초지를 보존하는데 매우 이상적이었고 토양의 비옥화를 가져오기도 하였다. 그러나 인구의 증가와 더불어 유목 생활이 중단되고 더 많은 가축에 의해 목초가 자라기 전에 모두 먹혀서 없어지게 되었다. 이것을 과대목축이라고 한다. 이렇게 되어 목초의 뿌리가 힘을 잃게 되고 초원이 파괴되게 된다. 이것이 토양침식을 거쳐 사막으로 변하게 되는 것이다.14)

구약시대에는 토양도 쉬는 안식년이 있었다(레 25:3-5; 출 23:10-11). 그러나 현재 인구의 증가로 일 년에도 몇 번이나 작물 재배를 해야 하는 나라가 있다. 쉴 틈없는 작물 재배로 토양은 영양분을 잃게 되고 생명력이 상실되어 쉽게 갱신될 수 없는 자원이 되고 만다. 토양이 쉬지 못함으로 재생되지 못하고 황폐해지는 것이다.

---

11) 김균진, 『자연환경에 대한 기독교 신학의 이해』, 17.
12) 켄 그나나칸은 그의 책에서 캘빈 B. 드윗의 글을 인용하며 창조물의 7가지 붕괴를 언급한다. 그 7가지는 (1) 땅의 개조와 서식지 파괴, (2) 멸종, (3) 토지의 쇠퇴, (4) 자연 변형물과 폐기물과 위험물의 생산, (5) 세계적 독성화, (6) 지구 에너지 교환량의 변화, (7) 인간과 문화의 쇠퇴이다. 켄 그나나칸, 『생태 위기와 교회의 대응 환경신학』, 28-39.
13) 방용호, 『신음하는 지구촌』, 263-283; 황사 및 사막화 문제에 대하여는 <2009 에코피스아시아 회원의 날> (2009년 12월 4일) 자료집 참조.
14) 방용호, 『신음하는 지구촌』, 271-272. 토양침식은 바람이나 물에 의해 한 장소에서 다른 장소로 옮겨지는 물리적인 상태를 말한다. 위의 책, 272-273.

둘째, 공기의 오염이다. 자동차의 배기가스, 산업시설에서 발생하는 매연이나 유독가스 등이 스모그(smog) 현상을 유발한다. 이것은 대기 중에 오존을 생성하게 된다. 공기의 오염에는 대기오염, 스모그 현상이 포함된다. 또 산성비(acid rain)는 식물과 인체 건강에 부정적 영향을 주고 있고 공기 오염으로 인한 호흡기 질환 등의 부정적 영향을 주고 있다. 대기오염 물질은 나라에 따라 다르다. 한국의 경우 일산화탄소와 아황산가스가 약 70%를 차지한다. 대기오염의 배출원은 자동차 등 교통수단으로부터 배출되는 오염물질과 발전소, 공장 등의 산업시설에서 배출되는 오염물질이 있다.15)

과학자들은 비의 산성이 pH 5.6 이하일 때 산성비라고 한다. 산성비에 의한 초목의 피해 가운데 간접적인 피해는 토양의 산성화를 초래하고 이것은 호수, 강 및 지하수의 산성화를 증진시킨다. 직접적인 피해는 초목의 잎사귀와 껍질에 영향을 주어 광합성 작용 저하와 내병충성 저하를 가져온다.16) 산성비는 생태계의 먹이사슬을 파괴한다.

셋째, 대기오염은 기후의 변화를 가져오고 온실효과를 가져온다. 대기권의 가스가 온실의 유리나 비닐과 같이 지구의 온도를 높이는 작용을 하는 것을 온실효과라 부른다. 지구온난화로 생태계의 질서가 깨지게 된다.17) 이산화탄소 방출로 인해 지구온난화가 야기된다.18) 아울러 클로

---

15) 위의 책, 284–308, 김균진, 『자연환경에 대한 기독교 신학의 이해』, 18. 교통수단 가운데 특히 오토바이 등 이륜자동차의 배기가스에 의한 오염이 심각하다고 한다. <에너지타임즈>, 2011년 7월 26일.

16) 방용호, 『신음하는 지구촌』, 297, 300.

17) 위의 책, 309–330, 김균진, 『자연환경에 대한 기독교 신학의 이해』, 19; 한국판 스턴보고서(Stern Review)인 "우리나라 기후변화의 경제학적 분석"에 의하면 한국의 온난화가 전 세계 평균보다 2배 이상 빨리 진행된다고 한다. 온난화로 인한 가장 큰 피해는 해수면 상승이다. 해수면 상승으로 한반도 지형이 바뀔 수도 있다는 지적이다. 아울러 기온이 1도 상승하면 벼 생산량 15만 2천 톤이 감소하는 것으로 보고되었다. <동아일보>, 2011년 5월 19일.

로플루오로카본(CFCs)의 대기 방출로 성층권의 오존 감소가 발생한다. 온난화 현상 가운데 하나가 열대야이다. 최근 한국의 열대야 현상은 예년과 비교하면 현저히 증가하였다.

온실효과의 역효과는 이상기온이다. 지금 세계 각 지역에 이상기온이 심해지고 있다. 계절의 변화가 모호해지기도 하고 무더위가 계속된다거나 혹한이 계속되는 현상이 발생하기도 한다. 한국의 경우 2011년 여름 장마 기간에 예년과 비교해 볼 때 강우량이 더 많은 것으로 나타났다.[19] 집중호우가 장시간 지속되기도 했다. 또 무더위가 지속되다가 갑자기 순간적 국지성 호우(squall)가 쏟아지는 열대지방에서 흔히 나타나는 현상도 보이곤 했다.[20] 무엇보다 전에 없던 소위 게릴라성 폭우 또는 물폭탄으로 도로가 침수되고 산사태가 일어나는 일이 발생하고 있다.

넷째, 물의 오염이다. 지하수가 오염되고 하천과 호수 및 해양의 오염이 심각해지고 있다. 오래전 필자가 필리핀에서 생활을 시작할 때이다. 수돗물을 틀었는데 진한 회색의 물과 검은 물이 나오는 것을 보았다. 수돗물인데 투명하지 않고 색깔이 있는 것이 의아했다. 비 오는 날에는 붉은 황토색 물이 나오기도 했다. 물을 끓여 먹었지만 이상했다. 나중에 지역 주민 회의에 갔더니 수돗물이 아니라 지하수인데 물이 오염되었으니 마시지 말고 세척용으로만 사용하라는 것이었다. 수질오염이란 강, 연못, 호수 그리고 바다의 물에 외부로부터 많은 물질이 침입하여 물리

---

18) 한국의 이산화탄소 배출 증가율은 경제협력개발기구(OECD) 국가 중 1위다. <동아일보>, 사설, 2011년 7월 13일.

19) 2011년 서울 평균 강수량이 예년과 비교하면 3배가 증가했다는 보도가 있었다. <문화일보>, 2011년 7월 11일.

20) 적도 부근의 열대나 아열대 지방에 나타나는 스콜이 한국에 등장한 것으로 보기도 한다. 한국형 스콜이 등장했다는 보도가 있었다.
http://news.chosun.com/site/data/html_dir/2011/07/28/2011072800107.html?news_Head1.

화학적으로 변화를 일으켜서 그곳에서 생식하고 있는 생물들에게 역효과를 주는 상태를 말한다. 여기서 물의 오염이란 내수면뿐만 아니라 해수 그리고 지하수까지 포함된다. 수질오염의 발생원인은 자연적인 요인과 인위적인 오염으로 나눌 수 있다. 자연적인 오염은 풍화작용, 폭우, 강풍 등에 의해 오물이 유입되는 경우이다. 인위적인 오염은 가정폐수와 산업폐수에 의한 오염이다. 폐수와 농약 등이 하천을 오염시킨다. 물은 농업용, 공업용, 가정용으로 공급되며 그 비율은 나라에 따라 다르다. 또 물의 고갈도 문제이다. 이것은 인간의 식생활에 큰 영향을 준다.[21]

다섯째, 화학제품의 오용과 남용은 공기와 물의 오염을 초래하고 인간 건강에 위협적인 존재가 되고 있다.[22] 생활의 편리를 위해 화학제품이 다량으로 생산 보급되고 있다. 그런데 화학제품에는 인체에 해로운 유독성 물질을 함유하고 있는 경우가 많다. 화학제품 사용에 따라 함유된 유해물질이 직간접적으로 인체에 나쁜 영향을 주기도 하고, 이것을 폐기했을 때 유해물질이 토양에 스며들 수도 있고 공중에 방출될 수도 있다. 인공 식품첨가물(색소, 조미료, MSG), 플라스틱, 방부제, 석면, 수은, 납, 카드뮴, 무기 화학물질, 농약 등이 그렇다.

여섯째, 생활폐기물과 산업폐기물의 증가이다. 쓰레기의 증가는 쓰레기 처리문제가 발생한다.[23] 특히 플라스틱류 쓰레기의 소각 및 매립은

---

21) 방용호, 『신음하는 지구촌』, 331 - 362, 김균진, 『자연환경에 대한 기독교 신학의 이해』, 20.

22) 방용호, 『신음하는 지구촌』, 363 - 397.

23) "1987년 뉴욕시로부터 3천 톤의 일반 쓰레기를 실은 바지선이 그 쓰레기를 버릴 장소를 찾지 못해 떠돌고 있었다. 여섯 개의 주와 세 개의 국가로부터 입항을 거절 당했다. 모브로(Mobro)라 부르는 그 바지선은 8주 후 쓰레기를 실었던 뉴욕으로 되돌아와 그것을 태워서 파묻었다." Charles Cummings, *Eco-Spirituality: Toward a Reverent Life*. (Mahwah/ New York: Paulist Press, 1991), 101. 이 사실은 필자가 뉴욕에 있을 때 언론을 통해 직접 접한 내용이기도 하다. 동아일보가 국토해양부와 해양경찰, 환경운동연합 등의 해양 폐기물 배출 현황자료를 분석

또 다른 환경오염의 주범으로 지적되고 있다. 또 쓰레기에서 방출되는 유독성 산업폐기물의 처리도 문제이다. 뿐만 아니라 핵폐기물은 인류의 생존을 위협하고 있다.24) 방사성 폐기물 처리는 지금 커다란 사회 문제가 되고 있다. 핵발전소와 핵무기생산 시설의 다양한 폐기물에서 나오는 방사능 노출은 생태계에 심각한 영향을 야기한다.25) 핵발전소에서 나오는 플루토늄을 비롯한 각종 부산물은 50만 년 동안이나 치명적인 상태로 잔재하게 된다고 한다.26)

생활폐기물 또는 쓰레기 문제 해결 방안은 첫째로 쓰레기 배출량을 줄이는 것이다. 즉 절제를 말한다. 필자는 학교에서 학생들이 독서보고서나 방문보고서를 제출할 때 겉표지를 하지 말라고 한다. 종이 한 장 만들기 위해 베어지는 나무와 물을 절약할 수 있고 환경을 보호할 수도 있기 때문이다. 또 가능한 일회용 상품의 사용을 자제한다. 우리나라에서 '아·나·바·다' 캠페인을 통해 초등학교 때부터 아껴 쓰고, 나누어 주고, 바꾸어 쓰고, 다시 쓰는 교육을 하는 것은 매우 바람직한 일이다. 둘째, 각종 쓰레기를 재활용하거나 퇴비로 사용하는 것이다. 우리나라에서는 쓰레기 분리수거를 한다. 쓰레기를 종이류, 플라스틱류, 비닐, 스티로폼, 유리병, 깡통 등으로 분리하는 것은 바람직한 일이다. 셋째, 쓰레기를 소각하여 나온 열로 전기를 생산할 수 있는 공장을 짓는 문제를 고려할 필요가 있다. 버려지는 물질을 통해 에너지를 얻는다는 차원에서 긍정적으로 검토할 사안이다. 넷째, 재활용이 불가능한 쓰레기들은 정부

한 결과 2010년에 462만 9천 톤의 쓰레기가 바다에 버려진 것으로 나타났다. 폐기물 해양투기가 시작된 1988년부터 2010년까지 1억2102만 톤의 쓰레기가 바다에 버려졌다. <동아일보>, 2011년 6월 1일.

24) 방용호, 『신음하는 지구촌』, 398-423.
25) James A. Nash, *Loving Nature: Ecological Integrity and Christian Responsibility*. (Nashville, TN: Abingdon Press, 1991), 26.
26) Charles Cummings, *Eco-Spirituality*, 101.

가 정한 곳 즉 쓰레기 매립장에 버리거나 소각하는 것이다.[27] 계속 늘어나는 쓰레기 처리를 위해 신속한 대책을 세워야 한다. 특히 산업폐기물은 유독성을 가지고 있어 처리가 어렵다. 따라서 유독성 쓰레기와 다른 쓰레기를 구별하여 처리해야 한다.[28]

일곱째, 흙의 황폐화, 공기 오염, 기후의 변화, 물의 오염 등은 야생 생물의 멸종을 가져온다. 야생동물이 멸종하는 원인은 크게 두 가지로 나눌 수 있다. 하나는 인위적인 원인이고 다른 하나는 생태학적 변화이다. 인위적인 원인은 사람에 의한 피해를 말한다. 많은 야생동물이 사람에 의해 오랜 역사 동안 지구상 가혹한 피해를 당하여 멸종되어가고 있다. 사람들은 야생동물의 서식처를 빼앗고 있다. 또 공해로 인해 먹이사슬 관계가 파괴되기도 한다. 이런 연유로 야생 생물의 멸종이 심각한 수준에 이르렀다. 야생동물을 대상으로 한 경쟁적인 포획은 야생동물의 멸종을 가속화하고 있다.[29] 생태학적 변화로는 생식처(niche)의 발달과 초목의 황폐 그리고 직접적인 습격이 그 원인이라 할 수 있다.[30]

<OECD 2030 환경전망보고서>는 2030년까지 경제 및 환경 추세에 대한 예측을 다음과 같이 하고 있다. 기후변화는 GDP당 온실가스 배출의 감소로 황신호이지만, 세계 온실가스 배출은 적신호로 기후가 이미 변하고 있다는 증거가 증가할 것이다. 생물다양성 및 재생가능한 자연자원에 있어 산림관리는 황신호이지만 생태계의 질, 생물종 감소, 외래종 침입, 열대림, 불법 벌목, 생태계 단절은 적신호이다. 물은 지표수질과 하수관리는 황신호이지만 물 부족, 지하수질, 농업용수 이용과 오

27) 위의 책.
28) Fred Van Dyke, David C. Mahan, Joseph K. Sheldon, and Raymond H. Brand, *Redeeming Creation: The Biblical Basis for Environmental Stewardship.* (Downers Grove, Illinois: InterVarsity Press, 1996), 23.
29) 방용호, 『신음하는 지구촌』, 424–444.
30) 위의 책, 427–433.

염은 적신호로 예측된다. 대기질은 PM 및 지표면 오존과 도로교통 배기
가스 배출은 황신호이지만, 도심 대기질은 적신호로 나타난다. 폐기물
및 화학물질에 있어 생활폐기물 발생은 황신호이지만, 유해폐기물 관리
및 운송, 개도국의 폐기물 관리, 자연계와 제품 내의 화학물질은 적신호
로 예상된다.[31] 이런 해결되지 않은 환경문제는 시간이 갈수록 더욱 심
각해질 것으로 보인다.

생태학적 위기는 위기의 차원을 넘어 재난으로 다가온다. 생태계의 위
기는 (1) 무절제한 착취와 소비로 인한 자연자원의 고갈, (2) 자연환경의
오염과 파괴로 인한 자연의 재난으로 구별할 수 있다. 생태계의 위기는
"눈에 보이지 않게 서서히 일어나지만, 아주 확실하게 일어난다"는 것이
다.[32] 생태계의 위기가 방치된 상태에 있다가 점점 악화되면서 우리가
피부로 느낄 수 있을 만큼 확실하게 나타나게 된다는 지적이다. 이럴 때
생태계의 위기는 위기 차원이 아니라 이미 재난이 되어 나타나게 되는
것이다.[33] 따라서 위기일 때 개선하지 않으면 환경문제의 심각성이 현
실로 나타나 우리에게 재난이 될 수 있음을 인식하고 환경오염에 대한
다양한 대책을 세워 환경 회복에 힘을 모아야 한다.

3. 환경문제와 기독교

일부 생태학자들은 기독교 신앙이 생태위기의 주범이라고 불평한다. 그

---

31) 황신호는 여전히 과제이지만 관리가 개선되고 있거나 현 상황이 불확실한 환경문
제 또는 과거에는 관리가 잘 되었으나 현재는 그렇지 않은 환경문제를 지칭하고,
적신호는 관리가 잘 되고 있지 않고 심각하거나 악화되는 상황이어서 시급한 관심
이 필요한 환경문제를 말한다. <OECD 2030 환경전망 보고서>
https://www.oecd.org/env/indicators−modelling−outlooks/40200603.pdf.
32) 김균진, 『자연환경에 대한 기독교 신학의 이해』, 15.
33) 위의 책.

들은 기독교가 인간중심이고 역사적으로 자연에 대해 냉담하거나 적대적이었다고 주장한다. 따라서 기독교가 환경문제의 주된 요인이라는 것이다.[34]

린 화이트(Lynn White, Jr)는 1966년 "생태적 위기의 역사적 뿌리"[35]라는 제목의 강연에서 생태계의 위기가 자연에 대한 기독교인들의 태도에서 초래되었다고 주장했다.[36] 린 화이트는 기독교가 가장 인간 중심적인 종교라고 비난했다. 창세기 1:26~28에 의하면, 하나님은 인간을 하나님의 형상에 따라 창조하셨고 인간으로 하여금 다른 생물을 다스리게 하셨다. 화이트는 창세기에서 하나님이 아담과 하와에게 다스리고 정복하라고 명하신 구절이 자연에 대한 오만한 착취를 야기한 것으로 간주했다. 이런 사고로 화이트는 기독교의 창조원리가 환경 파괴를 초래한 근본 원인이라고 공격한 것이다.[37] 그러면서 화이트는 기독교가 자연환경을 훼손하는 데 앞장섰다고 비난했다. 만일 그의 주장이 옳다면 우리는 창조교리를 폐기해야 할 것이다. 그러나 이것은 하나님의 뜻을 전혀 고려하지 않는 그야말로 인간 중심의 잘못된 해석에서 나온 비난이라 하겠다. 잘못이 있다면 하나님의 말씀을 잘못 해석하여 잘못 행동한 인간에게 있는 것이지 하나님에게 또는 기독교 자체에 문제가 있는 것은 아니라는 말이다.

---

34) James A. Nash, *Loving Nature*, 68.
35) *Science*, vol. 155(March 10, 1967), pp. 1203–7.
36) 켄 그나나칸, 『생태 위기와 교회의 대응 환경신학』, 19–20, 42. 린 화이트의 주장에 대한 반론은 다양하다. 반론들을 참고하려면, Francis A. Schaeffer, *Pollution and the Death of Man*, 『공해』, 송준인 옮김, (서울: 두란노서원, 1990), 10–11; 켄 그라나칸, 『생태 위기와 교회의 대응 환경신학』, 19–21, 42–46, 75–105; 김균진, 『자연환경에 대한 기독교 신학의 이해』, 34–42; 최재호, "기독교는 환경 파괴적이라는 비난에 대한 변증학적 답변," 『기독교와 환경』, 한국복음주의윤리학회 엮음(서울: SFC 출판부, 2003), 12–15를 참조하라.
37) 켄 그나나칸, 『생태 위기와 교회의 대응 환경신학』, 25, 42–46.

화이트의 주장은 "땅을 정복하라"(창 1:28)는 구절에 함축되어 있는 다스림(dominion)에 대한 성경적 개념을 바르게 이해하지 못한 데서 야기된 문제이다. 다스림(dominion)이란 용어는 히브리어 카바쉬(kabash)를 번역한 라틴어에서 유래된 말이다. 히브리어 카바쉬(kabash)는 생존하고 문화를 유지하기 위하여 땅의 저항을 짓밟고 정복하고 복종시킨다는 의미가 담겨있다.38) "그 말은 원래의 의미를 왜곡시킨 것으로 보인다. 왜냐하면 그것이 종종 많은 현대 지성에게는 포악한 통치(domination)를 연상시키기 때문이다."39) 그러나 "생태계의 위기는 카바쉥(kabashing)의 결과가 아니라는 것이다."40)

기독교를 반생태적 종교라고 비난하는 사람들은 통치권의 개념을 폐기하라고 주장한다. 또 이 구절을 오해하는 사람들은 인간이 다른 피조물 위에 군림하여 지배하도록 창조된 특별한 존재라고 생각한다. 그러나 성경에서 말하는 다스림은 지배적 군림(domination)과는 다르다. 제러미 코헨(Jeremy Cohen)은 "근세 이전의 유대교나 기독교에서 이 구절[창 1:28]이 자연의 이기적 착취의 면허증으로 해석된 경우는 거의 없다"라고 말했다.41) 인간이 하나님의 형상대로 창조되었다는 것은 자연보다 우월한 존재라기보다는 오히려 자연을 관리할 책임을 받은 존재로 보는 것이 옳다. 인간이 하나님의 형상대로 창조되었다고 자연을 마음대로 해도 된다는 의미는 아니다. 또 그런 권리를 부여받은 것도 아니다. 이것은 권리의 문제가 아니라 책임의 문제이다. 아담과 하와에게 모든 창조물을 지배할 책임과 다스릴 권한이 주어졌을지라도 그것은 자연을 방관하거나 파괴하라는 것이 아니다. 그들은 하나님을 대신하여 책임 있는

---

38) James A. Nash, *Loving Nature,* 106.
39) 위의 책, 107.
40) 위의 책, 106.
41) 위의 책 102에서 재인용.

통제력을 행사하도록 권한을 위임받았을 뿐이다. 그것은 책임 있는 돌봄을 위해 위임된 권위이다.[42] 제임스 내쉬(James Nash)는 이 부분에 대해 "다스림은 정의를 포함한 하나님의 사랑을 반영하는 책임 있는 대표가 되는 것이다"라고 말한다.[43] 즉 성경에서 말하는 다스림의 개념은 폭군적 통치가 아니라 청지기적 봉사이다.[44] 다스림은 봉사로 표현되고 관리와 보전은 청지기 개념에 포함된다.[45] 이것은 보호와 자비를 위한 명령이다.[46]

화이트가 주장하고 있는 기독교가 가지고 있다는 환경 파괴적인 세계관은 서구 기독교적 전통이 가지고 있는 특성이라고 말할 수 있을지 몰라도 결코 성경에 기초한 기독교의 특성이라고 할 수는 없다.[47] 존 패스모어(John Passmore)에 의하면, 생태계 위기의 원인은 창세기에 있는 것이 아니라 오히려 기독교 역사 초기에 그리스 사상이 신학자들에게 영향을 주었다는 것이다. 돈 마리에타(Don E. Marietta, Jr.)는 자연에 대한 부정적인 태도는 기독교에 기인한 것이 아니라 신플라톤주의와 데카르트학파의 이원론에 기초한 것이라고 말한다. 캐롤린 머천트(Carolyn Merchant)는 자연에 대한 부정적인 태도와 행동은 성경적 세계관에 기초한 것이 아니라 자연과학에서 데카르트 학파의 기계론적 자연관이 주도권을 장악하면서 시작되었고, 자연은 정복의 대상이라는 프랜시스 베이컨(Francis Bacon)의 자연관이 주도적 역할을 했다고 주장한다. 유진

---

42) 다스림과 지배에 대해서는 켄 그나나칸, 『생태 위기와 교회의 대응 환경신학』, 93 - 105까지를 참조하라.
43) James A. Nash, *Loving Nature,* 138.
44) 김균진, 『자연환경에 대한 기독교 신학의 이해』, 37; 최재호, "기독교는 환경 파괴적이라는 비난에 대한 변증학적 답변," 38.
45) Fred Van Dyke et al, *Redeeming Creation*, 167.
46) James A. Nash, *Loving Nature,* 103.
47) 최재호, "기독교는 환경 파괴적이라는 비난에 대한 변증학적 답변," 33.

하그로브(Eugene C. Hargrove)에 의하면 인간중심적 자연관의 사상적 배경은 고대 그리스 철학과 유럽의 계몽주의 철학이라는 것이다.[48]

만일 화이트의 주장이 사실이라면 생태계의 위기는 기독교국가 (Christendom)에서만 발생하거나, 기독교국가의 생태계의 위기가 비기독 교국가보다 훨씬 심각해야 한다. 그러나 환경 파괴나 생태계의 위기는 기독교국가와 비기독교국가를 막론하고 공통으로 일어나는 현상이다.[49]

린 화이트의 주장이 옳지 않을지라도 우리가 귀 기울여야 할 것이 있다. 인간우월적 세계관이 인간 중심주의의 근본 원인이다. 우리는 자연과의 관계를 바르게 회복하기 위해 자연과 인간과의 관계를 인간중심적 (anthropocentric) 시각에서 생명중심적(biocentric) 시각으로 바꾸어야 한다. "하나님의 가치판단은 단지 인간 중심이 아니라 우주중심적이고 생명중심적이다."[50] 생명중심주의(biocentrism)는 자연 영역 전체가 지구 모든 존재의 토대이며 그것이 가치와 윤리의 궁극적인 판단기준이 되어야 한다고 가르친다.[51] 그리고 이 시각은 생태중심적(ecocentric) 시각으로 심화 발전될 필요가 있다.[52]

3.1 신학적 관점의 환경문제

인구증가와 수요의 증가로 지구는 심각한 환경위기에 직면해 있다. 자연을 잘 돌보라고 하나님이 인간에게 위임하셨는데 인간이 오히려 지구를 파괴하고 있는 것은 아이러니한 일이 아닐 수 없다. 인간이 자연을 관리하고 있는 현실은 어찌 보면 고양이가 생선을 지키고 있는 것과 비

---

48) 위의 글, 34 – 35.
49) 위의 글, 36.
50) James A. Nash, *Loving Nature,* 137.
51) 켄 그나나칸, 『생태 위기와 교회의 대응 환경신학』, 211.
52) 위의 책, 20.

숫하다.

환경문제를 바르게 이해하고 대책을 세우기 위해 먼저 기독교인들이 환경을 어떻게 바라보아야 하는지 생각해 볼 필요가 있다. 첫째, 기독교인의 신앙과 신학의 출발점은 "태초에 하나님이 천지를 창조하시니라"(창 1:1)는 고백에서 출발해야 한다.53) 창조의 주체가 누구인지 분명히 인식하는 일이 우선되어야 한다.

둘째, 하나님은 인간을 창조하셨을 뿐만 아니라 모든 자연을 창조하셨다. 따라서 인간을 포함한 모든 피조물은 하나님의 섭리 안에 있다. 하늘에 날아다니는 새는 누가 먹을 것을 공급해주지 않아도 먹이를 찾아 먹고 산다. 누가 새집을 만들어 주지 않아도 비가 오나 눈이 오나 잘 생존한다. 꽃은 누가 바람막이를 해주고 지붕을 만들어 주지 않아도 때가 되면 자연히 꽃을 피운다(마 6:26, 28). 이것은 단순한 자연법칙 이상의 하나님의 생존 법칙에 따라 존재하기 때문이다. 하나님은 하나님이 창조하신 모든 것을 다스리시며 돌보신다.

셋째, 우주의 주인이신 하나님은 자기가 창조한 인간과 모든 피조물에게 한결같이 복을 주시고 동일하게 사랑하신다. 요한복음 3:16은 매우 유명한 구절로 많은 기독교인이 암송하는 구절이다. 이 구절을 자세히 음미하여 보면 "하나님이 세상을 이처럼 사랑하사"라는 구절이 나온다. 하나님은 인간만을 사랑하신 것이 아니라 이 세상을 사랑하신 것을 알 수 있다. 만일 '세상'이라는 단어를 '자연'이라는 단어로 바꾼다면 자연을 향한 하나님의 사랑의 의미를 더 깊이 느낄 수 있을 것이다. 이 세상을 사랑하신다는 말은 자연 세계까지도 사랑하신다는 말이다.54)

넷째, 모든 만물은 각기 특별한 뜻으로 지음을 받은 창조주의 성스러

---

53) 김영락, "환경보전을 위한 교회의 역할," 『기독교와 환경』(서울: SFC 출판부, 2003), 121.
54) 위의 글, 121-122.

운 대상이므로 인간은 다른 피조물들을 아끼고 보살피고 그들과 공존하도록 노력해야 한다. 아울러 하나님의 모든 창조물은 동속관계가 있으므로 조화된 상호관계를 유지함으로써만 서로 성장 번식할 수 있음을 기억해야 한다.

다섯째, 인간은 다른 피조물을 보살펴야 하는 수탁자로서 생태계의 원리를 지켜가면서 자연을 무리하게 사용하거나 지나치게 사용하지 말아야 한다. 인간 자신의 생존을 위한 정도 안에서 자연을 적절하게 사용해야 한다.

여섯째, 인간의 과욕과 무질서한 소비는 자연의 파괴와 생태계의 파괴라는 죄를 가져온다. 환경은 자연이고 자연은 하나님의 창조세계이다. 환경이 오염되고 자연이 파괴되는 것은 인간이 무질서하게 물질적인 풍요를 누리고 경제를 개발하는 것에만 힘을 기울이기 때문이다.[55]

일곱째, 하나님이 창조물을 사랑하며 보호하는 것은 기독교의 고유한 사명이며 기독교인에게 주어진 책임이다.[56] 이것을 위해 기독교인들은 환경보호에 대한 성경 구절을 찾아 자연을 향한 하나님의 뜻과 사랑을 재발견해야 한다.[57]

---

55) 위의 글, 116.
56) 방용호, 『신음하는 지구촌』, 476.
57) 성경에는 동물 보호, 나무의 적절한 사용, 토지의 휴식, 자연 사랑에 대한 구절들이 나온다. 예를 들어, 나귀를 도우라(출 23:5), 가난한 사람들과 들짐승들이 먹고 생명을 유지하도록 배려하라(출 23:10~12, 레위기 25:6~7), 동물들도 휴식이 필요하다(출 23:12), 어미 새를 새끼와 아울러 취해서는 안 된다(신 22:6), 곡식 떠는 소의 입에 망을 씌어서는 안 된다(신 25:4); 5년 이상 된 나무에서만 수확해야 한다(레 19:25), 과일나무들은 전쟁 도구로 상용되어서는 안 된다(신 20:19); 토지도 정기적으로 휴식을 취해야 한다(레 27:30~33), 밭은 그 모퉁이까지 추수되어서는 안 된다(레 19:9); 의로우시고 공평하신 하나님은 사람과 짐승을 독같이 돌보신다(시 36:6), 하나님은 자연을 돌보시고 들짐승에게 먹을 것을 주신다(시 147:8~9), 자연은 인간만을 위한 것이 아니라 온 생물도 포함되어 있다(시 104:18), 모든 자연이 하나님 품 안에 있다(시 50:10~11), 자연을 통해 지혜를 깨닫게 한다(욥

3.2 환경문제에 대한 신학적 대책

창조세계의 회복을 위해 우리는 지속해서 노력해야 한다. 생태계를 위협하는 환경오염 방지를 위한 몇 가지 대책을 생각해 보면 다음과 같다. 첫째로 자연보호이다. 이것은 가장 기초적인 생각이다. 자연보호는 다음의 세 가지와 연관되어 있다. 일차적으로는 생존을 위한 자기방어이다. 그 다음으로는 다음 세대를 위한 이타주의적 윤리와 도덕이다. 끝으로는 창조 존속을 위한 인간의 도리이다.58)

둘째는 환경교육이다. 법에 따른 행정조치만으로 환경오염을 제지하고 환경보호를 가능하게 하기는 어렵다. 사람들은 대체로 환경문제에 대한 인식이 부족하다. 앞으로 발생할 일에 대한 준비는 당장 현실에 발생한 일에 대해 대책을 세우는 것보다 소홀하기 쉽고 심각성을 인식하기도 어렵다. 그럼에도 교육을 통해 생명을 존중히 여기는 의식과 다른 피조물에 대한 관심과 배려가 확립되어야 한다.59) 그리하여 실생활에서 물건을 재사용하거나 수선해서 사용하거나 가능하면 재활용하는 것이 필요하다. 가장 중요한 것 가운데 하나는 소비를 줄이는 것이다.

셋째로 환경윤리의 정립이다.60) 제임스 내쉬는 "생태계 문제는 단순

12:7~8) 등이다.

58) 방용호, 『신음하는 지구촌』, 445.

59) 위의 책, 448-451, 475. 필자가 필리핀에서 생활할 때, 마닐라의 대통령 관저인 말라카냥궁 근처 하천 위에 노란 비닐, 파란 비닐, 검은 비닐이 둥둥 떠 있는 것을 보았다. 또 비만 오면 쓰레기로 하수도가 막혀 도로가 물에 잠기는 일이 비일비재하였다. 도대체 왜 이런 일이 일어날까 궁금하여 학생들에게 물었더니 학교에서 쓰레기를 함부로 버리지 말라는 교육을 해도 그것을 지키는 사람이 없다는 것이다. 더구나 쓰레기를 아무 데나 버린다고 규제하지도 않고 방치를 해두니 아무런 생각 없이 쓰레기를 아무 데나 버리게 되는 것이다. 환경교육과 실천이 중요하다. 쓰레기를 함부로 버리지 마라, 불필요한 불을 끄도록 하라, 수도꼭지를 잘 잠그자, 분리수거를 하자 등의 교육은 환경교육의 기본이라고 본다.

히 과학적, 기술적, 정치적 또는 전략적인 문제가 아니다. 그것은 근본적으로 도덕적인 문제이다. 왜냐하면 그것은 인간이 야기한 문제이고 인간이 해결해야 할 문제로 인간을 비롯하여 인간과 관련되어 있는 모든 생물의 이익에 해로운 영향을 끼치기 때문이다"[61]라고 설명한다. 윤리는 책임과 관련이 있다. 환경윤리의 정립을 위해서는 개인적인 윤리보다 공동체적 윤리기반을 형성할 필요가 있다. 진정한 공동체 윤리는 돌봄과 나눔, 그리고 책임 있는 생활을 강조한다.[62]

넷째로 환경을 생각하고 환경을 보존하려는 의식을 갖는 일이 필요하다. 생태계의 위기는 단지 자연자원의 고갈이나 자연환경의 오염으로 인한 파괴에 있는 것이 아니라 현대 사회가 갖고 있는 기본적인 가치관과 사람들의 의식구조에 그 원인이 있다.[63]

다섯째, 물의 날(3월 22일), 지구의 날(4월 22일), 체르노빌 원자력 발전소 사고의 날(4월 26일), 바다의 날(5월 31일, 세계바다의 날은 6월 8일), 환경의 날(6월 5일)[64]을 지키며 환경친화적 생활을 하도록 한다. 아울러

---

60) 위의 책, 453–459. 기독교적 환경윤리에 대한 부분은 켄 그나나칸, 『생태 위기와 교회의 대응 환경신학』, 279–295를 참조하라.
61) James A. Nash, *Loving Nature,* 23.
62) 켄 그나나칸, 『생태 위기와 교회의 대응 환경신학』, 282, 283.
63) 방용호, 『신음하는 지구촌』, 451–452, 김균진, 『자연환경에 대한 기독교 신학의 이해』, 26; 기독교환경운동연대는 녹색 십계명을 표방하고 있다. "일회용품을 쓰지 맙시다. 이용합시다. 대중교통. 삼갑시다. 합성세제. 사용합시다. 중고용품. 오늘도 물, 전기를 아껴 씁시다. 육식을 줄이고, 음식을 절제합시다. 칠일에는 하나님도 쉬셨습니다. 시간에 쫓기지 않게 삽시다. 팔지 맙시다. 소비 광고에 한 눈을. 구합시다. 작고 단순하고 불편한 것을. 십자가의 예수님처럼 가난한 이웃을 도웁시다."
64) 비영리 환경단체인 Earth.Org(https://earth.org)는 2022년 6월 5일 '세계환경의 날' 50주년을 맞아 '2022년의 가장 큰 환경문제 12가지'라는 지구 위기 보고서를 발표했다. 그것은 화석연료로 인한 지구온난화, 부실한 통치, 음식물 쓰레기, 생물 다양성 손실, 플라스틱 오염, 삼림파괴, 대기오염, 녹는 만년설과 해수면 상승, 해양 산성화, 농법, 식량과 물의 불안, 패스트 패션과 섬유 폐기물 등이다. <워터저널> 2022년 7월 5일. http://www.waterjournal.co.kr/news/articleView.html?i

이런 날들을 지킴으로 환경의 중요성을 재인식하고 환경문제의 심각성을 깨달아야 한다.

생태학적인 사명은 교회의 고유의 사명이다. 교회는 생태학적 책임의식을 확립할 필요가 있다. 첫째, 하나님이 지으신 창조세계를 회복해야 한다. 그것이 바로 창조보존이다.[65] 창조주의 수탁자로서의 인간은 자연을 돌보아야 할 주어진 책임을 잘 감당하지 않고 비윤리적이고 포악한 약탈자로 행동할 때 기독교인이 수용해야 할 생태학적 죄를 짓는 것이며 인간 사회가 치루어야 할 생태학적 위기를 맞이하게 된다. 인간은 자연자원의 사용에 있어서 도덕적 책임을 갖고 있다. 따라서 인간은 자연에 대한 책임의식을 가져야 한다. 아울러 우리는 각각의 피조물이 지닌 특성을 이해하고 보호해야 하는 것이 교회가 가지고 있는 기본적인 책임임을 인식해야 한다. 이처럼 교회가 수용해야 할 시급한 문제는 하나님의 창조물들이 지닌 고유의 가치와 권리를 인간의 무질서한 행위로부터 보호하는 것이다.[66] 뿐만 아니라 인간은 자신들의 존속을 위해 다양한 생물체를 보호해야 한다. 모든 생물이 생태학적 기능을 유지하기 위해서는 땅, 물, 공기 등 비생명 창조물이 보호되어야 한다. 그 다음으로, 과소비, 남용, 과욕 등 배타적인 행동을 삼가 피조물 간의 조화와 질서를 유지해야 한다.[67] 찰스 커밍스(Charles Cummings)는 "사고 싶고 버리고 싶은 습관을 고쳐야 한다. 쓰레기를 아무 데나 버리는 행위를 중단하고, 오히려 남이 버린 쓰레기를 주울 수도 있다. 오염을 일으키는 회사의 제품에 대해 불매운동을 전개할 수도 있다. 또 도움이 되는 프로그램을 후원하고 생태계에 해를 끼칠 수 있는 계획들은 자제할 것을 촉구

dxno＝62399.

65) 김영락, "환경보전을 위한 교회의 역할," 116.

66) 방용호, 『신음하는 지구촌』, 485.

67) 위의 책, 477.

할 수도 있다"라고 말한다.[68] 생태학적 위기 또는 자연의 파손은 청지기의 사명을 망각하고 물욕주의와 이기주의에 의한 허세, 오만, 오기 등과 같은 태도에 기인한다는 사실을 기억해야 한다.

둘째, 성경적 관점에서 생태학적 위기에 대해 인식해야 한다. 생태학적 위기는 첫째로 인간이 자기의 생존만을 위할 때 나타난다. 자연 또한 하나님의 창조물이다. 세상은 어느 개인이나 집단에게 속한 것이 아니라 하나님에게 속해 있다. 따라서 인간은 개인이든 집단이든 자신의 이익을 위해 자연을 훼손할 권리가 없다. 그러나 인간은 그런 개념을 소홀히 하고 자신만을 생각한다. 이것은 인간의 교만과 탐욕에 기인한다. 인간의 탐욕은 자연의 오용 또는 남용으로 작용하여 결국 자연의 파괴에까지 이른다. 이것은 죄이다. 다른 말로 생태학적 죄라 하겠다. 인간이 하나님의 뜻을 무시할 때 생태학적 위기가 발생한다. 하나님은 인간에게 하나님의 창조물을 보살피는 제한된 권리를 위임하셨다.[69] 따라서 하나님은 위임자이고 인간은 수탁자이다.[70] 오랫동안 기독교인들은 하나님을 창조주로 인정하면서 하나님이 만드신 피조물을 돌보지 않았다.[71] 인간이 수탁자로서의 사명을 망각하고 창조질서를 어지럽힐 때 생태계에 위기가 온다. 이제 우리 기독교인들은 청지기로서의 우리의 역할을 재인식하고 동산을 돌보라는 하나님의 명령에 순종해야 한다.[72] 제임스 내쉬는 "자연에 대한 인간중심적 억압은 하나님의 주권을 대변하는 것이 아니라 찬탈하는 것이다"라고 지적한다.[73] 이것은 다스림의 왜곡이다. 인간은 다른 피조물과 더불어 살아가는 존재이다. 다른 피조물로 조화를 이

---

68) Charles Cummings, *Eco-Spirituality*, 128.
69) Fred Van Dyke et al, *Redeeming Creation*, 15.
70) 방용호, 『신음하는 지구촌』, 476.
71) Fred Van Dyke et al, *Redeeming Creation*, 11.
72) 위의 책, 12.
73) James A. Nash, *Loving Nature*, 104.

루고 화합하며 공존해야 한다. 그런데 인간이 자연을 돌보기보다 훼손한다면 부조화와 균열이 발생하게 된다. 그것이 생태학적 위기로 나타나게 되는 것이다.

셋째, 인간은 그들에게 위임된 자연을 존중하는 태도를 보여야 한다. 존중이란 자신의 유익을 위하는 것이 아니라 함께 즐거워하고 함께 고통을 받고 함께 나누는 생활 태도를 말한다.[74) 기독교인은 자연 위에 군림하는 자도 아니고 자연의 정복자도 아니다. 또한, 자연은 정복의 대상이 아니다. 인간과 다른 피조물은 하나님의 창조세계 안에서 같은 조물주의 섭리와 축복으로 서로 의존할 수밖에 없는 존속 관계를 갖고 있다. 청지기직을 맡은 기독교인들은 자연과의 조화와 균형을 위한 책임을 다해야 한다.[75)

넷째, 인간은 자연 앞에 겸손해야 한다. 겸손은 자기가 지닌 힘이나 지식을 낮추어 온유하고 조심스러운 마음을 갖는 것이다. 인간은 흙에서 왔다 흙으로 돌아가는 존재이다. 그런 면에서 인간은 다른 피조물과 다를 바가 없다. 그러므로 과욕이나 자만으로 자연을 훼손하는 일이 없어야 한다. "우리는 매일 자연자원을 사용하는 방식에 있어 조심스럽고 겸손해야 한다."[76) 겸손이 결핍될 때 과학기술의 힘을 지닌 인간은 인류 역사와 하나님의 창조세계를 파괴하게 된다.[77)

다섯째, 화합은 사랑을 기저로 한다. 사랑을 기반으로 하는 화합은 하나님에 의해 창조된 피조물들이 서로 평화적으로 공존할 수 있도록 장벽을 헐어버린 예수의 사랑을 믿고 실천하는 행동이다.[78) 하나님은 인

---

74) 방용호, 『신음하는 지구촌』, 477.
75) 김영락, "환경보전을 위한 교회의 역할," 123.
76) Fred Van Dyke et al, *Redeeming Creation*, 175.
77) 방용호, 『신음하는 지구촌』, 478.
78) 위의 책, 479.

간을 사랑하시지만 동시에 다른 피조물(자연)도 사랑하신다. 따라서 하나님이 사랑하시는 자연을 인간이 사랑하는 것이 마땅하다. 이런 사랑을 중심으로 인간과 자연이 공존할 수 있어야 한다.

여섯째, 인간은 생태계에서 다른 피조물 없이는 존속할 수 없는 나약하고 불완전한 존재이다. 인간은 이 사실을 인정해야 한다. 이런 사실을 받아들이는 능력을 수용성이라고 한다. 이것은 내가 제일이라는 교만을 배격하는 태도이다. 내가 남을 존중해야 나도 존중을 받는 것처럼 주고받으면서 서로의 존재를 인정하는 것이 필요하다. 이런 공존을 통해 하나님의 창조 사역을 찬양할 수 있어야 한다.[79]

일곱째, 다음 세대를 위한 준비를 해야 한다. 제임스 내쉬는 "생태학적으로 되돌릴 수 없는 행위를 피해야 한다. 현세대가 더 나은 미래를 위하여 희생될 수 없듯이 미래 세대도 현세대의 어떤 이들의 이익 때문에 위기에 처하게 되거나 그들의 것을 박탈당해서는 안 된다"[80]고 지적한다. 우리는 현세대의 우리 자신만을 생각할 것이 아니라 앞으로 올 세대, 즉 우리의 자손과 후손들도 생각해야 한다.

4. 나가는 말

인간과 자연은 분리될 수 없다. 인간은 자연 속에 살고 있기 때문이다. 그렇다면 인간 자신을 위해서라도 자연의 보호와 보존은 필수적이다. 그럼에도 자연의 존재에 대한 소중함을 망각한 인간은 산업화와 경제성장을 위해 자연을 훼손하게 되었다. 자연의 훼손은 환경오염으로 확대되었고 그것은 생태계 파괴를 가져왔다.

---

79) 위의 책, 480.
80) James A. Nash, *Loving Nature*, 209.

환경문제에 무관심하며 간과했던 우리는 황사가 불어오고 뿌연 하늘의 오염된 공기를 봐야만 환경문제의 심각성을 깨닫게 된다. 지속적인 이상기후가 발생해야 환경과 기후문제에 대하여 관심을 갖게 된다. 우리나라 안에서 지진이 일어나야만 그것이 다른 나라의 문제가 아닌 우리의 문제임을 인식하게 된다. 방사능에 오염된 물고기의 수입을 금지시키는 상황을 봐야 환경오염의 문제성을 알게 된다. 그동안 우리는 환경문제에 둔감했을 수도 있고 우리의 문제가 아닌 주변국의 문제로 치부하며 방관했을 수도 있다. 또 환경문제에 대한 바른 교육이 이루어지지 않았던 것도 환경문제에 대한 대처를 느리게 하는 요인이 되기도 했다.

환경문제는 한 지역 또는 한 나라만의 문제가 아니라 주변국에도 영향을 미치는 것을 알 수 있다. 제임스 내쉬는 환경오염이나 생태위기는 특정한 지역에서 발생해도 그것이 바람과 물에 의해 멀리 떨어진 곳까지 운반되어 각각의 지역에서 다양한 형태로 표현되는 점에 있어 지구 전체의 문제라고 볼 수 있다고 지적하였다.[81] 따라서 남의 나라의 환경문제가 나의 문제가 될 수 있음을 잊어서는 안 되겠다. 남의 나라의 환경문제이지만 서로 관심을 두고 해결하도록 힘을 합할 필요가 있다. 물론 우리 자신의 환경문제를 우선적으로 고려하면서 말이다.

무엇보다 하나님이 인간을 포함한 모든 자연을 창조하셨음을 기억해야 한다. 인간은 이 자연의 정복자가 아닌 관리자로서의 사명을 자각하고 자연을 관리, 보호 및 보존할 책임을 감당해야 한다. 그리하여 하나님이 지으신 창조세계를 회복하는 일에 앞장서야 할 것이다. 그것이 인간과 자연의 공존과 공생을 도모하는 길이 될 것이다.

---

81) 위의 책, 23.

참고문헌

Cummings, Charles. *Eco—Spirituality: Toward a Reverent Life*. Mahwah / New York: Paulist Press, 1991.

Dyke, Fred Van, David C. Mahan, Joseph K. Sheldon, and Raymond H. Brand. *Redeeming Creation: The Biblical Basis for Environmental Stewardship*. Downers Grove, Illinois: InterVarsity Press, 1996.

Nash, James A. *Loving Nature: Ecological Integrity and Christian Responsibility*. Nashville, TN: Abingdon Press, 1991.

Daly, Herman E. and John B. Cobb, Jr. *For the Common Good: Redirecting the Economy Toward Community, the Environment, and a Sustainable Future*. Boston, MA: Beacon Press, 1989.

Gore, Al. *An Inconvenient Truth*. New York: Rodale, 2006.

켄 그나나칸, *God's World: Biblical Insights for a Theology of the Environment*,『생태 위기와 교회의 대응 환경신학』. 이상복 옮김. UCN, 2005.

프란시스 쉐퍼. *Pollution and the Death of Man*.『공해』. 송준인 옮김. 서울: 두란노서원, 1990.

김균진.『자연환경에 대한 기독교 신학의 이해-현대 자연과학과 대화 속에서-』. 서울: 연대학교출판부, 2006.

방용호.『신음하는 기독교』. 서울: 현대사상사, 1994.

최재호. "기독교는 환경 파괴적이라는 비난에 대한 변증학적 답변,"『기독교와 환경』. 한국복음주의윤리학회 엮음. 서울: SFC 출판부, 2003, 9-43.

김영락. "환경보존을 위한 교회의 역할,"『기독교와 환경』. 한국복음주의윤리학회 엮음. 서울: SFC 출판부, 2003, 115-139.

<2009 에코피스아시아 회원의 날>. 2009년 12월 4일 자료집.

<동아일보>. 2011년 5월 19일, 6월 1일, 7월 13일.

<문화일보>. 2011년 7월 11일.

<에너지타임즈>. 2011년 7월 26일. http://news.chosun.com/site/data/html_dir/2011/07/28/2011072800107.html?news_Head1.

<워터저널> 2022년 7월 5일. http://www.waterjournal.co.kr/news/articleView.html?idxno=62399.

<OECD 2030 환경전망 보고서> https://www.oecd.org/env/indicators-modelling-outlooks/40200603.pdf.

저자 소개

조은식

⟨학력⟩
미국 세인트 존스 대학교(학사)
프린스턴 신학대학원(석사)
뉴욕대학교 대학원(석사)
오하이오 유나이티드 신학대학원(박사)

⟨경력⟩
미국장로교 선교사
필리핀 실리만대학교 교수
장로회신학대학교 선교학과 초빙교수
미국 피츠버그 신학대학원 방문교수
미국 콜롬비아 신학대학원 방문교수
한국기독교통일포럼 운영위원
한국기독교학회 편집위원장
한국선교신학회 회장
한국기독교대학교목회 및 한국대학선교
　　학회 회장
숭실대학교 교목실장 역임

국제선교학회 정회원
미국선교학회 정회원
한국기독교사회복지학회 이사
기독교통일학회 부회장
한국키에르케고어학회 회장
현 숭실대학교 교목 및 교수

⟨저서⟩
『통일선교: 화해와 평화의 길』(미션아카
　　데미, 2007)
『삶에서 찾는 문화선교』(숭실대학교 출판
부, 2009)
『선교와 통일』(숭실대학교 출판부, 2014)
『현대인의 관점에서 본 성서』(더삼, 2017)
『통일선교담론』(나눔사, 2020)

⟨역서⟩
『내 안에 갇힌 하나님』(기독교문사, 2001)

⟨편저⟩
『한경직 목사의 신앙유산』(숭실대학교 출
　　판부, 2007)

⟨공저⟩
Building Communities of Reconciliation,
　　Volume II(Nanumsa, 2012)
『선교학 개론』(대한기독교서회, 2013)
『성경으로 읽는 북한선교』(올리브나무,
　　2013)
『기독청소년과 통일』(기독교통일학회, 2014)
*Korean Church, God's Mission, Global
　　Christianity* (Regnum Books
　　International, 2015)
『주여! 70년이 찾나이다』(포앤북스, 2015)
『기독교와 통일 그리고 북한』(박영사, 2020)
『베트남 선교와 비라카미지역 선교 전략』
　　(예영커뮤니케이션, 2020)
『동유럽의 체제 전환과 한반도통일』(올리
　　브나무, 2020)
『종교와 정치』(열린서원, 2022)

공존과 선교

초판발행   2023년 5월 25일

지은이   조은식
펴낸이   안종만·안상준

편 집   탁종민
기획/마케팅   박부하
표지디자인   이수빈
제 작   고철민·조영환

펴낸곳   (주) **박영사**
                  서울특별시 금천구 가산디지털2로 53, 210호(가산동, 한라시그마밸리)
                  등록 1959. 3. 11. 제300-1959-1호(倫)
전 화   02)733-6771
f a x   02)736-4818
e-mail   pys@pybook.co.kr
homepage   www.pybook.co.kr
ISBN   979-11-303-1786-1   93230

정 가   19,000원